河南大学历史地理学研究丛书

本书得到教育部人文社科项目"现代化视野下的近代上海港城关系研究（1842—1937）"
（项目编号：13YJAZH102）的支持

现代化视野下的
近代上海港城关系
研究(1842-1937)

武 强 著

U0727168

科学出版社
北京

图书在版编目（CIP）数据

现代化视野下的近代上海港城关系研究：1842-1937 / 武强著. —北京：科学出版社，2016.6

ISBN 978-7-03-048883-1

Ⅰ. ①现… Ⅱ. ①武… Ⅲ. ①港口—交通运输史—研究—上海市—1842-1937 ②城市史—研究—上海市—1842-1937 Ⅳ. ①F552.9 ②K295.1

中国版本图书馆 CIP 数据核字（2016）第 136574 号

责任编辑：杨 静 陈 亮 ／责任校对：赵桂芬
责任印制：张 倩 ／封面设计：黄华斌

联系电话：010-64026975
电子邮箱：chengliang@mail.sciencep.com

科 学 出 版 社 出版
北京东黄城根北街 16 号
邮政编码：100717
http://www.sciencep.com

三河市骏走印刷有限公司 印刷
科学出版社发行 各地新华书店经销
*

2016 年 6 月第 一 版 开本：720×1000 1/16
2016 年 6 月第一次印刷 印张：19 1/2
字数：340 000

定价：89.00 元

（如有印装质量问题，我社负责调换）

序

　　上海城市的崛起与迅速发展，是中国近代史上最为引人注目的一件大事，武强博士的《现代化视野下的近代上海港城关系研究（1842—1937）》一书，即是事关上海崛起的一个重要因素的探讨。在本书出版之际，我作为他的导师，在此借作序说一些自己的感想。

　　我的学术研究生涯，始于对宋代东南沿海丘陵地区开发的研究，此后进入移民史和人口史研究，本世纪以来主要转向了对近代中国经济地理格局演变的探讨，并与复旦大学的一些研究者一起，投身于对近代中国通商口岸及其腹地关系的研究，以"港口—腹地与中国现代化空间进程"为研究路径，进行了近二十年的研究实践。由我培养出来的一批博士、硕士研究生，先后完成了一系列的毕业论文，对近代中国沿海、沿江、沿边的大大小小各类通商口岸，如何在近代扩展其区域影响力，进行了全方位的研究，在学术界产生了一定的影响力，推动了近代中国经济地理格局演变的研究。在这一研究的后半阶段，我开始思考如何将这一研究进一步深入与细化，利用之前研究的成果积累，探索具体的城市区域以及微观的研究。武强的这部书，即是这一想法的初步实现。

　　武强博士于2008年考入复旦大学中国历史地理研究所读博，考虑到他之前本科阶段从事工程管理学专业的基础，而历史地理学本身具有"地理学"的学科属性，我提出让他进行大胆的跨专业方法应用，将经济学、地理学方法在历史地理学的研究中进行试验。我受香港大学地理系王缉宪教授的启发，在与武强讨论之后，选定了对近代上海的港城关系即港口—城市的互动为研究方向，他表示同意。通过三年的刻苦学习和认真钻研，形成了这部书稿的雏形。

　　以往"港城关系"的学位论文或论著，多只关注当下，对改革开放之前的情况往往失之过略，此前较早时期更视之以"港口发展的初级阶段"而一笔带过。因此，如何将"港城关系"发展变化的历史状况展示出来，似乎成为历史学、历史地理学的研究任务，也就使得本书的研究有了极大的学术与现实意义。考虑到以往的港城关系研究多集中于经济地理学、区域经济学等专业方面，研究范式往往是提出经验规律性的模型，再根据某一个或几个具体的港口城市，展开个案式的分析，进而提出政策建议，本书则完全从历史史实出发，结合港口位置的移动和城市空间的拓展，考虑城市交通、城市经济、城市金融等方面的状况，能够比较真实地再现了上海近代港城关系的某些重要方面。

近代上海在整个中国经济体系中的地位，是任何一部经济史、经济地理著作都无法忽视的。近十余年来，"上海学"这一名词也日益成为学界的热点。值得发人深思的是，近代上海城市的兴起，与港口的发展密不可分，港口与城市二者究竟有着何种程度的互动关系，则少人关注。对于这二者的研究，往往是分而述之，将之作为专题方向提出的，至少还没有看到。至于近代上海"港口—城市"相互作用的机理，城市对港口功能的反馈，港城关系影响下的城市发展方向演变等等，亦无细致的关注。武强在上述方面所下的工夫，弥补了以往研究的不足，成为本书的特色之一。

总的来看，武强的这部书，大概有以下几个方面的可观之处。

首先，对理论与现实的回应。近代中国的通商口岸，是现代化因素最为集中的区域，上海则是近代中国的经济中心，是现代化程度最高的城市，在二十世纪三十年代，号称世界五大都市之一。本书即关注了现代化理论的应用，并不仅仅限于宏观方面的概括，同时又在具体而微的细节方面，展示西方文明的现代性对上海港口、城市的影响，使读者对近代上海城市发展过程中的很多问题，能够在理论的指导下，得到较为满意的解答。

其次，本书为经济学、地理学方法应用于历史地理的研究提供了参考方向。跨学科研究，因学科范式的不同，往往比较困难，虽然是当前学界认可的方向与趋势，但真正以此为主旨的研究，还仍然会面临不少问题。本书中，作者以港城关系为题，选取了其中几个比较具体的问题，结合区域经济学、城市地理学等专业的方法，进行了较为深入的分析。这是非常值得欣赏的。

再次，本书使用可信而系统的数据史料，以小见大，从细节中考察大的历史问题。近代上海因租界的存在，加上"大清帝国唯一没有贪污腐败的衙门"——海关的工作，积累了一大批信而有征的历史资料。本书在研究过程中，引用了大量的统计数据、工部局的第一手资料、近代上海的报刊等等，使得研究结论具有了相当的可信度与参考价值。由于具体史实的搜集，往往是比较琐碎的事情，看到的也是比较细节的问题，因此，将细节与总体相结合，以小见大，也是本书的研究中，比较有特色的方面。

当然，由于作者的跨专业背景，加之初涉此项研究，研究中难免有不足之处，在本书中的反映，即是对当代港城关系理论的应用尚嫌不足。当然，这一问题也有其资料获取的难度、当代理论如何应用于历史时期等方面的原因，但似乎不应成为一个问题。同时，由于近代上海的巨大经济、社会体量，任何一个关于上海的学术研究题目，都会关涉到许多层面的问题。因此，如何更加全面地论述近代上海的港城关系，将整体与细节的各个方面相互融合，都有待深入探讨。

　　总之，该书以详尽的历史资料与数据为基础，结合现代化理论与历史地理学的方法，对城区与港区的互动、产业与港区的关系演变，以及码头捐对港城关系的代表意义，进行了深入探讨，提出了不少有创新意义的观点，也对当代上海城市、港口的发展等提供了相应的借鉴价值，值得一读。

　　是为序。

复旦大学历史地理研究中心

吴松弟

2016 年 3 月 8 日

目　　录

绪　　论

第一节　研究缘起

近代中国经济史的开端，同政治、军事的变迁密切相关，外国列强以坚船利炮轰开中国封闭的大门，开启了"三千年未有之大变局"。无论是按照"革命史"，还是按照"现代化"的近代史研究范式，将 1840 年作为西方政治或"文明"因素进入中国的开始，都是合理的。1840 年后的中国，最明显的就是与中国传统发生了"断裂"，按照"现代化"的观点，这确实可以视为中国进入现代社会的标志，因此也可以说，此后的中国在曲折中逐渐迈入现代化的门槛。

与大多数地区出现的传统产业破产相并行，出现在沿海及内地的通商口岸日益繁荣，并成为中国新的经济发展集中地。这些通商口岸中，上海的表现最为突出：1843 年之后，它由东南沿海长江口旁的小县城一跃而成为中国最大的城市。上海的这种惊人的发展速度自出现之后，便引起了各方面研究者的注意，早期外国旅居上海的观察家们对上海发展速度已经发出了惊叹，卜舫济等即以公共租界为研究对象，探讨了近代上海的发展轨迹。①

时至今日，近代史上的相关研究早已经积累了大量的成果，而且许多成果，现在也都已经成为研究的宝贵史料，此亦可见近代上海城市研究的热闹程度。近代上海的"既可比又不可比"的城市特质②，又增添了这项研究的魅力；并有学者提出建立"上海学"的倡议，相关的综述性研究，亦不在少数，可谓洋

① Francis Lister Hawks Pott. *A Short history of Shanghai: being an account of the growth and development of the International Settlement*, Shanghai: Kellyand Walsh, 1928.
② 〔美〕华志建著，任云兰译：《关于旧上海的论题：一个既可比又不可比的城市》，《城市史研究》第 15—16 辑，天津：天津社会科学院出版社，1998 年，第 244—261 页。

洋大观①，近来上海电机学院等高校也成立了"上海学研究中心"等机构，专门讨论这一历史与现实交织的学术问题。

不可否认的是，上海的发展，首先应该归功于其优越的区位条件。有学者曾这样指出："大多数的城市都是在河流的交汇处和天然港口地区发展起来的，因为只有在这些地区，中、长途的商业活动才是可能的，这些城市很快就成了手工业工人、工匠、商人、银行家及其他一些人的集中地。"②学术界同样认为，上海也是这样发展起来的，但上述论点更多是强调"发生学"方面的。近代的上海，因其特殊性，它更多是被"创造"出来的，其生长轨迹已经不同于近代之前。

毫无疑问的是，影响上海发展的因素很多，但港口因素无疑是一个重点，港口的贸易功能直接导致了上海的发展。1835年，英国传教士麦都士描绘上海："上海虽然只是一个三等县城，但却是中国东部海岸最大的商业中心，紧邻着富庶的苏、杭地区，由此运入大量丝绸锦缎，同时向这些地区销售各种西方货物……上海的贸易即使不超过广州，至少也和广州相等"③；更由于其重要的区位条件，"上海在商业上的重要性再怎么评估都不为过。上海是北方山东和鞑靼人的货物集散地，是内地省份的输出港，是南方福建和台湾贸易的大商场，是通往时尚与本土文学大都会的苏州府的口岸与门户，是内陆贸易主要动脉长江与大运河的汇合地，再通过网络般的各种运河连接邻近地区无数的商业城市，还是欧美贸易在华北的大商场。乍看起来，上海的城市规模与有限的人口，很难让人想象到她有如此的重要性"④。

因此，由贸易而引发对上海区位因素的分析，讨论其如何承担起沟通全国与世界的窗口角色，成为"现代中国的钥匙"，就成为之前上海经济史研究的重点方向之一。

近代上海是一个港口城市，但对其贸易与区位的分析，不能代替对上海城市内部的细致分析；当今上海城市史的不少研究，又往往选择其中一个方面，如市政、道路、社会生活等，使我们看到的只是城市的一些侧面。

---

① 熊月之：《海外上海学》，上海：上海古籍出版社，2004年；《20世纪上海史研究》，《上海行政学院学报》2000年第1期，第92—105页。

② 〔美〕詹姆斯·奥康纳著，唐正东、臧佩洪译：《自然的理由》，南京：南京大学出版社，2003年，第76页。

③ 柏纳德：《纳米西斯号航行纪事》，第34页，转引自茅伯科主编：《上海港史：古、近代部分》，北京：人民交通出版社，1990年，第96页。

④ 〔英〕施美夫著，温时幸译：《五口通商城市游记》，北京：北京图书馆出版社，2007年，第110—111页。

那么，作为全国最大的贸易港口，将长江流域作为自己腹地的上海港，是通过怎样的方式与途径对上海城市发展产生影响的呢？贸易是上海港的主要功能，许多研究者都会关注作为港口城市的上海，也会感受到上海的发展与港口的关系是如此密切，以至于"上海港的演变可以说是上海城市演变的缩影"①。学者们对上海港口的研究是一个持续已久的热门问题，同时，在上海港的生命周期中，与上海城市共同经历了逐渐演变的阶段，港口对上海城市发展的直接影响如何从巨大到微弱，对上海城市发展又有何推动，现在仍较少有学者对其进行研究。

当今关于港口城市的各种理论与方法，多停留于现当代，对近代的港口发展，并未有太多关注。因此，如何将这些理论运用于历史上的上海港，是一个有意义的问题。经济史研究的理论中，又需要统计数据来反映一定的历史事实，因为定性的分析不能代替具体的定量分析与深入研究，这些都是现在需要面对的问题。

从近代史的整个时期来看，上海港的贸易功能，并不是全部的功能，它主要是代表着它的腹地，与另一个代表着自己腹地的港口发生关系。而上海港口的发展与上海城市的发展之间的关系，这一沟通内外的重要性，对城市变迁有何影响，其动力机制是什么，并没有作专门的专题研究。这使得上海港与自己所在的城市之间，关系并不是完全明朗的，所谓"以港兴市、港城共荣"，到底有哪些方式、途径，需要更深入的理解。

近代上海城市性质的特殊性，是公共租界、法租界、华界三方并存的格局，使得港口对城市的影响，不能均一看待，其影响方式、程度均存在着差异。早有学者指出，对于城市史的研究，"可分为三种。第一种是研究城市间的相互关系即城市群；第二种是将城市作为整体来研究；第三种就是研究城市内部不同的空间结构——城区"②，之前对上海港和上海城市关系的研究，往往都是将上海作为一个整体来看待，但若再进行深入细致的城区分析，"有助于完整地展现城市社会的风貌，进而科学地、客观地总结城市社会发展的历史经验和教训"③。"不分区域，不分对象"的某些研究，"无助于完整地展现近代上海城市社会的

---

① 茅伯科、邹逸麟：《上海：从青龙镇到外高桥》，上海：上海人民出版社，1991年，第34页。
② 苏智良：《城区史研究的路径与方法——以上海城区研究为例》，《史学理论研究》2006年第4期，第115—117页。
③ 苏智良：《城区史研究的路径与方法——以上海城区研究为例》，《史学理论研究》2006年第4期，第115—117页。

风貌"①，就港口区域而言，它也是一个特殊的城区，因此，如果可以用港口这个在上海发展过程中的重要因素来作为主线，分析上海城市的发展，应该会有新的收获。

当代上海港与上海城市的发展日新月异，上海不但早已是中国的第一大城市，更是中国的第一大港口。上海港的不断向外迁移：由黄浦江到外高桥，再到洋山港，也引发了当代学者对港口与城市关系的思考。在这一港口变迁过程中，上海港与上海城市间有哪些互动，上海港今后将向何处发展，它会不会变成古代的青龙镇，如何保持它的青春与活力，这些问题都是非常现实的。

如果说经济学的研究在于预测、向前看，那么笔者所进行的历史地理性质的研究，则是回溯、向后看。只有同时看到未来与过去，才会使我们对上海港和上海城市的发展理解得更加充分，也会对它们的发展更加充满信心与希望。

第二节　学术史回顾

上海港是上海城市的一部分，在其开埠之后百余年的发展过程中，对上海港的研究同上海城市研究一样，也经历了不同的阶段。

熊月之曾对 20 世纪的上海史作过总结，并归纳为"两个时期，四个阶段"：两个时期即以 1949 年为界标；四个阶段分别以 1937 年、1978 年为界标。

第一阶段，由于上海城市在各方面的日益发达，中外学者对它的兴趣日趋浓厚，并出版了大量知识性图书。而由于民族主义的高涨，对租界的研究成为热点；同时，1932 年成立的上海通志馆，对上海史料的搜集、整理、研究做出了重要贡献。这一时期最重要的成果，是上海通社在 20 世纪 30 年代整理编辑的《上海研究资料》、《上海研究资料续编》的先后出版。②

第二阶段，1937 年后，抗战爆发，上海研究仍以知识性作品居多，学术研究力度有所减弱。

第三阶段，1949 年以及之后的 30 年间，由于意识形态等原因，历史学科被要求为阶级斗争服务，在理论与方法方面的进展很弱；但进行了一系列的史

---

① 承载：《城市社区史和上海史研究》，《档案与史学》2000 年第 6 期，第 37—39 页。
② 上海通社编：《上海研究资料》、《上海研究资料续编》，上海：上海书店影印，1984 年。

料整理工作，作出了一定的成就。这一阶段西方学者对上海的研究，比较集中于政治和经济方面，注重现代化的问题。

第四阶段，1978 年之后，上海史的研究进入全面发展阶段，包括专题性讨论、资料汇编、工具书编纂，以及理论与方法的创新等各方面。西方学者更强调从中国内部的变迁来解释历史，强调社会史等方面的研究。[①]

梁元生也对上海史的研究作过总结，并认为 20 世纪存在着两次"上海研究热"，一次在 20 世纪 20 年代末到 30 年代初，另一次在 20 世纪 80 年代到 90 年代，并延伸至今。前者以上海通志馆和上海通社为代表，体现了一种本土意识的兴盛，后者则更加多元化与国际化，而且成果众多。[②]

学术环境的改善，使上海城市史等方面的研究成果大量涌现，各种研究方法与理论相继兴起，对过去的不少定论性观点作了颠覆性的批判，其中比较重要的如对上海开埠之前城市性质的讨论、对租界的双重作用的认识、对国民政府的各种政策的评价，等等。

总的来看，百余年来关于上海的研究，最主要的是政治史（租界史），其次是社会史与文化史，以及经济史等，史料汇编以及通俗性读物数量也达到了汗牛充栋的程度。这些已有的成果与资料，在很大程度上为笔者的研究提供了方便。

以上是对 20 世纪上海史研究的总体描述，由于本书的研究为近代以来的上海，故 1949 年之前的各种研究与著作，大体可作为史料看待。因此，本书的学术综述，着重在分析 1949 年以来（尤其是 1978 年后）的研究成果。

一、相关理论及方法的研究

进行港口城市的研究，直观来看，应该包括三个方面的理论：城市理论、港口理论、城市与港口关系的理论。但是在研究过程中，三者往往没有明确的界限，笔者在此姑且如此分类。

（一）城市与港口研究的相关理论

对城市发展进行的研究起步较早，相关的理论也比较充分。城市是历史发

---

① 参考熊月之：《20 世纪上海史研究》（《上海行政学院学报》2000 年第 1 期，第 92—105 页）等相关综述文章。
② 梁元生：《从〈上海通志〉到〈上海通史〉——一个城市的史学史》，《晚清上海：一个城市的历史记忆》，桂林：广西师范大学出版社，2010 年，第 1—2 页。

展的产物，是人类社会文明的结晶，是地理因素的一个组成部分，在城市之中，存在着一系列的社会经济因素和力量。因此，城市研究的相关理论与方法，也便有历史学、地理学、经济学等各个方面。

在历史学层次上，一般所运用的理论分析方法，主要停留于定性的历史叙述方面。中国大多数的城市，尤其是古代城市，没有留下充分的统计数据。只有在近代以后，少数的几个大城市，如上海、天津、广州、汉口等，才出现比较科学的经济数据，为今后的研究提供了定量分析的基础。在地理学层次上，相应的理论支持，便是城市地理学的出现。这方面的研究，已经形成了比较成熟的系统与理论，是笔者需要十分注意的。[1]在经济学层次上，城市发展过程中，有着不断积累的经济总量，并会形成自己的经济圈。因此，城市研究也会成为经济地理学的对象。[2]

在各学科研究的基础上，历史学与地理学的方法结合起来，便形成了对历史城市地理的研究。这一研究方向，从20世纪上半叶开始已经有学者在进行，之后马正林、顾朝林等学者，均在这方面作出了自己的贡献，形成了一系列比较完整的历史城市地理著作[3]，不少学者也纷纷投身于此[4]。

中国的城市史与城市地理研究，是一门显学，成果非常丰富，不断有学者做学术史的回顾。这方面比较著名的学者，如顾朝林、许学强、沈建法，以及台湾的林满红，国外学者如卢汉超、水羽信男等[5]，笔者所要进行的研究，是必须要借鉴前人的研究成果来进行的。

港口，是港口城市的重要组成部分，与港口相关的各种理论与模型，亦可

---

[1] 例如，周一星：《城市地理学》，北京：商务印书馆，1995年；许学强、周一星、宁越敏：《城市地理学》，北京：高等教育出版社，1997年。

[2] 如李小建：《经济地理学》，北京：高等教育出版社，1999年。

[3] 马正林：《中国城市历史地理》，济南：山东教育出版社，1999年；顾朝林：《中国城市地理》，北京：商务印书馆，1999年。

[4] 在这方面的研究，北京大学有李孝聪、唐晓峰等学者；其他各单位也有不少，但大多都将研究放在古代城市地理方面。近代的城市地理，从其属性来看，已经具有了现代城市地理的研究特征，故往往更能利用新出的各种理论成果。

[5] 顾朝林：《改革开放二十年来中国城市地理学研究进展》，《地理科学》1999年第4期，第320—331页；许学强等：《20世纪80年代以来我国城市地理学研究的回顾与展望》，《经济地理》2003年第4期，第433—440页；沈建法：《海外中国城市地理研究进展》，《世界地理研究》2007年第4期，第28—35页；林满红：《口岸贸易与近代中国——台湾最近有关研究之回顾》，《中国区域史研究论文集》，台北："中央研究院"近代史所，1986年，第869—915页；卢汉超：《美国的中国城市史研究述评》，载李小兵、田宪生：《西方史学前沿研究评析》，上海：上海辞书出版社，2008年，第24—48页；〔日〕水羽信男：《日本的中国近代城市史研究》，《历史研究》2004年第6期，第166—171页。

以看做是城市理论的一部分。不过港口与城市关系相对比较复杂，主要即在于港口职能的相对独立性，对于近代中国的许多港口城市而言，这点表现得更为明显。港口职能的这种特性，使得与港口相关的理论，可以有较大的发挥余地，而且大多数也与经济学有着密切关系。这方面的相关成果，如罗正齐、邹俊善、郑弘毅、王海平、〔瑞典〕詹森、施尼尔森[①]等。这些研究大都是以经济学的面貌出现的，所利用的相关基础理论亦主要是经济理论。

另外，不少研究成果分析现代港口的发展，通过对大量统计数据的分析，建立模型来论证，如孔宪雷、许长新、李东平等[②]均有著作问世，相应的论文则更多。这些成果的分析研究方法可资借鉴，对近代港城关系的研究也有一定的启发意义。

（二）港城关系理论与研究

港城关系的研究，是对某个港口城市进行分析时必然会牵涉到的一个方面。国外学者对港口与城市空间关系的研究较为充分，其中需要提及不少的研究模型[③]，如海港区位论、"港口通用模型"、港城发展动力模型、港口优先发展论、增长极理论（"点—轴"理论）等。

整体来看，以上理论与研究主要是从经济学、地理学的角度出发来建立模型，其应用也主要针对现当代港口的发展。

运用相关理论，对中国现代港口与城市关系的研究，有吴传钧等人的《海港城市的成长模式》[④]、宋炳良的《论福特主义经济体系的演变与港口城市再造》[⑤]、

---

① 罗正齐：《港口经济学》，北京：学苑出版社，1991 年；邹俊善：《现代港口经济学》，北京：人民交通出版社，1997 年；郑弘毅：《港口城市探索》，南京：河海大学出版社，1991 年；王海平：《中国港口经济》，天津：天津人民出版社，2005 年；〔瑞典〕詹森、施尼尔森著，吴舸、魏恒洲译：《港口经济学》，北京：人民交通出版社，1988 年。

② 孔宪雷：《港口经济系统演化与优化研究》，南京：河海大学出版社，2006 年；许长新：《港航经济系统论》，北京：海洋出版社，2004 年；李东平：《港航商务管理》，北京：人民交通出版社，2008 年。

③ 参考徐永健、净小培、许学强：《西方现代港口与城市、区域发展研究述评》，《人文地理》2001 年第 4 期，第 28—33 页；王列辉：《国外港口体系研究述评》，《经济地理》2007 年第 2 期，第 291—295 页；王成金：《现代港口地理学的研究进展及展望》，《地球科学进展》2008 年第 3 期，第 243—251 页；董洁霜、范炳全：《国外港口区位相关研究理论回顾与评价》，《城市规划》2006 年第 2 期，第 83—88 页；等等。

④ 吴传钧、高小真：《海港城市的成长模式》，《地理研究》1989 年第 4 期，第 9—15 页。

⑤ 宋炳良：《论福特主义经济体系的演变与港口城市再造》，《外国经济与管理》2000 年第 7 期，第 44—48 页。

杜其东等人的《港口与城市关系研究》^①、杨华雄的《论港口与城市的协调发展》^②、刘秉镰的《港城关系机理分析》^③等都从理论上定性地阐明"港以城兴、港城相长、衰荣共济"的发展规律。茅伯科对现代化港口型城区的研究^④，对直接依托港口而兴的城区，以及它对整个城市发展的影响作了论述。常冬铭等人认为，港口是城市成长和发展的动力，而城市又是港口成长和功能转换的土壤，因此，二者相互联系，相互促进。^⑤

经济学领域内的港城关系研究，多关注于港口和城市二者在产业方面的互动。^⑥至于以港城关系为题进行的专门研究，有梁双波等对南京港城关系的个案分析^⑦，陈航对大连港城关系互动的研究、谢金金对张家港市港城关系的研究^⑧等，对本书的研究具有理论与实证方面的启发意义。

但将各种理论直接应用于历史时期的，尚不多见，最值得提出的是，王列辉对上海、宁波两港空间关系的研究^⑨，运用上述各种理论方法，对两个港口城市的对比，得出了自己的新颖学术见解。

二、近代上海城市发展的相关研究

近代上海城市发展，最明显的特征就是租界的存在。这一因素，使上海城市在近代的发展，陷入了分裂之中；同时存在的华界政府也在执行主权，对上海城市的发展，作出了自己的贡献。在这些城市管理当局的引导下，千千万万的中国民众，利用上海港形成的有利条件，建设着上海，并创造了上海城市的繁荣。

总体来看，对近代上海城市发展的研究，主要有以下几个方面。

---

① 杜其东等：《国际经济中心城市港口比较专题系列研究之一：港口与城市关系研究》，《水运管理》1996 年第 1 期，第 5—10 页。

② 杨华雄：《论港口与城市的协调发展》，《中国港口》2000 年第 6 期，第 9—11 页。

③ 刘秉镰：《港城关系机理分析》，《港口经济》2002 年第 3 期，第 12—14 页。

④ 茅伯科：《现代化港口型城区的性质、特点及功能》，《港口经济》2007 年第 9 期，第 33—35 页。

⑤ 常冬铭等：《港口与港口城市的互动关系》，《中共济南市委党校学报》2007 年第 3 期，第 15—17 页。

⑥ 宫田辉：《基于产业耦合的港城关系研究》，中国海洋大学硕士学位论文，2010 年。

⑦ 梁双波、曹有挥、吴威等：《全球化背景下的南京港城关联发展效应分析》，《地理研究》2007 年第 3 期，第 599—608 页。

⑧ 陈航：《大连市港城关系研究》，辽宁师范大学 2003 年硕士学位论文；陈航：《港城互动的理论与实证研究》，大连海事大学 2009 年博士学位论文；谢金金：《张家港市港城关系研究》，苏州科技学院 2011 年硕士学位论文。

⑨ 王列辉：《驶向枢纽港：上海、宁波两港空间关系研究（1843—1941）》，杭州：浙江大学出版社，2009 年。

（一）近代上海城市区域与范围的研究

进行港城关系的研究，需要清楚城是什么，港又在哪里。近代之前的上海，城当然就是指由城墙围起的环形的县城，开埠以后，上海的城市范围开始扩张。这种扩张，在不同时期又有什么样的变化呢？张仲礼、唐振常、郑祖安等学者对此有过专门的研究①，对作为研究对象的上海城的历史地理基础、它的发展阶段与关节点、发展规律及特点，以及相关的理论问题，都作了深入探讨。

1980 年之前的上海城市史研究，并未对上海城市的范围作非常明确的划定。因此，张仲礼等学者历经十多年的研究后，认为"在近代一个多世纪中，除了开头一小段时间，其余大部分时间，至迟从 19 世纪 60 年代起"，上海"城市的中心区域在两个租界及其周围"②，以此为理论依据，20 世纪 80 年代以来的上海城市史研究，基本上等同于租界史研究。同时亦有学者指出："百年以还，上海是三界四方并存，浦东浦西分割，虽同处一城，实相割裂，这些割裂之块都应该是一个个的专题，须分别论列，而不宜亦不能笼而统之，混而合之去叙述。分块论列，能见其深。合而观之，乃成上海这个现代化大城市的全局。③"

以此为出发点，出现了上海城区史的研究层次，近年来上海师范大学苏智良教授及其团队，对近代上海各城区进行了广泛的研究。"一个都市的发展，实际上是不同类型城区发展的总和。要想获得对一个大都市发展的总体认识，就不能不从各呈差异、各展风采的城区研究入手"④，这一过程中涌现出的大批成果，无论在学术价值上，还是在对后来者的引导方面，都有其重要意义，这些研究主要进行的工作是在史料整理工作的基础上，复原历史上的上海城市区域，更偏重于社会史的分析。最吸引笔者注意的，当数对吴淞、杨浦、浦东、外滩、南市等区域的研究⑤，因为这些城区是港口的集中分布地。

当然，上海城市的范围，是一个历史的概念，它在不断变迁之中，需要在

---

① 张仲礼：《近代上海城市研究》，上海：上海人民出版社，1990 年。

② 张仲礼：《近代上海城市研究》，上海：上海人民出版社，1990 年，第 19—20 页。

③ 郑祖安：《百年上海城·唐振常序》，上海：学林出版社，1999 年，第 3 页。

④ 苏智良：《城区史研究的路径与方法——以上海城区研究为例》，《史学理论研究》2006 年第 4 期，第 115—117 页。

⑤ 主要的研究成果均为上海师范大学硕士学位论文：毛剑锋：《杨树浦工业区研究（1880—1949）》，2006 年；叶兰莲：《近代上海提篮桥城区研究》，2007 年；高兴华：《新城兴衰——近代闸北城市化研究(1900—1949)》，2007 年；陈云：《近代上海吴淞地区研究（1898—1937）》，2007 年；杨琳琳：《上海江湾城区研究》，2008 年；许甜业：《近代上海浦东城区变迁研究》，2008 年；胡银平：《沪西小沙渡研究（1899—1949）》，2008 年；等等。

研究时根据不同的阶段来进行探讨。

（二）对近代上海市政、路政等的研究

近代以来，上海除了被称为"国中之国"、"耻辱标志"以外，也是向西方学习的"窗口"、"镜子"。这方面研究成果最丰富的，是对租界和华界二者在市政、路政等方面的研究。学界基本公认，上海城市的发展与租界的发展是同步的，开埠以后的上海，租界在城市现代化方面起到了举足轻重的作用。20 世纪80 年代以来，在上海城市史的研究中，"最大的突破，在于租界史的研究"[①]。学术界开始全面反思租界的积极意义，总的趋势是对租界的存在抱有越来越正面的看法。

熊月之、罗苏文、周武等学者是研究上海市政的主力军，形成了大量成果。[②]这些成果，一个主要的目的是，证明租界在上海城市化、现代化进程中所起到的积极作用；主要的论证方法，即是将租界与旧县城地区作比较，所谓"文明、先进"与"落后、守旧"；最后的结论是租界充当了"不自觉的历史工具"。早期的研究多数按这一路数，后期虽然也有不少成果，但大多属于陈陈相因，相关方面的创新需多为关注。

相应的，对近代上海华界市政的研究，也有不少的成果。尤其是对几个相继出现的重要的市政机构，如浦东塘工局、沪北工巡总局、南市各有关机构等，以及上海当地士绅们的贡献，都有不少的研究。[③]

最近几年来，对上海市政的研究，开始向细节方向发展，尤其是对所谓"动力机制"的研究。不少研究甚至具体到街道、河浜，如吴俊范关于城市景观变迁、填浜筑路的研究，以及牟振宇关于租界扩展动力等相关方面的研究。[④]这是对之前整体研究的一种反思与突破，但在研究中也需要同时与整体进行比较。

---

① 唐振常等：《上海史研究》二编，《序》，北京：学苑出版社，1988 年。

② 熊月之、罗苏文、周武：《略论近代上海市政》，《学术月刊》1999 年第 6 期，第 85—93 页；钟义盛：《上海市政建设的近代化进程及其启迪》，《社会科学》1995 年第 1 期，第 59—62 页；满振祥：《租界市政与上海近代化》，《乐山师范学院学报》2008 年第 1 期，第 90—92 页；等等。

③ 朱年发：《塘工局与上海浦东早期市政建设》，《档案与史学》1994 年第 3 期，第 70、80 页；王恩重：《近代上海绅商与闸北城区建设》，《历史教学问题》1996 年第 4 期，第 20—24 页；朱菁：《浦东开发的先驱：浦东塘工善后局研究（1906～1927）》，上海社会科学院硕士学位论文，2008 年。

④ 吴俊范：《城市空间扩展视野下的近代上海河浜资源利用与环境问题》，《中国历史地理论丛》2007 年第 3 期，第 67—77 页；吴俊范：《上海老城厢：一个江南城市的景观演变史及其动力机制》，《中国历史地理论丛》2008 年第 1 期，第 5—15 页；牟振宇：《近代上海法租界空间扩展及其驱动力分析》，《中国历史地理论丛》2008 年第 4 期，第 23—32 页。

国外也有不少学者的研究，如薄井由，通过租界对城市构成、城市内部功能分区、城市景观等方面的影响，探讨了上海和横滨的租界对近代城市发展的影响，其中也涉及少量与港城关系有关的内容。[①]

因此，总的来看，近代上海城市史的研究，内容非常丰富，而当下研究的大趋势，是向社会史方向靠拢。

三、对上海港历史及对外贸易变迁的探索

与近代上海城市研究相似，近代上海港的研究，也需要关注：上海港在哪里？它包括哪些部分？

按照"港口"的概念，它包括了陆域部分（码头等）与水域部分（航道等），因此，相关的研究也往往集中于这两部分；作为管理机构的海关、理船厅、浚浦局等，也是研究的重点对象。

对上海港码头分布的研究，现有的成果主要集中于对 19 世纪五六十年代、20 世纪 30 年代上海港码头的分析。[②]尤其是浚浦局成立之后，曾多次对上海港的状况做过调查报告，并形成数年的《上海港口大全》第一系列与上海港相关的报告调查资料。[③]1948 年，随着国民政府"大上海都市计划"的逐渐定稿，对上海港的相关规划与研究也已经成文，这就是后来成书的《上海港之将来》[④]，此书集合了设计委员会的集体智慧，并对上海港当年的码头作了详细的列举，惜未能再向前追溯其来历。

陆域部分，即对码头等部分的研究，1949 年至 20 世纪 80 年代，大都停留在"阶级斗争"的角度[⑤]，以证明所谓以剥削程度为中心，学术性并不是十分强。之后，比较详细的研究，包括《上海港史话》、《上海港史》等相关论著[⑥]，对近代以来上海港的结构（分布于黄浦江及吴淞江两岸的码头、堆栈等）作了比较详细的

---

① 〔日〕薄井由：《开埠初期上海与横滨城市发展的比较——由城市地理学的角度探讨租界与近代城市发展的关系》，《历史地理》第 19 辑，上海：上海人民出版社，2003 年，第 216—230 页。

② 参见傅国民：《中国近代港口图录》，北京：人民交通出版社，1998 年等论著。

③ 〔瑞典〕海德生：《上海港口大全》，上海：上海浚浦局，1934 年。

④ 赵曾珏：《上海港之将来》，北京：商务印书馆，1949 年。

⑤ 陈港：《上海港码头的变迁》，上海：上海人民出版社，1966 年；《上海港码头的变迁》编写组：《上海港码头的变迁》，上海：上海人民出版社，1975 年；等等。

⑥ 茅伯科：《上海港史：古、近代部分》，北京：人民交通出版社，1990 年。

研究。张燕主编的《上海港志》①，是一部具有通史性质的上海港研究成果，其年限由古代至 20 世纪末，含有丰富的历史资料，对本书的研究非常有参考意义。

与水域部分相关的，则是黄浦江与其他河流作为航道的研究。上海港在近代史上，分属于不同的机构管辖，并不具备一个整体管理的体制。对这些管理机构的研究，是重要的课题。如果说近代之前，自然因素在上海港发展中占有更大比重，近代以后，尤其是 19 世纪末以来，上海港则真正结束了其自然发展的阶段，进入人工干预非常明显的阶段。浚浦局于 1905 年后成立，这个"不自觉的历史工具"为上海港的发展作出了自己的独特贡献，对维护黄浦江的航道稳定发挥了极为重要的作用，虽然它的产生是与《辛丑条约》的耻辱联系在一起的。这方面的研究，主要有以下几个方面：浚浦局的性质，浚浦局对黄浦江航道的疏浚，浚浦局发展过程中的华洋矛盾等。②

与对上海港的具体分析不同，它的贸易功能研究，则是从整体角度来进行，即近年颇为兴盛的对外贸易、埠际贸易等研究。最著名的研究成果，当属上海社会科学院经济研究所、上海市国际贸易学会学术委员会编著的《上海对外贸易：1840—1949》③，可谓是上海近代贸易的集大成者。

上海港的对外贸易，是上海城市兴起与发展的基础。上海港的过去是什么样的，又是如何发展起来的呢？对上海在近代之前的性质分析，最早的看法是"小渔村"，随后被认为是近代之前中国最大的内贸港口，但又在一段时间的研究之后，认为对其在近代的贸易功能不能评价过高。张忠民、杜瑜、许檀、茅伯科、徐雪筠等学者认为，开埠之前上海港已经是江南第一大港，而戴鞍钢等学者认为，开埠前上海港与江南其他港口并无二致。④

因此，对开埠之后上海港的研究，主要停留于它的贸易功能方面。由于资料所限，仅可分析与英美等国的对外贸易，而由中国商人进行的贸易，以及大量的埠际贸易，现在还缺乏相应的研究。但已有学者指出，开埠初期，上海的外贸业，是由中国商人所主导的，外国洋行垄断对外贸易，则是开埠十多年后

---

① 张燕主编、《上海港志》编纂委员会编：《上海港志》，上海：上海社会科学院出版社，2001 年。

② 中国第一历史档案馆编，方裕瑾选编：《光绪末年黄浦江修浚工程主办权之争史料》，《历史档案》1994 年第 4 期，第 45—54 页。

③ 上海社会科学院经济研究所、上海市国际贸易学会学术委员会编：《上海对外贸易：1840—1949》，上海：上海社会科学院出版社，1989 年。

④ 王列辉：《驶向枢纽港：上海、宁波两港空间关系研究（1843—1941）》，杭州：浙江大学出版社，2009 年，第 14—15 页。对这一争论过程做了梳理，可参见。

的事情。①国外学者如张琳德等，也认为上海在开埠前已经成为中国的一个重要港口城市，而且在开埠后十多年中，它受到传统的影响远比外国因素要大。②

作为近代中国最大港口的上海港，是如何发展到这一程度的呢？现有的研究认为，它在 1852 年前后取得这一地位，但它取得这一地位的途径，却是通过罪恶的鸦片贸易。当然，经济史研究并不过分追究贸易类别的价值取向，仅仅关注其经济方面。③

上海港取得全国贸易中心地位之后，并不是没有变化的，之后近百年时间内，它的地位是与全国其他港口的发展相消长的。这种地位变迁，相关的研究成果，如戴鞍钢、唐巧天等学者均有论述，认为随着近代中国现代化的步伐不断前进，上海港的相对地位是在下降中的。④

从整体来看，上海的对外贸易，是上海港的主要职能，上海港沟通着上海城市与外界的联系。上海城市所实现的物质流、信息流，尤其是与国内外的交流，主要是通过上海港实现的。可以说，这已经表现出了上海的港城关系：对外贸易的发达程度，也就是上海港与上海城市之间联系紧密的程度。

四、上海港城关系的初步研究

如上所述，上海对外贸易研究的论著，多是从一个宏观的角度来看待问题，把港口与城市或分别，或结合，或作为一个整体来研究，甚至将上海港在贸易中的角色等同于上海城市。整体来看，这是合理的，但若就一个港口城市内部而言，上海究竟对上海港的依赖程度有多大？上海港的对外贸易与上海城市本身发展的相关系数又是多少？如果再仅仅停留于"以港兴市、以市兴港"的定性论述，就显得有些苍白。故笔者认为可以在现在基础上，结合相应理论做定量研究。

由于上海港与上海城市在当代的重要地位，学术界对它们之间关系的研究，

---

① 王庆成：《开埠初期上海外贸业的制度和概数：英国收藏的敦利商栈等簿册文书并考释（下）》，《近代史研究》1997 年第 2 期，第 163—177 页。

② ［美］林达·约翰逊：《上海：一个正在崛起的港口城市，1683—1840》，载［美］林达·约翰逊主编，成一农译：《帝国晚期江南的城市》，上海：上海人民出版社，2005 年，第 191—232 页。

③ 黄苇：《上海开埠初期对外贸易：1843—1863》，上海：上海人民出版社，1961 年。

④ 戴鞍钢：《近代上海的枢纽港地位》，《浙江学刊》2006 年第 5 期，第 49—54 页；戴鞍钢：《口岸贸易与晚清上海金融业的互动》，《复旦学报》2003 年第 2 期，第 106—111 页；唐巧天：《上海外贸埠际转运研究：1864—1930》，复旦大学博士学位论文，2007 年；等等。

也十分丰富。具体到港城关系方面，其代表如华东师范大学的硕士生唐秀敏的研究[①]，主要从当代上海港与上海城市发展的角度出发，通过一系列的理论、模型与分析，从而得出相应的结论，对笔者的研究非常具有参考意义。

从历史时期的角度来看港口与城市发展关系的，如杜国平等人[②]，就把中国的港口从 19 世纪 60 年代至今的发展分成三个时期，探讨了各个时期的不同特征与规律。此外，黄盛璋对近代中国港口体系，郑绍昌对宁波的港城，以及陈争平对天津、南通的研究等[③]，也是这方面的代表。以上成果中，理论与史实的结合往往比较薄弱；这也反映出，特定的理论都在特定的历史时期才是适用的。在对近代的港口进行研究时，可以参考这些理论，但完全照搬是有一定难度的。

但是，近代上海史研究中，真正以港城关系为研究对象者，尚不多见，主要因为没有界定港口与城市的概念范围，樊卫国等学者的成果[④]，即是将港口与城市合为一体，进行"口岸"经济的研究。

根据"港口—腹地"理论，区域是港口城市的腹地，城市就是港口的第一层次的腹地。最近十余年，复旦大学历史地理研究中心吴松弟教授领衔的港口—腹地研究[⑤]，可以看作是对港口与城市、区域发展等方面理论与实践的结合，分区域对全国各大港口与腹地的关系等做了研究。戴鞍钢的《港口·城市·腹地——上海与长江流域经济关系的历史考察（1843—1913）》一书[⑥]，作为港口腹地研究的开篇之作，同时也考察了近代上海港发展与城市的关系，对笔者的研究有很好的指导意义。

在近代的上海城市史上，租界、华界并存，因此，近代上海港的发展过程

---

① 唐秀敏：《港城关系的发展与上海国际航运中心建设》，华东师范大学硕士学位论文，2005 年。
② 杜国平等：《从港口的代际功能看港口功能的发展》，《港口科技动态》2006 年第 10 期，第 12—13 页。
③ 黄盛璋：《中国港市之发展》，载《历史地理论集》，北京：人民出版社，1982 年，第 88—110 页；陈争平：《天津与南通：近代中国港口发展的两类典型》，《经济地理》1990 年第 4 期，第 78—83 页；郑绍昌：《略论宁波港城发展的历史作用》，《宁波师院学报》1985 年第 4 期，第 94—97 页。
④ 樊卫国：《近代上海的市场特点与口岸经济的形成》，《上海社会科学院学术季刊》1994 年第 2 期，第 33—41 页；樊卫国：《激活与生长——上海现代经济兴起之若干分析（1870—1941）》，上海：上海人民出版社，2002 年。
⑤ 复旦大学历史地理研究中心主编：《港口—腹地和中国现代化进程》，济南：齐鲁书社，2005 年；吴松弟主编：《中国百年经济拼图——港口城市及其腹地与中国现代化》，济南：山东画报出版社，2006 年；吴松弟：《港口—腹地与中国现代化的空间进程》，《河北学刊》2004 年第 3 期，第 160—166 页；吴松弟：《通商口岸与近代的城市和区域发展——从港口—腹地的角度》，《郑州大学学报》2006 年第 6 期，第 5—8 页。
⑥ 戴鞍钢：《港口·城市·腹地——上海与长江流域经济关系的历史考察（1843—1913）》，上海：复旦大学出版社，1998 年。

中，虽然曾出现了海关理船厅、浚浦局、港务局等港口管理机构，但是，它们均不能完全控制整个上海地区的港务，使得上海港缺乏统一的港政机构。对海关史的研究，在以厦门大学陈诗启、戴一峰等学者为首的中国海关史学会上，取得了丰硕的成果，可参考相关的研究综述[①]，但是，这些研究主要关注的是海关与国家权利，对海关在港城关系中的作用并未深入探讨。

由于自身性质的不同，租界、华界政府与上海港之间的关系，以及上海港对不同城区的影响，也有很大的差别。那么，它的特征又如何表现的呢？反映到港城关系这一点，又会如何呢？如何定位这些不同的影响呢？

王尔敏先生通过对上海开关及港口城市形成的过程研究后[②]，认为上海港与上海城市的发展，都是在外国势力扩张影响之下形成的，而且它的国际意义，较其他口岸更为显著。马学强对在上海城市发展过程中，黄浦江的作用进行了全景式的描述，认为黄浦江过去是，将来也会是上海城市发展过程中的一个重要影响因素。[③]

航运与港口是紧密相关的两个部门，它们的关系是相互依存，凌弓、戴鞍钢、张修桂等一批学者以分析航运、环境对港口的影响为中心，展示了上海城市与港口系统的相互关系。[④]

以上的研究成果，对近代上海的港城关系进行了初步的梳理，是笔者进行深入研究的基础。

五、现有研究中存在的问题

港口与城市的相互依存关系，使上海史的研究，离不开对上海港的研究，二者相互结合，难以泾渭分明，故以上学术史回顾仅为初步整理而已。综合来

---

① 佳宏伟：《近20年来近代中国海关史研究述评》，《近代史研究》2005年第6期，第205—234页。

② 王尔敏：《外国势力影响下之上海开关及其港埠都市之形成（1842—1942）》，载梁庚尧、刘淑芬：《城市与乡村》，北京：中国大百科全书出版社，2005年，第427—460页。

③ 马学强：《黄浦江与上海城市发展》，《档案与史学》2003年第2期，第46—47页。

④ 凌弓：《近代上海航运发展与城市变迁》，《社会科学》1996年第12期，第48—51页；戴鞍钢、张修桂：《环境演化与港口变迁——以上海港为中心》，《历史地理》第17辑，上海：上海人民出版社，2001年，第73—81页；戴鞍钢、张修桂：《环境演化与上海地区内河航运的变迁》，《历史地理》第18辑，上海：上海人民出版社，2002年，第77—90页；戴鞍钢、张修桂：《回顾与启示：上海地区内河航运的历史变迁》，《上海行政学院学报》2001年第2期，第96—103页；戴鞍钢：《内河航运与上海城市发展》，《史林》2004年第4期，第94—98页。

看，这两方面的研究可谓硕果累累，尤其是上海港发展史上的各种实证性研究，已经相当透彻了。

研究近代的上海港城关系，在史料的充足性方面，可以得到相对充分的满足。最主要的困难，还是在切入点的选取，以及对相关解释理论的选取。相关研究成果中，真正从上海港城关系这一角度来进行研究的，尚属少见，因此笔者认为可以选取这一方向进行深入的研究。而现有的研究尚存在的一些不太完满的地方，也是本书研究的出发点。

（一）研究理论与方法尚需改进

近代上海城市与港口的互动关系尚不明朗，之前的研究大都仅停留于"以港兴市"等定性论述上，定量的分析尚不太多。对近代上海城市的研究，大多数是归结于历史学的范畴；对上海港的研究，又多是归结于地理学与经济学的范畴。故二者研究成果的区别是很明显的，主要是研究套路相差很大，彼此间缺乏对话。

即使是历史学范畴的上海城市研究，也缺乏严密的历史逻辑性。故而，对近代上海港城关系的变迁，首要的工作是进行发展时序的排列与梳理。只有在这种情况下，才可以更充分地体现出历史学的意义。

现阶段的研究，理论应用仍相对贫乏，分析工具也不是最有力的。在进行经济史的研究时，经济理论的应用自然是必不可少。随着国际经济学界各种模型理论的相继创建，中国经济史学界也有不少的应用。但随后往往将之放弃，其理由通常是"中国的特殊国情"。故而笔者想要在此基础上，引入地理学与经济学的理论、方法，应用于近代上海港城关系的研究。

对上海城市中各城区的研究，虽然已经有了不少的成果，也力图要以小见大，从微观看宏观，但在具体的操作过程之中，往往仍陷入就城区论城区的套路之中。笔者认为，之所以会出现这种问题，其原因主要在于城区的研究中，没有选择一个可以与其他城区共同联系的线索，以至于小区域的研究并不能反映上海城市整体的发展。

近代上海的发展，虽然是依据港口而兴起的，但是港口的存在，只能依水而建，它的直接影响范围毕竟不能覆盖整个城市。城市的发展是有层次的，而上海的各个城区，又如何与港口发生着关系？因此，在上海城市的研究中，不仅涉及港口城区与其他城区的比较研究，港区更能作为各城区相互比较与统一的线索。本书就此探讨港区与城市的发展，以及联系城区间关系的过程中，扮演了什么样的角色、各自作出了怎样的贡献。

（二）部分论点尚待检验与论证

多数研究者将近代上海港的发展，归结于它的地理因素。当然这是正确的，但不能说明所有的问题。如果说在开埠初期，地理区位因素尚占有重要作用；在进入 20 世纪之后，上海港的发展，已经开始逐渐摆脱对地理因素的完全依赖。在这一变化过程中，上海港城关系的发展经历了怎样的变化？它们之后的发展动力又来自何处呢？

当前的研究似乎有一个看法，认为港口与城市的关系，就是外贸与城市的关系，有其合理性，却不完全如此。因为外贸并非完全围着港口所在城市而存在，它是为着一个更大的区域而存在，此所谓港口—腹地关系。上海港到底是如何影响上海城市自身的发展，多数研究者并没有交代，更多的是泛泛而论，如它对上海的城市、经济等各方面都产生了极大的影响，然而程度是多少，不同类别的影响又有什么不同？作为城市史研究，当然可以不用过分追究，但作为经济史的研究，还需要相应数据的说明。定性分析，是需要检验的，否则就只能是一个假说而已。这也正是本书的出发点与必要性之所在。

从 20 世纪 80 年代初开始，对上海史的研究进入了一个新阶段：即由之前的全面否定租界作用，转向对租界积极作用的研究，并有一系列研究成果的问世。之后，这一研究方向亦开始走向极端：几乎无限制地扩大对租界积极作用的评价；反映到上海城市史研究上，便是几乎以租界史取代上海城市史研究。上海老城区，则成为用来反衬租界优越性的一个标本。不少学者都不断以此作为论证租界合法性的依据。但在实际情况中，华界（老县城、闸北等）与租界究竟有何不同，它的地位又是如何变迁的？在对上海的城市研究中，租界、华界，分别代表了什么样的上海？上海的城市定位是怎样的？由于近代上海的兴起，与港口息息相关，因此从港口角度来进行论述，是一个可行的方法。

第三节　主要研究内容与方法

一、研究对象与时段

笔者的选题，其研究对象主要是上海港与上海城市二者之间的关系；不过，由于这二者均属比较大的题目，故必须先对二者做相应的分析之后，才可以更进一步讨论其关系。因此，本选题研究对象的内容就丰富了许多。

对上海港本身而言，又包括码头、航道等的分布、变迁、内部结构及整体格局的形成；本书在分析上海城市空间演变过程时，也以港口为线索，揭示城区与港区的互动、城市经济的发展与港口经济的关系等方面。

故而，本书的主要研究对象，是在关系二字，即近代百年的历程中，上海城市与港口在发展过程中的相互影响。而反映着港城关系并执行这种关系的，可能有许多方面，考虑到研究的具体情况，本书主要选择了城市地理、经济产业、市政经费来源等三个方面来进行分析。

笔者的研究时段选在1842—1937年，长达近百年，足以概括近代上海港从传统到现代的发展。选择1843年上海的开埠作为本书研究的开端，因为这代表着上海已经与新的世界有了新的接触，并不仅仅是如近代之前的国内贸易及仅针对日本、琉球、朝鲜的贸易，它开始进入世界历史的视野之中。而选择1937年作为下限，原因在于从本年起，上海港的发展失去了昔日稳定的秩序，进入战争时期，并不能再以正常的经济分析对待之。

因此，在1842年之后的近百年时间内，除了少数几次战争（较大者如小刀会起义、太平军战争、"一·二八"事变）影响外，因租界的特殊性，上海城市的演变与国际关系密切相关，也使得其发展路径大体平稳，并未有特别长时间的断裂趋势。在此基础上，笔者通过在各个章节中对时间顺序的整理，来论证港口与城市关系的各个方面。

此外，在本书的研究中，需要注意几个方面的难点。

首先，最主要的就是前人的研究成果较多，出于最基本的学术规范与尊敬，应该做到穷尽前人研究成果。但事实上，由于上海史的研究，牵涉到各个分支学科，被不同的学者以不同的方法进行研究，难免挂一漏万，需要在之后的研究中，进行不断改进。

其次，由于选题的起点较高，对理论与方法等有更高的要求。很显然，在当前条件下，仅仅以描述的方式进行上海史研究，已属末流之技。各种新理论、新方法的应用成为必然，这样才可能有新的观点产生。如此则必须对各种中外相关理论、方法有所了解，但由于时间所限，能够了解并最终应用于本书的，当然是极少数。

最后，由于上海港并不仅仅只有经济功能，它同时存在着政治、军事、社会、文化等功能。若选取角度过大，则极易散漫无边，难以突出重点；若选取角度过小，则不能完全表现上海港与上海城市的关系。从专业与史料角度出发，本书仅选择了几个方面进行论述。

二、相关理论方法及研究路线

关于理论的应用，由于港城关系牵涉到比较微观的情况，因此会用到不少城市地理学的理论与方法，而不完全与经济学方法相同。但正因为这样，笔者认为，它更能反映地理学的因素，而不是纯粹的经济分析。

（一）现代化理论的应用

近代以来，中国人民为了追求民族独立和国家富强，"现代化"就成了必由之路。对这个名词，现在尚没有一致的看法，中国现代化研究的权威学者罗荣渠先生，以及国外的相关学者，也没有对这一概念作出普适性的明确解释。[①]一般认为，它包括了整个社会生活的各个方面，但经济生活上的现代化是最明显的标志。"现代化"是属于方法论范畴、工具理性的，它的价值属性并不显著，但近代以来，由于各种客观与主观的原因，它甚至取代了现代化的目的本身。这当然是另外的话题了。

上海港口与城市之间关系的研究，在"现代化"这一分析框架中，也会有其现实意义。港口所产生的对外贸易，是可以用来衡量中国近代以来经济现代化水平的，它所反映的，不仅仅是上海城市本身，更多的是全国经济发展及一体化的过程。港口所引入的国外因素，是中国现代化的开端，对于上海本身所施加的现代化影响，更是巨大的；港区和城区关系相互演变的过程，就是上海城市走向现代化的过程。因此，这将是本书的一个大的历史背景与理论支持。

（二）计量经济学的方法

如何描述上海港对上海城市现代化产生的影响，是一个尚缺乏深入研究的课题。在这一问题中，一般的描述是"以港兴市""城以港建""因港促工"等[②]，

---

① 罗荣渠：《现代化新论：世界与中国的现代化进程》，北京：商务印书馆，2009 年；〔美〕罗兹曼：《中国的现代化》，南京：江苏人民出版社，2003 年。

② 戴鞍钢：《港口·城市·腹地——上海与长江流域经济关系的历史考察》，《中国城市经济》2004 年第 1 期，第 48—51 页。

那么这种影响在城市的建设过程中，港口作为动力的因素又有多大呢？绝大部分的研究者并没有给出定量的结论，在研究日益深入的条件下，这一要求显然就更为迫切了。

近代上海作为中国的经济中心，留下了大量的统计数据，包括城市经济生活的各个方面；而上海作为全国最重要的商埠，更有保存于其他各类资料中的数据。这些珍贵的历史数据，是本书进行计量分析的可行性基础。

（三）历史城市地理学方法的运用

现代地理学理论中，城市地理学是一个最重要的分枝之一，关于历史及城市发展的各种理论、方法，不计其数。本书则从历史城市地理学出发，引入景观、地理意象等相关理论模型，来分析作为上海城市对外交流窗口的上海港，是如何成为上海城市的标志，又是如何逐步向现代演化的。

同时，也应该看到，现代城市地理学与历史城市地理的研究方法也有着一定的不同，最大的区别，就在于资料来源的途径。由于具体的历史背景，近代的各种资料与数据无法达到现代城市地理的要求，这便需要在引进现代地理学方法时，同时顾及历史事实的具体情况。

总之，包括历史学、经济学、城市地理等各学科分析工具的存在，可以为本书提供相应的理论支持，下文将择其要而用之。

在此基础上，本书确定的研究路线与方法如下：

首先，对近代以来上海城市与港口的空间演变过程做比较细致的考证。前辈学者的研究，对城市与港口的整体状况关注较多，对构成它们的各个细节（城区、码头等），也有一定的深入考证。本书即从城市范围、港区范围的定义出发，选取相关标准，判定其具体区域，为后文研究作基础。

其次，对近代上海的各城区变迁与港口的关系做深入的探讨。近代以来，上海的城区是处于不断扩展的过程之中的，当然各个不同城区的扩张动力并不完全一样。本书以租界、浦东、南市老城区为例，论证港口和城市二者的相互决定性，以及到底应该如何看待；并运用地理意象、城市规划等地理学理论方法，揭示港城二者的关系。

再次，从经济层次，分析城市发展过程中的临港产业各层次的具体状况，并以米粮业为线索，论述产业与港口之间的互动；同时，以定量分析的方式，引入数理模型，分析以贸易为代表的上海港对上海城市发展的拉动作用。

最后，以上海城市发展中的市政建设经费来源之一——码头捐的变迁，来叙述近代上海城市发展过程中,上海港的直接贡献与间接贡献,以及由码头捐而产生的港区与城区之间的互动关系、各城市建设机构之间的联系。

三、史料文献的选取

上海是近代中国的经济中心,更是重要的文化中心之一,百余年来所形成的各种史料,可谓汗牛充栋。与上海港与上海城市相关的史料,自然也可以海量计,若要穷尽这些史料,是不大现实的,如何在这些史料中选取最适合自己的,也就成为一个重要问题。与本书直接相关的史料文献,大体有如下几个方面的内容:

首先,与本书研究直接相关的,是近代上海港口与城市变迁的各种档案文书。据笔者所知,这些档案现主要藏于上海档案馆、上海图书馆,以及各专业档案馆等,包括公共租界工部局、法租界公董局、领事团、华界政府及民间机构团体在内的各种会议记录、公报、年报等资料。对它们进行整理是第一步所要做的事情,近些年已经出版的一些资料,如《工部局董事会会议录》等,都是本书的重要史料[1];但由于大部分资料仍然以档案的形式保存着,故需要首先在纷繁的头绪中理出一条线索来。

其次,与上海港贸易密切相关的近代海关史料。作为中国近代史上最具科学精神的部门,海关税务司以严谨的态度,记录下了近百年来中国各港口(包括上海港在内)的贸易、经济、社会、政治等各方面的状况,形成的各种统计、报告等,是一座近代史料的宝库,现在,这些史料大部分已经得到出版。[2]因此,利用这一重要史料,也是本书的任务之一。

最后,上海地区近代出现的各种报刊资料。近代上海产生了最为繁多的报刊和杂志,这些报刊忠实记录了上海发展过程中的各种轨迹,是研究近代上海史的第一手资料。最为著名者如《申报》,自 1872 年至 1949 年,非常完整地记录了上海乃至全国政治、经济、军事、社会等各个方面的状况,是笔者的主要参考资料之一。

清末至民国时期上海地区的各种方志、文集、笔记,同样有其重要价值。

---

[1]　马长林:《〈工部局董事会会议录〉及其史料价值》,《档案与史学》1999 年第 2 期,第 77—80 页。

[2]　吴松弟、方书生:《一座尚未充分利用的近代史资料宝库——中国旧海关系列出版物评述》,《史学月刊》2005 年第 3 期,第 83—92 页。

当然这些资料中与上海港相关的史料，相对非常分散。但在这些资料中，往往能有出人意料的发现，能够补充其他史料的不足，比较著名者，如上海古籍出版社的《上海掌故丛书》等。

城市中的各种工商业的企业资料，也在被应用的范围之内，如刘鸿生、荣家企业，以及近代工业、手工业史资料等。此外，还有不少全国性的资料，其中关于上海的部分仍占有很大的篇幅，也应算入笔者的参考资料之内。

第一章　近代上海城市与港口发展的历史线索

经济学等社会科学领域中一些概念和术语就像黑格尔所说的那样，只有在理论思维的逻辑行程中方能得以把握和理解，更有说法认为："只有在经济学家们不试图去界定（define）他们所研究的现象时，方能理解这些现象"，这种现象可称为"莱温斯基陷阱"。[①]在进行城市史与城市地理的研究时，同样存在着这样的问题[②]，城市史与城市地理对自身的研究对象，都有着不同层次的理解。

在历史学这种传统人文学科的研究中，是否存在一些难以界定的概念？笔者认为，本书的研究，亦不例外，即港城关系这一问题，是城市史？或者是城市地理的内容？需要在二者之间作出选择，但无论选择哪一个，都必须对题目进行界定：近代以来，作为一个城市的上海在哪里？上海港又在哪里？它们之间的关系应如何进行探讨与表述？

上海，是近代中国最大的城市，这是历史常识。"上海"一词，可以指代上海及其周边的一大片区域，也可以仅仅指它的城市范围。就行政体系而言，上海的"城市"概念，在清末属于松江府治下的上海县；民国时期的 1927 年之前，基本上处于上海县范围以内；1927 年之后的十年，上海城市则处于上海特别市的政区以内（1930 年 5 月 20 日国民政府《市组织法》颁布，取消"特别市"建制，一律称"市"，改称"上海市"）。

近代以来，上海地区的行政区划，进入迅速变化的时期，城乡之间的界定也开始逐渐纳入当政者的考虑范围内。据相关考证，清末以来至 20 世纪 30 年代前期，上海地区政区的变化如下[③]：

---

① J.Lewinsky：《产权的起源与村社的形成》，1913 年，第 5 页，转引自韦森：《社会秩序的经济分析导论》，上海：上海三联书店，2001 年，第 4 页。

② 许学强、周一星、宁越敏：《城市地理学》，北京：高等教育出版社，1997 年，第 4—7 页。

③ 谯枢铭：《上海地区疆域沿革考（元代以后）》，载唐振常、沈恒春主编：《上海史研究》二编，上海：学林出版社，1988 年，第 349—352 页。

　　宣统二年（1910），清政府颁发《城乡自治章程》，改设自治区，上海县合城厢、老闸、新闸、江境庙四区为上海城；合新泾、江桥、诸翟、虹桥四区为蒲松镇；合塘桥、洋泾、陆行、高行四区为东泾镇；余十二乡，为法华、漕河泾、引翔、闵行、塘湾、北桥、马桥、颛桥、曹行、陈行、三林、杨思。凡城一、镇二、乡十二，共十五自治区。

　　民国三年（1914），江苏省临时省议会颁布《暂行市乡自治章程》，决定上海改城为市，称上海市。上海的闸北区方称闸北市；蒲松镇称蒲松市；恢复洋泾区为洋泾市；余为十五个乡；合称十五市乡。

　　民国十五年（1926），孙传芳督江苏省，遂以上海、闸北、蒲松、洋泾四市及引翔、法华等乡和宝山县的吴淞市及高桥、殷行、江湾、真如、彭浦五乡，成立淞沪商埠，直辖于督办公署。分全境为五区，即上海、闸北、浦东、沪西、吴淞。

　　民国十六年（1927），以淞沪商埠区域扩大为上海特别市，直隶中央政府。其扩大范围除原有区域外，又增宝山县属大场、杨行二乡；松江、青浦二县所属七宝乡之一部；松江县属莘庄乡之一部；南汇县属周浦乡之一部。跨地五县，共市乡三十。但1928年7月上海特别市接管各市乡时，仅暂先接管上海县与宝山属之十七市乡，一律改称为区，其余各县所属之十三乡暂缓接收。从此上海市与上海县分离。

　　上海的市区范围真正开始被注意，要在民国十九年（1930）之后，该年国民政府公布《市组织法》，改上海特别市为上海市，并比较明确地规定了上海的城市规模，沿着历史的脉络继续扩展。上海的城市范围，遂东越浦江，达于浦东江岸；西过曹家渡，南折而至静安寺、徐家汇；向南直趋龙华；向北达宝山路底（图1-1）。

　　以上是作为整个区域的上海地区，如此广大的区域，不可能均作为城市范围而存在；同时还要注意到的是租界的存在，它们是上海城市化最早开始的地区，更是城区的重要组成部分（图1-2）。

　　如何确定城区、港区二者的范围，需要再深入问一句的是：判断的标准是什么？如何选定标准应用于本书？标准确定之后，并没有十分棘手的问题。因此，毫无疑问的，在进行本书研究之前，需要进行对相关概念的批判，以确定本书对上海城市在地理空间概念上的研究范围。

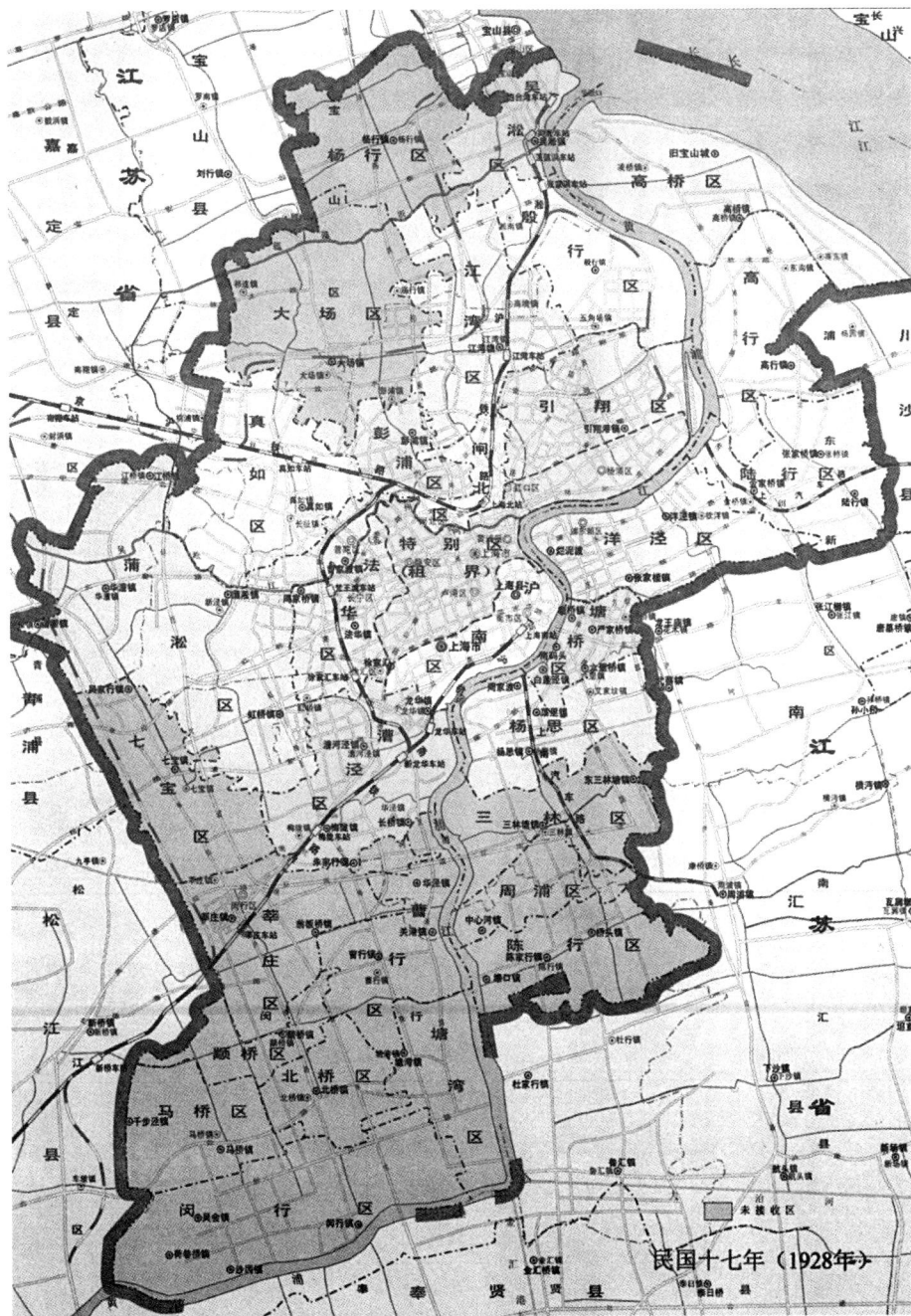

图 1-1　上海特别市政区图（1928）

资料来源：周振鹤：《上海历史地图集》，上海：上海人民出版社，1999 年，第 46 页

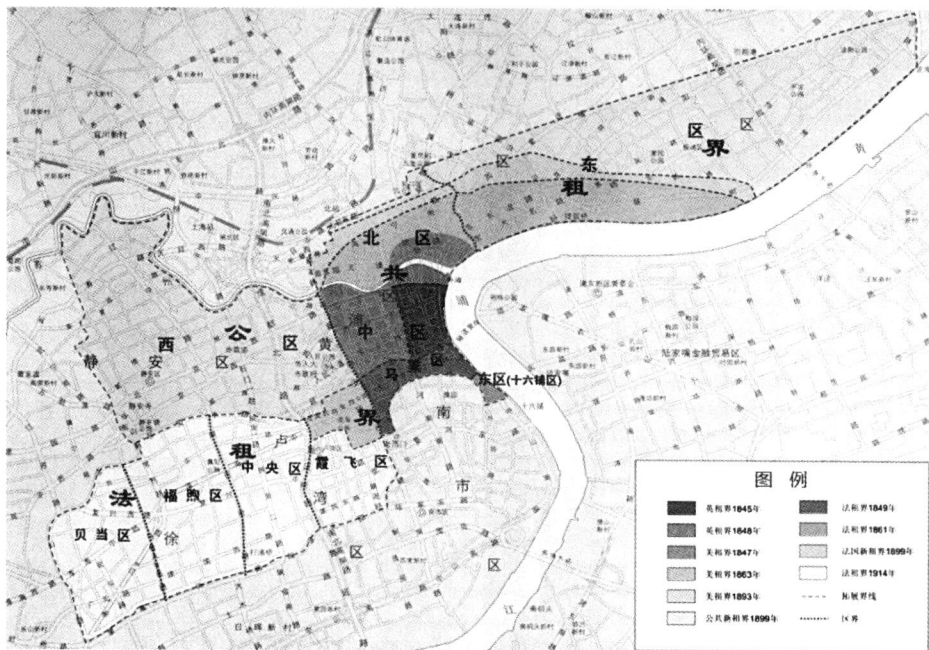

图1-2　上海租界扩张图

资料来源：周振鹤：《上海历史地图集》，上海：上海人民出版社，1999年，第70页

第一节　"上海"——区域与城市

　　"城市"的定义，在中国古籍中早已出现，但近代上海的城市发展，并非传统的延续，而是西方文明的现代化因素与传统意义上的中国相互作用的产物。那么，什么是作为一个"城市"的上海？它的市区范围是什么？近代以来，对这个问题，有不少的学者作过探讨；但更多的研究仅仅是将其作为一个不言自明的背景，再加以引用。下文将就这一概念先进行界定。

一、基本概念的简析——"城市"

　　"城市"一词，其实是由"城"、"市"二者结合而成，就字面意义来说，它具有后两者的各自的特征。就城市史的研究而言，对"城"、"市"二者的渊源及概念，均有不少的争论。与城市这一概念相仿，还有城镇、市镇等术语，常常被不加区分地混用。本书不再就城市的起源作论证，而是要针对上海来探讨，到底什么样的区域，才可以称为城市？

总的来看，城市、城镇，都是相对于乡村而言的，它们不同于乡村的本质特征，大致有如下几个：

产业构成——以从事非农业活动的人口为主的居民点；

规模——一般聚居有较多的人口；

景观——人口密度和建筑密度比乡村要大；

物质构成——市政设施和公共设施；

职能——一般是工商业、交通、文教的集中地，是一定地域的政治、经济、文化的中心。[①]

以上这些指标，都可以用作界定城市范围的重要指标，经济学、城市地理学的相关研究，往往也以此为标准，研究城市的变迁，其中，大部分的城市史研究，都把内容放在城市职能方面。但是，这样做很容易流于表面，混同了城市史与经济史研究的区别；还并不能将城市与乡村完全区分开来，因为它们的界线，并不是泾渭分明、很容易就找到的。

因此，最常用的途径是针对城市形态，从实体空间范围的划定上，使用详细的规定。这样便有一种"城市建成区"的概念，一般来说，"城市化地区"（urbanized area）是一种能较好区分城乡的城市地域概念，基本上相当于"城市建成区"。[②]本书所应用于上海的"城市"概念，即主要指建成区。

所谓城市，基本上也就是能够满足城市化地区的上述几个本质特征的地理区域。当然，本书的主要目的，不在于探讨城市这个一般性的概念，而是要结合上海这一特例，来分析上海城市范围变迁的历史。因此，本书拟以这几个标准为背景，来界定近代以来上海城市的发展进程。

二、上海城市范围的确定

上海城市发展的时间脉络，因丰富的历史记载与史料支持，基本上是非常

---

① 许学强、周一星、宁越敏：《城市地理学》，北京：高等教育出版社，1997 年，第 17 页。

② 许学强、周一星、宁越敏：《城市地理学》，北京：高等教育出版社，1997 年，第 19 页。

清晰的。据陈从周、章明等观点，上海市区是在 19 世纪 40 年代至 20 世纪 30 年代形成和发展起来的，并将其分为三个阶段：1845—1895 年，上海的发展初具近代城市特点；1896—20 世纪 20 年代，上海迅速发展为近代城市，尤其以交通运输为代表；20 世纪 20 年代至 1937 年抗日战争前夕，上海进一步繁荣发展时期。[1]而据张仲礼等学者来看，近代上海的城市发展经历了三个阶段：1843 年至 1911 年，1912 年至 1927 年，1927 年至 1949 年；同时总结了这一过程中的十四个关节点。[2]总体来看，由于时代背景的原因，以上各种分期的方法与结论，基本上没有超出政治史的范畴。

　　毫无疑问，以上这些观点都认为上海城市范围的变迁，是历史的、不断渐进演变的发展过程。本节的论述中，对于上海城市的界定，就以历史时期的发展为准，从空间、时间的两个角度，来分析上海的城市发展。而选定的几个参考指标，包括人口密度、城市地价、近代路政的兴起（越界筑路）等。

（一）人口指标

　　城市的建成区中，需要有人的存在，只有在这种情况下，城市才有它存在的意义。因此，以人口判断城乡区别，有绝对和相对两个指标。绝对指标方面，可以认为 5000 人为近代城市化的人口标准[3]；相对方面，人口密度至少 386 人/平方千米，才可称之为城镇。[4]在人口指标方面，无论从绝对量的人口规模，还是从相对量的人口密度而言，作为城区的上海是远大于农村的。

　　根据这一标准，分析 1935 年、1936 年上海城区各部分的人口数与密度，大致如表 1-1、表 1-2 所示。

表 1-1　1935 年上海各区人口密度表

	华界	公共租界	法租界	全上海地区
人口数	2 044 014	1 159 775	498 193	3 701 982
面积（km²）	494.68	22.6	10.22	527.5
人口密度（人／km²）	4 134	51 317	48 747	7 000

　　资料来源：邹依仁：《旧上海人口变迁的研究》，上海：上海人民出版社，1980 年，附录第 3、7 二表整理

① 陈从周、章明主编：《上海近代建筑史稿》，上海：上海三联书店，1988 年，第 1、4—11 页。
② 张仲礼主编：《近代上海城市史研究》，上海：上海人民出版社，1990 年，第 11—16 页。
③ 行龙：《略论中国近代的人口城市化问题》，《近代史研究》1989 年第 1 期，第 27—42 页。
④ 许学强、周一星、宁越敏：《城市地理学》，北京：高等教育出版社，1997 年，第 19 页。

表 1-2　1936 年上海华界各区域人口密度表

局所别	面积（km²）	人口	密度（人/km²）	局所别	面积（km²）	人口	密度（人/km²）
市中心分局	5.85	6 777	1 158	徐家汇警察所	12.45	41 407	326
吴淞警察所	13.18	18 955	1 438	漕泾警察所	31	38 948	256
蕴藻浜警察所	27.88	32 696	1 173	西门分局	10.98	245 172	2 329
江湾警察所	28.95	35 400	1 223	老北门警察所	0.65	86 313	32 789
新闸分局	16.07	214 540	13 350	文庙路警察所	0.83	77 676	3 586
蒙古路警察所	0.25	44 959	179 836	十六铺分局	0.76	48 207	3 430
恒丰路警察所	1.03	69 228	67 212	董家渡警察所	1.23	74 905	0 898
真如警察所	35.3	35 339	1 001	邑庙警察所	0.6	86 506	44 177
北站分局	8.38	82 506	9 846	巡道街警察所	0.76	72 531	5 436
北四川路警察所	0.45	37 701	83 780	浦东分局	5.38	73 982	3 751
永兴路警察所	1.2	61 337	51 114	杨家渡警察所	3.18	44 543	4 007
临平路警察所	9.18	139 975	15 248	洋泾警察所	21.03	47 521	260
引翔港警察所	18.13	39 868	2 199	塘桥警察所	36.69	70 774	929
曹家渡分局	16.85	151 276	8 978	高桥分局	45.81	41 288	01
蒲淞警察所	77.66	52 270	673	东沟警察所	62.98	54 158	60

资料来源：邹依仁：《旧上海人口变迁的研究》，上海：上海人民出版社，1980 年，附录第 6 表整理

无疑，两个租界地区巨大的人口密度，已经充分证明了其城市化的程度，而华界地区的这一指标，也已经远远大于衡量城市化人口指标的最低值。表 1-2 是华界城区各分区的具体人口密度情况。

虽然 1935 年前后，上海市的郊区仍然主要显示出的是农村景观，但按照上述表格中的数据，参考城市化的标准，整个上海的城市化已经远非刚开埠时期可比：在绝对量上，人口最少的华界郊区真如地区，也已经达到了城市化的要求；而在人口密度方面，最小的蒲淞地区，也已经远超城市化的标准。

由此，则可知随着近代百年以来的发展，截至 1936 年，上海市辖区内的所有地区，都已经纳入了城市化的进程之中，均能够作为上海市区的组成部分。但下文的分析，仍将集中于城市化最明显的租界与紧邻租界的部分华界地区。

（二）城市地价指标

近代的上海城市，除了人口密度这一指标的数值很高，它同时是一个吸引资本的容器，并通过地价的演变反映出来，由此可以考察近代上海的城市化进程[1]，因为"土地被纳入了市场，导致晚清上海地价进入了上升通道"[2]，故而"都市发达，地价增长，为一般不易之原则"，同时，"无论兴盛都市之主因若何，而人口势必大量集中"，进而"基地之需要自必比例增多，而土地之面积不能任意扩

---

[1]　马学强：《通商开埠前后上海地价初探》，《档案与史学》1999 年第 3 期，第 35—40 页。

[2]　王少卿：《晚清上海地价及其对早期城市化的影响》，《史学月刊》2009 年第 4 期，第 104—111 页。

张，供不应求，地价因之腾贵"，又由于"土地之位置不能人为移动，地价亦因之高下悬殊"。[①]这已经是自近代到当代的经济活动中，被普遍认可的规律。

据此可知，一个城市地价绝对值的高低，可标志城市化的开始与否；而地价相对值的高低，则反映了一个城市中心城市与郊区的差别。对上海而言，地价的增长导致了"近代城市功能区的形成，为上海近代城市建设提供了资金，导致城市建筑形式的变化，使上海出现了全新的近代城市风貌"。[②]早在 1874 年，上海英租界不同城区的城市化，以土地价值而言，已经出现了层次，"最靠近黄浦江的土地的最高价值为每亩 7000 两，大致折合每英亩 14 000 镑。离外滩最远的，在护城河旁的土地每亩只值 400 两，约合每英亩 800 镑。虹口租界的地价比例大致相同，但价值较低"[③]，此处已可见上海港的空间布局，对近代初期上海城市化的影响。

本节即根据此项地价指标，判断 20 世纪 30 年代上海的城市化进程，在不同城区中究竟分别达到了何种程度，进而可判断其城区的扩张程度。

（1）公共租界之地价，远在华界之上，其中"中北东西四区地价，以中区为最高，北区次之，西区更次之，东区较低，而中区地价尤以外滩与南京路成一丁字形之心腹地为最高"。[④]

（2）法租界地价，旧区（1914 年之前区域）与新区之差别也非常明显，但在新区之内，部分地块由于"商业突形蓬勃，电车交通日见拓展，地价激增"，以致霞飞路、辣斐德路、康悌路、劳神父路等处，"不仅大宗地皮难以购得，即零星小块，亦不易寻觅"。[⑤]

（3）华界各区之地价，最高者亦未达到公共租界之最低水平。

按照近代学者的看法，20 世纪 30 年代上海地价的因区域而异的分布格局，"乃国际资本主义侵略结果以致之。上海市地价之普遍增高者，则为国内政治经济文化动态倾向以促成也"[⑥]。更重要的是，这些地价的差异及变迁，也是上海城市化的必然印记。

① 张辉：《上海市地价研究》，上海：上海正中书局，1935 年，第 1 页。

② 王少卿：《晚清上海地价及其对早期城市化的影响》，《史学月刊》2009 年第 4 期，第 104—111 页。

③ 《领事麦华陀 1874 年度上海港贸易报告》，载李必樟译编，张仲礼校订：《上海近代贸易经济发展概况：1854～1898 年英国驻上海领事贸易报告汇编》，上海：上海社会科学院出版社，1993 年，第 358 页。

④ 张辉：《上海市地价研究》，上海：上海正中书局，1935 年，第 23 页。

⑤ 张辉：《上海市地价研究》，上海：上海正中书局，1935 年，第 23 页。

⑥ 张辉：《上海市地价研究》，上海：上海正中书局，1935 年，第 104 页。

据表 1-3 可知：

表 1-3 1930 年上海各区域地价表

	区别	估价面积（亩）	估价总值（元）	每亩均价（元）
公共租界	中区	2 175.984	328 309 698	150 879
	北区	2 251.332	119 202 116	52 947
	东区	9 880.922	163 960 466	16 594
	西区	7 823.141	223 833 241	28 612
	共计	22 131.379	835 395 121	37 743
法租界	旧区	718	72 176 525	100 524
	新区	11 245	205 999 477	22 321
	共计	11 963	323 176 002	27 015
华界	沪南区	45 019	371 946 064	8 262
	闸北区	6 663	40 364 258	6 058
	法华区	21 170	90 798 250	4 289
	洋泾区	32 751	89 663 309	2 788
	吴淞区	19 088	29 987 649	1 571
	引翔区	46 477	51 635 957	1 111
	江湾区	58 150	53 149 400	914
	彭浦区	17 327	13 584 464	784
	殷行区	33 148	21 413 688	646
	真如区	51 762	31 316 215	605
	塘桥区	18 509	10 587 139	572
	蒲淞区	118 611	55 272 830	466
	漕泾区	40 773	14 860 048	414
	陆行区	38 014	15 661 690	412
	高行区	39 059	13 475 204	345
	杨思区	23 679	7 956 180	336
	高桥区	36 930	11 226 629	304
	共计	647 130	923 898 974	1 428
总计		**681 224**	**2 082 380 097**	**3 057**

资料来源：张辉：《上海市地价研究》，上海：上海正中书局，1935 年，第 7—8、23、29、33 页。其中，公共租界、法租界估价总值之和，及漕泾区土地均价有误，原文如此，本表照录；总计的地亩数，为取整后的数值

首先，公共租界与法租界的地价非常之高，也说明租界的城市化程度要比华界大了许多；同时，租界的各个分区之间，地价也有差别，表明即使在租界之内，城市化也有早晚、快慢的不同。

其次，华界的地价绝对值远较租界为低，表明华界的城市化程度总体而较租界为低；此外，表中估价的华界，地域广阔，也使得地价绝对值数低于租界；同时这也表示，尽管存在着各种困难，但华界的城市化进程仍然在不停顿地进行之中。

再次，由于华界围绕租界而存在，由表中可知，紧邻租界的华界区域，往往地价较高，也说明其城市化程度较强。高于华界地价平均值的几个区中，沪南、闸北、法华、洋泾、吴淞等区，均与租界有较强的联系，而洋泾区、吴淞区更是作为上海港的一部分，城市化进程较其他各区为快。

最后，还需指出，包括引翔、江湾、彭浦、真如等区在内，它们靠近租界

的部分，城市化进程也非常明显，只是因为辖区过大，平均值则显得较小。

因此，根据地价为指标，上海城区的范围大致为：以租界为中心，沪南、闸北、法华、洋泾、吴淞等区，以及引翔、江湾、彭浦、真如等区靠近租界的部分，浦东各区沿江部分。

（三）近代路政的拓展

上海城市发展过程中，路政作为城市化过程的先驱，已经为不少学者所重视。[①]近代化马路的修建，城市化进程随即展开；马路到达地区，沿线区域景观逐渐变化，形成工商业集聚的格局，均是上海城市扩张的标志。而路政的发展，则是与租界的存在密切相关的：租界通过各种途径（越界筑路），扩展其控制范围与影响力（图1-3、图1-4）；而华界地区为了保持自己的利权，也通过修筑马路，对抗租界的扩张。二者共同作用，共同促进了上海路政的现代化与城市化的发展。

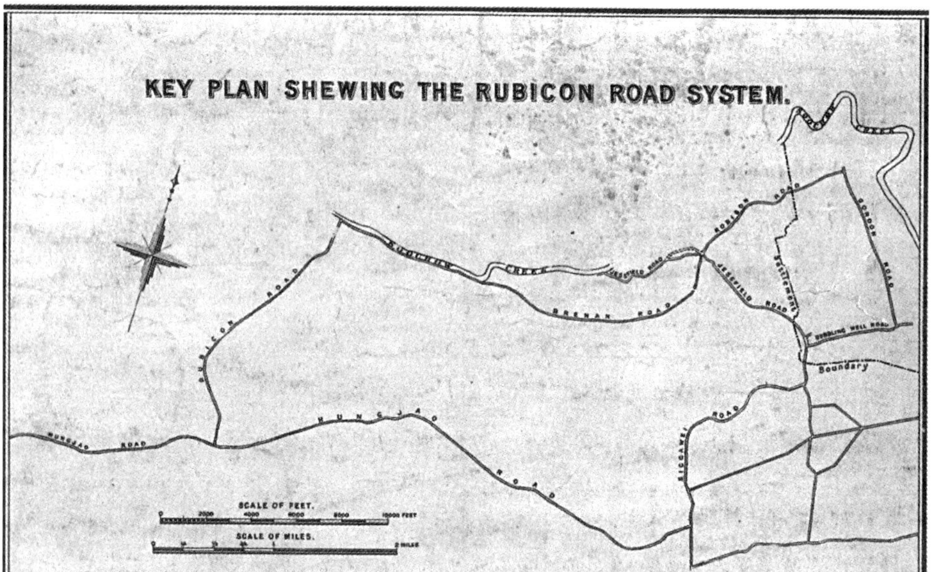

图 1-3　1904 年上海规划图中的公共租界越界筑路地区

资料来源：美国国会图书馆（http://www.loc.gov/item/2011589777/）

---

① 这方面的研究，比较充分，此处不再赘述，参见袁燮铭：《工部局与上海早期路政》，《上海社会科学院学术季刊》1988 年第 4 期，第 77—85 页；牟振宇：《近代上海法租界越界筑路区城市化空间过程分析（1895—1914）》，《中国历史地理论丛》2010 年第 4 期，第 67—81 页；熊月之、罗苏文、周武：《略论近代上海市政》，《学术月刊》1999 年第 6 期，第 85—93 页；等等。

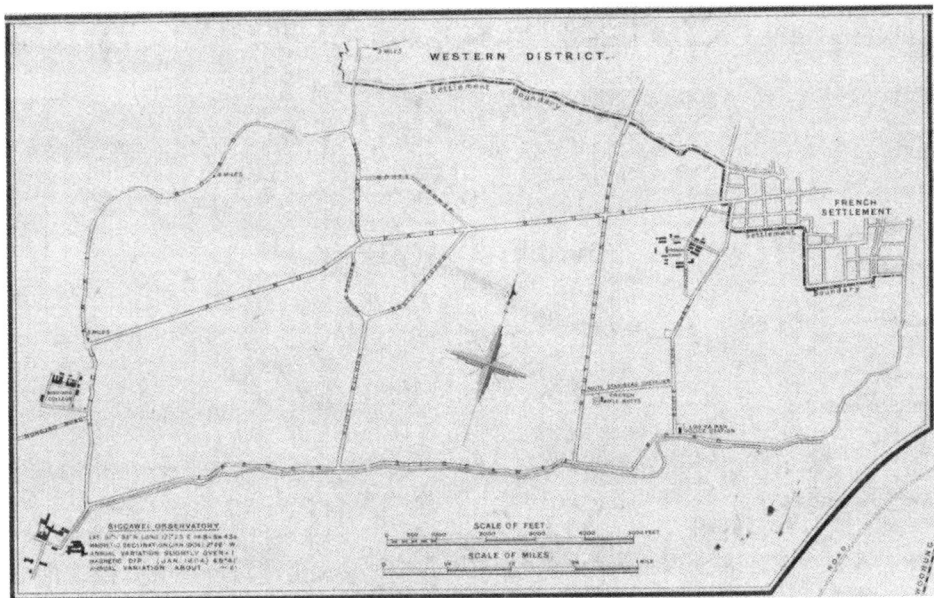

图 1-4　1904 年上海规划图中的法租界越界筑路地区

资料来源：美国国会图书馆（http://www.loc.gov/item/2011589777/）

越界筑路的地区，直到 1936 年前后，原越界筑路地区基本已经形成新的城市建成区，而华界地区的马路修筑，也奠定了城市化的基础，成为上海城市最繁华的部分之一。因此，马路的修筑，是上海城市向郊区扩展的一个标志。

租界的越界筑路，从政治角度而言，无疑是华界行政权力的丧失，但其客观效果，却是被整个城市的居民所接受的："在最初越界筑路之际，华界当地人民，往往群起反对，甚至外人强迫筑路，引起极大之纠纷。于今则不特不反对，且从而怂恿之、促成之，大有招之使来、兴筑恨晚之慨。推原其故，无非由于其地一经筑路，工部局势必给予让路费，为数可观。且筑路之后，租界势力无异立即到达，而该处及邻近之地价，顿可增加数倍，居为奇货，小民无智，固不问丧权辱国，第有利在，即乐为之也。"[①]由此也可以看出，上海城市的扩张，实属历史发展的必然。

虽然近代以来，对这种越界筑路的争议从未停止，并以保持权力为斗争口号；但最终越界筑路所形成的城区，在租界消失之后，仍归于中国政府管辖，并成为上海城市的组成部分。由于这方面的研究已相对较多，此处不再赘述。

———————

① 张辉：《上海市地价研究》，上海：上海正中书局，1935 年，第 48—49 页。

三、本书的上海城市范围

上文对近代上海城区的概念和范围，进行了界定，同时还应该要看到，1843年开埠以来，上海存在着多个"城市"：老城区、公共租界、法租界、闸北、浦东等。它们最初并不是作为一个整体被提及的，而保留着租界建立之初"华洋分居"的格局，虽共处一地，却各自是一个"城市"。

比较明显的例子，如 1848 年一位英国人描述上海的英租界："现在，在破烂的中国小屋地区，在棉田及坟地上，已经建立起一座规模巨大的新城市了"[1]；法国人在 19 世纪 70 年代，也这样看待他们的租界："在四分之一的世纪里，在这块布满沼泽、坟墩和破房子的土地上，涌现出了一座完整的城市，繁荣、富裕。"[2]

租界的城市化，是上海城市发展的主体，1931 年，有研究者指出："谓'上海为中国问题之启钥'，盖无人得以否认；而谓上海公共租界又为上海问题之启钥，殆亦有同程度之真确"[3]；后来美国学者罗兹·墨菲提出，上海是现代中国的"钥匙"，无疑是在步前者论述之后尘。因此，租界可以在很大的程度上，作为近代上海城市的代表。

与租界地区相比，华界地区的城市化进程相对缓慢，虽然设立特别市之后，上海城市规模在扩大，但过程却并不迅速，直到抗战之前，上海城市建成区的范围，仍集中于租界与旧城区、闸北及其周围的边缘地区，与政区并不重合。据考证，20 世纪 30 年代时，"全上海市的建置地区（即已经城市化的区域）面积约当 30.35 平方里，只占当时上海行政区的 13%而已"。[4]其他地区只是进入城市化的过程之中，如浦东地区，其城市化仅限于"狭义上的浦东沿江狭长地区"[5]；因此，以建成区来看待上海，"市面繁盛而市政设施完备的区域，不过沪南、闸北及公共租界、法租界四处，尤以公共租界为最。此外除浦东、吴淞两处近年渐见兴盛外，实在都不能算入是范围之内"[6]。若向前回溯，其情形可想而知。

---

① 卢汉超：《西方物质文明在近代上海》，载唐振常、沈恒春：《上海史研究》二编，上海：学林出版社，1988年，第 26 页。

② 〔法〕梅朋、傅立德著，倪静兰译：《上海法租界史》，上海：上海译文出版社，1983 年，第 513 页。

③ 徐公肃、丘瑾璋：《上海公共租界制度》序，载蒯世勋等：《公共租界史稿》，上海：上海人民出版社，1980年，第 5 页。

④ 章英华：《清代以后上海市区的发展与民国初年上海的区位结构》，《中国海洋发展史论文集》第 1 辑，台北："中央研究院"三研所中国海洋发展史论文集编辑委员会，1984 年，第 178 页。

⑤ 许甜业：《近代上海浦东城区变迁研究》，上海师范大学硕士学位论文，2008 年，第 11 页。

⑥ 韦息予：《上海》，上海：上海大江书铺，1932 年，第 14 页。

如果说上海是一个完整的城市，是不合适的，正如它在政治上的地位，决定了城市的性质与景观。近代上海是中国最大的通商口岸，城市中存在着近代中国所有城市中实力最强大的租界，因此，上海的市政机构不是统一的，故而这个城市不可能是一个有机的整体。但就是这样一个奇怪的格局，上海由各个不同的"城区"共同组成了一个国际化的"城市"，各个部分都能相对独立又相互依赖地运行。

通过以上的各个指标分析，可知近代以来，上海的城市范围变化经历的过程。近代上海城市区域的变化，是一个历史的过程，通过近百年的扩展，截至1937年，上海城市的范围，已经扩展至黄浦江两岸，并沿黄浦江向上、下游伸展，沿吴淞江到达沪西地区。

上文所确定的城市标准，以及近代上海城市化过程中的实际情况，使得本书不可能将上海地区所有进入城市化的区域，均作为研究对象与范围。因此，为方便起见，本书仅研究上海的租界地区、南市、闸北、浦东沿江及沪西部分地区的城市化区域，以此作为本书研究的"上海"城市范围。本书指定的这一城市建成区，直到1948年，仍没有太大改变（图1-5）。下文中的"上海"，若不作特别说明，均指的是作为城市的上海区域。

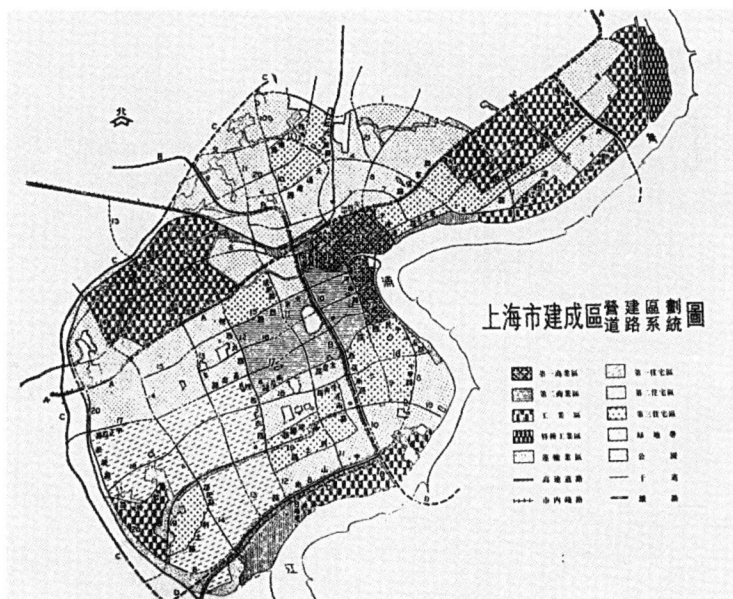

图1-5　1948年前后上海城市建成区图

资料来源：孙平主编，《上海城市规划志》编纂委员会编：《上海城市规划志》，上海：上海社会科学院出版社，1999年，第302页

第二节　作为地理空间的上海港

相比较上海城市范围的界定，港区的范围是比较容易划定的。因为对外贸易的发达，近代上海港是人们所关注的焦点，并成为经济史研究上的一个重要对象，但多仅限于整体上的港口，作为贸易数据的代表。具体到地理学意义上，作为一个区域的港口，则内容要丰富许多。

同上海城市的性质相似，为上海的发展提供了契机的港口，其管理机构与区域范围的划分，也是不统一的，甚至有过之而无不及，它也是"国际性"的。当然，租界虽然只有两三个主人，但是组成上海港的诸多码头、堆栈，有着更多的主人。

本节所要讨论的就是：地理意义上的港区，在近代时期是怎样演变的，其范围是如何被逐渐划定，并以此为基础，发生同城市各方面关系的。

一、基本概念的简析——"港口"

所谓港口，有狭义与广义之分："狭义的港口，指某个具体的、进行船舶停靠、货物装卸作业和旅客上下等项业务的场所。而广义的港口则指一个国家或一个地区范围内港口区域的总称，包括与港口有密切依存关系的各种产业所在的区域，包括自由贸易区、出口加工区等。"[1]对狭义的港口而言，其组成部分主要有两个："水域（水上部分）和陆域（陆上部分）"，这是港区最基本的或中心部分；其中，"港口的水域，包括入港航道、转头靠岸的空间、停泊区或装卸泊位、港池及锚地等"[2]。

港口的陆域部分，则主要指与港池毗连的码头，"小的港口实际上就是码头。码头上大都配备有装卸机械，进行货物的装卸作业。旅客则在客运码头上下，大的港口还有货场仓库和其他设施"[3]。本书在界定上海港时，就主要从这两

---

① 罗正齐：《港口经济学》，北京：学苑出版社，1991年，第3页。
② 罗正齐：《港口经济学》，北京：学苑出版社，1991年，第101页。
③ 罗正齐：《港口经济学》，北京：学苑出版社，1991年，第104页。

个方面来进行：水域部分——黄浦江、吴淞江；陆域部分——黄浦江及吴淞江沿岸的大小码头，随着港口与城市的升级发展，再扩张至码头背后的城市区域。

港口的发展，最重要的因素还是在港口之外，即与港口和城市相关联的交通条件、原料来源地、市场体系等。因此，"港口的规模、等级、设施，港区的大小范围等，取决于进出船舶的数量、吨位，码头泊位种类、数量，以及装卸、集疏运和储存能力，这些又与腹地大小、依托城市的规模及发展和客货运量及吞吐量以及相关事业发展的需要有密切关系"①。这也是本书从城市与港口关系的角度进行探讨的出发点之一。

就本书而言，由于研究对象为上海城市的发展，同时关注的是城市与港口的关系，故而主要使用狭义港口定义。当然，在特定的研究需要中，如果牵涉到贸易统计的口径，所用的则是较为广义的港口定义，具体情况请参见下文。

二、上海港范围的变迁

近代的上海港，并非是一个真正意义上的海港，而是河口港。黄浦江作为一条优良的通航河流，成为上海道的航道，连同两旁的码头仓库，共同组成了近代上海港的主体部分。本节要讨论的是，上海港不应该仅仅指黄浦江及其两岸的港区地带，还需要加入吴淞江等支流，共同组成上海港的体系。

黄浦江的地位，对于来到上海的外国人而言，关系到贸易发达与否，其重要性可想而知。虽然上海港的范围不断向吴淞口移动，但直到 1931 年，时人仍然将黄浦江视为上海港的主体部分："黄浦江之利弊，为现在上海市港生死兴废之关键，开港以来，即为外人所注意。"②这一认知状况，直到 20 世纪末，在洋山港被建设之前，仍然没有改变。通过对上海港自古代以来的变迁分析，当代的学者们已经得出基本结论：上海港有"港区航道不断向海口迁移的趋势"，"这种港区由吴淞江上游向长江口外的移动，是航道淤浅、船舶吨位增大和外贸比重扩展诸因素结合的必然结果"③，无疑，这都是默认黄浦江为上海港的主体部分。

---

① 罗正齐：《港口经济学》，北京：学苑出版社，1991 年，第 101 页。

② 盛叙功编译，刘虎如校订：《交通地理》，上海：商务印书馆，1931 年，第 154 页。

③ 茅伯科、邹逸麟：《上海港：从青龙镇到外高桥》，上海：上海人民出版社，1991 年，第 3 页。

（一）作为港区主体的黄浦江两岸

黄浦江是上海港最重要的组成部分，这条航道两侧，自上海开埠以来，逐渐布满了各色各样的码头，共同构成了上海港。但是，并非浦江两岸所有地域均可作为码头建设之地，由于水文条件的不同，其作为码头的条件也有区别。[①]据此，有研究即认为：近代上海港口区的码头岸线设置，"基本上体现了深水深用，浅水浅用"[②]，经过近百年的反复调整，已经相对比较合理了。

具体到近代，上海港区确实经历了一段时间的迁移，黄浦江航道的不断恶化，一度使贸易受到极大影响。但就在 20 世纪初，在港区已经很难驶入大型货船的情况下，出现了浚浦局，它对黄浦江的有效疏浚，使得其后四十余年的时间内，上海港港区并未向海口附近有很明显的移动，甚至在吴淞开埠的情况下，上海港仍然能够保留维持原状的局面，租界当局与欧美列强，宁可每年花费巨额人力物力疏浚浦江，也不愿使港区外移，脱离与租界的紧密联系——这已是港口与城市互动的生动写照。

近代的上海港区，虽然经历了一个由黄浦江上游向下游的转移过程。但是，这个过程也不是没有限制的，在特殊的历史条件与政治制度下，上海港的转移也在展示着自己的特点。下文即主要以黄浦江口的吴淞商埠作为上海外港区域的命运为例，分析近代上海港区域的变迁。

在上海开埠之初的 1843 年，英国驻沪领事巴富尔最早提出上海港港界："自上海县城临江起，沿下而下直至吴淞口宝山嘴之间的水域及江岸陆域"，将黄浦江自老县城至江口的所有岸线均划作港区；咸丰五年（1855），上海道正式确定了这一格局，宣布港界为"上限为县城北端之江岸，下限为宝山嘴至黄浦江对岸炮台一线"；至 1930 年 3 月 26 日，随着港口与城市的扩张，江海关遂通告上海港新港界："上自龙华张家塘河口向黄浦江的直角线，下至吴淞口"[③]，基本上将黄浦江所有适合通航轮船的岸线，全部划归港区之内。

与港区相关的，还有所谓的"洋船停泊区"，始于 1843 年，即租界范围沿浦江面；1851 年 9 月 24 日，《上海港口管理章程》规定："外国商船在港内停泊的界限自苏州河南岸至洋泾浜的黄浦江面"（见附录）；之后随着上海港贸易

---

① 参见〔瑞典〕海德生等撰：《上海港口大全》，1934 年，上海：上海浚浦局，1934 年，第 31—51 页。

② 王列辉：《驶向枢纽港：上海、宁波两港空间关系研究（1843—1941）》，杭州：浙江大学出版社，2009 年，第 273 页。

③ 张燕主编，《上海港志》编纂委员会编：《上海港志》，上海：上海社会科学院出版社，2001 年，第 68 页。

的不断发展,"洋船停泊区"不断向黄浦江上下游扩张,终于在 1929 年,事实上扩展至与上海港区重合。①

总的来看,近代的上海港保持了一个扩张的趋势:"开埠后,上海港在其国内外贸易发展进程中,港区的布局也随着环境的演化而拓展变化,总体趋势是港口重心移向苏州河口以北黄浦江两侧深水岸线。"②但它们的扩展也是有限度的,因为浦江下游的水道条件,并非全是深水岸线,加之淤塞与疏浚工作的矛盾,导致上海港区在近代的发展,呈现了一个具有自身特殊性的过程。

1. 上海港向黄浦江下游的延伸——吴淞口

吴淞口的地理区位,相对于上海老城区与租界城区而言,更有控扼江海的优势。早在 1863 年,就曾有人评论吴淞,称其在贸易方面,"位于黄浦江与扬子江两条大江交流处的吴淞,其条件假若不比上海为佳,也应与上海相等,或较上海更加完善一些"③。因此,吴淞作为上海港的一部分,即使独立出来,发展成为可以替代上海的新港口城市,似乎都是有着自己的有利条件的;而之后的历史时期中,吴淞也为向上海的外港转变而不断努力。

自上海开埠之后,吴淞的城市扩张,虽无法与租界城区相比,但速度同样不容忽视。1877 年,又有人称吴淞地区的发展情况:"一些吃水很深的拖船不能开进黄浦江,它们通常就在炮台附近装卸货物。于是,吴淞口一带,千帆云集,密密的桅杆像树林一样耸立着,一个城镇就这样拔地而起。这里有清国唯一的一条铁路和电报线,连接着吴淞口和上海。"④这一观察生动揭示了吴淞的城区地位——它是作为上海的外港而存在的,虽然有了一定的发展,但并非独立,而是必须要依靠租界与华界城区的需要。

可见,吴淞作为上海的外港,是有其重要地位的,而且上海港最终也把吴淞包括在内,这种不断发展的趋势,导致了 1898 年的吴淞开埠。但是直到 1937 年前后,真正的上海港区,仍停留在浦江租界沿江一带。这种情况的出现,其

① 张燕主编,《上海港志》编纂委员会编:《上海港志》,上海:上海社会科学院出版社,2001 年,第 75—76 页。
② 戴鞍钢、张修桂:《环境演化与港口变迁——以上海港为中心》,《历史地理》第 17 辑,上海:上海人民出版社,2001 年,第 77 页。
③ 《北华捷报》第六五六期,1863 年 2 月 21 日,上海社会科学院历史研究所编:《太平军在上海——〈北华捷报〉选译》,上海:上海人民出版社,1983 年,第 476—477 页。
④ 《1877 年的上海:火轮信使——一个美国人的游记》,载郑曦原:《帝国的回忆:〈纽约时报〉晚清观察记》,北京:当代中国出版社,2007 年,第 37 页。

原因则相对复杂，其中最重要的就是与黄浦江的关系。

　　黄浦江状况的变迁，从上海刚刚开埠时，就已经表现出淤浅的趋势。1875年前后，王韬曾评论上海港的状况，谓："海市之设，由来已久。然海舶多在吴淞口外数十里，不敢直达黄浦。"①1877 年，时任英国驻上海领事的麦华陀称："流经上海，也是上海的外贸和繁荣所完全依赖的黄浦江的情况继续不断恶化，现在它被淤泥堵塞的速度之快，已在跟我一样有机会看到这条河道在最近 20年间几乎以几何级数的进度被淤塞的人们心中，引起了对本港前途的忧虑"②。黄浦江入海处吴淞口的沙洲状况，同样令人十分担忧，"吴淞口虽距沪数十里，而迩来水浅沙胶，巨舶艰于出入，非潮盛至，不敢迅驶双轮也。设搁浅处，非运载轻舟，历二三日不得脱，故航海者几视以为畏途"③，如何解决这些非常现实的问题，关系到上海城市的长远发展。

　　因此，早期租界城区的欧美商人，为保证贸易通畅起见，提出的解决意见，是修建一条由吴淞直达租界城区的中转铁路；或者，由相关责任人担任疏浚黄浦江的任务。早在 1866 年，英国驻华公使阿礼国致书清廷："上海黄浦江地方，洋商起货不便，请由海口至该处于各商业经租就之地，创修铁路一道"，"浦江淤浅挑挖不易，铁路修成，水路挑挖无关紧要"；但经清廷议复，认为"开筑铁路妨碍多端，作为罢论"。④当时中国政府认为，吴淞口外的沙洲，"或以为此天所设之险堑也，断不可加以疏凿"，虽外人多次呈请疏浚，但"其请几不行。西商于是谋筑轮车铁路，由沪直达吴淞，以便货物之转输、人客之往来。或谓若能成此，亦中国之创举也。然疏河之说，朝议卒许之，同筑路其将未果行欤？"⑤

　　1873 年，英国领事称，"这种阻塞正在逐渐地不断扩大其肇祸的能力。现在，把船舶阻留在港口，以及部分船舶离开港口他去的情形已成为司空见惯的事"，"不久以后在上海和吴淞之间很可能要铺设一条铁路了。计划者为何选择这条路线作为他们的初次尝试，我不打算多讲，但一般的看法认为，这条路线

①　王韬：《瀛壖杂志》卷 6，上海：上海古籍出版社，1989 年，第 116 页。

②　《领事麦华陀 1877 年度上海贸易报告》，载李必樟译编，张仲礼校订：《上海近代贸易经济发展概况：1854～1898 年英国驻上海领事贸易报告汇编》，上海：上海社会科学院出版社，1993 年，第 448 页。

③　王韬：《瀛壖杂志》卷 6，上海：上海古籍出版社，1989 年，第 116—117 页。

④　王彦威等编：《清季外交史料》卷 5，台北：文海出版社，第 19 页。

⑤　王韬：《瀛壖杂志》卷 6，上海：上海古籍出版社，1989 年，第 116—117 页。

的运输量不大可能会发展到足以使它成为有利可图的投资"①，因此当时即有看法，认为疏浚才是最重要的事情。

但吴淞铁路终究修成了，它的结果虽然并不理想，但在被拆除之后，上海租界内的外人，亦不再提修建铁路之事。包括租界在内的外人，其已经开始逐渐形成的看法是：不再修筑通往外港的铁路，改为疏浚浦江。1880 年之后，吴淞口被允许作为驳船转载的停泊地，"德国条约授予的在吴淞沙洲外装卸船货的优惠权……每天都在扩大它被利用的范围。来上海港的最大的轮船都在吴淞口外。我期待看到那里的业务有发展，但能发展到什么程度，我不妄加猜测。可用于抛锚的地方并不太宽敞，离货栈的距离远，意味着要花费大笔工支。假如货栈被允许设在吴淞——现在当局还反对将吴淞的土地让给外国人——，毫无疑问，该处轮船的运输业务将会增加，但可能使上海受到损失。依我的看法，有两件事可能导致吴淞的发展——在上海的港口设施严重地缩减，以及难以用公道的价格获得码头设备"②。

为了能够在上海从事贸易的利益，以英国商人利益为代表的工部局，对疏浚工作是最为上心的。1881 年 12 月底，"一位英国人威廉·沃森先生与上海道台签订了一份建造一艘蒸汽发动的大型挖泥船的合同……可以确信它将在1882 年底前对这块沙洲进行挖泥工作。人们感到满意的是，中国当局终于认识到为本港提供一条畅通的进口航道以供商业之需，强于保留这块沙洲作为战争时上海的不可靠保护物"③。1882 年之后，浦江航道开始疏浚，但是"挖泥船是开动了，但是人们却发觉挖泥本身不过是一种敷衍塞职的手段，因而效果是很小的"④。

但是，这种疏浚工作对一般的客货船而言，还是可以满足其进入黄浦江要求的，1898 年，一位旅行者说："江上百舸争流。尽管河道狭窄、多变而错综复杂，却可供大船航行，关于'淤塞'会使上海陷于困境的悲观预言说了许多年，但我们最大的货船却通行无碍，成功的挖泥使它们能横靠在虹口良好的码头旁边停

① 《领事麦华陀1873年度上海贸易报告》，载李必樟译编，张仲礼校订：《上海近代贸易经济发展概况：1854—1898年英国驻上海领事贸易报告汇编》，上海：上海社会科学院出版社，1993年，第315—316页。
② 《1882—1891 海关十年报告》，载徐雪筠等译编，张仲礼校订：《上海近代社会经济发展概况（1882—1931）——〈海关十年报告〉译编》，上海：上海社会科学院出版社，1985年，第35页。
③ 《领事许士1881年度上海贸易报告》，李必樟译编，张仲礼校订：《上海近代贸易经济发展概况：1854~1898年英国驻上海领事贸易报告汇编》，上海：上海社会科学院出版社，1993年，第613—614页。
④ 〔美〕马士著，张汇文等译：《中华帝国对外关系史》第二卷，上海：上海书店出版社，2000年，第349页。

泊。"①

浦江航道日益拥挤，无法满足航运要求的现实仍然存在，吴淞终于在 1898 年成为"自开商埠"，但并没有使吴淞作为上海的外港迅速发展起来。该年 9 月，淞沪铁路完工，人们一度认为，"这条铁路的作用，是将上海与出海口连接起来。这段路程，火车只需要半个钟头就够了。吴淞就将成为上海的海港，就像不来梅与不来梅港一样"②；但实际情况却是："从这时起，这条铁路正式承办客运业务……虽然这条铁路的业务至今还几乎全部都是客运，但是如果延伸至苏州和南京的路轨能够铺设（有人已提出这样的建议），无疑会有大量的运输业务"③，可见淞沪铁路的通车，并不必然造成吴淞外港的建设。即使在 1908 年 3 月，沪宁铁路通车后，其情形依然是："这条铁路干线主要依靠客运……到上海的货运主要限于有转运单的蚕茧和生丝，虽然进出银子的数量也相当大"，而且截至 1911 年，"迄今为止并无任何货物在海关管辖下从上海装运出去"④，铁路对于上海港的贸易作用尚且如此，更遑论对吴淞作为外港的地位，没有太大的促进作用。

吴淞港区的发展前途，在时人看来也确实有其自身的不足，故最终上海港向此的延伸，并未完全实现。正如 1897 年，英国领事满思礼所说："中国政府已决定不久就要把吴淞开辟为通商口岸，并在那里设立一个上海海关的分关。很难预测这件事对上海的贸易所会产生的影响，但是看来它不见得会产生任何重大的影响。现在驶到上海卸下部分船货的轮船在吴淞开放后，可以把这部分货物卸在那里的仓库，这无疑可以节省时间"，但是，"由于上海存在着很大的既得利益集团，因此吴淞不大可能会发展成为与之竞争的口岸，加以在多风暴的天气条件下，吴淞的锚地既无掩蔽，又不方便，更使它无法同上海竞争。然而，这项新措施将会进一步刺激那些关心本港福利的人们作出认真的努力去排

① 〔英〕伊莎贝拉·伯德著，卓廉士、黄刚译：《1898：一个英国女人眼中的中国》，武汉：湖北人民出版社，2007 年，第 19 页。

② 《1898：记者高德满（Goldmann）眼中的上海》，见王维江、吕澍：《另眼相看：晚清德语文献中的上海》，上海：上海辞书出版社，2009 年，第 194 页。

③ 《1892—1901 年海关十年报告》，载徐雪筠等译编，张仲礼校订：《上海近代社会经济发展概况（1882—1931）—〈海关十年报告〉译编》，上海：上海社会科学院出版社，1985 年，第 111 页。

④ 《1902—1911 年海关十年报告》，载徐雪筠等译编，张仲礼校订：《上海近代社会经济发展概况（1882—1931）—〈海关十年报告〉译编》，上海：上海社会科学院出版社，1985 年，第 161—162 页。

队吴淞的沙洲”①。也就是说，吴淞的开埠，反倒更促进了上海的发展，使得租界更关心如何疏浚黄浦江，并将此作为租界未来的主要任务，甚至将它写入《辛丑条约》之中。

1906 年之后，黄浦江疏浚工程日渐展开，暂时缓解了上海港的危机，使吴淞失去了与上海竞争港区的机会。但在进入民国之后，吴淞城区各种工业日益兴起，“淞口以南接近沪埠，水陆交通尤适宜于工厂，故十年之间，江湾南境客商之投资建厂者，视为集中之地，而大势所趋，复日移而北”②，这都使得吴淞日益重要。租界的发展，也让吴淞的地位有了转机，1921 年，海关税务司称，“昂贵的地租严重地阻碍了上海地区的工业发展，这给离这里较远的地区办厂带来很大的便利。从这方面看，在吴淞发展工业是很值得重视的”③，这又为 20 世纪 20 年代吴淞二次开埠提供了契机。

当时身为淞埠督办的张謇曾论及“吴淞之名，震于海外者久矣，外人有不知陕西甘肃等省所在，而未有不知吴淞者。则以吴淞为吾国第一口岸，于水为长江门户，于陆为铁路终点，而又位于上海租界之前，宜为世界所瞩目”④。但由于“洋商营业趋势益集中于上海，淞口无转移之希望”。⑤它的第二次开埠，亦随着国内局势的变化，被再次搁浅。

2. 向上游的延伸——周家渡

如果说，上海港向下游（吴淞口）的伸展，没有完全成功的原因，主要是由于租界的缘故，那么向上游的扩张，则是由于自然条件的限制。由于黄浦江水文条件的原因，受海潮影响极大，由下游至上游水深逐渐减小，而潮水来去，更易使带来的泥沙淤积。以刘鸿生的中华码头为例，分析上海港码头区的上限。

1926 年，刘鸿生购进“浦东周家渡沿浦地皮二百五十余亩，由瑞商罗德洋行出面注册，价值三十二万元，建造水泥码头”⑥等设施，即后来的中华码头。

① 《代理总领事满思礼 1897 年度上海贸易报告》，载李必樟译编，张仲礼校订：《上海近代贸易经济发展概况：1854～1898 年英国驻上海领事贸易报告汇编》，上海：上海社会科学院出版社，1993 年，第 937 页。

② 张允高等修，钱淦等纂：《宝山县续志》卷 6《实业志·工业》，民国《宝山县续表》，1921 年。

③ 《1912—1921 年海关十年报告》，载徐雪筠等译编，张仲礼校订：《上海近代社会经济发展概况（1882—1931）—〈海关十年报告〉译编》，上海：上海社会科学院出版社，1985 年，第 208 页。

④ 《吴淞开埠计划概略》，《申报》1923 年 1 月 1 日，第 6 版。

⑤ 民国《宝山县志》卷 6《实业》。

⑥ 上海社会科学院经济研究所编：《刘鸿生企业史料》上册（1911—1931），上海：上海人民出版社，1981 年，第 61 页。

但由于此处"原是个荒滩"，水道又易于淤浅等原因，购进地皮后，"即商请浚浦局在该处垫泥，结果垫出了五六百亩"①，对这一码头设施，刘鸿生很是自豪，称"环顾全市洋商所办之码头公司，比比皆是，而确能与洋行剧烈竞争者，唯鸿生所办之中华码头而已"②。

但具体到码头的建设而言，情况却要复杂得多，因为"码头离市区的远近，对码头业务是有一定关系的"，"一般地说，如码头在黄浦江上游，潮涨时，船随潮而上，到码头装货完毕，潮退时，船再随潮运货回市区，这就是适当的距离。但如果码头在上游而与市区距离较远，在涨潮时船随潮而上，到码头装货完毕（注：一般指驳运），退潮时间已过，或再一次涨潮又来了，这时装满了货物的船，势必要在下一次退潮时，才能随潮回市区。这就延长了载货时间，增加了驳运费用"，之前刘鸿生所经营的义泰兴董家渡南、北栈，"虽然都在浦东，不如在浦西的好，但从它与市区的距离来说，却是很好的。一潮水以内，就可以运货来回一次"，但是中华码头所在的周家渡地区，"不仅地在浦东，而且与市区距离远，一潮水以内货船不能来回一次，所以不为货主所欢迎"；另外，该处原本是一个芦滩地，"容易淤塞，码头赚的钱大多用于河道的疏浚了"，"而且该处虽然设有三只码头，但不能停靠大船，其中有一只码头在退潮时成了烂泥滩"，因此反倒被认为是刘鸿生"所办事业中最失败的一项"③，与刘鸿生自认为的骄傲形成鲜明对比。

综上所述，近代上海港的扩展，是向上游、下游两个方面同时进行的：在上游方向上，其极限范围就是中华码头附近；而在下游方面上，其极限范围虽然可延伸至吴淞口，但租界出于发展自身的关系，一定程度上限制了港区向下游的扩展，故而仅仅远至杨树浦附近及浦东庆宁寺沿浦地区，上海码头分布参见图1-6。

因此，近代以来上海港"港区主要部位向黄浦江下游移动，渐至吴淞口一带"的趋势④，从整个历史时期来看，确实如此；但是，就1937年之前的历史来看，上海港的迁移，仍然是沿着黄浦江向上下游两个方向扩张。表1-4是进入民国时期之后，上海港向黄浦江上下游两端发展的具体结果。

---

① 上海社会科学院经济研究所编：《刘鸿生企业史料》上册（1911—1931），上海：上海人民出版社，1981年，第62页。
② 《上海公用局档案》，1032/1，转引自茅伯科：《上海港史：古、近代部分》，北京：人民交通出版社，1990年，第322页。
③ 上海社会科学院经济研究所编：《刘鸿生企业史料》上册（1911—1931），上海：上海人民出版社，1981年，第62页。
④ 茅伯科、邹逸麟：《上海港：从青龙镇到外高桥》，上海：上海人民出版社，1991年，第3页。

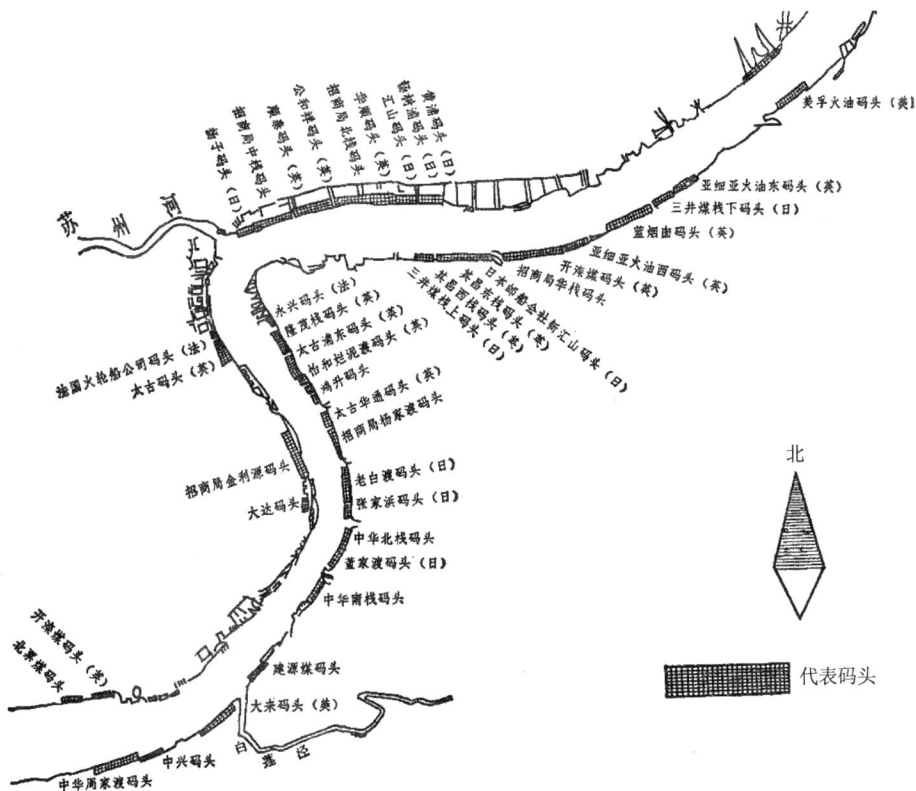

图 1-6　1937 年上海港码头分布示意图

资料来源：《上海港史话》编写组：《上海港史话》，上海：上海人民出版社，1979 年，第 238—239 页。下
游还有虬江码头一座，没有画出

表 1-4　上海港黄浦江码头长度（1921—1932 年）　　单位：英尺

年份	普通货物码头		特殊货物码头		合计		总计	浦西所占比例
	浦西	浦东	浦西	浦东	浦西	浦东		
1921	13 550	21 690	1 050	9 250	14 600	30 940	45 540	32.06%
1928	13 125	20 455	2 550	16 150	15 675	36 605	52 280	29.98%
1932	17 115	23 065	5 640	21 545	22 755	44 610	67 365	33.78%

资料来源：茅伯科：《上海港史：古、近代部分》，北京：人民交通出版社，1990 年，第 319 页，经整
理后得出

　　由表 1-4 可知，1921—1932 年，上海港码头的大部分，已经转移至浦东地

区，上海港区与城区相对应的局面已经形成。虽然上海港区的范围，是从吴淞口至张家塘，范围极广，但真正能够被充分利用的，仍然是上海租界城区附近的一部分浦江岸线与航道。因此，受租界城区强大经济实力的影响，港区的扩展实际上是受到限制的——这也可以看作是城区发展到一定阶段之后，对港区的反作用。

（二）纳入上海港区的吴淞江

近代之前，吴淞江的主要作用体现在水利方面，是太湖的重要泄水通道，经过绵亘三百六十里的吴淞江入海，历代均经多次疏浚，明代"夏忠靖疏刘河三泖……海忠介乃于平地开江"，清代更进行过三次大规模的疏浚，但嘉庆中又再次淤浅，"溪港无源，农田失利，暵潦为害"，各漕粮船舶，亦必须改经黄浦，受风涛颠覆之担忧，1816 年遂再次疏浚，所需经费由沿江各县分摊："松江之上海、青浦、嘉定三县输十之三；同沾水利之长洲、元和、吴、常熟、昭文、吴江、震泽、昆山、新阳、娄、太仓、镇洋、宝山十三州县输十之七。"[①]这种沿江各县分摊疏浚经费的做法，一直延续到近代；亦可见吴淞江在近代之前已经作为航运线路，沟通内地与上海之间的联系，但在航运与水利（防洪）两种职能中，吴淞江主要是作为水利工程而存在的。近代上海作为一个通商口岸，城市范围开始剧烈扩张，吴淞江的功能也开始变化，航运职能逐渐发展居上，除了原有的民船运输之外，轮船运输业、客运业出现在吴淞江上，成为吴淞江地位提升的关键契机。

吴淞江航运作用的不断凸显，被纳入上海港的一部分，也是历史的必然。《上海港史》中，即把 1936 年吴淞江沿岸各码头设施作过一番整理，很明显把它视作上海港的组成部分。[②]戴鞍钢、张修桂等人的研究，同样也把吴淞江的航运功能与上海港的发展联系起来[③]，改变了之前对上海港范围仅考虑浦江两岸的状况。

---

① 《江南重浚吴淞江碑》，载上海博物馆图书资料室：《上海碑刻资料选辑》，上海：上海人民出版社，1980年，第173页。

② 茅伯科：《上海港史：古、近代部分》，北京：人民交通出版社，1990年，第326页。

③ 戴鞍钢、张修桂：《环境演化与上海地区内河航运的变迁》，《历史地理》第18辑，上海：上海人民出版社，2002年，第77—90页；戴鞍钢、张修桂：《回顾与启示：上海地区内河航运的历史变迁》，《上海行政学院学报》2001年第2期，第96—103页；戴鞍钢：《内河航运与上海城市发展》，《史林》2004年第4期，第94—98页。

近代吴淞江纳入上海港区的进程，与对外贸易的日益发展和租界的存在息息相关。以下即从码头、航道等方面，描述近代吴淞江纳入上海港区的进程。

早在 1861 年，英租界初步稳定下来之后，租界工部局已经着手处理吴淞江的通航事宜："从海关路起经马路通往苏州河要开辟一条新的道路路线……为了最终要在那里建造一个码头供公众使用，决定……采取适当步骤开放苏州河的航运。"①

1862 年前后，吴淞江上已经兴建了一批码头，甚至有些码头因年久失修，出现了不少的"不良情况"②。但是，毕竟这时的吴淞江沿岸仍属郊区，尚未进入城市化进程，虽然有大批码头相继建成，但公共设施的建设仍然未纳入到工部局的视野之内。1862 年底，曾有一位商人向工部局提出申请，"准许他在美查厂外面的苏州河上建造一座码头，并请求在这一地区安装一盏工部局路灯"，工部局对此反应是，"董事会对于建造一座不会造成垄断控制的码头并不反对，但是他们不能负责在离租界有一定距离的地方安装一盏路灯"③。

随着英租界不断向西发展，原有的郊区逐渐开始城市化进程，吴淞江两岸也开始修建不少码头，逐渐成为港区的组成部分，其标志则是更多码头的兴建。在《工部局董事会会议录》中，记载有关吴淞江沿岸修建码头的内容，例如：

1863 年 8 月，"董事会临时批准了苏州河码头承包商伦尼先生提出的预付款项的申请"④；1868 年 8 月，工部局工务委员会报告，"山东路北端的码头正在建造之中"⑤；1869 年 2 月，工部局工务委员会报告，"对圆明园路北端的码头也作了修整"⑥；1871 年 1 月，因工部局董事会批准建一合适的木料码头，工务委员会"认为有必要在山西路北首建一上岸码头"等⑦。这些沿吴淞江码头（图 1-7）的建成，加速了吴淞江作为内河港区的形成。

---

① 上海市档案馆编：《工部局董事会会议录》第一册，上海：上海古籍出版社，2001 年，1861 年 8 月 7 日，第 622 页。（以下简称《工部局董事会会议录》）

② 《工部局董事会会议录》第一册，1862 年 1 月 2 日，第 632 页。

③ 《工部局董事会会议录》第一册，1862 年 12 月 3 日，第 663 页。

④ 《工部局董事会会议录》第一册，1863 年 8 月 26 日，第 689 页。

⑤ 《工部局董事会会议录》第三册，1868 年 8 月 4 日，第 681 页。

⑥ 《工部局董事会会议录》第三册，1869 年 2 月 9 日，第 698 页。

⑦ 《工部局董事会会议录》第三册，1871 年 1 月 16 日，第 762 页。

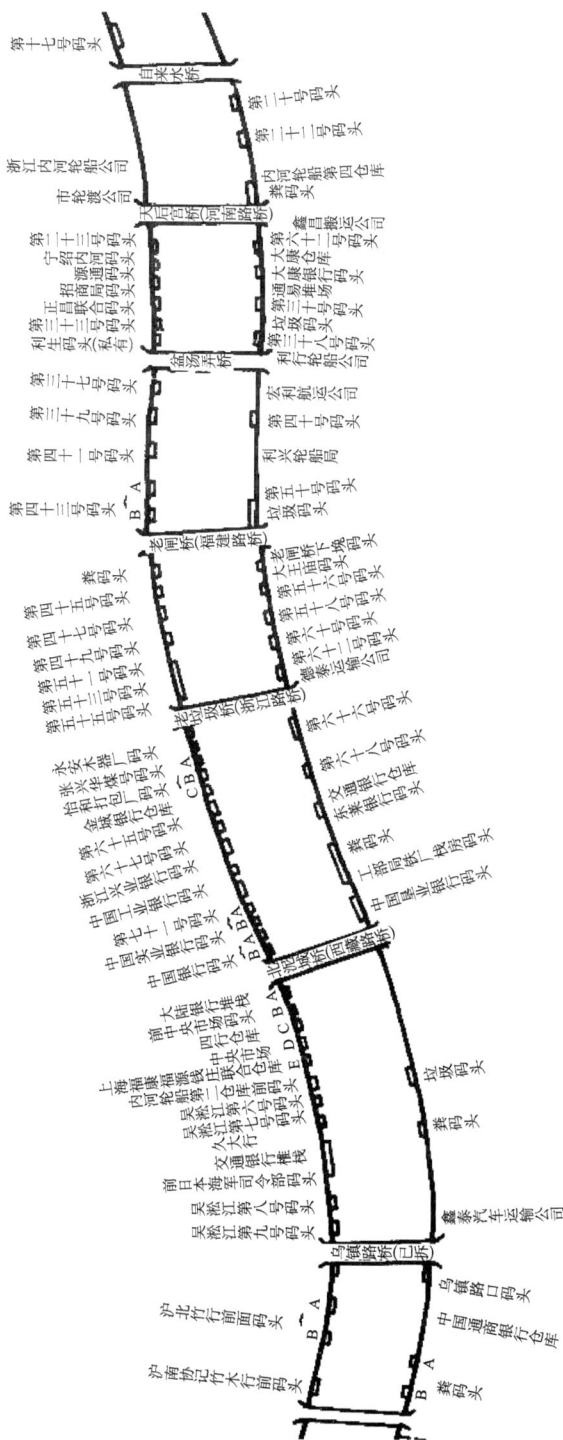

图1-7　1936年吴淞江下游沿岸码头分布（局部）

资料来源：茅伯科：《上海港史·古、近代部分》，北京：人民交通出版社，1990年，第326—327页

1. 近代前期吴淞江航道的初步改善

码头设施的大量出现，使吴淞江的航道疏浚问题开始凸显出来，这也是近代吴淞江面临的主要问题，公共租界和华界地方政府也开始着手处理吴淞江航道事务。

1874 年 12 月，工部局董事会上，要求工务委员会提请报告，"是否一致认为需要一条宽阔的河流"，但工程师们并不这么认为，最终工部局决定，"考虑到维持河南路下方的苏州河航道以前的宽度"，需要"竭力劝使当地政府着手把泥滩除掉"①，之后也确实了解到，为了改善河流的航道，"中国当局目前正从事于上海各条河浜的勘测工作"，因此，"董事会认为推迟提出关于拓宽苏州河一事的动议为好，希望中国当局不久可能会提出某种计划"②。

但与租界的热心相比，主管此事的苏松太道台，则明显在推卸责任，1875 年 9 月，英国领事致函知会工部局，称道台拒绝在"整顿苏州河之事给以任何协助"，而且明言，"整顿河道并非他分内之事"。工部局表示不理解"董事会很想知道那么这是谁的责任呢？"③此时的租界当局，仍将吴淞江认做华界的管辖范围，但中国地方政府对疏浚工作的消极，使租界有了扩展势力范围的可乘之机，同时也是为了更好地维持城市发展和对外贸易，工部局在确认"中国人将此事袖手旁观"之后，仍然要求"工务委员会设法取得河道浚深至某一深度的估计费用"，而且"此事可能所费无几，而且资料有用"，虽然这一建议"并无多少人予以支持。但工务委员会并不反对去试探一下"。④但也有董事提出，由于吴淞江江口的水文条件，"若再来一次更大的冲刷，该河流将自行扩大"⑤，而无需考虑疏浚的问题。此事遂被搁置下来。

直到 1879 年 4 月，工部局再次召开会议，"讨论苏州河变浅的问题"，并将决定是否请中国政府"在外白渡桥外侧疏浚苏州河入口处"⑥，"因为苏州河已浅得要命，大型船只能在涨潮时才能开进"⑦。领袖领事随后回复工部局，"要求提供两份工部局希望中国政府予以掘深的那部分苏州河的略图"，工部局所持有的一份平面图，"标明了从捕房废船坞到泥城浜这一段苏州河中间河道的深

---

① 《工部局董事会会议录》第六册，1874 年 12 月 7 日，第 647 页。
② 《工部局董事会会议录》第六册，1874 年 12 月 17 日，第 648 页。
③ 《工部局董事会会议录》第六册，1875 年 9 月 27 日，第 701 页。
④ 《工部局董事会会议录》第六册，1875 年 10 月 4 日，第 702 页。
⑤ 《工部局董事会会议录》第六册，1876 年 3 月 6 日，第 724 页。
⑥ 《工部局董事会会议录》第七册，1879 年 4 月 23 日，第 672 页。
⑦ 《工部局董事会会议录》第七册，1879 年 4 月 30 日，第 672—673 页。

度，并说明外白渡桥外侧在落潮时，其深度不超过 3 至 4 英尺"，据此，工部局"决定为领袖领事绘制苏州河的全部长度的平面图，标明河道的深度，需要疏浚部分的宽度和深度，并以虚线标出黄浦花园前面的浅滩"。①三个月后，道台转复工部局，声称"已将一些苏州河的航线图交给了上海知县，并要求他就此事提出报告"②。12 月下旬，工部局终于又收到通知，"中国政府当局同意按照工部局的意愿，疏浚从捕房监狱到外白渡桥的苏州河入口处。这项工程将于本月 20 日开工，由中国政府出资"③。这次的疏浚工作告一段落。

1887 年 11 月，吴淞江的疏浚工作再次展开。工部局再次收到领袖领事函件，称"松沪抚台阁下业已委派李道台（——译注：当时应为龚道台）全权处理苏州河河道疏浚事宜"，"李道台将先测量河口至新闸一段河道，然后动工疏浚"。④1887—1891 年进行的这次对吴淞江的疏浚，是非常庞大的工程，"这项工程雇用几千人。工程完毕时，支出的费用已达几十万银子"，虽然当时的海关税务司表示："我担心，其结果并不会带来永久性的利益。我听说，一些老年居民们记得在三十年前也进行过类似的工程。"⑤不过，随着时间的变迁，特别是1898 年之后，吴淞江的航运功能日益凸显出来，这次疏浚的作用也证明是巨大的，"为该河段日后靠泊内河轮船提供了有利条件"⑥。

这次的疏浚工作，得到了各方的关注，包括上海道台在内，1889 年 6 月，还主动前往检查"外白渡桥和浙江路桥之间的苏州河改善工程"⑦。江苏巡抚对此也相当重视，1889 年 8 月底，"工部局指示捕房采取必要措施，使所有船只驶离外白渡桥至新闸桥之间的苏州河河段，因为护理江苏巡抚黄彭年将于本月 21 日视察苏州河"⑧，也显示出吴淞江在上海城市发展中的地位越来越重要。

截至 1889 年，工部局与中国政府共同参与的此次疏浚结束，浙江路桥以下吴淞江基本疏浚完成，12 月 18 日起，"负责官员已开始动工将苏州河从浙江路

---

① 《工部局董事会会议录》第七册，1879 年 5 月 15 日，第 674 页。
② 《工部局董事会会议录》第七册，1879 年 8 月 14 日，第 682 页。
③ 《工部局董事会会议录》第七册，1879 年 12 月 22 日，第 694 页。
④ 《工部局董事会会议录》第九册，1887 年 11 月 28 日，第 616 页。
⑤ 《1882—1891 年海关十年报告》，载徐雪筠等译编，张仲礼校订：《上海近代社会经济发展概况（1882—1931）——〈海关十年报告〉译编》，上海：上海社会科学院出版社，1985 年，第 23 页。
⑥ 戴鞍钢、张修桂：《环境演化与上海地区内河航运的变迁》，《历史地理》第 18 辑，上海：上海人民出版社，2002 年，第 83 页。
⑦ 《工部局董事会会议录》第九册，1889 年 6 月 25 日，第 729 页。
⑧ 《工部局董事会会议录》第九册，1889 年 8 月 20 日，第 740 页。

桥到新闸路桥段加深并拓宽"。①工部局也由此获得了向苏州河沿岸发展的机会，并日益向西扩展自己的势力，甚至多次欲将整个吴淞江纳入租界管辖范围，这也是中外之间关系变迁的反映，并导致了后来吴淞江淤浅问题被多方推诿，难以迅速解决。

2. 近代后期吴淞江作为上海港内河港区的繁华

通过历次疏浚，吴淞江获得了新的发展机遇，开始成为沟通上海与长江三角洲地区非常重要的航道，也奠定了今后闸北地区发展的基础，并使得上海港区的范围有了扩大的基础。

上文已经指出，吴淞江在近代逐步被纳入上海港的范围之内，并非是非常顺利的，与航运条件、航运工具的改善有极大的关系。近代之前，虽然吴淞江也是苏常等地与上海交通的要道，但主要的运输工具为民船（帆船）等。近代轮船业的产生，使吴淞江内河轮船航运成为可能，"苏、杭内地水道，若以小轮船行驶，极为便捷。历年中外商人皆以厚利所在，多思禀准试办"②。海关税务司曾感叹："在内河航运中，看来，对使用小火轮的要求正在日益增长"，"但没有授与这种船舶以运货的权力"，"确实，所有贸易，包括本国人载货船只的牵引都禁止使用这些船只。但这些船只在上海和苏州之间自由地运送着乘客，牵引着官员们的旅游船"③，所谓内河小轮"准行内河并带官物，不准带货搭客作贸易之事，以示与商船有别"④。

直到《马关条约》签订后，中国政府开放了苏州、杭州等处为通商口岸，准许外国船只"从上海驶进吴淞口及运河以至苏州府、杭州府"，1898 年，《内港行船章程》的颁布，使吴淞江的内河航运开始发展起来。⑤

但 1898 年前后的一段时期内，吴淞江内河轮运并不十分发达，吴淞江作为港区的功能尚未真正发挥出来，"不论上海还是别的地方都没有在多大程度上利用内河对轮船航行开放。少数带客的汽艇驶往迄今禁止旅客进入的地方，但是它们一点也没有被用于运送商品。这个地区密布着厘金征收所，不能确定商品

① 《工部局董事会会议录》第九册，1889 年 12 月 24 日，第 763 页。

② 《轮船试行》，《申报》1882 年 7 月 8 日，第 1 版；另可参见《论小火轮通行内河之利》，《申报》1890 年 4 月 25 日，第 1 版。

③ 《1882—1891 年海关十年报告》，载徐雪筠等译编，张仲礼校订：《上海近代社会经济发展概况（1882—1931）——〈海关十年报告〉译编》，上海：上海社会科学院出版社，1985 年，第 33 页。

④ 交通史编纂委员会编：《交通史航政编》第 1 册，南京：交通史编纂委员会，1935 年，第 482 页。

⑤ 王铁崖：《中外旧约章汇编》第 1 辑，北京：三联书店，1957 年，第 786 页。

到它们手里将会受到怎样的待遇，以致人们不敢把资金投放在这个地区，以开辟拥有结构坚固的轮船的航线"[①]，可见此时，仍没有通行内河小轮，这应该是进入 20 世纪之后的事情了。

吴淞江成为上海港的内港，"运输的方便以及在这些内河上大量使用汽船将对中国和整个贸易带来很大好处"[②]，带给上海的好处之一，就是与内地长江三角洲地区经济沟通得更加顺畅。"如果苏州有较大发展的话，上海或许也会受到影响，但只会是轻度的影响，而它与苏州之间更方便和更频繁的交通将带给上海的更大繁荣，从而将补偿可能会从上海被引到苏州去的一些贸易而有余。"[③]贸易与航运的日益发达，使得吴淞江作为港区的必然性已为多数人所认可。时人称，"走吴淞江者，由苏州而上达常熟、无锡，或达南浔、湖州"[④]；"内地通行小轮船，取费既廉，行驶亦捷，绅商士庶皆乐出于其途。沪上为南北要冲，商贾骈阗，尤为他处之冠。每日小轮船之来往苏、嘉、湖等处者，遥望苏州河一带，气管鸣雷，煤烟聚墨，盖无一不在谷满谷，在坑满坑焉"[⑤]。

20 世纪之后，吴淞江内河航运日益发达，表 1-5 即为清末十余年间内河小轮的增长情况（另外，表 1-5 中也包括了吴淞江及其他内河支流）。

表 1-5　上海海关内河小火轮登记增长情况表

年份	登记只数	指数	年份	登记只数	指数
1901	142	100	1907	334	236
1902	144	101	1908	360	254
1903	180	127	1909	360	254
1904	216	152	1910	381	268
1905	275	194	1911	359	253
1906	314	221	1912	283	199

资料来源：上海市工商行政管理局、上海市机器工业史料组：《上海民族机器工业》上册，北京：中华书局，1966 年，第 130 页

---

① 《总领事璧利南 1898 年度上海贸易报告》，载李必樟译编，张仲礼校订：《上海近代贸易经济发展概况：1854—1898 年英国驻上海领事贸易报告汇编》，上海：上海社会科学院出版社，1993 年，第 948 页。

② 《领事哲美森 1895 年度上海贸易和商业报告》，载李必樟译编，张仲礼校订：《上海近代贸易经济发展概况：1854—1898 年英国驻上海领事贸易报告汇编》，上海：上海社会科学院出版社，1993 年，第 897—898 页。

③ 《总领事韩能 1896 年度上海贸易报告》，载李必樟译编，张仲礼校订：《上海近代贸易经济发展概况：1854—1898 年英国驻上海领事贸易报告汇编》，上海：上海社会科学院出版社，1993 年，第 923 页。

④ 民国《上海县志》卷 12《交通》。

⑤ 《防内河小轮船失事说》，《申报》1899 年 8 月 4 日，第 1 版。

1898 年后，吴淞江内河航运不断兴旺，"按照《内港行轮章程》在上海登记的内港船只，1922 年为 397 艘，1931 年增加到 1152 艘。虽然在海关登记的船只，未必都经常往来沪埠，但大部分确是如此，因而以上数字已可充分说明上海与邻近地区之间贸易增加的情况"[①]，与广大的民船贸易一道，形成上海内港的繁荣景象。1911 年，浚浦局在改组时，重新修订《浚浦局暂行章程》，其中第七条规定，"自黄浦入长江处起，至潮流停止处止。其境内河身两傍潮到处，有与河道相关之工程"（见附录"浚浦局暂行章程驳议"），均属上海港范围内。

正如相关研究所认为的："内河港区的形成，……拓展了港口岸线和吞吐能力，加速了进出货物的集散流通，成为近代上海港崛起的重要一翼"[②]，并成为近代上海城市与经济发展的另一个庞大动力。

因此，20 世纪初期，上海港的基本格局已经形成，明显分为黄浦江与吴淞江等几个部分："由苏州河口以南、以北、浦东和内河四大部分组成，业务各有侧重"[③]；"浦中帆樯如织，烟突如林，江畔码头衔接，工人如蚁，上下货物之声不绝。南则帆船停泊，航行内地，而纳税于常关；北则轮船下碇，往来长江一带及南北各埠，而纳税于新关；其巨者航外洋，泊吴淞口外。苏杭有小轮通行，码头在美租界吴淞江之北岸"[④]。这一热闹的场面，可以揭示几点：上海港的分区特征非常明显；港区仍是传统与现代的结合，既有浓重的前现代特征——帆船、人力装卸，也有现代的特征——轮船、海关。

因此，本书所探讨的上海港区，既包括黄浦江沿岸，也包括吴淞江沿岸，这是一个范围更大的上海港。以上的分析，是对近代上海港区变迁的初步定位，下文即以此为基础，探讨上海城市发展过程中与港口的互动。

---

① 《1922—1931 年海关十年报告》，载徐雪筠等译编，张仲礼校订：《上海近代社会经济发展概况（1882—1931）——〈海关十年报告〉译编》，上海：上海社会科学院出版社，1985 年，第 257—258 页。

② 戴鞍钢、张修桂：《环境演化与上海地区内河航运的变迁》，《历史地理》第 18 辑，上海：上海人民出版社，2002 年，第 84 页。

③ 戴鞍钢、张修桂：《环境演化与港口变迁——以上海港为中心》，《历史地理》第 17 辑，上海：上海人民出版社，2001 年，第 81 页。

④ 李维青：《上海乡土志》第 127 课《交通》，上海：上海古籍出版社，1989 年，第 101 页。

第三节　上海城市与港口关系引论

一、上海城市发展的多重城区因素

　　通过上文的分析，可初步看出上海城市发展中与上海港的互动关系。这种相互联系，又需要与城市建设机构相配合，最重要的，当然就是两个租界——公共租界、法租界——的存在。"上海通商之初，仅有英、法、美三国各辟租界，以兴商务，后各国相率偕来均沾利益，而商业日形起色，于是郊外荒凉之地，一变而为繁华热闹之场，于今已八十七年矣。"①

　　华洋两界的区别，使上海城区的不同区域，均有自己管理市政的机构：租界的产生，使上海这个城市借助各种外力，获取了大片可发展的空间，填充了西方资本主义的生产方式与生产关系；近代历史的演变，使上海城市中又产生了华界的市政建设机构。港口也在这一形势的基础上，开始了自己的发展，并影响着城市的布局与走向。

　　对于近代上海（主要指租界）之所以兴盛的原因，早在 19 世纪，已经有人在探寻。旅居上海多年的姚公鹤曾指出，上海的兴盛应归功于其重要的地理位置，而不完全是由于西方人的进入和经营："上海市面之兴盛，论者多归美于英人眼光之透辟。其实亦不尽然，上海开埠，当前清道光壬寅之后，然迄道光三十年间，滨江茅屋，芦苇为邻，商市萧条，烟户零落。阅裘雪司氏《上海通商史》，则知此十年间，沪市固未见进步也"，"及咸丰三年，刘丽川踞城为乱，时则太平军亦已占有南京，……而太平军之发难，其初外人亦严守中立，故租界因得圈出战线之外。于是远近避难者，遂以沪上为世外桃源……而流寓之中，富贵贫贱相率偕来，则所谓素富贵、素贫贱者是。此为上海市面兴盛之第一步"，"以上海襟江带海，复经外人之竭力经营，工商发达，输运便利，其足以吸收全国之商业固已。然无吾国数次之内乱，其效果亦决不至是"。②

---

① 李维清：《上海乡土历史志》第 3 课《五口通商》，上海：上海古籍出版社，1989 年，第 7—8 页。
② 姚公鹤：《上海闲话》，上海：上海古籍出版社，1989 年，第 26—27 页。

当然，也有不少时人将上海的繁盛，归因于内地的战乱与租界的相对安定。王韬即一早指出："上海城北，联甍接栋。昔日桑田，今为廛市，皆从乱后所成者。"[①]持同样看法的大有人在：租界"南北地广十余里，洋房联络，金碧万状。其间里巷纷纭，行人如蚁，华民多肆于中，铺户鳞比，百货山积……界内之盛，实由华民铺户杂处其间，商旅咸集故也"[②]。

这一点，即使是外人也毫不回避，由于租界的存在，国内的资金、劳动力，迅速向上海流动，"每天都有新行庄开张、新公司成立……所有这些新开张的行庄都是营业鼎盛，而所有这些新成立的公司，又都是完全依靠当地的财源筹集资本的"[③]。太平天国时期，"中国人大量进入英租界寻求并找到了避难之所，欧洲租界因而得到了意料之外的蓬勃发展"。而上海港的贸易发展，也是与全国其他地区紧密联系的："上海在 1860—1868 年间的贸易也得到了巨大的发展，主要得益于扬子江各个口岸的开放。"[④]

更有人认为，上海的发展需要整个中国范围的支持："今天的上海还仅仅是个开始。作为大城市，它正期待着中国的发展，时间看来不会太远了……那将是大踏步地前进，将会追回好几十年时间，这是几千年的历史所错过的几十年，然后上海就会成为一个百万人口的大城市，一个位于东亚的美国的新'芝加哥'。"[⑤]这种看法，恰似"港口——腹地"的解释模式[⑥]，并在一定程度上说明了上海城市发展的最深层次的原因。

以上各种解释，虽有不同之处，但有一点是肯定的：租界经过最初的二十年发展后，已经成为上海城市最繁华之处，并主导了今后上海的城市发展。1864年前后，租界已经将自己的权力扩展到足以排斥中国政府的管辖了，"我们已经习惯于把上海县城与虹口之间这片土地，绝对当作我们自己的租界，而且和过去不一样，当时我们还或多或少随着中国政府的意思，仅仅把这块土地作为我

① 王韬：《瀛壖杂志》，上海：上海古籍出版社，1989 年，第 3 页。
② 毛祥麟：《墨余录》，上海：上海古籍出版社，1989 年，第 130—131 页。
③ 《北华捷报》第 701 期，1864 年 1 月 2 日，载上海社会科学院历史研究所编：《太平军在上海——〈北华捷报〉选译》，上海：上海人民出版社，1983 年，第 494 页。
④ 《1888：恩司诺（Exner）经济报告中的上海》，载王维江、吕澍：《另眼相看：晚清德语文献中的上海》，上海：上海辞书出版社，2009 年，第 107 页。
⑤ 《1898：记者高德满（Goldmann）眼中的上海》，载王维江、吕澍：《另眼相看：晚清德语文献中的上海》，上海：上海辞书出版社，2009 年，第 174 页。
⑥ 戴鞍钢：《港口、城市、腹地：上海与长江流域经济关系的历史考察：1843—1913》，上海：复旦大学出版社，1998 年。

们的居留地。我们的意思并不等于说，……中国的知县，已经在这几个租界内没有什么权力了。但是如果说我们正迅速形成这种看法，那倒是千真万确的事"①。结果是在港口与城市的关系方面，港口对城市的促进与影响，因城区不同而变化，而上海港口与城市的关系，更多的就是与上海租界的关系。

由于其势力及人口的不断增加，租界开始不断扩张自己的范围，1861 年、1863 年，美租界、英租界分别由原来的 0.66 平方千米、1.99 平方千米，分别扩展至 0.76 平方千米、2.43 平方千米②，直到 1893 年，没有太大的变化，由此真正奠定了租界城市的基础："大批中国难民因此挤进租界，以便求得外国人的保护而获得安全。结果是租界人口增加三倍"，租界的面貌也因此开始发生变化："在过去，外国人住宅内的空地很多，现在……中国人的房屋以及中国人的街道，像魔术师变戏法一样出现在上海，致使这个小小租界要负起一个同大城市相等的任务。"③

可以看到，上海与国内、国外两个方向的各种因素，均有着复杂的关系。它的历次跨越式发展，与整个国家的局势有直接关系，国内局势的混乱，使上海的发展，跳过了对人口吸引的积累阶段，迅速进入扩张阶段，它的城市面貌变化迅速，出乎世人之预料。

这使近代的上海，成为各种政治势力汇集的地方，包括中国政府与列强势力，均有自己的代表：道台、工部局、公董局、领事团等，成为主导近代上海城市发展的力量。④同时，又有包括江海关税务司、浚浦局、上海总商会、浦东塘工局等各种与港口和城市密切相关的机构⑤；华界政府在清末以后，相继设立了诸多的市政机构，也成为上海政治格局中的组成部分（图 1-8）。

---

① 《北华捷报》第 703 期，1864 年 1 月 16 日，载上海社会科学院历史研究所编：《太平军在上海——〈北华捷报〉选译》，上海：上海人民出版社，1983 年，第 501—502 页。

② 邹依仁：《旧上海人口变迁的研究》，附录表 3，上海：上海人民出版社，1980 年，第 92 页。

③ 《北华捷报》第 656 期，1863 年 2 月 21 日，载上海社会科学院历史研究所编：《太平军在上海——〈北华捷报〉选译》，上海：上海人民出版社，1983 年，第 478 页。

④ 参见熊月之：《上海通史》卷 3《晚清政治》，上海：上海人民出版社，1999 年，第 383—432 页。

⑤ 陈诗启：《中国近代海关史》，上海：上海人民出版社，2002 年；徐鼎新、钱小明：《上海总商会史：1902～1929》，上海：上海社会科学院出版社，1991 年；等等。

淞吴　　　　　　　　北沪　　　　　　　　南沪

局工淞督十光
程開辦四绪
总埠吴年二

巡闸旋程闸十光
总北改总北一绪
局工名局工工三

局工马上一绪清
程路海年十光

公自地闸三宣
所治方北年统

局善工马三二
后程路年十

厅市闸后改九三
政北　革月年

自行程外城年三
治地局总厢　十
方试工内　一

辦局工改捐闸民
事闸巡为分北国
处北捐上局工三
分总海旋巡年

所治城二宣
公自年统

商月四年民
埠吴年至国
局淞二十

臆市南后改九三
政市　革月年

捐工沪七
局巡北年

局捐工上三民
总巡海年国

局市沪年十
政北　四

捐工沪七
局巡南年

所市闸年十
公北　五

捐北兼尹沪三十
局工管公海月五
巡泥署道　年

上
海
市
公
所

十
三
年
十
一
月

公督高淞月年十
署办埠沪　五五

捐工沪月十
局巡北　三六

政别上七十
府市海月六
市特　年

政上七十
府海月九
市　年

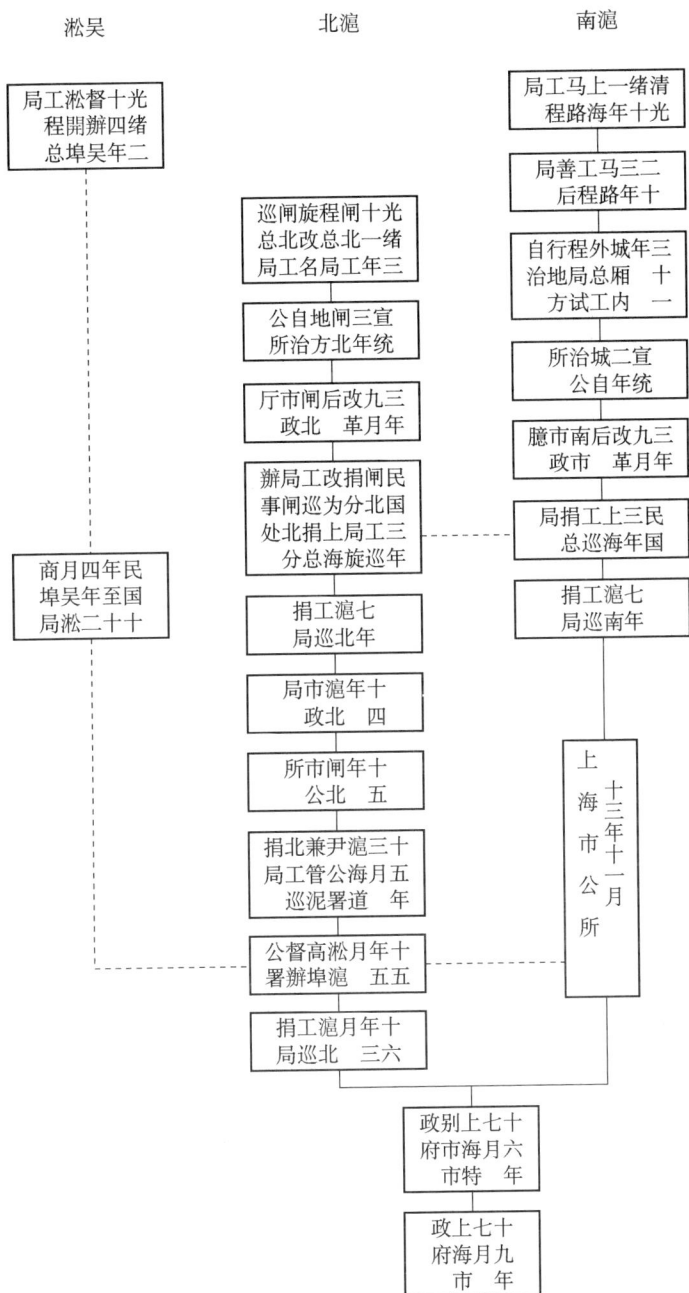

图 1-8　近代上海华界城区市政机构沿革序列图

资料来源：上海市政府秘书处：《上海市政概要：民国二十三年》，第一章《总纲》，1934 年，第 3 页

二、上海港的兴起与城市的发展轨迹

在近代上海城市被分割为不同区域，面临多个管理者的大背景之下，具体到近代的上海港，也同样有了不同的发展与规划主体，不仅仅是管理者，也包括从事贸易的商人们。以 20 世纪 30 年代为例，包括江海关控制和主导下的港务长、巡工司、浚浦局，华界的上海市政府，以及租界的工部局和公董局[①]，也使得上海港的发展，凸显出复杂的特点。下文分析中主要提及的，就是以上这些机构（这些机构的来龙去脉，本书不再一一列举，读者可参阅相关研究论著）。

本书最关注的分析对象，是作为港口城市的上海在近代发展过程中，港口功能与城市职能的互动。而港口功能中，最重要也是最直接的，就是贸易功能。开埠之后，上海城市的发展，无疑是与港口和贸易紧密相关的，对上海而言，它的城市化与近代化"是以贸易为起点"的，贸易化是其"主要的动力、先行的动力。工业当然也给予城市化和城市近代化以影响，但这是以后契入的因素而不是普遍性的有力的因素"[②]。因此，进行近代上海港城关系的研究，必须首先考虑贸易功能在近代上海城市发展中的作用。

按照当代城市地理学、城市经济学中的解释，所谓港口城市，就是"以优良港口为窗口，以一定的腹地为依托，以比较发达的港口经济为主导，连接陆地文明和海洋文明的城市"，"具有港口和城市的双重内涵，是港口和城市的有机结合体"；而在城市的发展过程中，"基本上沿着四个指向发展：自然资源指向、劳动指向、交通区位指向、市场指向"，对于港口城市而言，它"不是原来就有的，而是港口经济发展到一定程度的结果。优良港口是孕育港口经济的基础。港口城市从空间分布上看就是在港口及其邻近地区兴起的城市"。[③]

上海作为一个港口城市得以崛起，其江、海交汇处的区位优势，是非常重要的决定因素："中外通商，昔以广州为首冲，今以上海为首冲，缘长江各口岸遍开商埠，而上海居长江入海之处，商轮由海入口，必于是焉始，是为江之关

① 茅伯科：《上海港史：古、近代部分》，北京：人民交通出版社，1990 年，第 316 页。
② 郑祖安：《上海、横滨都市形成比较研究》，见《上海和横滨》联合编辑委员会、上海市档案馆编：《上海和横滨——近代亚洲两个开放城市》，上海：华东师范大学出版社，1997 年，第 6 页。
③ 王海平、刘秉镰：《现代化港口城市的内涵与特性——兼论港口经济》，《港口经济》2000 年第 11 期，第 9—13 页。

系。曩者外洋贸易，皆自印度洋而来，今则太平洋之贸易尤盛，而上海在太平洋西岸，南北适中之地，是为海之关系。故上海为中外通商第一口岸，亦形势使然云"[①]，形成了其贸易日益发达的局面。

近代上海城市因港口而繁盛，要分别看待，为了贸易的利益，欧美列强及商人们来到这个冒险家的乐园，引入西方的制度，以及各种现代化的因素；但意外的是上海城市的发展超越了港口所直接带来的影响，在租界特殊的制度与国内人口涌入的相互作用下，大量资本也相继进入上海，更提升了其贸易地位。

开埠初期的上海港，经历了飞跃发展，其影响到的腹地范围也不断扩大，"不论各船在抵沪后将再开到那个地方去，上海是海外开来的一切船只都要停靠的港口"[②]；"上海这个口岸的贸易出现一种极其繁盛的景象，……然而这种繁盛的景象，并不是由于上海港具有什么天生的便利条件，而是由于它已成为吞货物的仓库，一方面从国外吸进商货，一方面又将从内地及北方各口岸收到的货物转运至欧洲与其他地方"[③]，这种优越的地位，必然会给上海的城市发展带来深远影响。近代上海港这种转口贸易性质，虽然受政治与经济制度的影响极大，但毕竟最大限度地结合了上海的地理区位优势，使得上海城市的发展获得了非常强大的正反馈，城市——港口更加协调地相互促进。

1853 年前后，上海超越广州，成为中国贸易的最大港口，这已经是被许多研究者所公认的历史事实。[④]上海港向中国政府所缴纳的各种关税额，更是占据所有港口之首。茅伯科曾对上海港的地位，按年代作了说明：1840 年之前，它已经是国内航运贸易的枢纽大港；开埠后，逐步进入现代化的进程之中；1895之后，开始向国际贸易大港过渡；1919—1937 年间，成为国际贸易大港[⑤]；在以上的各个阶段，均有其独特的发展过程特点。这种变化趋势，可以从上海港近代以来的贸易量（图 1-9）反映出来。

---

① 吴馨等修，姚文枬等纂：《上海县续志》卷 1《疆域·形胜》。
② 《北华捷报》第 656 期，1863 年 2 月 21 日，载上海社会科学院历史研究所编：《太平军在上海——〈北华捷报〉选译》，上海：上海人民出版社，1983 年，第 473 页。
③ 《北华捷报》第 656 期，1863 年 2 月 21 日，载上海社会科学院历史研究所编：《太平军在上海——〈北华捷报〉选译》，上海：上海人民出版社，1983 年，第 476—477 页。
④ 黄苇：《上海开埠初期对外贸易：1843—1863》，上海：上海人民出版社，1961 年，第 71 页。
⑤ 茅伯科：《上海港史·古、近代部分》，北京：人民交通出版社，1990 年。

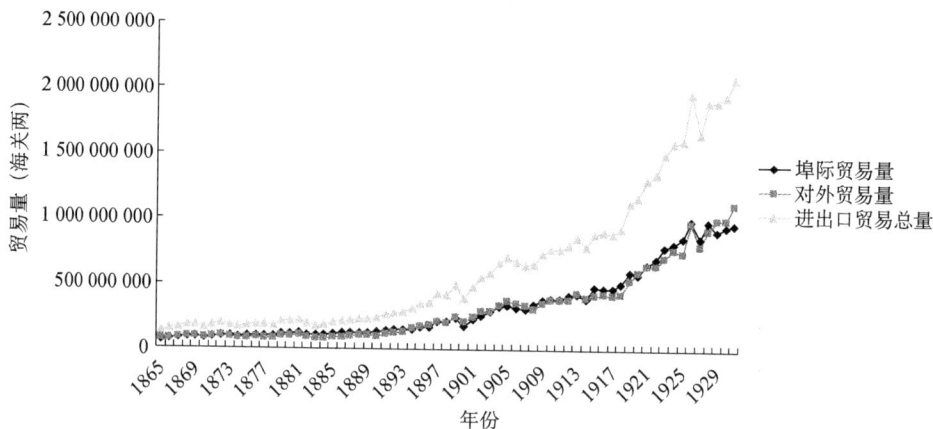

图 1-9　近代以来上海港贸易发展趋势图（1865—1931）

资料来源：罗志如：《统计表中之上海》，中央研究院社会科学研究所，1932 年。对外贸易量 = 洋货由外洋及香港进口 + 洋货复往外洋及香港 + 土货直接运往外洋及香港 + 土货复往外洋及香港；埠际贸易量 = 洋货由通商口岸进口 + 土货进口总数 + 洋货复往通商口岸 + 土货直接运往通商口岸；进出口贸易总量 = 对外贸易量 + 埠际贸易量

　　港口给上海所带来的，是繁荣的贸易与红火的经济景象。"上海之所以重要，没有别的原因，无非由于这里集中很多外国人，而外国人之所以流入上海，完全是由于上海有条件成为华北与华中对外贸易的一个出口处。倘若上海遭致毁灭，或用另一个说法，黄浦江设或不能通航，而且这种现象纵然属于暂时性质，主要使得江苏抚台与上海道台的重要地位，立即受到严重影响。"[①]因此，近代上海的贸易，为城市的扩张和发展，提供了保障；其中，能够影响到贸易额的因素，作为港口组成部分的黄浦江，其重要性更是首屈一指。

　　上海港的功能，并不仅仅停留于贸易方面，必然同时也存在着其他一些功能，但是，港口对上海城市的带动，从根本上说，是以贸易为基础的。1888年，一位德国观察者就认为："上海本身的物产是不值一提的，然而这座城市形成了中国南北货物交换的中心以及进出口的重要仓储之地。进出口贸易的货物几乎囊括了所有的东西，……过去几年里，上海进口货物的总价值（毛值）达到大约 2.8 亿马克，出口达到 1.5 亿马克，进口值几乎是出口值的一倍。由于中国 19 个开放口岸的进出口总体上是达到平衡的，所以上面的数字表明，

────────────

[①]《北华捷报》第 702 期，1864 年 1 月 9 日，载上海社会科学院历史研究所编：《太平军在上海——〈北华捷报〉选译》，上海：上海人民出版社，1983 年，第 499 页。

上海是最重要的进口之地，大部分的外国货也是在上海消费的，而一部分出口货物是从货源地直接装船出运的"。①这一描述，无疑是"港口——腹地"理论最贴切的说明，而且也已经是近代各方观察者都共同认可的，无须再有任何疑虑。

上海的贸易，无疑起到了沟通腹地与国外的作用，但与此同时，随着上海城市的扩张，通过港口进行贸易的各种商品，逐渐有更多部分被上海本地所消费掉。从这个意义上可以说，上海港直接促进了上海的城市建设和扩展。这些经过上海港进出口的商品，其流入、流出的途径，见表1-6所示。

表1-6　经上海港输入的洋货来源及流向情况表（1919—1937）

主要输入品	输出地	最终需用地			
		上海	长江一带	南方	内地其他地区
毛织物	香港、英国、希腊、日本	15%	85%		
法兰绒	日本、英国、加拿大、意大利	10%	90%		
手帕	英、日、美	大部分			
毛巾	日	40%	60%		
其他棉织品	英、日、法、意	20%	80%		
细纱	英、日	80%	20%		
粗纱	日、港、英、英印	大部分			
条铁	英、欧、美、日	60%	40%		
铁板	日、港、新、美	60%	40%		
电气材料	英、日、美	大部分			
海产品	港、新、希、日、加、美、荷印	20%	60%	20%	
人参	港、日、满洲	90%	10%		
药品	港、英、德、法、日、美、荷印	60%	40%		
石油	荷印、美、日	40%	50%		10%
纸类	日、挪、瑞典、美、加、德	70%	30%		
水泥	日、大连	大部分			
纸卷烟草	港、新、英、加、美	30%	70%		
叶卷烟草	港、菲、荷、美	30%	70%		
钟表	英、法、意、日、美、瑞士	50%	50%		
煤炭	港、英印、美	大部分			
糖	日、荷印、港	30%	70%		
化妆品	英、日、美、法	大部分			
染料（高级品）	德、美、法、日	70%			30%
染料（低级品）		30%			70%

资料来源：南满洲铁道株式会社《上海港》（1935年），转引自茅伯科：《上海港史：古、近代部分》，北京：人民交通出版社，1990年，第354页

---

① 《1888：恩司诺（Exner）经济报告中的上海》，载王维江、吕澍：《另眼相看：晚清德文文献中的上海》，上海：上海辞书出版社，2009年，第107—108页。

从表 1-6 可以看出，除少数进口商品之外，绝大部分的商品，均是在上海附近被消费掉的，当然其中用于上海城市发展的部分，会占有很大比例。因此，能够支撑上海城市发展的，除了长江流域的广阔腹地以外，通过贸易带来的社会财富价值增长，更不容忽视。

以下再以 1900—1933 年上海港的进口大宗货物（包括棉布、棉花、毛制品、米、小麦、糖、烟草、煤、煤油、汽油、木材、未镀锌钢铁条、纸、硫酸铵等）为例[①]，来说明上海港贸易对上海城市发展的意义，数据时间段为 1922—1933 年（由于 1932、1933 两年数据不完整，故表 1-7 将时段定在 1922—1931 年间）。

表 1-7　上海港商品净进口比例表　　单位：%

	1922 年	1923 年	1924 年	1925 年	1926 年	1927 年	1928 年	1929 年	1930 年	1931 年	平均值
烟草	47.06	40.43	49.40	36.02	41.34	39.34	68.50	56.50	61.10	64.45	**50.41**
糖	50.05	7.29	55.24	51.67	47.43	45.79	52.39	53.36	33.93	53.28	**45.04**
小麦	100	99.44	92.38	88.29	100	100	100	99.81	100	99.00	**97.89**
米	100	100	54.31	91.05	83.12	98.35	24.25	98.97	99.84	99.68	**84.96**
毛制品	80.34	79.15	73.54	54.19	65.98	29.80	68.41	63.27	4.46	65.04	**58.42**
棉花	89.27	97.99	98.46	98.14	95.78	93.72	95.20	88.44	89.12	87.62	**93.37**
棉布	29.10	22.96	43.09	44.00	36.28	28.79	52.12	48.65	36.27	36.93	**37.82**
硫酸铵	62.35	100	7.45	62.34	47.17	40.24	75.51	44.65	64.07	79.67	**58.35**
纸	66.94	66.98	68.18	62.41	68.61	64.01	73.12	73.31	72.82	76.56	**69.29**
钢铁条	42.83	52.65	66.45	5.92	48.85	47.94	70.28	75.92	78.63	83.90	**57.34**
木材	92.65	85.79	91.37	87.51	89.99	90.57	86.93	92.30	92.45	95.08	**90.46**
汽油	60.81	88.88	51.18	72.36	81.69	82.33	77.30	72.87	65.62	98.35	**75.14**
煤油	48.14	31.13	24.27	22.14	33.50	39.23	40.32	33.79	41.03	50.12	**36.37**
煤	21.53	83.89	86.69	79.69	76.89	77.04	74.20	70.70	74.51	88.72	**73.39**

资料来源：根据陈正恭，《上海海关志》编纂委员会编：《上海海关志》附录十五，上海：上海社会科学院出版社，1997 年，第 440—447 页，整理而得出

从表 1-7、图 1-10 可以看出，近代以来，上海港进口的大量商品中，较大比例是由上海直接消费，而其主要的用途，则是城市建设及产业发展所需。因

[①] 陈正恭主编，《上海海关志》编纂委员会编：《上海海关志》，上海：上海社会科学院出版社，1997 年，第 438 页。

为在这些商品种类中，被上海城市直接消费掉的，更多的是工业原料及生活用品，也是上海城市消费能力的最好证明。

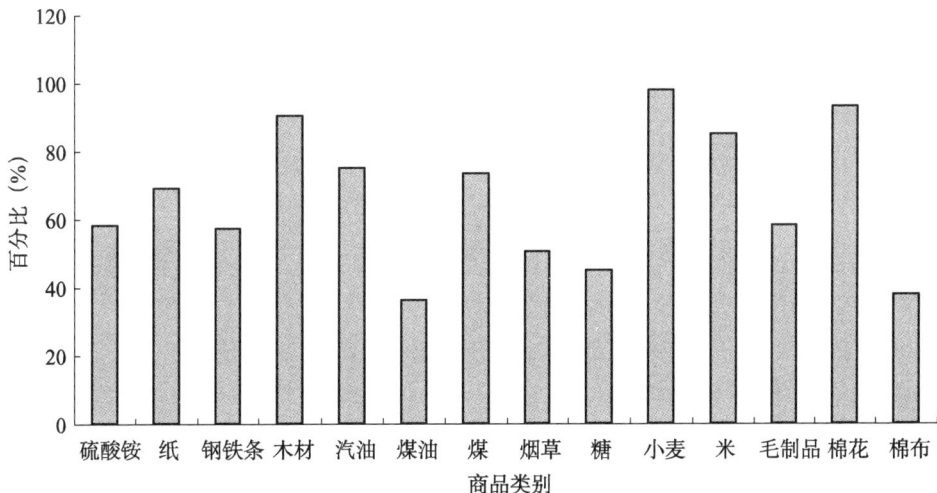

图 1-10 上海港商品净进口比例平均值比较图（1922—1931）

除煤油、糖及棉布的比例低于 50% 外，其他各类进口商品，上海城市的消费比例均占一半以上；而棉花、米、小麦、木材等商品，上海所消费的比例则大于 80%。这说明除了上海城市的经济总量之大，更能说明上海港对城市发展的支持作用。

上海港的贸易，直接促成上海城市的繁荣，尤其是租界城区，时人观察后认为："公共租界的扩大和改进，当然是商业繁荣的直接结果。"[①]1901 年之前，上海城市已经发生了诸多深刻的变化，"吴淞铁路的通车；内河轮船航运的开航；与苏杭两地的直接贸易关系的建立，以及公共租界在此期间的大量市政改进和变化。……上海周围的农村也在成长和发展，郊区人民的状况也在变化，……大部分在十年之前还是农村的地区，现在已经并入公共租界境内，或者，边沿地区的居民已在那儿造了大量的住宅"[②]，城市化的进程在扩张。租界的空间影响范围也不断增长，"随着上海的贸易和人口的增长，租界被迫推进它们的边

① 《1892—1901 年海关十年报告》，载徐雪筠等译编，张仲礼校订：《上海近代社会经济发展概况（1882—1931）—〈海关十年报告〉译编》，上海：上海社会科学院出版社，1985 年，第 37 页。
② 《1892—1901 年海关十年报告》，载徐雪筠等译编，张仲礼校订：《上海近代社会经济发展概况（1882—1931）—〈海关十年报告〉译编》，上海：上海社会科学院出版社，1985 年，第 44 页。

界，以便同扩展的步伐保持一致"①。

除了通过贸易对上海城市直接施加影响之外，上海港更多的功能，是由港口贸易而产生的相关职能。正如开埠仅二十年后，西方人所称的："为什么要举行这许多次外交会议？而西方各个君主与共和国家又为什么要以战争的全副铠甲，对一个不愿意同我们从事通商的国家横施压力呢？稍微思索一下，对于这个问题的答案是很明显的，因为这一切都是对外通商的结果。冒险进取的商人，首先来到中国，外交家与军人则继之于后。倘若商人不先在这个国家立定脚跟，联军的陆军与舰队大致永远不会开到这个国家的海岸来。因此，对侨民社会每一部分人来说，他们的兴趣主要在于贸易是否趋于繁盛，以及为维持与保护商业繁盛所使用的力量，是否归于无效。"②

因此，上海港的管理，是与国家层次紧密相关的，不仅仅是属于上海城市的职能。上海港的贸易，一开始就与各个列强国家不可分离，今后的发展，更是与列强时刻相关。1872 年，法国领事曾告知公共租界工部局："法国政府的政策是要使法租界成为货物免税装卸的自由港，并维持不变"③，与近代中国政府的效率极其低下的治理能力相比，列强的态度在更大程度上决定着上海港口与城市的发展方向。

因此，20 世纪 20 年代初，江海关税务司曾指出，"上海市区分属四个不同的市政管理机构。由于没有统一的管理，任何人几乎都可以随心所欲地出入本港。警察局、航运公司和铁路局都没有具体的措施来登记进出上海的中外人员"④，这又是分裂的上海城市对上海港的影响。上海租界之所以能够发展起来，是由于贸易的利益；贸易的利益，又是与上海港的优越地位分不开的。上海城市的变迁，是不可能与港口脱离关系的；上海的城市建设，更需要与港口紧密联系。

---

① 《1892—1901 年海关十年报告》，载徐雪筠等译编，张仲礼校订：《上海近代社会经济发展概况（1882—1931）—〈海关十年报告〉译编》，上海：上海社会科学院出版社，1985 年，第 75 页。

② 《贸易随同政治关系所取得的进展》，《北华捷报》第 653 期，1863 年 1 月 31 日，载上海社会科学院历史研究所编：《太平军在上海——〈北华捷报〉选译》，上海：上海人民出版社，1983 年，第 464—465 页。

③ 《工部局董事会会议录》第五册，1872 年 2 月 19 日，第 533 页。

④ 《1912—1921 年海关十年报告》，载徐雪筠等译编，张仲礼校订：《上海近代社会经济发展概况（1882—1931）—〈海关十年报告〉译编》，上海：上海社会科学院出版社，1985 年，第 228 页。

第二章　近代上海城市化过程中的港城关系
——城区与港区

近代上海城市发展中，城区的变迁与港口有着紧密的联系，其影响机制即所谓"向港性"的市政发展规律。[1] 即贸易带动港区的发展，形成经济资源的集聚，从而导致港区附近人口的增加，产生对市政建设（首先是路政）的要求，进而引发城区的扩展。

上海是河口港城市，其繁荣主要依托长江、黄浦江、苏州河等有利的航运条件，因而市政发展离不开上海港，有研究指出："各国租界向西或向东扩展，显而易见是占据黄浦江沿岸，发展港口和工商业"，"华界历次市政规划也都非常重视向黄浦江下游和吴淞方向发展"[2]。对路政走向的分析，可以证明城区与港区扩展的关系。

关于上海港与上海城市的"以港立城、城港共兴"的关系，经典的表述是"首先,港口伴随着港口城镇同时形成;港口与港口城市历史发展进程的一致性;城市与港口布局的紧密性"[3] 等。但是，近代以来的上海港，根据前文的分析，其管理机构与管理体制并不是统一的,租界与华界形成了两个相对隔绝的区域，这也就造成了不同区域港口对城区的不同影响。之前的分析，往往以相对比较现代化的租界城区来代替整个上海城市，考察在其发展过程中与港区区域的互动。就历史的真实来看，虽然华界的南市、浦东等城区相对落后，但也应该分别加以分析，以便能更好、更全面地认识近代上海港口与城市发展的关系。

因此，本章即根据各个不同的城区，分析它们与港区之间的互动关系，并对其进行相对具体的说明。

---

① 钟义盛：《上海市政建设的近代化进程及其启迪》，《社会科学》1995 年第 1 期，第 59—62 页。
② 钟义盛：《上海市政建设的近代化进程及其启迪》，《社会科学》1995 年第 1 期，第 59—62 页。
③ 茅伯科：《上海港史：古、近代部分》，北京：人民交通出版社，1990 年，第 7—8 页。

第一节　租界城区的港城互动

　　1843 年 11 月，上海正式开埠，不久英租界设立，这是上海城市发展过程中的两件大事，奠定了近代上海城市的基础，并且充分表现了上海城市的特点：港口与城市结合的紧密性。因此，以租界地区来作为近代上海港城互动的典型，有非常充分的代表性。本处所说租界，一般均指公共租界，由于法租界岸线较短，且大部分时间被轮船招商局等大型轮船公司、贸易公司所占据，在其城市规划中，地位远不如公共租界的港区重要。

　　本节的主要内容，是分析上海的公共租界，从英美两租界分别独立发展，到合并为一，直到成为上海城市最繁华部分的过程中，如何从与港区的紧密联系，逐步走向疏离并形成相互对应的格局。总的来看，公共租界（外滩）城区与港区的由重合到逐渐分离，是一个逐步进行的过程，没有明显的时间界限，但为表述方便起见，本节将其分为两个主要时期，以期从中揭示一定的线索。

　　本节将主要运用公共租界的档案、工部局董事会会议录等资料，以时间为序列，叙述公共租界发展过程中与港口的互动关系。

一、港区与城区一体化的格局

　　近代上海开埠后的数十年时间内，租界城区将自己的发展重心放在了外滩一带，主要的港区也在外滩，而后才由此向外转移。贸易的兴盛，导致租界地区的不断扩张，而由于中国国内形势的变化，大量人口涌入租界，也使得租界得到了迅速的发展，外滩的港区与城区的关系，也逐渐有了性质上的转变。

（一）外滩城区发展与港区的联系

　　外滩一带在开埠之前，与城市化的景观截然不同，"沿浦之地，多旧式船厂、木行，其后面皆稻田、棉花田，更后稍远处有一小村落"，"地面大多卑湿，不可即居"，"初为一片沮洳"[①]，仍然一片农村郊野景象。租界的城区范围，在

――――――――――――――

① 胡祥翰：《上海小志》卷1《上海开港事略》，上海：上海古籍出版社，1989 年，第 1—2 页。

19 世纪 60 年代之前，一直局限于最初两次扩张的地理区域之内，截止到 1856 年，"租界面积，从吴淞江（即苏州河）起至洋泾浜止，后面仅至江西路止"[①]，可知虽然 1846 年 9 月 24 日，英租界已经开筑"边路"（今河南中路）为西界[②]，但真正的城市范围，仍然很小（图 2-1）。

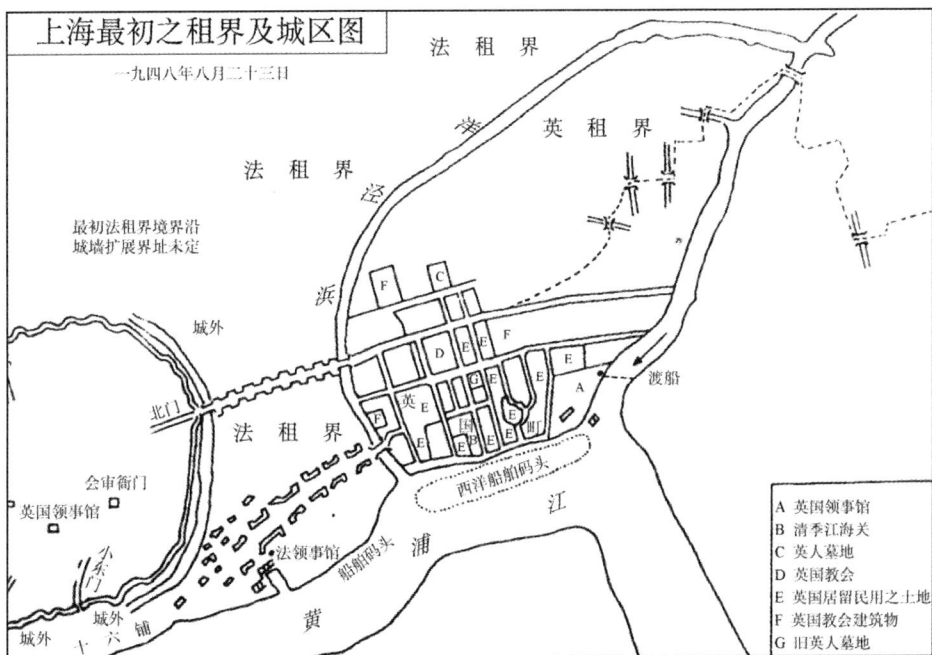

图 2-1 上海最初之租界及城区图（1848）

资料来源：熊月之：《上海通史》卷 3《晚清政治》，上海：上海人民出版社，1999 年，第 39 页

由于优良的港口建设条件，近代初期的上海城区扩张，有极为深厚的潜力。早在 1845 年，对于刚刚开埠的上海，已有时人开始指出它建设港口的条件："吴淞河（此处指黄浦江）对岸皆是田地，尚未开放建筑。沿河地带，长一里半，已规划为外国商人建筑用地。该地带含市东北郊部分，距市区不到一里地。地点很好，空气新鲜，易于装船卸货。"[③]这些都可以为城区的扩大，提供相关的必要条件。

---

① 胡祥翰：《上海小志》卷 1《上海开港事略》，上海：上海古籍出版社，1989 年，第 1 页。

② 徐公肃、丘瑾璋：《上海公共租界制度》，载蒯世勋等：《上海公共租界史稿》，上海：上海人民出版社，1980 年，第 7 页。

③ 〔英〕施美夫著，温时幸译：《五口通商城市游记》，北京：北京图书馆出版社，2007 年，第 110 页。

　　以此为基础，外滩城区作为英租界的代表，因贸易的兴旺，迅速扩张，并显现出自己的特点："所有货物都要由苦力扛到船上，而苦力的报酬是根据其所行走的路程长短来计算的。这就可以理解，所有商人都愿意尽量靠河而居。"于是，外滩城区的临港特性开始表现出来，并聚集了大量的人口，开始使城市区域的扩张呈现出一定的规律性："商人的商业活动和生活都集中在英租界，因为英租界在法租界和美租界之间，所以它只能往内陆方向伸展，而这个方向也还有许多其他人的产业，由此造成坐落在河边的房子和宅基地价涨到不可理喻的程度，哪怕是最远处的街上的一栋房子，一年的房租起码要 6000 塔勒，而要租新房子或买基地和地产，根本就没有可能性。"[①]地价的上涨，正如上文所探讨的，是城市化进程开始的一个重要标志与衡量指标。

　　租界外滩城区在开埠之初，市政（以马路为代表）建设，也是与港口码头建设相配合的："夷场……修治车路甚平整，沿黄浦江一带口岸，用大木植桩，贯穿铁链，排到十余里，广数丈，其码头恰与轮船相当，可用马车迳运货物至轮船，无须驳船也。"[②]这使得租界的道路"向港性"表现得非常明显（图 2-2），

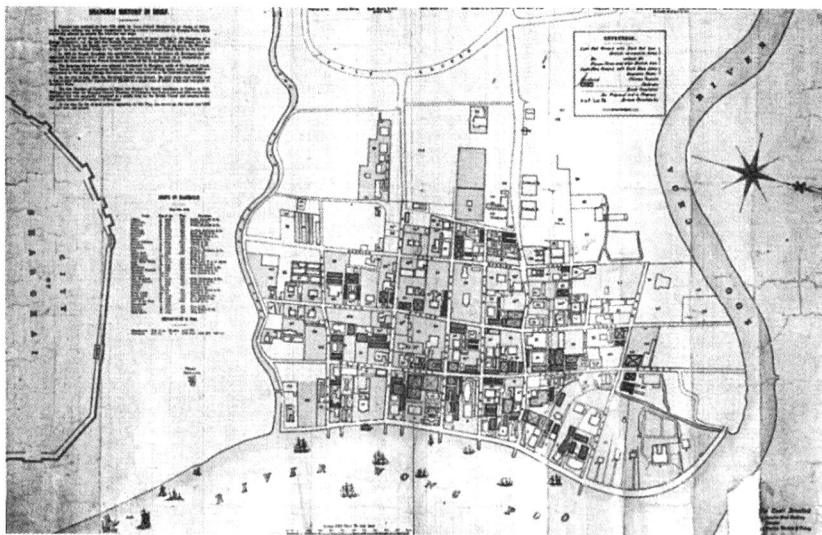

图 2-2　1855 年英租界地图

资料来源：张伟等：《老上海地图》，上海：上海画报出版社，2001 年，第 37 页

---

① 《1861：斯庇思（Gustav Spiess）游记中的上海》，载王维江、吕澍：《另眼相看：晚清德语文献中的上海》，上海：上海辞书出版社，2009 年，第 61—62 页。

② （清）黄楙材：《沪游脞记》，上海：上海书店，1984 年，第 559 页。

在英租界的早期地图中可以看到，当时租界中由南而北分布着东西向的主干道，包括北京路、南京路、九江路、汉口路、福州路、广东路等，在这些道路临浦江的尽头，均有一两座码头，便于装卸货物。

作为租界行政机构的工部局，其职能中也包括了维护沿浦各码头。因为在开埠后仅 20 年，黄浦江航道的通航状况已经变得很严峻了，河道中"有几个码头在几次潮汛期无法接近"，据此，工部局"提请条约国领事注意河水变浅，并提请讨论采取措施防止河道被侵蚀的权宜之计"①。

1865 年 9 月前后，外滩港区的不少码头因修建时间已经很长，不再适应潮水变化，"许多码头的状况极为糟糕，由于码头长度不够，低潮时几乎无法使用。正如在南京路东端测试过的，问题出在泥码头的主堤上，只要将主堤延长就行"，反复出现的问题，使工部局"注意到英租界码头的现状并全面审议了这个问题"，"要求工务委员会责成工部局工程师就黄浦滩码头的状况起草一份特别报告，其目的在于采取必要措施以在某种程序上满足居民的眼前需要"。②在这种不断进行的市政建设中，港口与城区的相对格局逐渐形成，直接决定着整个近代上海城市演变的基调。

1866 年，英租界经过第二次扩展后的近二十年发展，已经将上海原有的乡村面貌进行了彻底的改造，港区与城区的分布格局逐渐确立，上海已经显现出了一个港口城市的景观（图 2-3）。

近代上海城市空间的扩张过程，对港口的依赖性不仅仅体现在因贸易而带来的财富升值，港口更为直接的功能是为城市建设提供基本的运输条件。正如时人所观察到的，上海濒临江海，一望皆平原河浜，除了稻米、棉花等农产品外，物产其实十分贫瘠，"没有一种物产，来证明这里是美丽富饶的南方……此处只有贫瘠"③，工部局在进行市政建设时，"所遇到的最大困难是取得足够长度的铺路石板，经商定，董事会应设法从宁波或苏州去取得这种材料的供应"。④港口便为租界市政的各种原料来源提供了方便，为了修筑道路，也需要"与此地一些拖轮船长联系，以便取得修筑道路所需的炉渣和渣块"⑤，同时，"向到达本港的所有船主分发已印就的通告……他们的压舱材料将被免费取走"⑥，以充作修筑道路

---

① 《工部局董事会会议录》第二册，1864 年 4 月 30 日，第 477 页。
② 《工部局董事会会议录》第二册，1865 年 9 月 5 日，第 515—516 页。
③ 《1862—1864：拉度维茨（Joseph Maria von Radowitz）书信中的上海》，载王维江、吕澍：《另眼相看：晚清德语文献中的上海》，上海：上海辞书出版社，2009 年，第 81 页。
④ 《工部局董事会会议录》第一册，1861 年 1 月 30 日，第 609 页。
⑤ 《工部局董事会会议录》第一册，1861 年 3 月 13 日，第 613 页。
⑥ 《工部局董事会会议录》第一册，1861 年 3 月 24 日，第 614 页。

的建筑材料，这也一定程度上体现了港口对城市发展的直接促进。

图 2-3　1866 年英租界外滩城区图

资料来源：张伟等：《老上海地图》，上海：上海画报出版社，2001 年，第 39 页

　　黄浦江航道也成为市政建设材料来源之一，"道路检查员汇报了他的工作，董事会指令他为修建外滩去采办一批黄沙，并为修筑租界道路采购一些优良的圆卵石"①。港口的不断升级，淘汰下来的建筑材料，转而成为市政建设的材料："库存大量旧码头石料，只需稍经加工即可作为路边石使用。会议指示将这些石料铺设在书信馆对面的南京路地段。"②

　　1872 年，工部局为了规划外滩的发展，需填筑堤岸，提出"假如疏浚吴淞口沙洲的计划能实现的话，通过与江海关达成协议，就有可能降低不少填土费用。河泊司……已经尽其所能谈了中国官厅将向工部局供应泥土，价钱比其他任何地方便宜得多"。③因此，外滩城区的扩展变化，与港区关系的密切程度，并非简单意义上的贸易关系，更有物质实体意义上的相互作用。

（二）外滩城区作为贸易集聚地的繁盛

　　上海开埠初期，对外贸易仍为帆船贸易，由于货物不多，外滩作为港区是

———

① 《工部局董事会会议录》第一册，1861 年 12 月 18 日，第 631 页。
② 《工部局董事会会议录》第二册，1864 年 2 月 3 日，第 467 页。
③ 《工部局董事会会议录》第五册，1872 年 8 月 5 日，第 565—566 页。

可以满足需求的；因此主要集中于外滩地带，"上海租界本身在各方面都出现明显的活跃和繁荣的迹象，每个关心其兴盛的人都必然对此感到满意。在营业时间内，浦江附近的马路上难得不听见外国车辆的隆隆响声，也难得不充满了肩挑重担的苦力们。在华商店铺和商号所在的较近的中心的马路上，始终是人来人往，摩肩接踵，还拥挤着坐轿子的和推独轮小车忙碌的中国人，其拥挤现象可以同我们西方的一个拥有许多拥挤市场的城市的情形相媲美。通道上每一块可用的空地是如此的宝贵，以致人们普遍抱怨，尽管道路已宽达 25 到 50 尺，但对他们的需要来说还是太窄了。回想一些年之前在向第一批殖民者分配土地时，巴富尔领事曾因拒绝接受只要留出一条恰够装一包货物的马车通过的道路的意见，而被吵吵闹闹的抗议者所困扰的情形，两者形成了有趣的对比"[①]，上海港城关系的紧密程度，可以与前述景观作对比。

　　19 世纪 70 年代后，轮船贸易开始迅速发达，外滩港区水深不足，已经不能满足需要。除此之外，受到"太平天国战乱"的影响，大量内地的中国人涌入租界，虽然 1865 年后一部分人返回内地，但仍有相当数量的人口留居租界，这除了给予租界扩张的动机之外，也使外滩城区有远离港区的要求："拥有洋房的人们已经心情沉痛地感受到贸易普遍萧条的影响，还有许多大洋房无人租赁。少数房屋被富有的中国人租用，但这是例外。必须指出，房租普遍下降 10%—15%。有两三所旧洋房已被拆毁，现在在它们的地基上已经盖起了中国式住房"，与此同时，早期外滩城区码头——仓库紧密相连的建筑格局，也不再适合日益增长的贸易，更多的专业仓库开始出现，"其他的洋房都已从住宅改为办公用房，在建的房屋也随着时局的改变而作了调整，因此支付不大的租费就能租到一间办公室或者一套附有茶叶或蚕丝陈列室的办公室套间。只有生意做得很大的进出口商才需要仓库。现在虹口公和祥码头公司以及法租界各家轮船公司的仓库都乐于代客贮存货物。外国租界内仍在建造大量的中国住房，租界后部已迅速出现了一个中国城市的面貌。正如外国人已从大部分贸易中被挤出一样，他们正在逐渐被其中国邻居挤出租界，而这原先是拨给他们专用的"[②]。1878 年前后的上海城市面貌，城区与港区的分工，逐渐在形成之中。

　　上海的港区与城区，直到 1879 年前后，仍然是连在一起的，虽然城区的扩

① 《领事麦华陀 1868 年度上海港贸易报告》，载李必樟译编，张仲礼校订：《上海近代贸易经济发展概况：1854～1898 年英国驻上海领事贸易报告汇编》，上海：上海社会科学院出版社，1993 年，第 181—182 页。
② 《领事达文波 1878 年度上海贸易报告》，载李必樟译编，张仲礼校订：《上海近代贸易经济发展概况：1854～1898 年英国驻上海领事贸易报告汇编》，上海：上海社会科学院出版社，1993 年，第 505 页。

张，已经使居住区与商业区的外滩日益分离，"凡是买得起房子的人在郊区买一幢别墅，每天到市区办公的生活方式，已愈来愈成为一种风尚。现在上海所有的贸易几乎都是在外滩或其附近的洋行里做成的。坐落在离黄浦江较远的街道上的大多数洋房已被拆毁并改建为中国人的店铺和住房。上海既没有许多漂亮的公共建筑，1879 年期间也没有新建的什么房屋可供我们夸耀"①。

　　总之，在开埠之初，外滩港区与城区联系极其紧密，甚至于"码头就是上海的主要街道"②。直到轮船航运兴起之后，外滩一带港区由于其水文条件，逐渐不能停靠大型轮船，港区的转移便也是理所当然的事情了。

　　其实，1861 年前后，上海港的贸易，已经开始部分从外滩地区，转向吴淞江以北的浦江沿岸，港区的转移，也开始影响着城区的面貌："从吴淞向上海行驶，首先到达的是与英租界一河之隔的美国租界，这里是交通异常繁忙的中心地带。上海的贸易促成了这种繁忙，几乎所有的船只都在这里装卸货物，苦力们从码头的堆货场将沉重无比的货物扛到商人们的仓库，再返回码头，从早到晚匆匆忙忙来回奔波。他们用一种对唱来缓解工作的沉重，或者喊着号子使快速的步伐整齐一致"③。

　　1862 年 10 月，江海关河泊司已向工部局提出，由于"租界面貌的巨大变化，尤其较为突出的是在人口方面，西人和本地华人两者都在增长，以及在贸易方面更为令人振奋的发展"，但港口体系则有待完善，因为"当今上海有成为北部和中部贸易巨大商业中心的可能，显然早期居民的安排，尽管经常有所改进，但是完全不足以满足广泛而庞大的运输量增长的要求"，目前的码头体系，对日益增长的贸易说，是一个严重的障碍，因此"我的注意力当然更多地引到过去和现在运送、装卸商品的安排状况和设备状况，总之被引到码头和运货船的整个体系"，根据上海的远景发展，他提出，"增加码头的数量仅能部分解决出现的弊端"，最好的解决办法则是，"外滩要向外扩充，使它的堤岸线伸入河道远至能使一切大小船只在堤岸外侧停泊，并在那里装卸货物"，这项建议"将构成一个核心，一切次要的实际的细节都将围绕它为中心，以完成这项事业的

① 《副领事阿连璧 1879 年度上海贸易报告》，载李必樟译编，张仲礼校订：《上海近代贸易经济发展概况：1854～1898 年英国驻上海领事贸易报告汇编》，上海：上海社会科学院出版社，1993 年，第 552 页。
② 《1861：随船牧师柯艾雅（Kreyher）日记中的上海》，载王维江、吕澍：《另眼相看：晚清德语文献中的上海》，上海：上海辞书出版社，2009 年，第 68 页。
③ 《1861：斯庇思（Gustav Spiess）游记中的上海》，载王维江、吕澍：《另眼相看：晚清德语文献中的上海》，上海：上海辞书出版社，2009 年，第 59—60 页。

计划"①，对此，除了部分条款之外，工部局基本表示赞同②。

工部局作为市政机构，关注的主要是公共利益，因此面对港区存在的问题，工部局只对外滩的码头如何改善作出建议："关于各码头的现状，工部局工程师已起草了一份考虑周密并具有价值的报告。对其中九座码头已进行了各种各样的小规模修理，但本委员会认为，绝对有必要立即采取一些步骤，或者加长广东路、杭州路和北京路路端的现有码头，或者用类似南京路路端的码头取代它们。南京路路端的码头迄今为止状态一直良好，而且没有妨碍公益。三座这种码头的费用大约 3000 两银子，本委员会强烈请求，准许把这笔钱用在对于这一地方的贸易必不可少的工程上。本委员会还建议，拆除挨着洋泾浜的码头，因为其位置不便利，而且靠着河口不合适"③。于是，其他各种轮船码头的建设，工部局已经不再关注，也无力进行关注，港区与城区的逐渐分离，则要在之后的时期中进行了。

二、港区与城区对应格局的逐渐形成

英租界与美租界合并之后，工部局的管辖范围扩展至吴淞江北的虹口地区；而这里也迅速替代外滩城区，成为租界新的港口区。这使外滩、虹口的城区性质，均开始有了一定的分工。

（一）虹口城区的形成与扩展

上海租界的城市化，是一个渐进的历史过程，租界内各个区域之间也不是均匀进行的。开埠之初，虹口地区与外滩一带情况相似，直到 1889 年，因疏浚吴淞江，上海业广地产公司"打算将在苏州河上雇用的疏浚船挖出的泥浆填进乍浦路北端的池塘里，……因为这些池塘都是死水塘，而且附近一带没有居民"④。可知当时的城市化进程，尚未扩展至虹口稍远之处，还停留在离黄浦江沿江不远一带。

经过二十余年的发展，虹口虽不如外滩一带繁荣，但也有了城区的最初面

---

① 《工部局董事会会议录》第一册，1862 年 10 月 22 日，第 653 页。
② 《工部局董事会会议录》第一册，1863 年 7 月 15 日，第 686 页。
③ 《工部局董事会会议录》第二册，1865 年 10 月 10 日，第 518 页。
④ 《工部局董事会会议录》第九册，1889 年 5 月 28 日，第 722 页。

貌（图 2-4，可以看到临近英租界一带，城区范围已经相当大，虹口浜以东则是港区所在地）。

1863 年 11 月，英美租界合并为公共租界后，工部局对虹口地区进行了积极的建设，"马路已经大为改善，新马路或已开辟成功，或正在修建之中，外滩（注：指虹口沿浦江一带）已经出现一种看来非常繁荣的外貌。由于许多沼泽与池塘地方已经填满，死水与脏水也遭排除，美国租界的死亡率可以大为减少，而仅在上一年内，离开礼查饭店不远的地方，便有很多这样的沼泽与池塘。事实上，外国租界没有一个地方像虹口这样，能在去年一年内取得这种显著的进步"，而更重要的是，由于城市建设的进行，港区也随之改善，"码头与宽大的仓库已纷纷修建起来，许多优美的房屋也已造好"。[①]

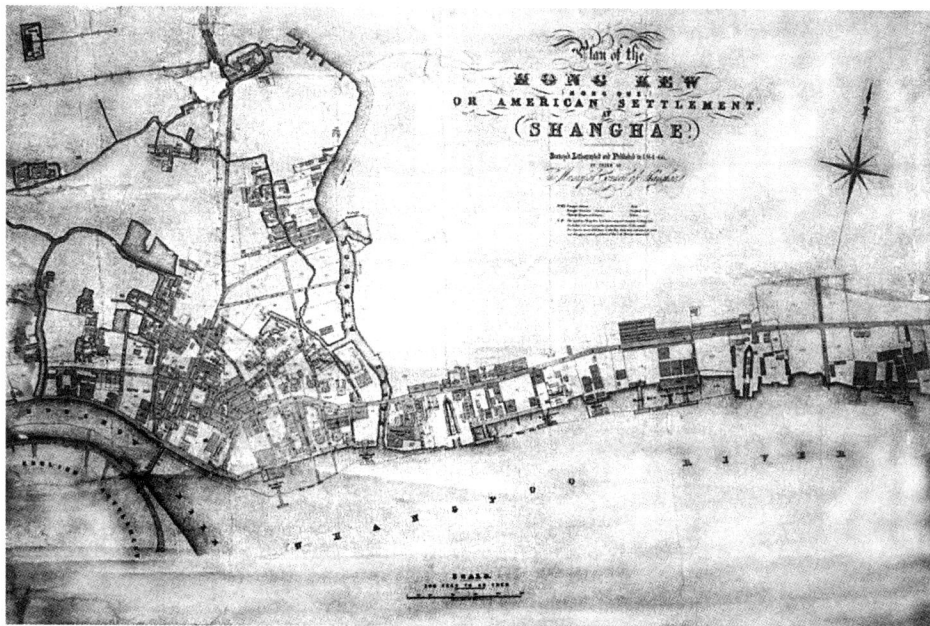

图 2-4　1866 年虹口城区地图

资料来源：史梅定主编，上海租界志编纂委员会编：《上海租界志》，上海：上海社会科学院出版社，2001 年，附图

港区发展带来的商业兴旺，使得虹口地区居民日益聚集，"正迅速到达演变时

---

① 《北华捷报》第 703 期，1864 年 1 月 16 日，载上海社会科学院历史研究所编：《太平军在上海——〈北华捷报〉选译》，上海：上海人民出版社，1983 年，第 505—506 页。

期，即由一不干起眼的村庄突然成为一重要城镇"①，使得对这一地区的规划也提上日程。于是，对相关港口设施的要求也出现了，1870 年 8 月，工部局"收到了众多虹口纳税人的一份请愿书"，他们要求："在虹口沿江地带的中央部分，即在闵行路底，修建一座码头，供旅客上下船之用"，工部局也意识到建造这座码头的必要性，对纳税人的请愿书表示赞同，并建议在财政条件许可的情况下，立即动工建造；如今年无法办到，则可在明年的预算内列入一项特别的拨款"。②

之后，工部局委托工务委员会，"为虹口区道路设计的几条路线"，并认为："即使仅是这些，也完全可以满足当前的需要了。这个区，由于位置适中，对建筑码头拥有天然优越条件，商业也日益增长，因此情况日益改善，地皮日益扩大"，"过去的经验证明有必要早日精心设计租界，所谓英租界的那些狭窄道路所引起的不便就证实了这一点"。③

与此同时，虹口浜以东地区的港口区，也开始部分转化为城区，进入城市化的进程之中，怡和洋行码头与城区的互相协调，即是非常明显的例证。

随着租界人口不断增加，1873 年 11 月，工部局决定，在元芳路（商丘路）尽头，建设一处公众使用的码头，由于正好位于公和祥码头内，随后与该地的业主怡和洋行交涉，"确定公众使用元芳路上岸设备权利的范围，并且同时维护该码头的各业主对该产业所拥有的权利"，工部局提出，"将以这样的方式来建造一座上岸码头，就是使它不妨碍船舶在原来的码头旁边方便地停靠，也不会在任何方面打扰原来码头的业务"，怡和洋行表示同意，"只要公众需要，该码头将继续存在"，"如果原来码头产业易手，新业主应服从这一条件"，随后，"工部局将接管元芳路（这条路虽然已作为公共马路使用，但从怡和洋行的信中看来，他们从未正式交出这条马路），同时装置照明用灯，进行排水，并使这条马路维修良好"，港区进一步向城区转化。随后，工部局又提出，"如果此事不能以上述办法明确地解决的话，董事会提出的建议是完全不会损害工部局或公众对虹口的马路和临江土地所可能拥有的任何权利"④。

但此后，1932 年，公和祥码头在扩展码头时，曾腰斩元芳路，但这已经是后来的事情了⑤，至少在 1873 年后的日子里，元芳路是属于城区的一部分。

---

① 《工部局董事会会议录》第四册，1871 年 11 月 17 日，第 843 页。
② 《工部局董事会会议录》第四册，1870 年 8 月 1 日，第 725 页。
③ 《工部局董事会会议录》第四册，1871 年 11 月 17 日，第 843 页。
④ 《工部局董事会会议录》第五册，1873 年 11 月 18 日，第 668 页。
⑤ 茅伯科：《上海港史：古、近代部分》，北京：人民交通出版社，1990 年，第 321 页。

总之，虹口地区正逐渐成为新兴的城区，也为英租界外滩的转变提供了保证。

（二）外滩城区改造的初步设想

上海开埠以来，外滩是进出口货物装卸的主要场所，随着外滩城区的发展，如何处理与港区的关系，便开始成为一个问题。尤其是在轮船航运出现之后，庞大的货物装卸量，直接影响到外滩一带的景观。

1865年，位于洋泾浜北岸，公共租界外滩南端的丰裕洋行，为了能使自己产业前的浦江码头停泊轮船，曾经向工部局提出："本洋行要拥有专有权在上述新外滩停靠驳船，以便让靠岸轮船装卸货物；有权有新外滩外侧附近或前面铺设有轨电车路线，并使有轨电车路线继续穿过外滩进入本洋行，以便将驳船上的货物运至仓库或将仓库内的货物运至驳船上；还有权将靠外滩前面的地段圈起来"，工部局则决定，"不能完全同意这一观点，与出让外滩地皮这样一个重要的问题相比"，其他方面并不是要考虑的什么大问题，"最好是保留外滩江岸线的所有权"。[①]对于轮船停靠外滩的问题，虽然"货物一般在下午4点进行装卸，而这时外滩行人稀少……轮船对外滩的外观不会有损害"，但工部局最终仍决定，"轮船停靠在外滩也许不会有什么损害，但认为应该谨慎对待此事。因为，外滩居民从窗口望出去，许多不愉快的景象会一目了然。此外，海员们的举止并非总是令人满意的，总的来说他们有一些很不体面的追随者。因此，他认为轮船停靠外滩是不可取的"。[②]

外滩一带的不少洋行，在建设自己的私有码头时，也提出要求："可让公众使用，但不能为轮船、帆船、桅船所使用，总之，不能为任何对我们的临江土地造成堵塞的船只所使用"，旗昌洋行并提出，"全部目的都是为公众的，我们考虑的目标并不是为了要从这条航道增加任何效益，而只是花点钱使公众避免乘坐小船通过江中急流，从而暴露于轮船航道的危险之中"，减少驳船的危险。[③]

英租界真正开始认真注意到外滩城区职能的划分，是在1869年年底，原工部局董事爱德华·金能亨离开上海时，对外滩的将来提出了自己的看法，即港口的发展应该远离外滩。

当时公共租界外滩一段港区的情况，大体如下："这一段堤岸长度约2000英尺，其中550英尺系小船当作浮码头使用。如果对船码头的内侧进行恰当的

---

① 《工部局董事会会议录》第四册，1866年1月18日，第542—543页。
② 《工部局董事会会议录》第四册，1866年1月18日，第543页。
③ 《工部局董事会会议录》第三册，1868年6月23日，第675页。

布局使其能作为小船上客之用，仍需要将这一地段留出，分为 9 个空档，以便小船能在轮船的两端之间停靠"，"这样便留下 1450 英尺可供轮船使用"，"这一长度可停靠 2 艘邮船和 4 或 5 艘轮船。鉴于上海的大部分商业均在几个繁忙的月份中进行，在这段时间内约有 12 或 15 艘轮船装货和卸货，十分明显，在现有的设施之外另行添加设备是非常不值得的"。①与其不能满足需要，不如放开对外滩作为港区的开发。

同时，"考虑到六分之五的商业机构不设在外滩，考虑到对那些无法将他们的船只停靠在码头的商人和仍然要使用驳船的商人来说，即使有了附加的设施，他们仍还有很多的不便和麻烦，这样问题就显得更为清楚，即只能维持现状"。而港口和随之而来的航运，给一个城市所带来的，绝不仅仅是繁荣，还有与之相生的混乱，"当人们思考航运业被介绍到世界上他能记得起的任何港口的指定地点会引起什么样的后果时，他决不会怀疑对外滩的特征所引发的变化"，"航运业并不是商业的主要因素，它仅仅是其低等的附属行业之一，有点类似驮马和载重马车。交易所、银行、账房才是掌握商业的神经中枢，它们的所在总是商业从员大量集中的地点。航运业的出现带来了噪音和尘埃，吓跑了交易所、银行等机构，取而代之的是利物浦和纽约堆放它们粗加工产品的堆栈，整个街道满天灰尘，乌烟瘴气"，"外滩是上海的唯一风景点。由于那些业主在使用他们的产权时贪婪成性，将房子建造至沿街边，一寸土地间隙也不留，这样，外滩的腹地便变成糟糕的地方。外滩是居民在黄昏漫步时能从黄浦江中吸取清新空气的唯一场所，亦是租界内具有开阔景色的唯一地方……随着岁月的流逝，外滩将变得更加美丽。外滩很有可能在某一天能挽回上海是东方最没有引诱力地方的臭名声"，因此，"没有人会为失去外滩而不深感遗憾。如果大家都知道外滩这块愉快的散步场地即将失去，那么拟议中的计划也就根本得不到任何人的支持"，"所有居民都应团结一心来保持住外滩"，而为了保全外滩的未来，他又提出"英租界的外滩是上海的眼睛和心脏，它有相当长一段沿江可以开放作娱乐和卫生事业之用，尤其是在它两岸有广阔的郊区，能为所有来黄浦江的船只提供方便"②，这已经说明，上海港的迁移，是不可避免的，由于同城区矛盾的存在，港区便向租界的郊区与浦东进发了。

这一提议，改变了外滩的历史，从此之后，外滩的努力方向就是成为上海的商业、金融中心，而上海的主要港区，就开始大规模向外扩张，目标就是虹

---

① 《工部局董事会会议录》第四册，1870 年 2 月 11 日，第 689 页。

② 《工部局董事会会议录》第四册，1870 年 2 月 11 日，第 689 页。

口及浦东一带，甚至是向吴淞口进发（虽然最终并未真正成功）。

（三）港区与城区之间矛盾的凸显与解决

与外滩一带港口与城区的矛盾相似，在虹口一带，在城市化过程之中，港城二区的矛盾冲突也同时存在着。

虹口一带港区的不断形成，使黄浦江与城区之间产生了一道新的隔膜，如公和祥码头建成之后，1873 年 2 月，工部局火政处提出，由于其地理位置，"公和祥码头万一发生火灾，从黄浦江取水的一切水源都将断绝"，"为防护公和祥码头以及其四周的房地产"，"有必要沿公和祥码头一带另找水源"，工部局遂提出，"要求上海各火险公司向公和祥码头提出申请，要求在他们的房地产上挖掘两口消防井"，公和祥码头表示同意此事，工部局随后将其交由工务委员会解决，这也反映出港城二者的互动关系，在相互矛盾中又相互协调。[①]

从基昌路到元芳路的虹口地区"外滩"，曾有一条马路，"一些最老的居民都知道，这条马路早就存在，在地图上是标着的，很明显已被附近的码头所占用"。工部局据此，于 1875 年 10 月 30 日"已经通知过他们的代理人，但没有收到回信"[②]。

而位于基昌路终端的码头，与市民生活息息相关，现在被顺泰码头侵占后，经常会停泊一些轮船，"妨碍了那里老百姓的上下船"[③]。据此，直到 1878 年 8 月，工部局仍在与码头代理人之间进行交涉，最终决定，"应调查清楚这条马路是什么时候修筑的，码头公司是否像他们自己所说的那样有权在他们认为合适的时候，用横向停泊小火轮的办法来堵塞码头的出入口"，并且"他们在基昌路终端安装了一座吊桥，这样便把浮码头和码头公司连接起来了"，工部局还担心，如果这种情况被默认，则附近的"老船厂承租人将要对太平路码头拥有同样的使用权……在修理的那些船只，其锚绳的时候在天黑后对那些想要上岸的人来说非常危险"，真要这样的话，从虹口路到杨树浦这一段黄浦江岸线，就"没有一座简易码头（兆丰路的一座除外），那里公众无疑有权要求一个上岸的地方"。[④]

新兴港区中繁忙的贸易量，虹口城区的居民不得不面临着另一个问题：噪声。1885 年，德国领事馆向工部局提出申诉，"指控停泊在青浦路浮码头边上

---

① 《工部局董事会会议录》第五册，1873 年 3 月 3 日，第 612—613 页。

② 《工部局董事会会议录》第六册，1876 年 2 月 26 日，第 722 页。

③ 《工部局董事会会议录》第七册，1878 年 8 月 19 日，第 647 页。

④ 《工部局董事会会议录》第七册，1878 年 8 月 26 日，第 648 页。

的轮船装卸货物时的嘈杂声"，"这种噪声日以继夜，星期日更加频繁，另外还有怡和洋行所雇用的苦力从该洋行码头到青浦路来回搬运货物的叫喊声，这对领事馆人员来说成了经常性的烦恼和困扰"，捕房督察长认为，轮船是否在夜间和星期日停止卸货，这样，提出指控的主要理由将不复存在，工部局随后复函声明"已派一名巡捕，常驻青浦路以制止苦力们发出叫喊声，并已就轮船在夜间和星期天装货问题致函怡和洋行，同时工部局也将竭尽一切来制止这些噪音"①。

如果说噪音还不算严重，则危害健康的问题就比较麻烦了。1880 年 6 月，美国总领事致函工部，指出"毗邻日本领事馆的沿江地带可能会危及该地区居民的健康，并要求工部局采取措施禁止在黄浦路与闵行路拐角地方的那个栈房储存和硝制皮革，因为硝皮所发出的气味对周围的居民来说是十分难闻的"，工部局对此答复说，"占用该栈房的平和洋行很可能不久即将迁往仁记码头新址，同时已请他们不要再在该栈房内堆放皮革……董事会也已命令卫生稽查员，要使信上所提到的那段沿江地带不至于成为使公众感到讨厌的地方"②，平和洋行也保证，"将采取一切预防措施，不使他们的打包业务成为一件令他们的虹口邻居感到讨厌的事"。③

一波未平，一波又起，不久又有居民致函工部局，指出"平和洋行在杨树浦路的栈房所发出的难闻气味使他们在晚上不得不把窗关上，尽管天气十分炎热"，工部局随后干预此事，平和洋行立即"答应采取一切措施，不让他们洋行的邻居为此而感到烦恼"。④但居民们认为，"唯一补救的方法是把所有的皮革运走……要求工部局责令卫生官对那些受到指责的公害问题提出报告"⑤。随后卫生官的报告，却说，"栈房里还有 3000 张皮革……这些皮革十分干净"，在居民房屋下的人行道上也"闻不到皮革发出的气味"，因此，平和洋行所经营的业务可能不会使附近居民的健康受到损害。⑥港区的情况，已经确实使城区的生活质量出现了下降，则港区的转移与升级，日益有其必要性。

在港区的建设过程之中，与城区扩展的矛盾也逐渐明显。公和祥码头由于其势力之庞大，不断侵占两旁的道路，1875 年，针对公和祥码头侵占兆丰路，

---

① 《工部局董事会会议录》第八册，1885 年 8 月 24 日，第 635 页。
② 《工部局董事会会议录》第七册，1880 年 6 月 4 日，第 707 页。
③ 《工部局董事会会议录》第七册，1880 年 6 月 11 日，第 708 页。
④ 《工部局董事会会议录》第七册，1880 年 7 月 9 日，第 711 页。
⑤ 《工部局董事会会议录》第七册，1880 年 7 月 16 日，第 711 页。
⑥ 《工部局董事会会议录》第七册，1880 年 7 月 23 日，第 712 页。

工部局向其发出通知，"请他们将工部局马路界石恢复原位，将侵占马路的栅栏后撤。该马路在当初虹口与本租界合并时是30英尺宽。工部局不能一言不发就把公众用了多年的土地放弃掉"①，并且声明，"码头公司的理事会不马上拆除其围墙，工部局就将它推倒"。②

1877年，工部局对兆丰路的历史作了调查，声明："该马路曾于1861年或1862年交付公用。该码头是在最近三四年内横跨马路修建的。……确实有着某种契约，根据该契约，能使该码头通向江边"，很有可能，此路也是由码头区转化而来，所以工总局认为：需要"先把此事弄清楚，即该马路当初归工部局所有是否是无条件的？"③经过调查，工部局对此路历史作了清楚的描述，"兆丰路从百老汇路到江边这一段早在15年之前就已经出让给工部局，并已交付公用了"，"到了1863年，路两旁的土地初次被注册。路东边的土地归劳拉特先生所有，西边的土地归詹姆士•霍锦士先生所有。在劳拉特先生的册地地契上记载着其西边界线是景丰路（后名为兆丰路）。在霍锦士先生的地契上记载着他册地的东边界线是景丰路（后名为兆丰路）。劳拉特的地产几年前卖给了公和祥码头。霍锦士先生的地产转给了巴恩•斯达拉斯先生，然后又转给了J.福斯特先生，以后又转给了C.J.金先生，最后转给了公和祥码头的受托人A.G.芜得先生，目前仍旧归他所有"，因此，兆丰路两旁的土地，基本都已经归公和祥码头所有，才会出现侵占之事，而1875年的解决办法是，"工部局与公和祥码头的代理人达成了一项协议：将马路的路线稍予变更。当时曾为此签署了文件（总办将文件提交会议），至此工部局对低潮线的权利得到了承认"，"他们所拥有的证据对于确定工部局拥有兆丰路产权一事是毫无争辩余地的"，因此，工部局认为自己可以在兆丰路终端修建公共码头，并且"要求怡和洋行指示公和祥码头职员，今后不要再干扰承包人施工"。④为了自己的利益，公和祥码头公司向工部局致函，"要求码头要建得能防止形成烂泥坡"，工部局认为，"有权将码头建在低水位线上，用不着去征询码头公司的意见"。⑤

1877年10月，公和祥码头回信称，"他们并没有任何意图来阻拦工部局在兆丰路末端建造一座码头的权利，并愿意对兆丰路前面的码头支付小额租金，以此

① 《工部局董事会会议录》第六册，1875年5月31日，第675页。
② 《工部局董事会会议录》第六册，1875年11月22日，第713页。
③ 《工部局董事会会议录》第七册，1877年8月13日，第608页。
④ 《工部局董事会会议录》第七册，1877年8月20日，第609—610页。
⑤ 《工部局董事会会议录》第七册，1877年9月17日，第612—613页。

来承认这一事实",最终,工部局决定,"同意公和祥码头公司提出的为了利用兆丰路尽头临江地段支付小额租金(譬如说每年 20 两)"。[1]至此,该案才得以解决。

不过,虽然港区与城区开始初步分离,但二者的向心力仍大于离心力。1875年前后,由于港区与城区的紧密关系,还发生过许多冲突:1874 年 12 月,由于俄国太平洋舰队在港区鸣放礼炮,工部局向领袖领事写信称,"港口军舰鸣放礼炮而使岸上财产遭受损失"[2],经过交涉,俄军同意,"依照上海公众的愿望,已采取了同其他国家的海军当局一致的行动:向驻泊在这个港口的舰艇中队发出了不得鸣放礼炮的命令"。[3]工部局随后后又由于轮船的汽笛声,"提醒各家轮船公司注意轮船早晚大鸣汽笛、喧闹吵人问题"[4]。

之后,随着上海城市的发展,虹口港区与外滩城区的相对位置逐渐固定,并形成各自的区域,奠定了此后上海城市发展的基调。19 世纪末,上海港区形成了更大的规模,并迅速向浦东发展。

三、上海城市意象中的港城关系——以租界为中心

上文已经从实证的角度,大概梳理了近代初期上海港口与城市从紧密联系到逐渐疏离的关系,如果以理论线索为主导,运用当时人们观察的眼光来探讨这个问题,会发现更有意思。这些观察通过对上海港口和城市景观的意象建构,对近代上海城市性质的认识逐步形成,并影响到之后人们的看法。

地理景观,是指某一地区地理因素的集合。它的发展,从最早的"某个地球区域内的总体特征",发展为"生物和非生物这一景观整体",并形成景观地理学,进而景观被认为是地表的基本单位,包括了自然景观与文化景观两个组成部分;而城市景观,则是城市空间与物质实体的外显表现,将各种要素按一定的原则组合在一起,依据一定的自然景观建立起来,并有着自己的内涵,是一个有机整体的系统。[5]

城市意象(the Image of the City)理论,自凯文·林奇(Kevin Lynch)于 20世纪 60 年代提出后,得到了广泛的传播,被运用于城市规划、建筑学理论、园林

---

① 《工部局董事会会议录》第七册,1877 年 10 月 22 日,第 618 页。

② 《工部局董事会会议录》第六册,1874 年 12 月 17 日,第 648 页。

③ 《工部局董事会会议录》第六册,1875 年 2 月 2 日,第 654 页。

④ 《工部局董事会会议录》第六册,1875 年 6 月 28 日,第 686 页。

⑤ 魏向东、宋言奇:《城市景观》,北京:中国林业出版社,2005 年,第 1—4 页。

与景观设计等各个方面。虽然它大量运用心理学等跨学科的方法，被认为是一种
"非规范性"的研究范式①，但无损于它在城市地理学研究中的地位。城市意象理
论认为，城市的总体形态，有一定的结构，人们通过对城市景观的观察与双向交
流，借助于道路、边界、区域、节点和标志物等五项要素，产生系统的城市意象，
从而逐步认识城市本质，这是一种实证与辩证、定量与定性的统一的研究方法。②

　　通过城市意象来分析城市空间结构，是现代城市空间结构研究的方法之一，
城市意象理论引入中国后，在城市地理学的研究中已经有了大量的应用。它最大
的特点，是重视研究城市内居民个人或群体等观察者对城市环境的感应，而感
应是人类行为决策的基础。③现有研究中，理论层次方面，将其作为行为与感应
地理学的重要组成部分，进行适合于国内实例研究的理论实践④；对当代城市
个案的研究上，根据城市意象理论对研究对象多样化的要求，实地调查问卷成为
重要的方法，北京、广州、武汉、赣州等大中型城市都被进行过深入的探讨。⑤
历史城市地理学领域，也开始大量应用该理论，如对清末的西安、民国时期的北
京、清代的乌鲁木齐，以及不少古代城市，都利用该理论从新视角进行了讨论。⑥

　　城市意象理论着重于定性分析，在应用于古代、近代城市意象的探讨时，
能够为历史城市地理的研究提供相应的理论支持。虽然林奇对意象要素的直觉
鉴别方法遭到很多批评，而且试图将许多不同背景、不同经历人的意象叠加在
一起的合理性也遭到质疑，但其研究方法却被广泛采用，"并由此导出了一系列

①　许学强、周一星、宁越敏：《城市地理学》，北京：高等教育出版社，1997年，第251页。
②　杨健、戴志中：《凯文·林奇城市意象研究方法辨析》，《重庆建筑大学学报》2007年第2期，第19—22页。
③　顾朝林、宋国臣：《北京城市意象空间及构成要素研究》，《地理学报》2001年第1期，第64—74页。
④　陈传康：《行为地理学的研究对象、内容和意义》，《西南师范学院学报》1985年第1期，第15—25页；
　　陈健昌：《行为和感知地理学述评》，《地域研究与开发》1989年第2期，第58—61页；邹涛涛：《城市意
　　象的时间性》，《上海第二工业大学学报》2007年第2期，第144—147页；柴彦威、塔娜：《中国行为地
　　理学研究近期进展》，《干旱区地理》2011年第1期，第2—11页。
⑤　徐放：《居民感应地理研究的一个实例——对赣州市的调查分析》，《地理科学》1983年第2期，第167—
　　174页；李郇、许国强：《广州市城市意象空间分析》，《人文地理》1993年第3期，第27—35页；林玉莲：
　　《武汉市城市意象的研究》，《新建筑》1999年第1期，第41—43页；顾朝林、宋国臣：《北京城市意象
　　空间及构成要素研究》，《地理学报》2001年第1期，第64—74页。
⑥　王均：《现象与意象：近现代时期北京城市的文学感知》，《中国历史地理论丛》2002年第2期，第28—36页；
　　张伟然：《唐人心目中的文化区域及地理意象》，载李孝聪：《唐代地域结构与运作空间》，上海：上海辞
　　书出版社，2003年，第307—412页；李刚：《中古乐府诗中的城市意象》，《中国历史地理论丛》2005年
　　第4期，第96—105页；王长松：《18世纪中叶至20世纪中叶乌鲁木齐城市与区域意象研究》，《干旱区
　　资源与环境》2009年第6期，第7—12页；张晓虹：《旧秩序衰解前的内陆重镇——晚清西安城市意象解
　　读》，《陕西师范大学学报》2010年第4期，第129—137页。

有关城市构造意象的讨论"。①因此，城市意象理论在应用于历史城市地理研究时，主要是关注精英们城市意象的叠加，由于他们的相似经历和感受，这种方法有其合理性。按照五个基本元素的序列，将研究对象完整的城市按理论分解为五个元素，是一种重新系统化的研究方式，这使对理论的扩展运用，也取得了一定的成果，若进一步深入理解该理论，可更加灵活和有效地加以拓展应用。

　　以上城市意象理论引入历史城市地理学的研究，均是以某个城市为研究对象，分别讨论城市意象五要素的分布，城市的某一部分，往往仅被认为承担着某一种元素类型。但是特定客观事物的意象类型偶尔也会发生改变，而且各元素类型都不会孤立存在，而是"有规律地互相重叠穿插"，"意象不仅因为所涉及的范围尺度的不同而不同，同时也取决于视点、时间和季节的变化"。②因此，一个特定的景观，可能会担当许多个不同的意象类型，甚至五个主要的元素，均可以在一个景观上反映出来。

　　上海港区在城市范围内，也可以作为一个统治性的区域或强大的主导元素。因为如果城市的某一部分"在规模、密度或重要性上超出其他部分而占据统治地位"，一个在这三者都处于最高层次的核心地带，那么连带它周围的附属地域就可以具备对更大范围的统治性了，作为主导元素的上海港，具有与其地位相称的尺度，也有足够的'表面积'，使得其余所有的次要元素能够与它产生密切合理的联系"③。因此，结合近代上海城市变迁的历史进程，在理论与实际两个方面，上海港具备可识别性，可意象性，充分的个性等特点，它的地位与功能，均符合意象分析的要求。本书即选择上海城市中的重要组成部分——港口为研究对象，探讨它在上海城市发展过程中，同时承担五种元素的状况及演变过程，进而更深入理解近代上海港口与城市的关系。

　　上海开埠以后，以通商口岸的身份向世界开放，这个原因使港口的作用变得日益重要，租界出现之后，港口同租界城区的联系最为紧密。那么，作为一个"港口城市"的上海，如何在成长过程中体现港口与城市的关系呢？下文将利用地理学中景观、城市意象等相关的概念，依据近代史上各个时期（以近代前期为主），时人对上海港口、城市（主要指租界城区）的看法为中心，来进行相关的分析。

①　顾朝林、宋国臣：《北京城市意象空间及构成要素研究》，《地理学报》2001 年第 1 期，第 64—74 页。

②　〔美〕凯文·林奇著，方益萍、何晓军译：《城市意象》，北京：华夏出版社，2001 年，第 37、65—66 页。

③　〔美〕凯文·林奇著，方益萍、何晓军译：《城市意象》，北京：华夏出版社，2001 年，第 81、86 页。

（一）近代上海城市意象结构中港区的要素性质

根据城市意象的理论，形成意象的内容是与物质形式有关的，包括五类：道路、边沿、区域、结点和标志。

道路，"是一种渠道……其他环境构成要素沿着它布置并与它相联系"；边沿，"是不作道路或不视为道路的线性要素。是两个面的界线，连续中的线性突变……使一个区域与另一个区域以此为联系"；区域，"这里主要指的是城市中等或较大的部分……它的特征一般是从内部观察的"；结点，"就是一些要点，是观察者借此而进入城市的战略点……其重要性来自于它是某些用途特征的集中"，同时也有连接的特征；标志，"这是另一类参考点……可以在城市内部或一定距离内作为一种永恒的方向标志"。[①]

如何判定城市的某个组成部分，属于城市意象的哪个要素，并没有什么明确的标准，"应是因人，因城市而异的"[②]。因此，对于近代上海港而言，首先给人的意象，应该是属于"边沿"，有着沟通上海与外界的作用（图2-5）。

图2-5   上海外滩码头的繁忙景象（19世纪80年代末）

资料来源：张鸿雁等：《五千年历史的切面：1949中国城市》，南京：东南大学出版社，2009年，第99页。可以看到"帆樯如林"，以及码头上堆放的大量丝包

---

① 〔美〕凯文·林奇著，项秉仁译：《城市的印象》，北京：中国建筑工业出版社，1990年，第41—43页。
② 〔美〕凯文·林奇著，项秉仁译：《城市的印象》，北京：中国建筑工业出版社，1990年，第42页。

　　同时，上海港的交通性质，也使它有"道路"的特征，而作为一个港区的存在，也让它有了"区域"的意义，同时它也作为观察者进入城市的结点，以及更重要的，标志上海城市性质的作用。

　　近代上海的城市性质，经历过了由贸易、商业中心向工业、金融中心的转变，这也必然会对观察者产生相应的影响，对上海港地位的判断也自然有所不同。下文将以城市意象理论探讨上海港口的意象性，通过港区讨论对道路与边界角色的承担，逐步扩展到作为区域的意象，进而可分辨出上海港区内的不同节点，以及上海港作为城市标志物的形成过程。任何一个城市意象的认知表述都是由点、线和面组成的，这些点、线、面的关联程度由于人们在环境中的不同经历而有所不同，从而组成人们的"认知地图"，进而成为研究城市意象的最基本的方法。①本书即从这一角度出发，以点、线、面三个层次，来分析近代观察者心目中的上海城市变迁中的港口意象，进而讨论城市与港口的互动关系。

（二）进入上海：在线与面之间徘徊的港口

　　观察者进入上海之前，必须要经过港口，上海港也就成了城市与外部的分界线，"边界本身就意味着一个新的环境空间"，而城市入口也是一种边界。②进入上海港区之前，通过黄浦江口的滚滚洪流，港口的意象已经在每个观察者心目中留下明显的印象，"在看到那低平的海岸之前，会首先发现那种类似藏红花和巧克力的颜色，风平浪静的海面上有时会突然出现一片蓝黄分明的水域，在那里，蓝色的海水与黄色的江水拒绝混合在一起；接着远洋轮会滑过这明显的分界线，从蓝色的海水进入黄色的江水之中"③；"看到陆地之前几个钟头，泥浆就朝着你的船滚滚而来，在几英里外的广阔的洋面，泥浆玷污了太平洋的蔚蓝色，把它变成褐黄色，二十个国家的船只，货轮和客轮，都被看不见的绳子拉向黄色地平线上的一点"④，这一点就是吴淞口，吨位稍大的轮船，需要在此处停泊，通过驳运才能到达上海："这儿离租界约有十二英里，正好位于黄浦江和扬子江的交汇处。乘客们从轮船换乘拖船，后者载着乘客及其行李溯江而

①　顾朝林、宋国臣：《北京城市意象空间及构成要素研究》，《地理学报》2001 年第 1 期，第 64—74 页。
②　张鸿雁：《城市意象要素的本土化文化认知》，《城市问题》2004 年第 5 期，第 6—11 页。
③　〔美〕威廉·埃德加·盖洛著，晏奎等译，沈弘等审校：《扬子江上的美国人——从上海经华中到缅甸的旅行记录（1903）》，济南：山东画报出版社，2008 年，第 4—5 页。
④　〔美〕霍塞著，纪明译：《出卖的上海滩》，北京：商务印书馆，1962 年，第 179 页。

上，越过黄浦江口附近的'天赐屏障'。"①经过了吴淞口，便正式进入了上海港的范围，这种深刻的印象，也会伴随着观察者进入上海城市之中。

观察者眼中的城市，从远看是一个立体结构，是城市地形与建筑群所形成的体量关系，具体到上海最直观的就是城市的天际线，可作为辨认城市的最佳途径。②但上海周边的天际线并不十分明显，很多观察者都有失望的感觉："两条长长的稀薄黄线，几乎没有比沿地平线延伸的黄水更实在的东西，逐渐从地平线变成沼泽的浅滩，随后浅滩上面出现一些毫无生气的植物，透过它可以瞥见仿佛无边无际的沼泽地。"③上海的天际线，作为分辨城市的工具，功能并不是很强，整个上海地区"也没什么特色：尽管夏天的酷热一点不比热带逊色，却不生长任何植物，没有一棵树，没有一种物产，来证明这里是美丽富饶的南方……此处只有贫瘠"。④

上海的天际线不能很好地起到辨别上海城市的作用，但观察者们往往通过长江口的泥沙，却会立即感受到——上海就在前方了。因此，在上海城市入口处，港口意象的特征便表现为：污浊的江流、入港前船舶的换乘等。也因上海天际线的平淡，无法准确标示出城市的繁华，上海港的可意象性，便主要通过道路、边界等其他类别的意象元素表现出来。

1. 港口作为道路的独特性：观察上海城市的角度

道路是观察者习惯、偶然或是潜在的移动通道，对许多观察者来说，它是意象中的主导元素。人们正是在道路上移动的同时观察着城市，"其他的环境元素也是沿着道路展开而已，因此与之密切相关的"，在大多数人体验环境的过程中，"道路具有视觉主导地位和作为网络的重要影响力"。⑤

作为城市内一个最重要的组成部分，上海港区首先即在担任道路的元素过程中，成为观察上海城市的窗口。按城市意象中道路的几个特性，特定的道路可以通过许多种方法变成重要的意象特征，"经常穿行的道路当然具有最强的影响力"，上海港作为观察者进入上海的最重要入口，几乎是每一个进入上海的精

①　〔美〕威廉·埃德加·盖洛著，晏奎等译，沈弘等审校：《扬子江上的美国人——从上海经华中到缅甸的旅行记录（1903）》，济南：山东画报出版社，2008 年，第 4—5 页。

②　王曦：《城市特色与城市意象形态》，《规划师》2000 年第 6 期，第 112—114 页。

③　〔英〕伊莎贝拉·伯德著，卓廉士、黄刚译：《1898：一个英国女人眼中的中国》，武汉：湖北人民出版社，2007 年，18—19 页。

④　王维江、吕澍：《另眼相看：晚清德语文献中的上海》，上海：上海辞书出版社，2009 年，第 81 页。

⑤　〔美〕凯文·林奇著，方益萍、何晓军译：《城市意象》，北京：华夏出版社，2001 年，第 35、34 页。

英分子的必经之地，它的壮观对形成道路意象的作用力是不容小觑的；黄浦江特有的河口港特性，在近代中国各港口中是比较典型的，而这种"典型的空间特性能够强化特定道路的意象"，黄浦江两岸的景观也更有利于道路意象的形成，即所谓"特殊的立面特征"对于形成道路特征具有重要作用。①

在观察者的眼中，作为上海港区的黄浦江两岸，有着独特的景观特征。"溯江前进，岸渐狭，人家、圃可辨……岸平如贴，沿水村落多种柳，民房渐密，临水洋屋渐多，各具巧样。"②港区两岸的立面则更为明显，乘船上溯黄浦江，"两旁是一片片青葱悦目的中国农田，偶尔看见几个点缀着矮屋和柳树的村落。那些大的土墩子是冰窖，那些小的土墩子是坟墓"，"驶过了设有银白色贮油池的外国油公司的产业，驶过了上海电力公司，这是世界上最大的发电厂之一……在帆樯和烟囱的后面，世界上最丑陋和最触目的空中轮廓，突现在肮脏的天空"，这种景观即是从郊区向城区的转化；上海港的道路意象中，人们感受最深刻的，还是两岸立面特征的变化，从郊区的农村向城市的过渡，一直到"外滩的威风凛凛的前沿，即白色的银行、保险公司、办公大楼和旅馆，以及畸形的圆顶、希腊式的圆柱、头重脚轻的三角墙"③，已经完全是一个大都市的景象了。

上海港作为意象结构中的道路元素，有着非常明显的个性，绝不会与城市中的道路发生混淆。道路只要可以识别，就一定具有连续性和方向性，通过一些特征在某一方向上累积的规律渐变，道路沿线的两个方向能够容易区分，"人们最常感受到的是地形变化"④，从黄浦江进入市区时，可以明显感觉到，"船向西南行驶，江面宽窄不一"⑤；"江上百舸争流，尽管河道狭窄、多变而错综复杂，却可供大船航行"。⑥通常的情况下，一个陌生人到一座新的城市首先要找参照物或认路，"道路"经常与人的方向感联系在一起，这种方向性在人的意象感知中起重要作用⑦，黄浦江作为一个感潮河流，"当潮汐转换时，成百上千的船扬起棕色

---

① 〔美〕凯文·林奇著，方益萍、何晓军译：《城市意象》，北京：华夏出版社，2001年，第38页。

② 丁树诚：《丁治棠纪行四种》，成都：四川人民出版社，1984年，第33页。

③ 〔美〕霍塞著，纪明译：《出卖的上海滩》，北京：商务印书馆，1962年，第179、180页。

④ 〔美〕凯文·林奇著，方益萍、何晓军译：《城市意象》，北京：华夏出版社，2001年，第40页。

⑤ 〔日〕日比野辉宽：《赘肮录》上，见冯天瑜：《"千岁丸"上海行》，武汉：武汉大学出版社，2006年，第300页。

⑥ 〔英〕伊莎贝拉·伯德著，卓廉士、黄刚译：《1898：一个英国女人眼中的中国》，武汉：湖北人民出版社，2007年，第19页。

⑦ 张鸿雁：《城市意象要素的本土化文化认知》，《城市问题》2004年第5期，第6—11页。

的大帆驶向大海"①，上海港作为道路元素，其方向性亦十分显著。

上海港区法定的和天然的起讫点，也在加强着黄浦江的道路意象，因为起点和终点都清晰而且知名的道路具有更强的可识别性，这种道路能够将城市连接为一个整体，使观察者无论何时都能清楚自己的方位，黄浦江便具备了这种优势，它的起点是吴淞口，终点则包括租界、华界等各处的码头。上海港道路意象的形成，往往是从吴淞口开始的，这是观察者天然认定的上海港的界限，"吴淞口，水师营屯焉，铁甲船数只，雄镇海口"，从吴淞口逆水而上，"即到上海江（黄浦江）"，港区行程的终点则是城区的码头，如位于法租界岸边的招商局码头，也是一处比较现代化的洋码头，"铺木作坝，建篷屋甚伟"。②不少的观察者，也在注意着吴淞口与上海城区之间的距离："吴淞至上海计英里十五六里云"③，识别了这些起点、终点，从而更好地形成港口的道路意象。

因此，特殊的河口港形势，加上行进过程中两岸宽窄的变化、特殊的立面特征，以及起点与终点的相对明确，均在不断强化着上海港的道路元素意象，使得它不仅仅只是一片线性的水面。顺着作为道路的上海港，观察者来到上海这座城市之中，在产生出道路意象的同时，也不可避免地对上海港有了边界的意象。特别是，"靠近城市中有特色的部分也会增加道路的重要性，道路此时还能起到边界的作用"④，近代上海沿黄浦江最早建成的各个城区，在不断扩展的同时，也是很有特色的部分，显现出港区作为道路和边界的双重作用。

2. 港口作为边界的隔离性与对城市环境的参照

边界是除道路以外的线性要素，它们通常是两个地区的边界，相互起侧面的参照作用。"那些强大的边界，不但在视觉上占统治地位，而且在形式上也连续不可穿越"，"观察者能够沿着它移动，于是占主导地位的是其交通意象，这种元素通常被画成是道路，只是同时具有边界的特征"。⑤黄浦江成为上海城市中一条水路要道的同时，也是一个很明显的天然边界，"成为居民记忆城市环境的基本参照系"⑥，自开埠以来，特别是 19 世纪 90 年代以后，上海工商业的

---

① 〔英〕伊莎贝拉·伯德著，卓廉士、黄刚译：《1898：一个英国女人眼中的中国》，武汉：湖北人民出版社，2007年，第19—21页。

② 丁树诚：《丁治棠纪行四种》，成都：四川人民出版社，1984年，第87、33、33—34页。

③ 〔日〕名仓予何人：《海外日录》，见冯天瑜：《"千岁丸"上海行》，武汉：武汉大学出版社，2006年，第367页。

④ 〔美〕凯文·林奇著，方益萍、何晓军译：《城市意象》，北京：华夏出版社，2001年，第39页。

⑤ 〔美〕凯文·林奇著，方益萍、何晓军译：《城市意象》，北京：华夏出版社，2001年，第47、48页。

⑥ 林玉莲：《武汉城市意象的研究》，《新建筑》1999年第1期，第41—43页。

迅速发展，使城市性质发生了转变，对港区的要求产生了变化，浦东与浦西的区别日益明显，这种对比就通过作为边界的黄浦江的港口意象表现出来。

黄浦江作为城市边界最重要的表现特征，是浦西的租界与浦东两岸景观的清晰转换与强烈对比。早在1845年上海刚开埠时，黄浦江两边的对比已经开始出现，从英租界看浦东，"对岸皆是田地，尚未开放建筑；（浦西）沿河地带长一里半，已规划为外国商人建筑用地，该地带含市东北郊部分，距市区不到一里地。地点很好，空气新鲜，易于装船卸货"①。1853年的上海，浦东地区仍然"地势低平，没有可以观赏之物，除田野、茅舍、岸边专门的捕鱼场，便一无所有。很难说，是否还有比这里更单调、更无聊的地方了"②，港口作为界线的功能，将上海的城乡界线清晰地划分开来。直到20世纪初，黄浦江边的上海，已是"一座富丽堂皇的城市，被一条宽阔而拥挤的大河所环绕，虽然其华丽只是表面的，因为上海所有美丽而坚固的建筑全都集中在沿河一带。但我所说的是对上海的第一印象，这种印象超过了纽约，也远远胜过了旧金山，几乎就像利物浦那样令人难忘"③，港区的边界意象是毋庸置疑的。

除了在边界附近观察到它的存在之外，如果在远处能够从侧面看得见边界以及清晰连接的两个相邻地区，那么边界就会成为区域特征变化的明显标志。如果能实现这一点，边界的意象程度也就得到了加强④，在19世纪末远观上海，"四英里之内，黄浦江及其两岸生气勃勃，它的西部优势超过了行动迟缓的东部，一排排的大型仓库、码头、建筑工地、船坞、形形色色的'作坊'、缫丝厂、棉纺厂、冒烟的烟囱、不停的叮当声，全部是资本和能量存在的象征"⑤。作为边界的黄浦江，能够清晰地表现出来，除了浦西与浦东两边的差别之外，还有远观时更容易发现的港口陆域与水域的不同："上海在望了。大小的船只、豪华的欧式建筑、辉煌的庙宇、新教教堂、花园——暂时还是一片模糊，轮廓不清，看上去教堂似乎立于水中，海船倒像泊于街上"⑥；晚上从黄浦江上观察上海，"洋行逼

---

① 〔英〕施美夫著，温时幸译：《五口通商城市游记》，北京：北京图书馆出版社，2007年，第110页

② 〔俄〕伊·冈察洛夫著，叶予译：《巴拉达号三桅战舰》，哈尔滨：黑龙江人民出版社，1982年，第442页。

③ 〔美〕威廉·埃德加·盖洛著，晏奎等译，沈弘等审校：《扬子江上的美国人——从上海经华中到缅甸的旅行记录（1903）》，济南：山东画报出版社，2008年，第5页。

④ 〔美〕凯文·林奇著，方益萍、何晓军译：《城市意象》，北京：华夏出版社，2001年，第76页。

⑤ 〔英〕伊莎贝拉·伯德著，卓廉士、黄刚译：《1898：一个英国女人眼中的中国》，武汉：湖北人民出版社，2007年，第19页。

⑥ 〔俄〕伊·冈察洛夫著，叶予译：《巴拉达号三桅战舰》，哈尔滨：黑龙江人民出版社，1982年，第422页。

江立，大小高低，连十余里不断……洋灯排岸，如夜星落水，炫人目睛"①，黄浦江在华灯初上时，很清晰地勾勒出了上海城市的边界。港口的边界性质，在突显城区的同时，也将港区的特征显现无遗，黄浦江"水面宽阔，简直像一个大大的内湖，横卧在上海之边……因为到处都是水，城市也是水岸的一边。因为根本没办法把水面全部囊括进来，城市只能局限在一半，或者更准确地说，城市是建造在水的四分之一的边缘上"②。

此外，更多的观察者在其城市意象的形成过程之中，并没有给予上海港足够的注意。因为城市逐渐向着远离港区的方向扩展，"许多建筑物遮挡了水面，人们对人的感觉反而并不清楚。昔日的码头已经淡出了今天的日常生活"③。1891 年，在上海生活多年的池志澂，谈到对上海的意象，并没有对港区的情况过多着墨，仅仅提到"英居二界（美、法租界）之中，地广人繁，洋行货栈十居八九"④，虽然仍可以看出上海是一个"以港兴城"的商业城市，但它更多提到的，却已经是上海租界内的市政、经济生活等方面。这也说明，随着上海城市的发展，其范围的扩展，已经使得原来与城市密切相关的上海港，日渐远离了城市生活之中。

（三）港口与上海的城市生活：点与面对比的港口意象

1. 港口区域的意象形态

区域是城市内中等以上的分区，是二维平面，观察者从心理上有"进入"其中的感觉，具有某些共同的能够被识别的特征。这些共同特征"通常从内部可以确认，从外部也能看到并可以用来作为参照"，具体到作为港口的黄浦江，其"进入"的感觉是很明显的，而从吴淞口到租界码头这一段也是一个完整的区域；在这样一片水面和陆域的共同作用下，观察者可以共同看到的，就是港区的繁华；"一个区域如果具有简单的形状，一致的建筑式样和功能，明确的边界，并且在城市中独一无二，与周围区域连接清晰，在视觉上突出，那么这个区域的存在一定不容置疑"，以此观之，上海港作为一个区域的存在，是不容置疑的，"从根本意义上讲，城市内江河流经的空间就属于这种区域。空间区域和空间节点是不同的，区域无法很快地浏览，而只能通过一个相当长的旅程，体

① 丁树诚：《丁治棠纪行四种》，成都：四川人民出版社，1984 年，第 33 页。
② 王维江、吕澍：《另眼相看：晚清德语文献中的上海》，上海：上海辞书出版社，2009 年，第 161 页。
③ 〔美〕凯文·林奇著，方益萍、何晓军译：《城市意象》，北京：华夏出版社，2001 年，第 47 页。
④ 池志澂：《沪游梦影录》，《档案与历史》1989 年第 1 期，第 2 页。

验其有秩序的空间变换"①，黄浦江作为上海港区的区域意象，已经被表达得很明确了：上海港有着简单的线型结构，从吴淞口直到其上界，尤其明显的是租界沿岸的码头，横亘在上海边缘的黄浦江，与城区的景观有着明显的对比，视觉上有着极强的冲击力。

港口区域包括两个方面，一是黄浦江面的水域，一是附属于江面的生产区以及因港而兴的陆地区域。上海港的水域，离不开江面上活动的船只所构成的繁华的场面，这是上海港作为一个区域得以得被识别的重要特征。港口内能见到大批的商船，"大公司的船队，如怡和（Jardine）、旗昌（Russel）、太古（Butterfield）以及中国轮船招商局的，还有大英火轮船公司的邮轮和大法国火轮船公司的船只，都在这儿停泊"；作为条约贸易下被迫开埠的上海，也少不了国外军事势力的存在，港区中各种各样的军舰，与商业船只混在一起："汽轮和帆船给江水带来了生机和活力，再远处则一个挨着一个停靠着列强的战舰"，"港口聚焦着各国的船只，其中还有不少军舰。远处是数不清的中国帆船，拥挤在一处。"②

上海港区虽以黄浦江为主体，但它的范围是很大的，也是一个有着明确边界的区域。黄浦江是一条大河，"足有半英里宽，河面上挤满了远洋大轮船、战舰、驳船和小船。船桅上飘动的旗帜各色各样都有……在我目力所及之地，到处交通繁忙，生机勃勃，如同在我们自己旧大陆的商业中心"③。港口中，除了大型的轮船、沙船之外，还有更多的舢板，充分体现着传统与现代的强烈对比。传统的中国船只，"帆樯林立，前岸不可望见，数万船舶泊于江中，绵延达二里余"④，而港区内的小舢板，木制的船腹彼此毗连，使得港口好像是一个挤满车子的大停车场，"这个比喻多少有些近乎事实：舢板是上海的水上出租汽车"⑤。

上海港口的陆域内，繁忙的港口生产影响着区域的意象形成，也同样令人印象深刻。以外滩为例，作为上海城市的最重要的城区，外滩的形成有其特殊的历史机缘，开埠初期，"江边没有大的码头，工部局反对航运公司在外滩前沿

---

① 〔美〕凯文・林奇著，方益萍、何晓军译：《城市意象》，北京：华夏出版社，2001年，第36、80、83页。
② 王维江、吕澍：《另眼相看：晚清德语文献中的上海》，上海：上海辞书出版社，2009年，第68、115—116、228页。
③ 王维江、吕澍：《另眼相看：晚清德语文献中的上海》，上海：上海辞书出版社，2009年，第150页。
④ 〔日〕名仓予何人：《海外日录》，见冯天瑜：《"千岁丸"上海行》，武汉：武汉大学出版社，2006年，第369页。
⑤ 〔美〕霍塞著，纪明译：《出卖的上海滩》，北京：商务印书馆，1962年，第185页。

建筑码头的一切企图，大班们不喜欢那种损坏他们江边美景的想法"，于是，"当货物搬离江口外面的轮船时，沙船就把它运到外滩来"，"外滩的流着汗的码头工人，整天都在唱着他们忧郁的调子。他们整天在唱着同样的歌曲——嗨唷、嗨唷……把货载从沙船搬到江边或从江边搬到沙船"①，而唱着歌的苦力再把包、篓、桶等从沙船搬到江边。这种港区的劳动场景，是很多观察者们印象深刻的意象，据此来认定上海港的繁盛程度，并将港区与城区作为一体的区域来看待。不少观察者即能够清晰地感觉到，"街道上到处是脏兮兮的人，喊着号子，背着重物"，"事实上，码头就是上海的主要街道，我们选择它作为散步的地方，林荫蔽日，视野开阔，各色人等都有。中国人有贫有富，有高有矮，有老有少，他们当然是这幅场景中的主流。苦力们背负重物跑来跑去，嘴里不断喊着：'嗨！呵！'"②这是上海给人们带来的和贸易联系紧密的意象，在数十年内没有什么变化。

附属于港口的陆域部分，之所以能体现出区域的意象特征，也是与它同城市生活联系的方式密切相关的，即从纯粹的商业贸易区向工业区的转化。20世纪初的上海港，从远处眺望，"港口呈现出一幅让人意想不到、同时又令人惊奇不已的图景，不敢相信这是在中国，更像是驶入欧洲或北美的海港城市。整条河里都是欧洲的轮船，两岸被瓦垄铅皮作顶的简易栈房和货仓所环抱，巨大的船坞用的都是最现代的设备。工厂的烟囱穿过这幅图画、森林般地耸立在上方，冒出的浓烟飘散在整片地区里"③。这整个就是一片欧化了的上海港的情况，西方观察者眼中上海与西方的相似程度在加深，可以说，整个港区就是一个大的工业区。

区域是意象图中唯一的二维概念，"是意象形成的高级阶段，市民也不易表达出来"④。从不同的历史时期来看，当城市很小的时候，港口与城区对比就非常明显，港口作为一个区域的意象很明显。但在上海完成由商业城市向工商业城市的转型之后，大批工厂的出现成为港口陆域的主要景观，同时随着城市的扩张，港区两岸被生产型的港口企业所占据，"沿河而上是造船厂、修船厂、船坞，它们都是随着对外贸易的日渐兴盛而产生的"⑤，于是一般的民众生活

---

① 〔美〕霍塞著，纪明译：《出卖的上海滩》，北京：商务印书馆，1962年，第184—185页。
② 王维江、吕澍：《另眼相看：晚清德语文献中的上海》，上海：上海辞书出版社，2009年，第80、68页。
③ 王维江、吕澍：《另眼相看：晚清德语文献中的上海》，上海：上海辞书出版社，2009年，第228—229页。
④ 李郇、许国强：《广州市城市意象空间分析》，《人文地理》1993年第3期，第27—35页。
⑤ 王维江、吕澍：《另眼相看：晚清德语文献中的上海》，上海：上海辞书出版社，2009年，第115—116页。

逐渐远离港区，虽然不同的阶层都可以或多或少感受到港口的区域性，但还是由能直接接触到港口内部结构的精英首先将其表达出来，再普及至大众。

上海港区意象的变化，是在现代化因素进入中国的过程中逐步形成的，中西方的盛衰，通过港口进而反映到这个近代中国最大的城市之中。虽然大部分西方观察者表现出的是对工业文明优越性的骄傲，但中国人也在从自大逐步向西方学习，进而在港口的不同意象中有所表现。因此，港口区域意象的重要意义，便不言而喻了。

2. 因港而兴的区域——以外滩为中心

公共租界的道路建设，尤其外滩一带，"向港性"的明显，也使得其在城市意象的形成过程中，凸显出港区的重要地位："虹口的美国租界及其商业场所，有精美桥梁的苏州河，气派的英国领事馆，有良好护墙的英国码头，长排漂亮的公私楼房，还可以眺望布满了私人宅邸的宽阔整洁的街道，从码头一直延伸到边界线"[①]，即是由道路与港区的联系，而构建出对区域标志的看法。

来到上海的外地人印象最深刻的，当属英租界沿浦的外滩一带，可以说，外滩就是上海的眼睛。[②]在 1861 年前后，外人眼中的外滩还没有达到之后的繁荣状态，"一整排宫殿式的建筑为外滩镶上了花边，滨江大道被称作'外滩'（Bund）。这些外国人的石头房子看上去冰冷而毫无趣味，矗立在荒凉的街边，热闹倒是藏在中国人的小巷里——在野蛮人的保护下，蜂拥而至的大批农村人，拥挤地居住在这里，他们还必须付出极高的地税"[③]。"在耀眼的阳光下，上海的城市与港口的画面给人深刻印象。欧洲城里的建筑坚固、明亮，其民居和教堂风格讨人喜欢，沿着港口、面向河流的房子掩映在小树丛林中，构成一幅壮丽而温馨的画面"，即使是中国人聚居的区域，"也与真正的中国城形成强烈的反差，街道平整而宽阔"。[④]

之后再看外滩，它的面貌已经在发生变化，1886 年，上海最主要的街道外滩，已经初步脱离了港的面貌，它"距黄浦江约 40 英尺，与江岸平行。在外

---

① 〔英〕伊莎贝拉·伯德著，卓廉士、黄刚译：《1898：一个英国女人眼中的中国》，武汉：湖北人民出版社，2007 年，第 26 页。

② 罗苏文：《外滩：上海的眼睛》，《档案与史学》2002 年第 4 期，第 32—38 页。

③ 《1861：普鲁士外交特使团报告中的上海》，载王维江、吕澍：《另眼相看：晚清德语文献中的上海》，上海：上海辞书出版社，2009 年，第 6 页。

④ 《1861：斯庇思（Gustav Spiess）游记中的上海》，载王维江、吕澍：《另眼相看：晚清德语文献中的上海》，上海：上海辞书出版社，2009 年，第 59 页。

滩和黄浦江之间，是两排绿树和一片美丽的草地，它们总是保持得非常漂亮"①。1888 年再看，"与美租界一条苏州河相隔的是英国租界，它是上海的贸易中心。……上海最重要的景观是外滩，它美丽而雄伟，堪称上海的骄傲。这条港口大街上的建筑让所有经过这里的人感到震撼"②。

1898 年，"公共花园后面就是'外滩'（Bund），……岸边街道的实景是这样的：先是绿色的草坪，再是铺了柏油的宽宽的人行道，道边绿树成荫，然后才是与人行道等宽的车道，最后在建筑物边上又是一条人行道，又是一排树木。这是一条由四条道路组成的大街。"③

1895 年后，上海的城市面貌已经发生了变化，虽然港口繁华依旧，但在租界地区，尤其是公共租界的外滩地区，已经完成了从港区向城区的转化："令人惊异，是恰如其分的词汇。我曾经把上海设想为如同香港那样热热闹闹、吵吵嚷嚷、中国式肮脏的贸易中心类的商业城市。但当我第一次散步在上海的外滩时，觉得像是到了欧洲的海滨休假地，比如像尼斯。上海的河边看起来完全像欧洲一样，那么优雅、那么美丽。沿着河岸两公里长的外滩，有高大的落叶木撒下满地绿荫，还有整洁的大马路和两边漂亮的人行道。在马路与河岸之间有一带宽阔的草坪、树林，以及前面提到过的城市公园，另一边沿马路是一带面朝黄浦江、高耸着的贸易宫殿。……第一回在上海所逗留的十四天里，我每天都在外滩来回走好几次，却一次也没有在这条引人瞩目的马路上看见哪怕是一卷货物、一个码头工人、一辆货车。可是每年千百万吨货物在这里倒手，每周从这里有大量轮船驶向印度、日本、菲律宾和巽他群岛，驶向欧洲和美洲，驶向中国北方、朝鲜、东西伯利亚，沿扬子江而上，向几千英里之外，直到接近西藏。一切都在这里，在静悄悄之中顺利进行着。"④上海港口及对外贸易的存在，更使得其有了与众不同的优越性："与上海相比，新加坡、槟榔屿、巴达维亚、马尼拉、横滨、神户、长崎这些东亚的欧洲城市就退到了后面。其中有一些尽管更大、更漂亮、更舒适，却没有可以与之相比的发达贸易和船运，没

① 《1886 年的上海：租界见闻》，载郑曦原：《帝国的回忆：〈纽约时报〉晚清观察记（1854—1911）》，北京：当代中国出版社，2007 年，第 59 页。

② 《1888：恩司诺（Exner）经济报告中的上海》，载王维江、吕澍：《另眼相看：晚清德语文献中的上海》，上海：上海辞书出版社，2009 年，第 102 页。

③ 《1898：记者高德满（Goldmann）眼中的上海》，载王维江、吕澍：《另眼相看：晚清德语文献中的上海》，上海：上海辞书出版社，2009 年，第 161 页。

④ 《1894：海司（Ernst von Hesse—Wartegg）文章中的上海》，载王维江、吕澍：《另眼相看：晚清德语文献中的上海》，上海：上海辞书出版社，2009 年，第 152 页。

有如此觉醒了的自由、活力和乐于享受的居民。"①

对各个不同的城区而言，来到上海的外国人，都会注意到租界与华界的区别："1861 年的上海由两个完全不同的部分组成：欧洲城和中国城。前者完全是优雅的欧洲大城市郊外新城的景象，宽阔的大路边，是花园环绕的高大的宫殿式建筑。大路笔直地延伸着，漂亮的哥特式教堂耸立着，还有不少的大广场。"②

1876 年前后，旅居上海十五年之久的葛元熙，在其《沪游杂记》一书中，描述了上海三个租界的景观："三国租界，英居中，地广人繁，洋行货栈十居七八，其气象尤为蕃盛；法附城东北隅，人烟凑密，惟街道稍觉狭小，迤东为闽、广帮聚市处；美只沿江数里，皆船厂、货栈、轮舟码头、洋商住宅，粤东、宁波人在此计工度日者甚众。"③可以看出，此时的上海各个租界，仍然是一幅与港口紧密相关的景象，只是英美二租界的分工已经很明显。

这一基本情况，在二十多年后的 1898 年，仍没有太大改变："一般说来，英租界才是真正的城市，是做生意和居住的城市。"④"法租界尽管紧靠着英租界，但政治上它是一个独立区域，是另一座城市，有自己的市政议会和政府，由法国领事主管。"⑤ "关于美租界，实在没有什么可说的。这里名叫虹口，沿着船厂延伸出去的地方，实际上是上海的港口区，有很多海员酒馆，卖海员装备和用品的小店，还有一些航海发达的国家的领馆，如瑞典、挪威、丹麦，等等。主要街道当然是叫'Broadway'，也确实挺宽的，但是房子大多破旧而难看。"⑥

法租界城区虽然岸线很短，但同样可以将港口作为其标志物之一："法国码头是英码头的延伸，但法租界很小，明显逊了一筹，给人发育不良的印象。……作为某种补偿，长江大轮船装卸货物的优良码头就在租界里，以及富丽宽敞的海事电报大楼，在它之外延伸出去，远至目力所及，是密密麻麻

① 《1894：海司（Ernst von Hesse—Wartegg）文章中的上海》，载王维江、吕澍：《另眼相看：晚清德语文献中的上海》，上海：上海辞书出版社，2009 年，第 151 页。
② 《1861：随船牧师柯艾雅（Kreyher）日记中的上海》，载王维江、吕澍：《另眼相看：晚清德语文献中的上海》，上海：上海辞书出版社，2009 年，第 67—68 页。
③ （清）葛元熙撰，郑祖安标点：《沪游杂记》卷 1《租界》，上海：上海书店出版社，2006 年，第 2 页。
④ 《1898：记者高德满（Goldmann）眼中的上海》，载王维江、吕澍：《另眼相看：晚清德语文献中的上海》，上海：上海辞书出版社，2009 年，第 167 页。
⑤ 《1898：记者高德满（Goldmann）眼中的上海》，载王维江、吕澍：《另眼相看：晚清德语文献中的上海》，上海：上海辞书出版社，2009 年，第 170 页。
⑥ 《1898：记者高德满（Goldmann）眼中的上海》，载王维江、吕澍：《另眼相看：晚清德语文献中的上海》，上海：上海辞书出版社，2009 年，第 172 页。

的中国运输船。"①甚至有人会认为，法租界才是上海对外贸易的集中之地："几乎所有在上海的欧洲人的'行'（商人的办公室）都设在英租界，而货栈和船坞以及众多的中国房屋却都在法租界。"②

3. 上海港区内的节点序列

根据城市意象理论，节点是在城市中观察者能够进入的具有战略意义的点，是人们往来行程的集中焦点。它们首先是连接点，道路的交叉或汇聚点，从一种结构向另一种结构的转换处，也可能只是简单的聚集点，"某些集中节点为一个区域的中心和缩影，其影响由此向外辐射，它们因此成为区域的象征，被称为核心"；节点具有连接和集中两种特征，既与道路的概念相互关联，也与区域的概念相关，"因为典型的核心是区域的集中焦点，和集结的中心"，而且"无论如何，在每个意象中几乎都能找到一些节点，它们有时甚至可能成为占主导地位的特征"。③

对于上海港区而言，它的上限与下限，均是重要的节点。其中，尤其以吴淞、外滩表现最为突出，这两处地理位置的重要性在意象结构中得到极大凸显。来到上海前，进入长江口之后，开始向上海转弯时，"吴淞连同其新建的铁路、仓库、涂成白色的建筑出现了，大船抛锚卸货，货物卸入驳船和本地船，然后，狭窄的黄浦江岸展现出民居、小块的田地和一些小型企业的招牌"④，由此开始，观察者进入上海港区范围之内。中国的观察者到达吴淞时，除了关注这里的地理形势外，更注重它的军事功能，以及新型的港口设施："右盼则为吴淞口，水师营屯焉。铁甲船数只，雄镇海口……由通州一路下，浮皮球如桶大，一里数球界水道，防搁浅沙。"⑤

吴淞是进入上海港的观察者的必经之地，对此印象深刻也是理所当然，特别是转乘小轮的过程，更加深了对吴淞的节点意象。一般大船上乘客众多，而转乘的往往只是一只小汽艇，乘客们"不得不沙丁鱼一般地挤到一起"，再经过

---

① 〔英〕伊莎贝拉·伯德著，卓廉士、黄刚译：《1898：一个英国女人眼中的中国》，武汉：湖北人民出版社，2007年，第26页。

② 《1888：恩司诺（Exner）经济报告中的上海》，载王维江、吕澍：《另眼相看：晚清德语文献中的上海》，上海：上海辞书出版社，2009年，第115页。

③ 〔美〕凯文·林奇著，方益萍、何晓军译：《城市意象》，北京：华夏出版社，2001年，第36页。

④ 〔英〕伊莎贝拉·伯德著，卓廉士、黄刚译：《1898：一个英国女人眼中的中国》，武汉：湖北人民出版社，2007年，第19页。

⑤ 丁树诚：《丁治棠纪行四种》，成都：四川人民出版社，1984年，第87页。

大概一个半钟头，才能沿着黄浦江到达上海[1]，甚至有的客船要在吴淞过夜，第二天才能转船到上海，亦更加深了吴淞的节点意象："四面茫茫草野，更不见山，外国船、唐船皆碇泊，樯花如林，本船亦碇泊于此。待明朝川蒸汽船来，而到上海去。"[2]1898 年后，吴淞为淞沪铁路的终点，沟通着海陆交通两个方向，也更突显了它节点功能的重要地位。

琼·兰（Jon. Lang）曾对城市意象用格式塔心理学中的视觉组织规律进行过总结，称节点难以用格式塔理论加以解释，因为节点并不是单纯的视觉元素，它体现了社会、文化和物质等各种环境属性的总和，包含了特定的存在者、存在方式和精神意义，在形态上则体现为交汇和辐射并存，带有强烈的地方属性。[3]节点是观察者可以进入的战略性焦点，尽管在概念上节点是城市意象中很小的点，但事实上它可能是很大的广场，或是也可能呈稍微延伸的线条状。从更广阔的层面上观察城市时，它甚至可以是整个市中心区，甚至"从整个国家或国际范围来考虑我们的环境时，整个城市自身也可以被看作一个节点"[4]。这些对节点的论述，应用到附属于上海港的城区方面，可谓浑然天成。

英、美、法三国租界，是港区沿线的几个重要节点，它们各有各的特色，以及与华界城区的不同。节点的重要性"在于它是一个独特的、难忘的'场所'，不会与别的地方发生混淆"[5]，功能使用的强度当然能够加强节点的特征，几个城区的不同，也加强了它们的对比和节点的明显。英租界的精华是外滩，它也是上海港发展结果的浓缩："与美租界一条苏州河相隔的是英国租界，它是上海的贸易中心……上海最重要的景观是外滩，它美丽而雄伟，堪称上海的骄傲。这条港口大街上的建筑让所有经过这里的人感到震撼"，美租界的外滩名叫虹口，"沿着船厂延伸出去的地方，实际上是上海的港口区，有很多海员酒馆，卖海员装备和用品的小店，还有一些航海发达的国家的领馆，如瑞典、挪威、丹麦，等等。主要街道当然是叫'Broadway'，也确实挺宽的，但是房子大多破旧而难看"。[6]法租界城区虽然岸线很短，但同样是港区内重要的节点："法国码头是英码头的延伸，但法租界很小，明显逊了一筹，给人发育不良的印象……作为某种补偿，

① 王维江、吕澍：《另眼相看：晚清德语文献中的上海》，上海：上海辞书出版社，2009 年，第 102 页。

② 〔日〕高杉晋作：《游清五录》，见冯天瑜：《"千岁丸"上海行》，武汉：武汉大学出版社，2006 年，第 388 页。

③ 汪原：《凯文·林奇〈城市意象〉之批判》，《新建筑》2003 年第 3 期，第 70—73 页。

④ 〔美〕凯文·林奇著，方益萍、何晓军译：《城市意象》，北京：华夏出版社，2001 年，第 55 页。

⑤ 〔美〕凯文·林奇著，方益萍、何晓军译：《城市意象》，北京：华夏出版社，2001 年，第 78 页。

⑥ 王维江、吕澍：《另眼相看：晚清德语文献中的上海》，上海：上海辞书出版社，2009 年，第 102、172 页。

长江大轮船装卸货物的优良码头就在租界里，以及富丽宽敞的海事电报大楼，在它之外延伸出去，远至目力所及，是密密麻麻的中国运输船。"①

就节点元素来看，在上海港区内表现最为明显的，还是吴淞和租界的沿江城区，同道路、边界意象相比，港区的节点意象明显要弱了许多。其实，在空间意象和非空间意象形成时，港区在意象元素结构中，还有更明显的意义，即它作为上海城市标志物的功能，虽然这一功能的表现也有自己独特的方式。

4. 上海港作为标志物意象的构建：空间与非空间意象

任何一个观察者，都会建立独特的意象模式，进而更好地观察上海港和城市的内容。上海港是许多观察者审视上海的窗口，并在形成道路、边界、区域、节点等各个元素意象类别的过程中，最终形成了上海港作为城市标志物的意象——即上海是作为一个港口城市而存在的。按照城市意象的理论，标志物是另一类型的点状参照物，观察者只是位于其外部，而并未进入其中，"标志物通常是一个定义简单的有形物体"，即在许多可能元素中挑选出一个突出元素，一般被用作确定身份或结构的线索；标志物关键的物质特征，一方面，是具有单一性，"在某些方面具有唯一性，或是在整个环境中令人难忘"；另一方面，标志物的特点又对意象的形成有很大的影响，"使元素成为标志物，空间所起的作用重大，通常有两种方式，其一，使元素在许多地点都能够被看到；其二，是通过与邻近元素退让或高度等的变化，建立起局部的对比"②。随着上海城市的发展，港口逐渐偏离了居民的生活，在空间意象方面，逐渐难以使更多的居民产生足够的意象，这就为非空间意象的形成创造了前提与条件。

城市意象理论中，将城市中各种景观进行形态归类，对城市空间方向指认非常有效，但是这明显把城市元素平面化、二维化和结构化，同时也忽视了城市意象在其他层面的意义。城市意象从构成素材而言，可以分为两大类，空间性要素和非空间性要素，空间性要素就是城市实体环境中构成城市意象的事物；非空间性要素则是"区别于上述空间要素外，在空间中进行的令人印象深刻的各类文化社会等活动和现象"③。当下对近代城市意象的研究，主要停留在空间性要素方面，但在近代上海港口与城市二者的意象中，逐步产生了不少的非

---

① 〔英〕伊莎贝拉·伯德著，卓廉士、黄刚译：《1898：一个英国女人眼中的中国》，武汉：湖北人民出版社，2007年，第26页。

② 〔美〕凯文·林奇著，方益萍、何晓军译：《城市意象》，北京：华夏出版社，2001年，第36、60、61页。

③ 沈益人：《对城市意象五元素的思考》，《上海城市规划》2004年第4期，第8—10页。

空间性意象：上海港贸易的日渐繁荣，使人们对它的贸易地位，以及由此反映出的忙碌景象，除了感到震惊之外，还是一种高度的赞扬。这种作为城市性质代表的非空间意象，逐步成为了上海港意象的主要内容，并在非空间意象上成为上海城市的标志物。

　　近代上海港意象的构建，其实是一个自上而下的过程，由这些观察者本身的经历和背景可知，他们都是对上海关注已久的、能够接触到上海城市发展深层背景的精英分子，通过自己对上海由来已久的了解，通过城市空间意象的形成，印证和确认了自己早已开始形成的观点。上海港空间意象的形成过程中，"那些第一眼便能确认并形成联系的物体，并不是因为对它的熟悉，而是因为它符合观察者头脑中早已形成的模式"①，这也可以解释西方观察者初到上海之时，会以自己的看法联想到上海与欧美的相似之处："在上海见到恢宏的建筑、江面数不清的来往船只，人们会下意识地以为到了某个繁忙的欧洲海港"②，上海城市与港口这种欧化的明显特征，在近代上海港的认知与意象中有着重要的意义，并促成了上海港在整体上作为城市发展标志物的职能。

　　城市意象作为一种城市地理研究的理论，其真正价值，"是城市文化认知中差异性的内容"③，这种差异性就是通常所指的城市特色，上海的城市特色，就在于港口与城市的互动性，是中西方文化的交集之地。一个城市景观要素应该是有特色、有结构性关系、有特定的含义，这三点是构成人们对城市意象感知的"因子"，当代中国的城市，存在着城市形象差异性弱化的问题④，其实近代中国港口城市也存在这种情况，但中外城区的对比，在上海表现得最为明显。港口更在其中充当了有利的角色，故而在观察者对港口留有深刻意象的同时，对城市的意象能力也就很强了。

　　本书引用的意象材料，都是属于旅居上海的精英分子，他们很清晰地形成了上海港的意象结构，再将他们对上海的意象传播至中国和世界各地，吸引了更多人前来观察上海，并逐渐将上海港的这种繁盛意象，播散至一般大众的心目之中。1936 年，一部关于普通人日常生活的《中国的一日》出版⑤，其中有关上海的共 62 篇，在这些文章中，除了一篇由工作在煤栈的工人提到了关于港

① 〔美〕凯文·林奇著，方益萍、何晓军译：《城市意象》，北京：华夏出版社，2001 年，第 5 页。

② 王维江、吕澍：《另眼相看：晚清德语文献中的上海》，上海：上海辞书出版社，2009 年，第 61 页。

③ 沈益人：《城市特色与城市意象》，《城市问题》2004 年第 3 期，第 8—11 页。

④ 张鸿雁：《城市意象要素的本土化文化认知》，《城市问题》2004 年第 5 期，第 6—11 页。

⑤ 茅盾：《中国的一日》（第三编），上海：生活书店，1936 年。

口的情况，其他 61 篇已严重偏离了港口的意象，集中于非空间意象的形成，即所谓城市精神的代表之类，这当然已经不完全属于地理学的城市意象的研究范围了。上海港经历了数十年的变化，仍然在为上海城市的发展担当着沟通内外的职能，并为城市性质的形成贡献着它的作用；它的非空间性意象逐渐传递到上海乃至中国和世界的各个角落，人们都会提起上海这个繁盛的"港口城市"，虽然很多人并没有接触和了解到上海港。港口已经成为这个城市最著名的精神、人文象征，上海港的意象特点，更好地促进了近代上海城市特色的形成——中国最繁华的港口城市。

5. 城市意象中对港口的其他看法

以上列举了近代上海的城市意象中港口与城区的关系。但并非所有人都为上海港口和城市的地位与经济实力而惊叹，1862 年 8 月，一位德国人说："上海港是一个重要的港口，港口里船只的桅杆上飘扬着几乎所有航海国家的旗帜，……然而上海的位置本身并没有什么吸引力，比起香港、新加坡的周围景色差远了，更不好与锡兰、槟榔屿这些热带地区相提并论。从远处看，上海给我的印象是——地势平坦，气候炎热，一马平川，没有起伏，让人没有亲近感。一踏上这块陆地，我就认定了：这是个纯粹商人的地界，远离美丽与快乐，没有丝毫用金钱买不到的精神生活"[1]，但同时却也不得不承认上海港的贸易地位，尽管上海地区的自然状况"也没什么特色：尽管夏天的酷热一点不比热带逊色，却不生长任何植物，没有一棵树，没有一种物产，来证明这里是美丽富饶的南方"，"此处只有贫瘠"；"不过，如果把这一判断告诉当地的商人，他们会笑着可怜我：因为在他们的眼里，上海是金子、纯金，全是红利，纯粹的收益。目前全世界找不到任何一处的商业繁荣能与上海相比，这里短时间内就能发大财。整个东亚最重要的贸易物是丝和茶，其交易额在这里达到高峰，把竞争对手——包括香港和加尔各答——都甩到了后面。所以一提到上海，大商人的眼睛就会放光"。[2]因此，即使对上海港的评价如何的不同，也不能否认其贸易价值，以及对上海城市性质所带来的决定性影响。

此外，还需要注意的是，更多的游人，在其意象的形成过程之中，并没

---

[1] 《1862—1864：拉度维茨（Joseph Maria von Radowitz）书信中的上海》，载王维江、吕澍：《另眼相看：晚清德语文献中的上海》，上海：上海辞书出版社，2009 年，第 76 页。

[2] 《1862—1864：拉度维茨（Joseph Maria von Radowitz）书信中的上海》，载王维江、吕澍：《另眼相看：晚清德语文献中的上海》，上海：上海辞书出版社，2009 年，第 81 页。

有给予上海港足够的注意，正如凯文·林奇所说："许多的结构把水的感觉冲淡了，生活早已离开了往日的港口活动"，"当人们离开了河岸时，这个城市的原有的精确性和主要内容似乎也失去了"。①

但不可否认的是，上海港仍然在为上海城市的发展，担当着它的沟通内外的职能，并为城市性质的形成贡献着它的作用。

（四）近代上海港口与城市意象的特点及其所反映出的"港—城"互动关系

近代上海城市的发展，经历了一个比较大的改变。从最初荒凉的沼泽地，逐步转化为一个新兴的租界城区，进而超越老县城成为上海城市的主体，数十年来形形色色的人，记载下了它的变迁：城区的不断扩展；产业的不断转移；人口的迅速增加等。在诸多观察者的心目中，上海港与城市关系是非常密切，乃至是一体化的。本书的研究，在于用港口这一强大的主导元素，结合它承担的不同元素形式的可能性，在分解港口的同时，考察了近代上海城市与港口在发展过程中的关系，这也是本书的特色所在。港口这一主导元素"能提供一种更为即时的联系感与连续感，但随着环境尺度的增加，其难度也在增加，主导元素必须具有与其地位相称的尺度，而且要有足够的'表面积'，使得其余所有的次要元素能够与它产生密切合理的联系"②。

上海港空间意象的结构随着城市的扩张，与港口和城市互动关系变化的总趋势相一致：由紧密到相对疏离，最终在非空间意象的层次上，上海港成为城市的代表和标志物。近代初期上海的港口，足以承担城市主导元素的职能，同时兼有所有五个元素特征，也能引导城市其他区域的相互联系；随着上海城市的发展，港口逐渐在城市生活中退居次要地位，城区成为最重要的意象组织元素，港口意象也在向着空间意象与非空间意象共存的方向发展。

当下对城市意象理论的应用，主要在空间意象方面，将一个完整的城市或城市的中心区域，按照五个元素各自分类，进行整理出意象结果即"认知地图"。在一个城市的整体中，"道路展现并造就了区域，同时连接了不同的节点，节点连接并划分了不同的道路，边界围合了区域，标志物指示了区域的核心"③，通过这几个元素的相互关系，将城市进行认知的重构，最终得到对其性质和发

---

① 〔美〕凯文·林奇著，项秉仁译：《城市的印象》，北京：中国建筑工业出版社，1990年，第17、57页。

② 〔美〕凯文·林奇著，方益萍、何晓军译：《城市意象》，北京：华夏出版社，2001年，第86页。

③ 〔美〕凯文·林奇著，方益萍、何晓军译：《城市意象》，北京：华夏出版社，2001年，第83页。

展方向的新认识。上海港和城市的空间意象得到充分的展示之后，它们的非空间意象也逐渐显现，作为城市标志的上海港，在空间意象结构的基础上被逐渐构建出来。近代中国各大港口城市中，对外贸易发达者众多，却没有哪一个有上海如此高的威望，它的实际地位和观察者心目中感知的港口，首先成为精英分子们的城市意象，进而普及至一般民众。在这一过程中，上海的城市性质得到了充分的体现，虽然有各方面对它属于外国，还是中国，有较大的思想冲突与争论[①]，但都无法抹杀上海城市发展过程中，港口的关键性作用。

第二节　华界城区港城的互动——南市与浦东

与租界城区相比，华界城区的城市化、现代化进程进行得非常缓慢。从港口因素分析，华界城区的港口条件，并不比租界岸线差，那么，为何相对良好的港区，对这两个城区产生的影响会如此不同呢？本节即分别对南市老城区、浦东城区二者与各自港区的互动关系，从一个侧面试图回答这个问题。

总体来看，南市港城关系的变迁，是在传统与现代的纠缠下，航运工具、码头的前现代性，以及对传统港城一体化格局的继承，导致了它的相对落后；浦东则由于它与浦西城区的分工不同，虽然占有良好的岸线及港区条件，却并不能对城区产生积极的带动作用。

1930 年，上海特别市政府在建设新市区时，曾论述港口对城市的重要意义："本市为东亚第一商埠，数十年来，市面日益繁盛者，亦不外由于水陆交通之便利。唯现有之车站码头，大率皆偏于租界一隅，货物旅客之由内地或外洋来者，无不首先荟萃于斯，以造成租界今日之发展。"[②]因此，上海港对华界地区的带动，最初是在租界的影响下开始的，开埠后六十余年，"南市马路工程局建立，第二年便开筑东门外沿浦外马路，为南市交通近代化之始"，而浦东的建设也随后展开，"1908 年 7 月，浦东开始筑路建设，……1935 年 10 月，浦东大道竣工为标志，浦东最初的交通网络大致形成"。[③]

---

① 叶凯蒂：《从十九世纪上海地图看对城市未来定义的争夺战》，载刘东：《中国学术》第 3 辑，北京：商务印书馆，2001 年，第 88—121 页。

② 《市中心区建设新商港》，《申报》1930 年 1 月 17 日，第 14 版。

③ 钟义盛：《上海市政建设的近代化进程及其启迪》，《社会科学》1995 年第 1 期。

　　从城市景观来看，与租界相对应的华界城区，其发展速度与质量显得远远落后。这中间当然有各种原因，但港区能够对租界城区的发展提供极大支持，那么它对华界城区的作用又如何体现，确实是一个需要重点考察的方面。

一、南市港区与城区的关系

　　老县城与十六铺、南市，均可作为与租界相对应的中国城区的称呼。开埠之前，上海作为中国最大的内贸港口，是江南地区物资的聚散地，由此，也形成了上海县城东部十六铺一带的繁华。所谓"一城烟火半东南"，很明显是港口城区的面貌。[①]据考证，南市之称，始于1861年之后，与北市相对。法租界从黄浦江沿岸扩展到十六铺后，从十六铺到包含租界在内的地区，被称为北市；十六铺以及小东门以南的地区，被称为南市。[②]

　　南市区域黄浦江沿岸港区的形成，远远早于近代，并承担了明清时期太湖平原与外界交流、贸易的中转站角色，是上海能够在近代初期被选为第一批开埠港口的最重要原因之一。"开埠之前就形成有一个比较繁荣的港口，这是上海向着一个大港、名港迈进的良好的基础"，但是"从另一方面来看，上海正因为有着一个历史古港，那么当近代新港区开辟的时候，它就同时有了一个旧港区与新港区……当旧港区与近代新辟的新港区有着先进与落后的差距时，无论在面貌上和港口设施技术上，上海都有一个旧港的改造问题"。[③]因此，如何改变传统的港区面貌，向现代化的设施转型，也就成为近代以来南市港区和城区面临的一个重要问题，甚至这一转型的缓慢，也成为其逐渐落后于租界的一个原因。

（一）上海开埠初期南市城区与港区的互动

　　开埠初期，南市地区仍然为一重要港区，1875年时，王韬称："黄浦离城虽近，然登楼望之，只见帆樯林立而已，并不见水也"[④]，可见刚刚进入近代后的上海老城区，仍然维持着之前的繁华局面。如1856年前后，南市城区的咸瓜街，为南北向大道，"西则襟带县城，大、小东门之所出入，东过两街即黄浦，

① 茅伯科：《上海港史·古、近代部分》，北京：人民交通出版社，1990年，第86—88页。
② 郑祖安：《上海地名小志》，上海：上海社会科学院出版社，1988年，第18页。
③ 郑祖安：《上海、横滨都市形成比较研究》，见《上海和横滨》联合编辑委员会、上海市档案馆编：《上海和横滨——近代亚洲两个开放城市》，上海：华东师范大学出版社，1997年，第15—16页。
④ 王韬：《瀛壖杂志》卷2，上海：上海古籍出版社，1989年，第42页。

故市场最为热闹，再南则帆樯辐辏，常泊沙船数千号。行栈林立，人烟稠密，由水路到者从浦江陆行，则必从此街也”①，明显是一个港口城区的面貌。

因此，老城区的港城一体格局，同样也是由贸易的兴盛而产生，1840 年之后，南市老城区仍然维持着港城一体化的格局，"沪城内外，近来设有丝、茶专栈，所以招徕远客，使有如归之乐"；"黄浦之利，商贾主之。每岁番舶云集，闽粤之人居多。土著之远涉重洋者，不过十之一二，皆于东城外列肆贮货"。②

在这些"闽粤之人"所开设的各类贸易行栈中，大多分布于南市老城区一带，1843 年上海开埠之初，即有广东商人张新贤、陈春圃、卞博山等，"向在粤东贩运江浙各货，开设裕隆竹记字号"，"缘上年奉有五口通商谕旨……情愿合伙在上海开设敦利字号，招徕丝茶各商，遵奉新议章程，照则纳税，经理贸易事务"，此亦可见与清政府的被迫开埠不同，国内的商人们，以逐利为主要目的，在积极适应这一历史的大变动；张新贤等广东商人，于道光二十三年（1843）"七月来上（指上海），在台治（指道台衙门）西姚家弄、东姚家弄、王家巷、孙家巷以及前和典基、万瑞坊基等处租赁栈房，门前均贴敦利栈字样，以便招接各路商人，安顿货物，庶英国领事官到日，即可通商贸易"③，对与英商贸易抱有非常热烈的期望。

因此，贸易的兴盛，离不开港区的发达，"上海南市之有市面，则以上海滨江带海，有天然之交通"，"故南市商市，历史上实取得数百年来雄厚之资格，而水道便利，尤为各行号必争之地势"④，1885 年，时人曾论称："本埠南市，华商聚会之所也，码头鳞次，铺户栉比，大小行号，咸借沙宁诸船为转运，恃米麦油豆为大宗。"⑤南市城区的产业结构的特征，也与港区密不可分："南市之巨擘，曰钱庄也，花栈也，米麦行也，沙船号也，绸布油铁竹木药材也"⑥，均与贸易密切相关，而它的贸易商品种类，与近代之前也没有太大的改变。由此可见，老上海城区的建设，与港区密不可分；更关键的是，南市老城区这种港区与城区紧密结合的状况，在开埠后的四十余年时间内，都没有什么变化。

---

① 胡祥翰：《上海小志》卷 1《上海开港事略》，上海：上海古籍出版社，1989 年，第 3 页。

② 王韬：《瀛壖杂志》卷一，上海：上海古籍出版社，1989 年，第 8 页。

③ 《开埠初期上海敦利商栈等外贸簿册文书》之《商人张新贤为禀请开设敦利号以与英商贸易事》，载王庆成：《稀见清世史料并考释》，武汉：武汉出版社，1998 年，第 31 页。

④ 姚公鹤：《上海闲话》，上海：上海古籍出版社，1989 年，第 66 页。

⑤ 《论沪南近日市面》，《字林沪报》第 921 号，1885 年 3 月 20 日，转引自〔日〕松浦章：《近代上海南市和沙船航运业》，载李长莉、左玉河：《近代中国的城市与乡村》，北京：社会科学文献出版社，2006 年，第 116 页。

⑥ 《论经商先官择业》，《字林沪报》第 1940 号，1888 年 1 月 15 日，转引自〔日〕松浦章：《近代上海南市和沙船航运业》，载李长莉、左玉河：《近代中国的城市与乡村》，北京：社会科学文献出版社，2006 年，第 117 页。

以上所述港区与城区紧密结合的格局，反映到城市面貌上，可以非常明显地看到它们的具体情况（图 2-6）。

图 2-6　光绪十年（1884 年）上海南市老城区与港区分布图

资料来源：《上海县城乡租界全图（光绪十年）》，局部

可以看到，南市城区沿浦岸线内，码头遍布，并且每条码头后均有一条通往县城的道路，其"向港性"的布局非常明显。但这些往往都是传统意义上的码头，并没有进入现代化进程中，设施方面均大大不如租界沿江的码头体系。

由于战乱破坏，19 世纪 60 年代后，南市老城区一带元气大伤，昔日繁盛的港区与城区，成为一片废墟，它的恢复要很长的时间。而它的重建，仍然沿袭了传统的格局，并没有仿效租界，进行现代化的城市建设，直到 1898 年，仍然没有摆脱落后的景观："上海之前还有一个上海——这个上海仍然存在，并在繁殖和兴旺。它是一座繁忙而令人生厌的商业城市，按中国人的方式生活着，仿佛遗世独立，没有外国租界存在一般"，与租界的日新月异不同，"旧上海的发展不会超过三等城市。它有一圈三英里半的高墙，由几条狭窄的门道贯通；一条二十英尺宽的护城河绕城一周，市郊在城与江之间，江上帆樯如林，与城里一样拥挤。这些船由帆船、三桅帆和有特殊装置的本地小船组成，层层密布"①，与租界地区的轮船码头的兴旺相比，虽然也显得很热闹，但性质却完全不同。

　　南市城区与港口关系的紧密，在整个近代时期没有太大改变，但所导致的结果却与租界城区大相径庭，不但没有跟上租界的发展速度，甚至在进入民国时期之后，渐渐显露出了衰败的面貌。1918 年前后，曾有观察者称："上海一隅，商务为各埠之冠，而租界日盛，南市日衰。推原其故，租界扼淞沪咽喉，地势宽而展布易，南市则外濒黄浦，内逼城垣，地窄人稠，行栈无从广设，城中空地尚多，而形势梗塞，以致稍挟资本之商，皆舍而弗顾"，"上海为通商总汇，城厢、租界，同在此二三十里之中，而租界则商务日盛，地段则日推日广，南市则以城垣阻隔，地窄人稠，无可展布。……租界之所以兴盛，则以有马路交通之故，今我自治之地，仅城厢南市一隅，马路仅只两条，中间复有城垣间隔，车马既不通行，行旅苦不方便。仕商巨富固无城垣居住者，即在租界觅食，小本经济亦都不吝租金以寄居于租界之中，以致城内租界，地价房价相去数十百倍。一盛一衰之帮，内轻外重之情，其显著逼切若此"。②此即把南市的落后，归因于港口在城市发展过程中不能及时更新与升级，促进其现代化的发展，导致原本有利的航运与港口条件，因为港城一体化的程度非常之深，反倒成为城市发展的阻碍。因此，在港区地理区位条件相似的情况下，如何协调传统因素与现代化设施的作用，便显得非常重要了。

　　南市港区落后的另一个重要原因，还在于租界控制下的港口管理机构对"民船"、"洋船"停泊区的划分。南市南码头南端至大达码头一段，作为传统港区，"一年四季帆船云集，……属于民船停泊装卸区，轮船不得靠泊"③，这样使得

①　〔英〕伊莎贝拉·伯德著，卓廉士、黄刚译：《1898：一个英国女人眼中的中国》，武汉：湖北人民出版社，2007 年，第 27 页。

②　《苏松太道瑞照会奉文饬议拆城详案文（光绪三十二年四月二十八日）》，载杨逸：《上海市自治志》，民国四年（1915 年）刊本，公牍甲篇，第 27—28 页。

③　张燕主编，《上海港志》编纂委员会编：《上海港志》，上海：上海社会科学院出版社，2001 年，第 72 页。

南市岸线失去了现代化的升级机会。更为严重的是，海关以及浚浦局对港区有相应的控制权，"海关区域，仅在租界以内，以致毗连租界之南市等处，均不得建筑码头，装卸货物。故上海租界以内，日新月异，一至内地，总无振兴气象，其阻碍国民经济之发展，皆有不堪设想者"①，而南市地区仅仅依靠一些小小的商号或募捐，来对港区进行一些修补。

浚浦局对南市地区的浦江，疏浚之功也颇不如租界沿江，其原因也在于洋船、民船的停泊界限："查洋轮之入，北自吴淞口上到法租界为止，其上为中国南市，大号洋轮素所不到，河之浅深可无过问，民船聚泊界限秩然"②，则浚浦局对其忽略，亦有开埠之后所形成的历史传统原因。更严重的是，浚浦局在无法同时照顾到传统与现代因素的情况下，对原有码头体系升级也就等同于破坏："民国六年，浚浦局施工于南市，将沿浦各码头尽毁无遗，虽董家渡为出入最繁之码头，亦不免同遭拆废"③，导致之后十余年间南市一带码头被费尽周折维护。

虽然如此，港区对南市老城区的发展，仍然会有着自己的表现，由于经济总量不大，南市地区码头稍有变动，便会影响某一片城区的发展。1930 年，工务局主持修建的南市地区米业专用码头落成，从原豆市街南移至薛家浜，对变化的两个地区的市面影响，均非常明显，"豆市街顿形冷落"，而薛家浜一带迅速兴旺："南市米业各行，今春在薛家浜……开始停泊。所有各埠抵申米船，一律泊在该码头，汇集一处，惟各米行因营业及斛米便利起见，刻有豆市街米行十余家，已在南市薛家浜租定房屋，设立分行，所有营业部份，均搬迁归与分行，而行家全部搬迁往南者，亦有数家。以故薛家浜近来房屋，租借一空，刻无余屋可租，市面顿见热闹，以后米行均开设薛家浜一带，聚集一处，市面得以灵通"④，相形之下"豆市街向为米市之总枢纽，乃自各行搬迁往南营业交易，归与分社后，故无市面，行家门市冷落异常。闻杂粮行将来亦搬迁薛家浜一段，俾码头上下货便利"⑤，可见南市城区的港区升级，虽然不如租界城区实现了良好的"港—城"互动，但积极的影响也能在改造措施实行之后，迅速

---

① 《上海市政府呈国民政府函稿（1928 年 9 月 3 日）》，载庄志龄：《收回浚浦局主权案史料》，《档案与史学》1999 年第 1 期。
② 《苏松太道袁树勋条陈修浚黄浦江办法禀文》（1903 年 3 月），载方裕瑾：《光绪末年黄浦江修浚工程主办权之争史料》，《历史档案》1994 年第 4 期，第 46 页。
③ 《筹建公共码头募捐启》，《申报》1922 年 7 月 21 日，第 15 版。
④ 《米行南迁薛家浜》，《申报》1930 年 11 月 23 日，第 16 版。
⑤ 《米行南迁薛家浜》，《申报》1930 年 11 月 23 日，第 16 版。

表现出来。

（二）南市港口与城市的现代化努力

南市城区沿浦的各个码头，其现代化程度是非常之低的，有的仅仅是一些沿浦东修建的台阶或踏步。因此，在租界地区的地图上，往往对南市地区的港口体系采取非常忽视的处理方式。直到 1937 年，港区图（图 1-6）仍如此处理。因为港区不能对城区发挥带动作用，面对租界的发展，老城区的落后面貌日益凸显。

清末之后，在地方士绅的号召之下，南市地区逐渐走上了现代化的道路，1897 年，上海县城"当局已授权本地的一家公司按欧洲的方法开设自来水厂以向上海城市供水，并由政府出钱在外国租界和法租界外滩建造了达数英里的优良的堤岸或码头"[①]，因此，政府并非完全不作为，在刺激下，也会有所行动。1905 年 8 月，"中国的城镇中，第一个市政机关"——上海城厢内外总工程局成立[②]，才真正开始现代意义上的市政建设，但这已经落后于租界地区半个世纪了。

自从南市城区成立市政机构以来，对上海港体系内的码头修建（表 2-1），尽了自己最大的努力，虽然只是对南市地区港区体系的修补工作；而这在一定程度上，也反映出，港口作为重要的基础设施，需要国家政府力量的出面干涉，方可达到最好的效果。

表 2-1　清末南市城区码头修筑表

区别	码头别	修筑年份	备注
东	大达公司码头	光绪三十四年筑	自十六铺起南至大码头止
东	太平码头	光绪三十四年修	
南	积谷仓码头	光绪三十四年造	自外马路至积谷仓前
南	永盛码头	宣统元年修	
东	新码头	宣统二年修	
东	大码头	宣统三年修	

资料来源：杨逸：《上海市自治志》，《工程成绩表七·码头》，民国四年（1915 年）刊本，第 101—102 页

[①] 《代理总领事满思礼 1897 年度上海贸易报告》，载李必樟译编，张仲礼校订：《上海近代贸易经济发展概况：1854～1898 年英国驻上海领事贸易报告汇编》，上海：上海社会科学院出版社，1993 年，第 938 页。

[②] 《1902—1911 年海关十年报告》，载徐雪筠等译，张仲礼校订：《上海近代社会经济发展概况（1882—1931）——〈海关十年报告〉译编》，上海：上海社会科学院出版社，1985 年，第 155—156 页。

民国之后，上海老县城在现代化压力之下改变更大，"南市近年来有相当大的改善。拆除城墙的工作是在 1912 年 1 月开始的。城壕现已填平，成了一条现代化的大街"，更值得一提的是外马路的修建，"南市沿江工程于 1915 年开始，从董家渡码头到陆家浜现已筑成沿江马路 8000 多英尺。许多河道被填平，筑起宽阔的马路。此外，还实施了大规模的排水工程，早先秽气四散的小街陋巷正在消失"①，这使得原本港口与城区紧密相连的格局开始出现变化，二者的层次逐渐清晰。

1927 年，上海特别市政府成立后，南市城区成为重要的建设区域，港区的改造也是其中一个重要内容，由港务局、工务局等主持，修建并维护了一大批码头（表 2-2）。

表 2-2　上海特别市工务局建造南市城区码头　　单位：元

年份	码头名称	所在市区	造价	备注
民国十八年	日晖港木码头	沪南	319.50	
	毛家衖口公共码头	沪南	1 363.00	
	老南码头	沪南	4 859.91	
	沪南米业码头	沪南	28 890.32	
民国十九年	十六铺钢质浮码头	沪南	13 289.40	
	水果业钢质浮码头	沪南	9 975.11	
	稻柴码头	沪南	1 197.80	
民国二十年	南市大码头（扩充）	沪南	6 484.00	
	沪南各码头梅花桩	沪南	6 604.00	

资料来源：上海市政府秘书处：《上海市政概要：民国二十三年》，第五章《工务》，上海：上海市政府秘书处，1934 年，第 28—31 页

南市老城区现代化过程之中，港区的现代化过程，也在同时进行之中，是港城关系互动的表现。比较著名的例子如下：

1. 董家渡公义码头的改建

对南市地区各商户而言，浦江沿岸各码头为生计所系，需要时时加以注意，一旦有事，则需要各家商户共同出资修筑或整理。由于港务机构的行政缺失，20 世纪 20 年代初，改良南市地区港区的工作，便由各商行来承担了，但终究因能力有限，成果并不十分明显。这方面最明显的例子，是董家渡、公义渡两

---

① 《1912—1921 年海关十年报告》，载徐雪筠等译编，张仲礼校订：《上海近代社会经济发展概况（1882—1931）—〈海关十年报告〉译编》，上海：上海社会科学院出版社，1985 年，第 216 页。

处码头的兴修一事。

对南市老城区一带码头的来历，曾有考证云："十六铺以南市肆林立，商业繁盛，最初所设之码头即今之大码头，然当时只以'李家码头'名。其变名之由，则因城中吾园主主人李荀香本浦东张江栅人，虽迁居城内，而以浦东族人犹多，因在该地自建一码头以便渡浦。迨后商业渐盛，用公诸社会，又加扩充，故有'大码头'之称。"①因此，老城区一带的码头体系，除作为贸易之用外，同样重要的还有沟通浦东、浦西的功能。

董家渡、公义渡两处码头的重要性及历史，亦与浦东有密切关系，募捐启事中曾有概述："上海为通商大埠，与浦东有一衣带水之隔，而浦东西每日渡客往来，何可胜数，向赖八长渡以为之济（注：八长渡见附录）。董家渡者，八长渡中最冲要而经由最繁盛之地也。考董家渡码头，初由天主堂建设；前清光绪年间，复经各商业集捐修筑；至民国六年，浚浦局施工于南市，将沿浦各码头尽毁无遗，虽董家渡为出入最繁之码头，亦不免同遭拆废。然往来行旅日益增加，泊岸渡船，攀援上下，寸步维艰，老弱妇孺，时闻失足灭顶之惨，同人悯焉，尝凑资筑一阔五尺长十余丈之码头，以济渡客，寻又为浚浦局毁去泰半，虽即设法，究以码头狭小，人多不足回旋。窃谓谋地方之发展，必先求交通之便利，董家渡即为浦东西交通至关重要之点，公共码头，奚可不力求完善？"②

1922年，为重修董家渡码头，"由该处地方商业中人发起，酿资兴修，当经估计工料洋八千元之谱，特向各处商家筹募得二千余元，所缺尚巨"，不足之数，仍然要"转向各业商设法劝募"。③7月初，筹款修筑码头的各家商行等，于"浦东公所开第一次筹备会员"，议定八项事务，包括："议设立筹备处，决定在浦东公所"；"定名"；"议码头形式质料"；"垫款组织经济委员二十人"等④，并"举定经济董事二十人"⑤。

为筹建该处码头，发布募捐启事，其中计划码头之规格，"拟就原址改建一长五十英尺阔六十英尺之码头，其平面及桩柱，均用铁门水门汀，外托护木，上面加盖木屋，为休息室，以憩行人，两侧并添设木水桥。估计工料，需银七

① 陈伯熙：《上海轶事大观》卷2《南市之第一码头》，上海：上海书店出版社，2000年，第39页。
② 《筹建公共码头募捐启》，《申报》1922年7月21日，第15版。
③ 《募款兴修董家渡码头》，《申报》1922年7月2日，第15版。
④ 《建筑董家渡公义码头之筹备》，《申报》1922年7月6日，第15版。
⑤ 《续志建筑公共码头之筹备》，《申报》1922年7月7日，第15版。

千八百七十七两七钱，并拟将公义码头傍阔加高，又需银六百两左右"①；对于募捐款，"暂存吉祥衖义源庄，并董家渡苏州银行两处。所有募得捐款，务于阴历六月十五日以前，报告筹备处，以便支配工费"②。

　　总计该项码头工费需银八千四百余两，"分四期付款，限三个月竣工"，直到 1922 年 9 月，经过近两个月的募捐，"第一期付洋三千元，并报告收到捐洋三千五百二十四元，及已捐已认未收之数外，尚少洋四千余元"，遂由各发起人"函请县商会会董及发起人继续劝募，备第二三四期付款之用，照章报请县知事、警察厅出示布告，及浚浦局、河泊司出给照会，并工巡捐局查照外，即日开工。所需二三四期款项，遇有缓不济急时，请共同筹垫，由筹备处立票，定期还清"③。随后，工程相继开工，上海县公署表示配合，并发布告，"建筑董家渡公义两处码头，系为利便公众交通起见，现值开工之际，毋得有藉端阻碍事情，致碍工作，违干查究，其各遵照"④。此后，该码头逐步开始建设。

　　南市城区在建筑码头之时，也会注意对码头近旁道路等相关设施的增加，"高昌庙地方江边码头，1922 年初，为浦东三林塘、杨思、杜家行各乡商民来沪渡浦之要道，往来络绎不绝。该码头年久失修，损坏污烂，且颇狭窄，行旅上下颇不便利。兹由该处绅商特与沪南工巡捐局磋商，拟将该码头基址展宽，改筑新式柚木码头，以便交通，并须展宽该处马路，筑造四丈宽阔之路面"，并呈准开工建造⑤。以上只是对传统码头的维护，并未使其发生质的改变。

　　但是，并非所有与港口码头相关的路政均能顺利实行，1922 年 7 月底，"沪南工巡捐局因南码头庙桥港河道，被某机厂私行填塞，占及公浜"，公决"在该处另筑马路一条，直达兵工厂，以通车马，并在出浦地点造一公共码头，俾商家就近运货，而便浦东西人民往返上落摆渡。当令工程处丈勘，预备实行动工筑路"，不久，情况却发生变化："其中议决情形，尚多梗阻，一时恐难实行，故对于前次之议决案，不能有效，闻须另再订期提议，重行商榷云。"⑥

---

①　《筹建公共码头募捐启》，《申报》1922 年 7 月 21 日，第 15 版。

②　《建筑公共码头之职员会议》，《申报》1922 年 7 月 31 日，第 14 版。

③　《建筑董家渡公义渡码头将开工》，《申报》1922 年 9 月 11 日，第 16 版。

④　《建筑董渡公义码头之布告》，《申报》1922 年 9 月 17 日，第 16 版。

⑤　《改筑江边码头之先声》，《申报》1922 年 1 月 5 日，第 15 版。

⑥　《庙桥港另筑码头案不能实行》，《申报》1922 年 7 月 23 日，第 15 版。

2. 上海市政府对南市港区的改造

1928 年底，上海特别市港务局成立，但由于港政不统一，"不能管理整个港口，实际职权只类似一个'南市港务所'，既无多大权力又无多少事可做"①。就在这一背景下，港务局仍试图对南市的港区进行相应的改造，1930年前后，上海特别市港务局又做了统一南市地区岸线的努力，具体方法，就是先收回由各公司、商号所租用的岸线，经过统一安排后，再分租于各公司商号。

1929 年，上海港务局已经提出，"将南市岸线码头等，收归市办"，"本埠各轮公司，凡属使用者，均应照例纳缴保证金"，但遭到各航商的拒绝，不过港务局对此非常坚决。②并组织"码头评价委员会"，以满足"收归码头事务，有估价之需要"。③

1929 年 9 月，港务局公布《整理大达、大通及其他各公司承租南市岸线程序案》，正式开始着手收回各码头④，并指出"南市沿浦岸线，前为大达轮埠公司、大通产业公司承租经营码头事，因办理不善，船商反对，经市政会议迭次议决，收回整理"，并且，"给价收回岸线后，由港务局设一码头管理处，以便从事整理，逐步扩充"。⑤ 9 月底，港务局对南市地区码头重新划分，"将南市码头划作十三区"，由"港务局指定出租"，具体方法为：

"指定码头与各公司"——"大达公司在南市共有八个码头，兹经港务局与各华轮公司商定，将第一号码头，租与宁绍；第二号码头，租与三北；第三号码头，租与鸿安；第四号码头，租与大达轮船公司；第五号，亦归三北用；又自第六号起至第八号止，此三个码头作为公共码头，系租给沪台班、崇海班等各公司轮停泊者。至于大通公司之三个码头，亦经派定：一由大通轮公司自用；一归宁绍租用；一租与合众公司用"。

"添建新码头出租"——"南市沿浦江余地尚多，在关桥之南可以起造码头，至董家渡为止。港务局因大通、大达两家之十一个码头，尚不敷分配，决计再先行添造新码头归肇兴轮公司赁租，双方亦已向港务局认定，即日准

---

① 茅伯科：《上海港史：古、近代部分》，北京：人民交通出版社，1990 年，第 303 页。上海特别市港务局自成立至废除，仅两年零一个月，具体过程可参见《上海港史》，第 300—303 页。

② 《南市岸线收归市办》，《申报》1929 年 7 月 31 日，第 15 版。

③ 《码头评价委员会成立》，《申报》1929 年 9 月 17 日，第 14 版。

④ 《港务局整理南市码头》，《申报》1929 年 9 月 19 日，第 14 版。

⑤ 《市府令港务局收回码头》，《申报》1929 年 9 月 24 日，第 13 版。

备措缴款项"。

"租定码头纳证金"——"港务局即以轮公司之保证金，以作付大达、大通之建造费，总计金额连同栈房之造价等，共需七十万元，规定每一码头（货栈除外）纳保证金额为二万五千元，此项证金议定至第五年，由港务局先付回二分之一，留存关额仍作保证之款"。[①]

对此项决定，大利轮埠公司表示反对，认为该公司对所占码头"承租未久，未允即时交出"，"致此案已为无形之搁阻"。[②]后经来回交涉，"筹备经年，始将各轮步公司码头资产给价收回，并由港务局呈准市政府，设立南市码头管理处，以资管理"，"该管理处之成立，关于将来国家主权及经济者甚巨，深望切实整理，使吾国航业蒸蒸日上也"。[③]

港务局对岸线的整顿，使原来占用岸线较多的大达轮步公司，也在收回码头给价后，召开董事会，决议"旧公司依法解散，新公司依法成立"，"定名大达房产公司"[④]，开始脱离对港区的直接管理。

港务局则开始逐步加强对南市一带码头的管理与整治，"自十六铺朝南码头，由港务局收回后，设有巡查队一队，专任码头保护商旅，扫除旧习积弊之责"，"前有依赖码头自下而上之六股党，八股党、十六股党、三十二股党、七十二股党等，均皆驱逐星散。并每次轮船靠码头时，巡查队驻扎岸上，无论何人，均不得站立码头上，至旅客上空时为止。然后方准扛夫登轮，搬动物件，必须遵章按定秩序，毫无参差失窃之事发生"，南市码头管理处表示，目标是"将南市一带码头，着手改良，以完成全国之一模范码头"。[⑤]同时，相继"与宁绍、三北、达兴、合众等各轮公司订立租用合同，一方面则计划添造新码头，扩充江面建筑"，并联合土地局等机构，筹划浦江两岸轮渡码头等工作[⑥]。

不过，经过这次整理后，南市城区各码头仍维持原有名称，并没有太多改变；对整个上海港的码头体系格局，也未产生多少影响，仅仅体现为华界政府的努力而已。

---

① 《南市码头收归市有》，《申报》1929 年 9 月 29 日，第 15 版。
② 《南市码头收回案搁阻》，《申报》1929 年 10 月 26 日，第 14 版。
③ 《港务局南市码头管理处成立》，《申报》1930 年 7 月 2 日，第 14 版。
④ 《大达轮步公司改组》，《申报》1930 年 10 月 14 日，第 10 版。
⑤ 《码头管理处整理全市码头》，《申报》1930 年 10 月 8 日，第 16 版。
⑥ 《港务局在南市建造市轮渡》，《申报》1930 年 10 月 17 日，第 14 版。

（三）南市港区现代化过程中的困难

清末以来，南市城区码头多次被修建和重筑，但往往只是对原有体系的修补，并没有从根本上改变该港区的性质；即使在进入民国之后，由于港政不统一，华界政府对浦江航道无权管理，采取的仅仅是对轮船码头的措施，其他各种码头，并未得到太大改善。

南市城区沿浦一些比较著名的码头，基本上都是延续了清末的状况，没有什么太大改观。如南会馆码头和万裕码头，其历史上"向为浦东西航船到申停泊之所，历经前清咸丰七年十二月，由德记、大亨、万祥、森茂、合成、万裕等各商号，禀请上海县知事黄，在各该航埠刊立碑石，永准停泊在案"，但到了 1930 年，"码头虽时坍时修，而两旁之沙泥则愈积愈多，尚有艒艒船盘踞码头，视为安家住宅，以致来沪之航船，反不能停靠，远列江心，货客乡客均不能上下，危险殊甚"，考虑到"上海为全世界有名之大商埠，全赖航埠交通运输便利而著称，今南会馆码头亦为南市著名之航埠，商业之命脉，每日恃以来往者，何止数千人，货物赖以转输者，何止数万金，且纳船捐额，亦不在少数"，因此，南市城区各商户代表，一致请求港务局"准在南会馆万裕公义等各码头，驱除艒艒船等障碍物，不准停泊，测量土方，从事开濬"①，但港务局正在忙于整理码头岸线，对此事的处理并不积极，所以这种船户聚集的现象，在整个近代上海港史上，始终没有太大改变。

即使是实力比较雄厚的一些轮船公司，归属其使用的不少码头，相对混乱的状况也是十分明显。如大达码头附近，"范围狭小，泊船众多，近更有大帮渔船，舣停附近，每致轮船傍岸不能，掉头不得，迫而冲开航路，簸荡各船，其中船员行客，倾跌水中，伤害性命者，数见不鲜"，而港务局对此情况的回复则是，由水巡队解决此事，"俾其能尽力免去该处之纷集"②，仍未从根本上予以解决。

因此，港务局对南市港区的现代化所作出的努力，仍然是远远不够的。而且，港务局的各项行动，并不能独立进行，因为浚浦局、河泊司等机构的存在，使得"本特别市港务行政，泰半尚操诸外人之手，事权不一，进行多碍"③，

---

① 《航船户等再请开濬南会馆等码头》，《申报》1930 年 8 月 12 日，第 11 版。
② 《江海关维持大达码头泊船秩序》，《申报》1930 年 8 月 16 日，第 15 版。
③ 《市港务局两月之工作》，《申报》1929 年 2 月 22 日，第 13 版。

需要在与其他各机构的协调中共同实行，亦可见港政之难过。

南市沿浦港区的现代化过程中，会遇到各种传统的阻力，同时租界对各种经济资源的过分占有，使南市难以获得发展的机遇。这就产生了与传统港区、城区的矛盾，1929 年 8 月，港务局整理南市岸线，便发生了一定的问题。因此，"为南市保留公共码头问题"，便成为南市地区商业联合会等机构最关心者，"刻下有无公共码头保留，未见明文，各商深为疑虑"，到底"仅就大通、大达两码头之原址，召集向归两码头之各公司各商支配"，还是将全部南市岸线收回统一支配。①因为近代以来，南市沿浦东的情况是："大东门外大码头南北一带，开设米粮、腌腊、水果、北货、煤炭、皮件各行，营业进出货物，均由船支运输"，"在关桥迤北老白渡码头、洪昇码头、大码头、杨家渡码头、信泰码头、盐码头、老太平码头、新太平码头、会馆弄码头、祥记码头、行仁码头、铁铺弄码头、十六铺码头等处停泊，就近起卸"，而其影响范围，则为"南市至西门一带"，由于"宁绍大达、大通各轮公司，将原有码头，先后改为轮埠，目下仅存大码头一埠，为商家公用码头，尚幸两旁隙地，可以停泊船支，当货船涌到之时，已难分布，盖合十三码头所泊船支，停集一处，亦势所必然"，因此"为维持千万人营业命脉起见，大码头若再划分，誓死不能承认"。②

为妥善处理新建设轮船码头与原有码头体系的关系，沪南东区商业联合会，会同南货业、水果业、颜料业、豆米业等共同呈上海市特别市市长张群，要求"将南市原有及应添设各公共码头，先行划出，即日明令指定，将大码头现拟兴筑之工程，即予撤除"，至于"各公共码头指定之后，应如何修筑改造，或由商家筹款自建，综计核夺批示，以维商业运输"。③

可见港区现代化的过程之中，旧港区的改造是非常麻烦的事情。向高层次的升级和进步，就更不是一帆风顺的，由于华界地区的传统因素，对不少新式码头反倒不能适应。如南市沿浦滩码头，本为石条、木质等结构的长码头，由于浚浦局统一疏浚浦江，"均着一律拆除，改设石级码头"，但因浦江的水文条件，"各船户对于此项新式码头，多感不便，每逢潮退，船只不能傍岸，起货维艰"，不得已之下，遂有"自行筹款回复旧式码头之议……故

---

① 《航业公会复沪南东区商联会函》，《申报》1929 年 8 月 12 日，第 14 版。
② 《南市各商请愿保留大码头》，《申报》1929 年 8 月 28 日，第 15 版。
③ 《南市商业团体呈文请定公共码头并保留大码头》，《申报》1929 年 9 月 4 日，第 16 版。

自董家渡以南浦滨等处，已纷纷兴建，不久即可回复原状"。①自然条件的限制，以及对航道管理的缺乏、交通工具的落后，也导致了港区建设的无法全面铺展。

近代之前，南市老城区沿浦形成的港城一体格局，一直延续下来，始终难以被打破，也是南市港区与城区发展缓慢的原因之一。南市港区有其重要性"南市商业，以内地各市乡交易占大部分，故货物输送多用船只往来，倘无码头以供停泊起卸，则南市商业将无形衰落"②。外马路修建之后，才在一定程度上将港区初步分离出来，但原有城区与居民的存在，使得对其大规模改造困难重重；同时，南市老城区一带的产业结构，也往往是保留着前现代特征的小商业，不存在突破传统的动力。

二、浦东港区与城区的关系

随着浦西租界城区成为近代上海的市中心，南市城区也通过自己的现代化措施逐渐繁华，尽力缩小与租界的差距；明清以来一直以乡村景观出现在世人眼中的浦东地区，作为近代上海港口体系的重要组成，也开始带动浦东沿江一带，步入城市化的进程之中。浦东在整个上海向前发展的过程中，也逐渐形成了以港口为依托的城区，在 20 世纪 20 年代初期，其景观格局已较清末大为改观："比年以来，浦东地方，厂栈林立，轮舶衔接，进出口货物，浦东上下，日臻繁庶。"③

1922 年前后，浦东地区南码头一带镇市，"市面逐渐繁盛，劳工杂居，人口日密，惟清道路灯，尚未举办"，遂由该镇士绅，"商请浦东电气公司，在该镇装设路灯数十盏，入夜光明，行人颇称便利"。④这也是整个浦东地区步入城市化的先导，由港区变为城区的过程在缓慢进行之中。以下即以浦东地区港区、城区的变迁为线索，略述近代以来二者的互动关系。

---

① 《南市恢复旧式码头》，《申报》1922 年 4 月 23 日，第 14 版。
② 《南市商业团体呈文请定公共码头并保留大码头》，《申报》1929 年 9 月 4 日，第 15 版。
③ 《洋泾浜出水浦面请建码头》，《申报》1922 年 7 月 15 日，第 15 版。
④ 《浦东南码头镇新装路灯》，《申报》1923 年 2 月 11 日，第 15 版。

（一）浦东港区的迅速形成

据前文，早在 19 世纪 50 年代，浦东地区已经开始形成自己的港区。咸丰三年（1853），英商在塘桥建造了浦东第一座外商码头，至同治六年（1867）前后，据《中日商埠志》记载：浦东"多年只是一片平芜，有几座旧式的中国船厂和纤夫拉纤的小路。但是近年来外国人在沿江一带已购买了很多块地，建造起不少宽敞的仓库、船坞和码头。"①

租界城区沿浦岸线的不断开发，带动浦东地区作为港区开始迅速发展，大批码头也随之建设。浦东地区地处郊区，地价比较便宜，而且临近租界，方便货物起卸，甚至在浦东装卸的货物，可以免于缴纳在租界内才出现的各种捐税，如怡和洋行就曾要求"对他们在浦东码头和堆栈所经营的那部分业务减免捐税"，虽然工部局对此并没有作出直接答复。②

除浦东董家渡码头外，1860 年之后，浦东地区建设的码头主要有 1862 年建的怡和码头、穆哈德码头和祥生船厂；1865 年建的立德成仓栈；1866 年建的和记码头，还有林赛码头、利南查码头、英国海军码头等。主要集中在其昌栈到陆家嘴一线以及塘桥附近。至 1870 年前后，浦东沿江建有六七座码头。截至 1898 年，庆宁寺至白莲泾沿江，码头船坞林立，工厂仓栈密布，已到了几无隙地的地步。如英商 1882 年设华通码头（东昌路西），1889 年设太古码头（东昌路东），1891 年设公和祥码头（其昌栈），德商于 1890 年设瑞记洋油栈码头（陆家嘴南陆家渡），还有祥生基地（其昌栈东）、宝隆码头（杨家渡上游）和隆茂栈（陆家嘴东）等。进入 20 世纪后，德商于 1900 年设美最时洋行码头（今老白渡上游张家浜），1901 年设扬子码头礼和栈（今其昌栈东），英商于 1903 年设开平矿务局码头（今民生路江边），美商于 1905 年设美孚码头（今庆宁寺），日商设老白渡码头和法商设永兴码头等。③

1921 年，浦东沿江一带岸线，"上自白莲泾起，下至西沟止，沿浦三十余里，尽属厂栈轮埠，其最著者如美商大来洋行、美孚油池，英商怡和、太古等栈、亚细亚油池、英美烟公司、祥生耶松造船厂，法商永兴洋行，

① 《中日商埠志》，载孙毓棠：《中国近代工业史资料：1840—1895》第 1 辑，北京：科学出版社，1957 年，第 17 页。
② 《工部局董事会会议录》第四册，1870 年 9 月 5 日，第 728 页。
③ 张燕主编，《上海港志》编纂委员会编：《上海港志》，上海：上海社会科学院出版社，2001 年，第 83 页；许洪新：《19 世纪末浦东避免沦为租界之始末》，见上海市档案馆编：《上海档案史料研究》第 6 辑，上海：上海三联书店，2009 年，第 30、34 页。

日商三菱、日清、三井等公司，华商招商华栈、汉冶萍铁厂，开平义兴祥等煤栈，梯航捆载，起下货物，繁盛百倍于前，而西沟迤北一带，亦都洋商契地"①。

而在上海特别市成立之后，对浦东地区的港区建设也投入很多，虽然大多属于原港区体系的边缘，但毕竟有所努力。这些码头，由特别市工务局主持，"或由市库拨款，或由市民贴费……其中亦有专供特别用途者，如龙华嘴垃圾码头等是"②，其情况大体如表 2-3 所示。

表 2-3   上海特别市工务局建造浦东地区码头　　　　单位：元

年份	码头名称	所在市区	造价	备注
民国 17 年	龙华嘴垃圾码头	杨思	3 033.42	
民国 19 年	浦东老白渡码头	洋泾	466.86	
	赖义渡钢质浮码头	洋泾	15 107.75	
	赖义渡固定码头	洋泾	4 349.95	
	高桥钢质浮码头	高桥	21 319.00	
	高桥固定码头	高桥	4 025.00	
	庆宁寺钢质浮码头	陆行	21 319.00	
	庆宁寺固定码头	陆行	4 025.00	
民国 21 年	天灯口轮渡码头	高桥	2 299.80	
	万顺猪行码头	洋泾	532.50	
	其昌栈挑水码头	洋泾	532.50	
民国 22 年上半年	游龙码头	洋泾	3 009.40	

资料来源：上海市政府秘书处编：《上海市政概要：民国二十三年》，第五章《工务》，1934 年，第 28—31 页

截至 1930 年前，浦东地区沿浦一带，港区已经基本形成多层次的格局。由于港区的发展，也在一定程度上带动了城市化的进程，其中最主要的就是路政为先导的市政建设。

（二）港区与浦东的互动——以路政为例

近代前期，"浦东路政，尚未开办，厂栈轮埠亦甚稀少"③，后逐渐有所发

---

① 《浦东塘工善后局呈上海县知事文》，见《浦东塘工善后局呈请咨部准拨江海关征收码头捐案汇录》，上海档案馆藏，Q203—2—62。
② 上海市政府秘书处编：《上海市政概要：民国二十三年》，第五章《工务》，1934 年，第 28 页。
③ 《浦东塘工善后局呈上海县知事文》，见《浦东塘工善后局呈请咨部准拨江海关征收码头捐案汇录》，上海档案馆藏，Q203—2—62。

展，一定程度上为城区发展提供了保证。浦东塘工局所辖之"洋（泾）、塘（桥）、高（行）、陆（行）一市三乡"的区域范围，"沿浦绵亘四十余里，内地路政码头津渡，不仅交通利益，尤关土地主权，况浦东夙无市廛，原非租界，近则厂栈林立，轮埠衔接，洋商工匠，居民铺户，商务既日有所增，地面亦愈推愈广，路线均从开辟着手，津渡码头增造更未可或缓"①，可见港区对浦东城市化的重要意义。

与租界城区的情况相似，浦东的城市化进程，也是从联结港区的路政开始的。筑路之时，浦东更要考虑到上海港的影响因素，往往会根据港口码头的所在规划路政。浦东塘工局在 1922 年 4 月，修筑浦东杨树浦渡码头公路时，占用"浦东二十三保十四图旧名杨树浦渡，在英商亚细亚油池册列二千七百九十六号、五千八百十二号，太古洋栈册列二千三百九十九号两商契地之间"的区域，修筑道路，"路地划留契外左右各十尺，共宽二十尺，自浦边至南小浜为止，长七百余尺，作为公路渡口码头"，这一公路将要修筑时，需"查察地势，就渡规划，推扩路线"②，在城市发展中，路政与渡口码头有着密切的相关性。

最为著名的例子，是上川公路与上南公路：

上川公路的开筑，始于民国十年（1921），"川沙黄炎培等邀同上海浦东塘工善后局局董朱日宣，筹筑上川县道，由川境曹家路镇转西，沿庄家沟北岸入上境，经奚家桥越都台浦，又西金家桥镇，南过马家浜，直北达庆宁寺塘工分局，东渡公轮码头渡口，计路线长三十七里半，在邑境者约十二里。是年七月，朱局董会同川沙县交通工程事务所主任张志鹤、副主任黄洪培，呈请上、川两县公署呈省立案，十一年二月开工，路宽三丈，两旁开水沟，各宽五尺，共占地面四丈"，而各段公路的路况也有所不同，"唯庆宁寺至金家桥行人较多，路面展宽二丈，车式轨道悉如上南路"③，可以很清楚地看到，沿港地区发展较快，越远则越落后。

几乎在同时，上南公路也纳入规划，民国十年（1921），"邑人穆湘瑶与南汇朱祥绂合组上南交通事务局，推举朱祥绂为局长，修筑上南县道，由公司垫款筑路，与交通局缔结租路有轨行车契约，以三十年为期。路自浦东周家渡浦滩起，南经杨思桥、三林塘，又南至天花庵而入南境百曲，以达周浦

---

① 《塘工局请匀配码头捐款》，《申报》1923 年 2 月 3 日，第 13 版。
② 《接筑洋泾镇西石路之呈文》，《申报》1922 年 4 月 24 日，第 14 版。
③ 民国《上海县志》卷 12《交通》。

为第一段，计路线二十四华里，在邑境者十六里；向南经沈庄、杭头以抵新场为第二段；再向东南至大团、泥城为第三段。路面宽四十英尺。十年十月兴工，十一年六月工竣，九月开驶行车，十三年冬改用铁道，修建水泥桥六座，十四年春改驶钢轮，每小时一班，与浦东轮渡衔接，人咸称便"①。上川公路及上南公路，基本上都是在浦东地区的浦江沿岸修建的，故一开始就与港口联系十分紧密。

上南公路在修成后，又经过历次改建，以及支线的修筑，逐渐使浦东南部一带市政有所起色，"浦东董家渡码头，为川沙、南汇两县各乡镇商民来沪必由之要道，惟沿途均系泥路，每遇天雨，颇不便利"，浦东地区各士绅，"自董家渡码头起，筑造一丈二尺开宽之马路两道，一通杨家镇，一通北蔡镇"，截至1923年9月，"北路现已筑至界沟湾天主堂，南路筑至龙王庙"，两条道路"均只一半，全路迄未告成"，以上各地方经董"复又筹款接筑北路，自界沟湾起，经蒋弄、烂棋杆、蔡家油车、刘娘子桥达杨家镇为止，计程五里，约需工料洋四千元；南路自龙王庙至北蔡镇止，计程三里，估计工料需洋二千元之谱"②，则可知，由于上海城市的辐射力，已经扩展至上海县以外之地区，亦可见上海港之引导力量。

虽然在之后，这两条路均部分改为铁路运行，但公路交通依然存在，作为连接浦东地区与港区、浦西城区的重要线路，它们一直在发挥着自己的作用。1930年前后，在浦东大道修筑之前，上南公路、上川公路一直是浦东地区仅有的两条干道，甚至"大上海计划"中，浦东地区仍然只有这两条干路。这两条干道，是浦东城区城市化进程中的前锋，亦可凸显其重要地位。

以上这种"港口码头——路政——市政"相互关联的模式，使得浦东地区逐步进入城市化的进程之中。以上南公路为例，"自通车以来，营业发达，蒸蒸日上，全路二十四里，从前乘小车需二小时者，现以十五分钟而可达，交通诚便利矣"，"该公司更为乘客节省光阴及渡浦时免危险起见，特置小轮一艘，往来董家渡周家渡间，无论风急水逆，至多费十五分钟，已可由此岸达彼岸，于是浦东西往来者，只以半小时光阴，即可从沪而达离浦东岸二十四里之某地，其舒服迅速，较昔日劳顿于舟车中需三四小时者，不啻天渊之别。惟两岸码头迄尚未见动工，故乘轮者，须由驳船过渡，危而不便，且原有码头狭小，年久失修，风雨交作之时，行客更为危殆。又浦东方面旧码头，适在濬浦局所筑石堤以备沉淀泥土之处，

---

① 民国《上海县志》卷12《交通》。

② 《续筑董家渡马路》，《申报》1923年9月30日，第15版。

故该段浦滩，日渐淤积，以致潮退时，码头离水，尚有数丈，即小船亦未克傍岸，乘客上下，乃不得不缘石堤而行，颠踬于乱石中，其困难危险，想不让于蜀道。若遇风狂雨斜之日，而不颠覆于浦中者亦几希，故为旅客安全计，深望该公司将两岸码头，速行建造，俾傍小轮，则乘客舍车而舟，可免风雨之侵，而无攀缘石堤之危矣"。①上南公司遂开始筹备改建浦江沿岸码头事宜，1923 年 5 月，浦东周家渡码头终于竣工，"此码头工程浩大，计筑出浦面全长四十余丈，阔为一丈五尺，全花旗松筑成，造价一万余金，无论大小船只，均可停泊卸载货客"②。因此，渡口码头的兴筑，必然与城市发生相应的关系。

此后，有人提出，既然有小轮行驶浦东上南路渡口与董家渡之间，"但至高昌庙的，依然不少，因为邻近高昌庙的，不欲绕道董家渡"，为更好方便乘客，"对于到高昌庙的，天然不可不为筹一良策"，建议"小轮既从高昌庙经过，何妨再施一小船，至高昌庙码头时，即解缆停泊，待董家渡来时，再施回南"，这样一来，"公司中既不伤费，而可增一进款，手续不繁缛，而乘客受赐多多，不是两得其益的么？"③为规范周家渡码头，1923 年 5 月，上南长途汽车公司公布码头规则，规定"周家渡轮船码头，为本公司独资建筑，专为本公司轮船停泊之用，凡本公司轮渡搭客，均在此上下，其有不属本公司之船只，而欲在此码头系缆卸载货客者，须照章收取码头租费"，并对不同船只，开列租费明细（见附录）④，上南公路与港口码头的互动，也进入了相对比较稳定的时期。

1923 年 10 月，随着上南公司的不断发展，又有人提出建议："轮渡按班接送，其意甚美，然舍轮而登小舟者，亦不乏人。小舟之公共码头狭小，而上下之人颇众，设一不慎，定遭覆没惨事"，而这种情况"虽旅客之无知，而公司中曷不出售汽车轮船联票（周浦至上海）以为补救"⑤，促使上南公司进一步改进设施。在这种不断调整中，浦东地区路政也随之发展，更为城市化的进程奠定了更好的基础。

---

①　《上南路应速建小轮码头》，《申报》1922 年 12 月 2 日，第 23 版。

②　《上南汽车公司码头落成》，《申报》1923 年 5 月 4 日，第 14 版。

③　《改良上南长途汽车的管见》，《申报》1923 年 1 月 27 日，汽车增刊第 2 版。

④　《上南汽车公司码头落成》，《申报》1923 年 5 月 4 日，第 14 版。

⑤　梦五：《上南长途汽车宜注意者》，《申报》1923 年 11 月 10 日，汽车增刊第 3 版。

（三）浦东城区与港区互动发展的相对落后

虽然浦东城市化的进程从港区出现就已经开始，但与港区的发展并不同步，城区的发展却一直很缓慢。1884 年，在《上海县城乡租界全图》中，仍然看不到浦东的城市化迹象；而在 1893 年《东亚各港志》中，仍然将浦东一带，命名为"浦东乡村"①。直到 20 世纪初，浦东仍然是一片乡村景象，它的城市化进程，要迟至 20 世纪 10 年代才真正开始。直到 1929 年前后，"浦东沿浦一带，洋商工厂货栈，占地甚广，向无通行大道，以致往来塘桥、洋泾、高桥各区间，每须绕道浦西，不便孰甚"②，仍然要汲汲于路政设施的建设。

1930 年前后，整个浦东地区的城市化区域，仅限于"狭义上的浦东沿江狭长地区"③，其"繁华之区，只黄浦沿岸，北自高行之东沟，南迄杨思区之周家渡二十余里"④。当时已经划入上海特别市的高行区，"全境皆为农田"，"农民约占全区百分之六十"，即使是农业，"耕种情形仍用人力及牛马，鲜有利用机器者；施肥以及种植方法，均墨守旧例"；根本谈不上所谓工业："本区市民，除赴沪经商作工以外，在乡者十九以耕作为业，竟无工业之可言"；至于商业方面，"本区商店，寥落无几，商业凋零，市面之振兴不易。仅东沟镇有花行数家，专收棉衣，运沪销售，营业较广。"⑤

该区的交通情况，亦不甚发达，与市区、租界有轮渡来往，"自上海英租界南京路外滩，俗名铜人码头，乘市政府公用局渡轮，不到一小时，即可达本区之东沟镇……水上交通已甚便利"，除此之外，高行区内部情况却十分糟糕："交通则甚阻滞，言水则河流大多淤塞，舟楫难通；言陆则道途狭小，只通人力单轮羊角小车。且以崎岖不平，并多水沟，乘车者颠簸不适，对于浚河、筑路，诚待次第进行，以利交通而便民行。"⑥这种市政状况，较之乡村并无太大差别。

浦东地区的城市化、路政的兴办，主要都是以服务于浦西市区为目的，以著名的上南公路为例，主要目的即是满足浦东地区民众与浦西城区之间的

---

① ［日］日本陆军参谋本部编纂课撰：《东亚各港志》，东京：参谋本部，1983 年，第 14—15 页。
② 《工务局为拟于本市区内开辟两大干道呈上海特别市政府文（1929 年 2 月 8 日）》，见《工务局拟开辟浦东两大干道卷》，上海档案馆藏，Q211—1—47。
③ 许甜业：《近代上海浦东城区变迁研究》，上海师范大学硕士学位论文，2008 年第 11 页。
④ 柳培潜：《大上海指南》，上海：中华书局，1936 年，第 7 页。
⑤ 高行区市政委员会办公室编撰，许洪新标点：《上海特别市高行区概况》，上海：上海社会科学院出版社，2006 年，第 7—8 页。
⑥ 高行区市政委员会办公室编撰，许洪新标点：《上海特别市高行区概况》，上海：上海社会科学院出版社，2006 年，第 16 页。

沟通，并为此进行十分的努力，包括试图"出售汽车轮船联票（周浦至上海）以为补救"①，因此，虽然浦东有路政的出现，但对城市化的影响值得怀疑。

1930 年前后，上海市轮渡不断兴办，浦东各轮渡码头开始大规模修筑，包括远至高桥镇的轮渡码头，也在进行修筑，带动路政设施的出现："明年（1931）二月间，即可完工，惟自码头至高桥镇间，尚无通行大道"，上海市工务局决定"自原有大同路起展筑一路接至轮渡码头，将来全部工程告竣以后，高桥一带市民，当可益增便利矣"②，仍然是要使郊区服务于浦西市区。而且浦东岸线的码头，其管理权仍属于浦西的租界，包括警察权在内，绝大部分"浦东沿浦一带各外商厂栈，雇用巡丁或印捕"，华界政府均无权过问，直到 1930 年，经过上海特别市政府公安局的多次交涉，"太古、大来、大阪、安利、隆茂、亚细亚等各洋栈警权，已次第收回"，1930 年 3 月，将英美烟公司的警察权也收归中国政府。③可以想象，这些被浦西租界地区管辖的港区，对浦东地区的影响，绝没有发挥出应有的作用。

因此，虽然自塘工局时代开始，浦东有了自己的市政机构，但是在城市化的进程中，与港区的矛盾反倒居多，港区并未起到带动浦东城区发展的功能，却在一定程度上阻碍着它的城市化。

不过，浦东沿江未修筑外商码头之处，可以由华界政府根据设想来规划路政。浦东塘工局时期，对高行乡东沟口沿浦以北至界浜口岸线各地路政，曾有过具体的详细安排："早年规定沿江留出十丈宽马路，不准建房筑屋，以备华人兴辟商场之用"，后被浚浦局部分占用，塘工局则进行交涉，"沿浦十丈宽路线，亟应照案划留，勿任建造，其靠北首界浜沿岸之地，亦应照章划留三丈宽公路，以利交通"，同时，"东沟至西沟一段，亦拟照此办法，西沟以上，则已不便置议"④，因为西沟以上，已经被港区的各类码头所占，无法再按之前的规划留出空地，亦可见浦东地区路政建设的落后性，即港区对城区发展的负面影响。

这条沿浦大道，之前曾有过更大的设想，早在浦东塘工局成立后不久，即拟"建筑由西沟至高桥港之前滩马路"，浚浦局表示想要了解"该路拟于何时建筑，并关于该路所需之地亩与各沿边业主，有何预定之布置"等情况。⑤1923 年 1 月，浦东塘工局准备修筑的这条沿浦马路，"因事关沿浦滩地"，浚浦局根据塘工局提

① 梦五：《上南长途汽车宜注意者》，《申报》1923 年 11 月 10 日，汽车增刊第 3 版。
② 《工务局展筑浦东大同路》，《申报》1930 年 12 月 26 日，第 14 版。
③ 《浦东洋栈警权一律收回》，《申报》1930 年 3 月 8 日，第 15 版。
④ 《沿浦填泥应划留公路之呈文》，《申报》1922 年 6 月 26 日，第 15 版。
⑤ 《浚浦局致交涉署函》，《申报》1922 年 11 月 18 日，第 14 版。

交的情况，表示仍然需要塘工局将"兴筑该马路，究竟需地若干，已未与沿浦一带执业地主接洽"等情告知，至于具体操作，需要与交涉员一同处理。①因此，浦东发展市政设施，必然要受到包括浚浦局等港口行政机关在内的干涉。

因此，浦东与港区的关系，主要在于规划渡口时同港区内各码头的交涉。并不能对整个港区体系提出自己的修正意见，除此之外，似乎很难再看到二者有什么大的联系。

三、华界港城关系发展的一点反思

通过上文的分析，可知近代以来，与租界港城关系的相互促进不同，华界城区并没有真正将二者的关系处理好。但具体到各个城区，情况与原因等各方面又有所不同。

南市老城区，由于地处租界上游，加之受传统与条约束缚的影响巨大，旧港区改造阻力重重，在现代化的竞争中落后，并影响到城区面貌的转变。虽然之后曾进行过现代化的努力改造，但在各种不利因素的影响下，并未产生预期的效果，其港城关系仍然在很大程度上停留在传统时期的阶段，于是港区也很难为老城区的发展带来积极的影响。

浦东城区的情况有所不同，近代以来，其港区迅速扩张，并在一定程度上实现了港区的现代化，但并未导致城区的出现与扩展。其原因则在于浦东港区的服务对象依旧是浦西租界城区；浦东缺乏市政建设的主导机构，也是港区不能积极引导城区发展的缘由之一。

港区由于其特殊的产业性质，也会对城区的发展产生自己的影响，由于港区内码头、货栈的存在，"为每一商埠不可少之企业，其性质有二：一系属于抵押品；一系属于商人普通之存积。凡属于抵押性质之货栈，大抵为银行所设置；其普通存积之货栈，则系轮船公司经营者为多。上海工商业较为发达，此项企业亦极繁盛，占地之广，牌名之众，为全国冠。更因地价过高之关系，亦有设于浦东者"，"货栈范围较大，占地较广，影响于市面亦极重要，除日间工人起卸，或转运货物外，恒幽阒无人，且将近黄昏，即行封锁，禁止出入，因往来人少；且无夜市，市面日趋冷落。附近地段，除住宅外，不能作其他用途，地价不能高涨。因之上海若干有货栈之区域，地价高涨之程度，较之他处地段为

---

① 《沿浦马路之修筑问题》，《申报》1923 年 1 月 4 日，第 14 版。

逊，是以欲求市面之繁荣，最好能将一切货栈迁于偏僻之区为宜也"。[①]

因此，浦东地区着重发展的，是从属于浦西商业区的原料工业，无法再着力发展包括商业、服务业等在内的各项产业，对人口的吸引程度远不如浦西租界城区。这也许可以作为浦东城区发展缓慢的一个原因，可以说，它以自己城市化进程的落后，成就了浦西城区的繁荣。

第三节　近代上海城市规划中的上海港

近代上海（尤其租界），从一片乡村景象发展成为"东方的巴黎"，各项城市建设不断在进行，当然离不开对城市发展的规划。近代以来的上海城市规划是如何进行的，是一个专业的研究课题，已经有大量学者进行了探讨，甚至有大量的硕博论文进行研究；其中，关于"大上海计划"的研究，是一个比较热门的课题[②]，笔者在此仅作略论。上海城市规划的过程之中，上海港口的地位如何表现出来，是本节所要探讨的问题。

一、近代上海城市规划略述

近代之前乃至开埠之初，上海并没有全局性的城市规划；由于租界的一步步扩展，上海城市的发展逐渐被割裂，形成三方四区的格局。因此，城市的发展便呈现出一种部分有序、整体无序的状态。

（一）租界地区的城市规划

1846 年，英租界成立之后，"道路码头委员会"开始初步规划租界的建设[③]，

---

① 陈炎林：《上海地产大全》，上海：上海地产研究所，1933 年，第 597、599 页。
② 李百浩、郭建、黄亚平：《上海近代城市规划历史及其范型研究（1843—1949）》，《城市规划学刊》2006 年第 6 期，第 83—91 页；孙倩：《上海近代城市规划及其制度背景与城市空间形态特征》，《城市规划学刊》2006 年第 6 期，第 92—101 页；孙施文：《近代上海城市规划史论》，《城市规划汇刊》1995 年第 2 期，第 10—22 页；黄亚平：《上海近代城市规划的发展及其范型研究》，武汉理工大学硕士学位论文，2003 年；牟振宇：《法租界城市化研究》，复旦大学博士学位论文，2010 年。
③ 上海市档案馆：《上海英租界道路码头委员会史料》，《上海档案工作》1992 年第 5 期，第 56—59 页。

之后 1854 年成立的工部局，开始全面主持英租界的城市规划。1855 年，英租界出版发行了《上海洋泾浜以北外国居留地（租界）平面图》，成为最早的英租界官方道路规划。①

1864 年，英租界与美租界合并为公共租界，工部局开始通盘两大区域的城市规划，但主要停留于城市道路的兴建，并形成近代上海城市规划的一个特征：路政带动市政。1871 年，由于虹口城区的发展，居民日益聚集，"正迅速到达演变时期，即由一不干起眼的村庄突然成为一重要城镇"，工部局就已经认为："为该地区进行设计以应付未来的需要，现在正是时候了"②，这时的虹口城区，沿浦一带已经出现了大量密集的建成区。

公共租界的扩展，至 1900 年，已经达到了非常大的范围，需要更详细的城市规划。1904 年，公共租界工部局工务部，又根据当时上海租界发展的情况，做了一次详细的城市规划，尤其将郊区的道路体系进行了详细的设计。③1924 年 12 月，工部局成立交通委员会；1926 年 6 月，针对日益严重的交通阻塞等问题，该委员会向工部局提交报告，开始规划公共租界乃至整个上海的城市建设。交通委员会称：上海交通的阻塞，主要来自开埠以来未能预测未来发展；初期外商不愿让出更多土地拓宽道路；工厂沿江、河发展而缺乏出江通道，使往返交通量增加。④

因此，该委员会主要针对上海的城市交通发展，拟定了一项城市规划，即《上海地区发展规划（1926 年）》（图 2-7），将上海分为四个区域：港口区、工业区、商业区、居住区，而城市规划的范围，除公共租界之外，将法租界、南市、闸北、浦东等多个地区也包括在内，基本与 20 世纪 20 年代的城市建成区相一致。⑤

① 孙平主编，《上海城市规划志》编纂委员会编：《上海城市规划志》，上海：上海社会科学院出版社，1999 年，第 58 页。
② 《工部局董事会会议录》第四册，1871 年 11 月 17 日，第 843 页。
③ 规划图请参见：美国国会图书馆（http://www.loc.gov/item/2011589777/）。
④ 孙平主编，《上海城市规划志》编纂委员会编：《上海城市规划志》，上海：上海社会科学院出版社，1999 年，第 61 页。
⑤ 孙平主编，《上海城市规划志》编纂委员会编：《上海城市规划志》，上海：上海社会科学院出版社，1999 年，第 62 页。

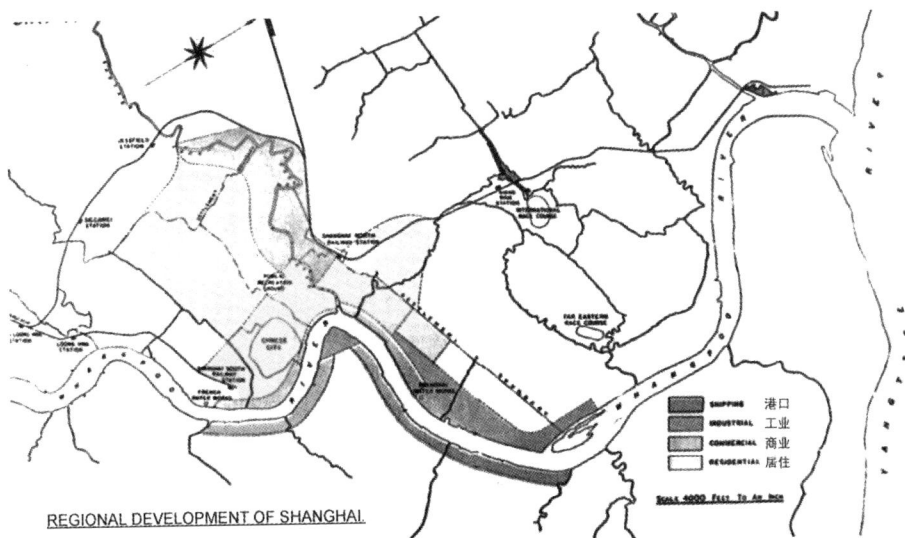

图 2-7　上海地区发展规划图（工部局，1926）

资料来源：史梅定主编，《上海租界志》编纂委员会编：《上海租界志》，上海：上海社会科学院出版社，2001 年，第 62 页

　　不过，这项规划并没有真正得到实施，因为在上海城市分裂发展的情况下，不可能做到完整的规划。

　　与英租界相仿，法租界从 1849 年建立之初，也开始着手规划自己的城区建设；经过 1861 年向十六铺的扩张，法租界最初的城市范围初步形成。1870 年，法租界公董局出版发行了自己租界区域的平面图，可以看作是它二十年城市发展和规划的结果（见下文）。对法租界的城市规划，已经有过相关的专业研究，如上海社会科学院牟振宇等一批学者，专攻于此[1]，本书不再赘述。

（二）华界地区的城市规划

　　与租界城区相反，华界城区发展缓慢，近代的城市化进程远远落后，城市规划基本没有被提上日程。

　　清末新政时期，上海积极推行自治，并随之成立南市、闸北两个城区的自治机关，开始从事自己的城市建设。但规模很小，经费亦不充足，仅仅停留于

---

① 牟振宇：《法租界城市化研究》，复旦大学博士学位论文，2010 年。

对原有城区的修补，没有在长远规划上作出太大成绩。[①]

　　1922 年，孙中山先生在《建国方略》中，提到对上海未来城市的规划（图 2-8），由于租界的存在，他设想以"东方大港"为出发点，建设一个全

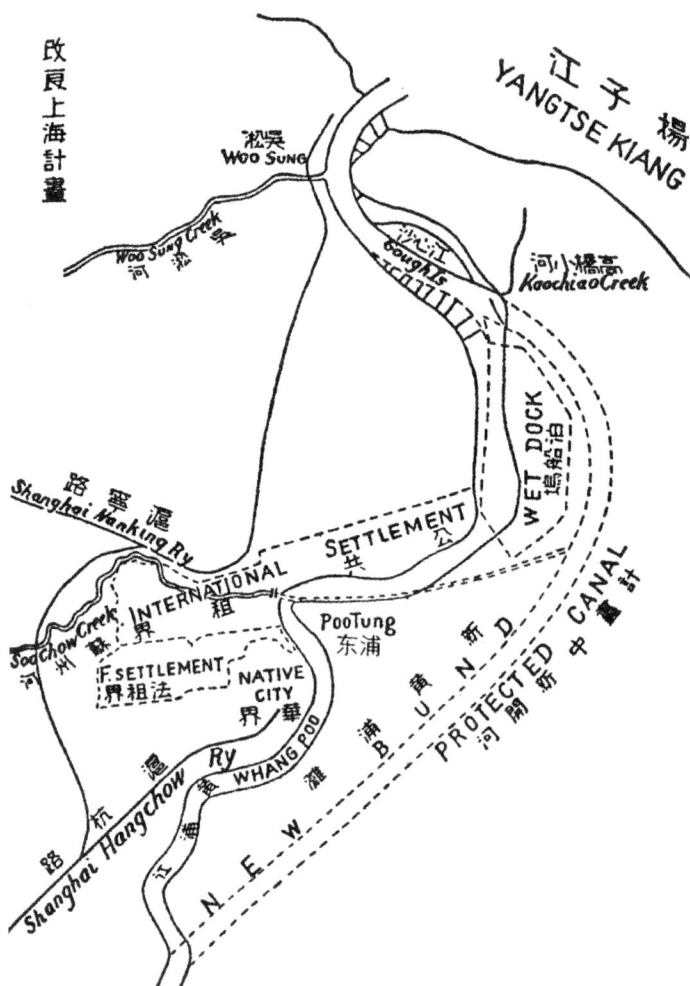

图 2-8　《建国方略》中的"改良上海计划图"

资料来源：孙中山著，张小莉、申学锋评注：《建国方略》，北京：华夏出版社，2002 年，第 149 页。注意图中的"WooSung Creek，吴淞河"与上图相似，同样也是"蕴藻浜"的河道

[①]　参见杨逸：《上海市自治志》，《工程成绩表》，民国四年（1915）刊本，第 101—102 页。

新的上海。①当时的时代背景下，这仅仅是一个设想而已。1927 年之后，国民政府定都南京，并逐渐统一全国，对上海日益重视："无论中国军事、经济、交通等问题，无不以上海特别市为根据。若上海特别市不能整理，则中国军事、经济、交通等，即不能有头绪"，"无论政治经济，均须由上海建设起来，方可逐渐实行"，"可以说上海之进步退步，关系全国盛衰、本党成败"②；相应的，对上海城市建设的规划也被提出讨论了。

租界横亘于上海城市的中心，将华界地区由中国政府统治的南市、闸北、浦东等区域分割开来。清末之后，虽然这几个地区相继成立了城市管理性质的机构，但缺乏有机联系与统一。1927 年 7 月，上海特别市政府成立，遵循孙中山先生的方针，谋求华界地区的发展，并开始正式提出城市规划方案，这就是历史上有名的《大上海计划》。③

1929 年，上海特别市政府划定"市中心区域"，8 月，成立中心区域建设委员会；1930 年 5 月，市中心区域建设委员会编制《上海市中心区域道路系统图说明书》，并向下属各局印发草案，要求提供资料；随后，包括中心区域分区、道路、港区、公共建筑等也开始规划；1931 年 11 月，《大上海计划图》绘制发行（图 2-9），之后便开始了数年的建设。④但随着抗日战争的全面爆发，这次对上海城市的规划和建设，被迫中止。

（三）抗日战争爆发之后的上海城市规划

1937 年 11 月，日军占领上海。1939 年，日本内务省派出港湾和都市计划专家，对上海进行考察和规划，并会同汪伪政府，共同编制《大上海都市建设计划》（后改称《上海新都市建设计划》）和《上海都市建设计划图》（图 2-10），随即开始第一期建设。其中，对港口、码头、铁路的综合规划中，已经充分考虑到了港口向黄浦江下游的转移。不过，这一计划随着抗战的胜利结束而夭折，并没有得到真正实现。

---

① 孙中山著，张小莉、申学锋评注：《建国方略》，北京：华夏出版社，2002 年，第 143—150 页。

② 《上海市政府昨日成立盛况——国民政府代表蒋总司令训词》，《申报》1927 年 7 月 8 日，第 13 版。

③ 相关研究，可参见尤乙：《蓝图之夭——民国〈大上海都市计划〉的两度兴衰》，《档案春秋》2006 年第 7 期，第 25—31 页；赵津：《"大上海计划"与近代中国的城市规划》，《城市》1999 年第 1 期，第 24—26 页；等等。原规划的文本、地图等现已经过整理出版，参见上海市城市规划设计研究院编：《大上海都市计划》，上海：同济大学出版社，2014 年。

④ 孙平主编，《上海城市规划志》编纂委员会编：《上海城市规划志》，上海：上海社会科学院出版社，1999 年，第 66 页。

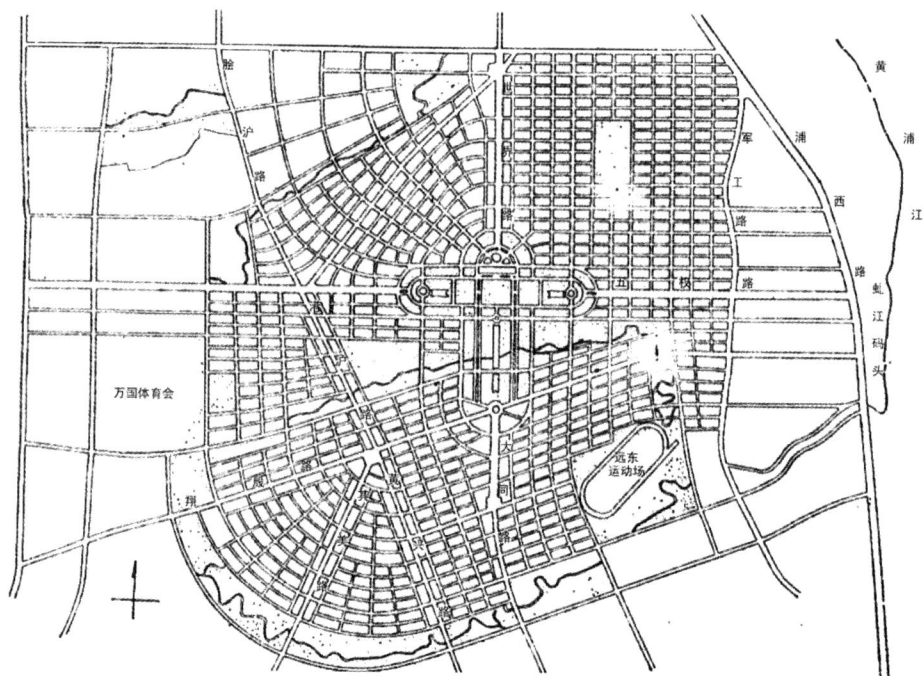

图 2-9　大上海计划图

资料来源：同济大学城市规划教研室编：《中国城市建设史》，北京：中国建筑工业出版社，1982
年，第 130 页

　　抗日战争胜利之后，上海光复，租界也一并收回，国民政府再次考虑真正
通盘规划上海城市建设，并组织相关专家开始设计规划。

　　1946 年 12 月，《大上海都市计划总图草案报告书》编制完成，是为初稿，
由于对部分规划有所争论，遂再次修改；1948 年 2 月《大上海都市计划总图草
案报告书（二稿）》编制完成；但在此后一年的时间内，这项计划再次被修改，
1949 年 6 月，《上海都市计划总图三稿初期草案说明》才最终完成。

　　但这次的城市规划，由于战争原因被迫中断，之后也没有付诸实施，基本
上仅仅停留于规划的层次，而且已远离本书讨论时段，故不再叙述。

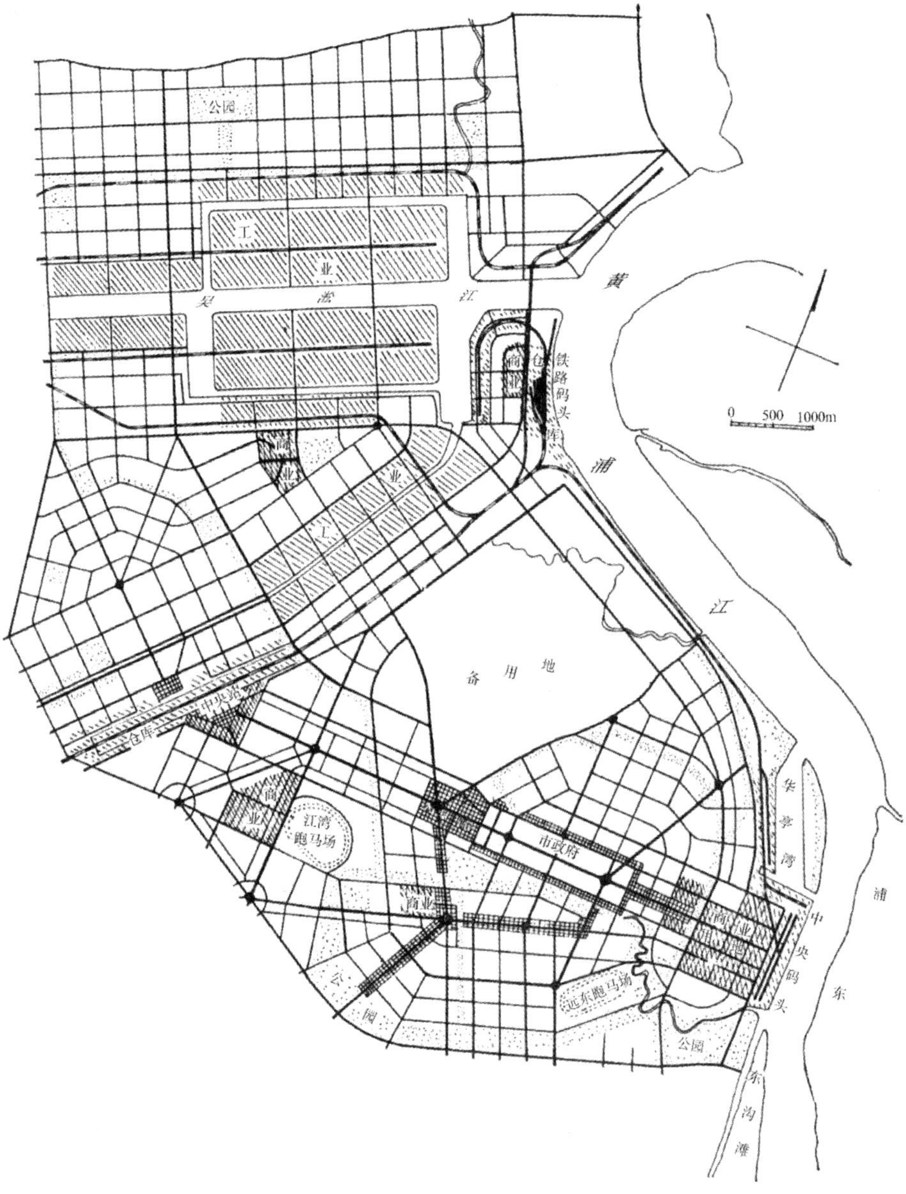

图 2-10　日伪上海都市建设计划第一期规划图（1939）

资料来源：同济大学城市规划教研室编：《中国城市建设史》，北京：中国建筑工业出版社，1982 年，
第 132 页。其中，需要注意的是图上标示的"吴淞江"，应为"蕴藻浜"的河道

二、上海城市规划与上海港的关系

以上各项城市规划之中，无一例外，都会考虑到上海港的地位，其他各项建设往往以港区为转移；但对于不同时期，不同的管理机构，对港口的规划方式也会有所不同。

孙中山先生在 1922 年即认为："任从何点观察，上海皆为僵死之港"，其主要原因则在于"扬子江之沙泥，每年填塞上海通路，迅速异常……此种沙泥每年计有一万万吨"，因此"必首先解决此沙泥问题，然后可视上海为能永成为一世界商港者也"。[①]而其在"东方大港计划"中，为免除租界对港口的影响，则直接新辟一黄浦江，至高桥附近入旧有之黄浦江，雄心之大，可见一斑。

当时的情况下，这一计划毕竟是不现实的事情，含有相当一部分的"过分乐观的含有理想主义色彩的提法"[②]，但毕竟开始认真思考上海港与城市发展的长远规划；由此也引发了租界当局对上海城市的整体规划，当然也包括对上海港的设计。

（一）租界城市规划中的上海港

1926 年的《上海地区发展规划》，基本继承了上海港在近代以来的发展结果：以租界城区为中心，将浦东沿江地区（除陆家嘴一带外），全部划入港口区；浦西地区吴淞江口至黄浦码头一段，也仍然作为港区规划；吴淞江以南沿浦至十六铺，也属港口区。但值得注意的是，南市一带沿浦，全部被规划用作工业区，而非港区，这也应该是由该段沿浦岸线不断淤浅的缘故所致。因此，在城市规划过程中，如何处理港区与城区的关系，是非常重要的。

从租界的眼光来看，华界的存在是多余的，1911 年，海关税务司称，闸北地区"无数交叉的水路十分便于运输，但也妨碍筑路工程的开展，因为这些水路都需要桥梁，筑路工程就需要更多的费用，而造桥还可能妨碍水路的繁忙运输"[③]，1921 年，海关税务司又称闸北区"这一罪恶和疫病的温床地区，对上海未来的繁荣是一个严重的威胁。中国行政当局管辖之下的这一地区，不但妨

---

① 孙中山著，张小莉、申学锋评注：《建国方略》，北京：华夏出版社，2002 年，第 147 页。
② 孙中山著，张小莉、申学锋评注：《建国方略》，北京：华夏出版社，2002 年，第 143—150 页；黄逸平、陆耀宗：《孙中山建立东方大港和改建上海港计划述评》，《学术月刊》1989 年第 11 期，第 17—23 页；刘枫：《孙中山开发上海为东方大港的宏伟计划》，《近代中国》1991 年第 1 期，第 300—305 页。
③ 《1902—1911 年海关十年报告》，载徐雪筠等译编，张仲礼校订：《上海近代社会经济发展概况（1882～1931）：〈海关十年报告〉译编》，上海：上海社会科学院出版社，1985 年，第 163 页。

碍了苏州河的疏浚修治工程，还阻碍了上海西北工业区与江边码头之间的东西直通道路的修筑"。[①]

法租界城区（图 2-11），由于岸线非常短小，加之局促于老城区与英租界之间，因此它在城市规划过程中，除了初期的公馆马路作为港区连系城区的主干道外，近代后期它把自己的发展重心，几乎都放在了新开辟了西部新区。

图 2-11　1870 年法租界城区图

资料来源：史梅定主编，上海租界志编纂委员会编：《上海租界志》，上海：上海社会科学院出版社，2001 年，附图

（二）华界城区规划中的上海港——以大上海计划为例

与租界地区城市规划中，对原有港区的完全继承不同，华界城区在进行规划过程中，不仅城区是新规划建设的，港区亦同样如此。

近代上海港贸易、航运量不断扩张，租界附近码头渐不敷用，航道条件也不能适应货轮大型化的趋势。1923 年，吴淞商埠督办张謇就提出，"海舶顿增，不能入浦，非就吴淞筑港，无以利国际运输"，开辟新的港区是一个明显的趋势；

[①] 《1912—1921 年海关十年报告》，载徐雪筠等译编，张仲礼校订：《上海近代社会经济发展概况（1882—1931）——〈海关十年报告〉译编》，上海：上海社会科学院出版社，1985 年，第 218 页。

虽然有浚浦局维持黄浦江的航道,但港区的向下游移动是很合理的,"淞沪合一,势所必至",因此,"外人知浚浦之无济,而有淞口筑港之建议"。[①] "以旧市改造者,用费大而收效迟,如英之伦敦、法之巴黎、德之亨堡等埠,竭百数十年之经营,费无数之财力,犹未能收划一整齐之效"[②],因此,吴淞作为商埠开放,"中间除张华浜、殷行镇两小市集外,都为平陆,村落尚稀,既极水陆运输之利,可收平地创造之功",而开埠的具体实施,"根本计划,在于全区域内预定重心,大约宜在虬江蕴藻两河之间,其地前临深水,而不当三夹水之冲,中贯铁路,其后从上海靶子场起,筑一直路至吴淞,不过九英里"[③]。这一开埠计划的重心,与之后上海历次的城市规划,均有极大的关联性。

《大上海计划》中,对港区的规划是很重要的一环,首选的是近吴淞口的蕴藻浜,即上海地区仅次于黄浦江和吴淞江的第三大河流。1859 年,王韬曾提及:"吴淞江口温草(蕴藻)港面辽阔,内则达苏杭,外则达各海口,最易走漏,诚为海关一大漏卮"[④],可见蕴藻浜通航能力之大。1923 年,上海士绅即有讨论使吴淞江改道蕴藻浜的想法,太湖水利局曾认为,"此蕴藻河原属吴淞江旧道","察勘之后,拟在大场广福间辟一河道,接通吴淞江,庶几太湖泄水,可以畅利,而便蕴藻河辟为商港"。[⑤]

由此,对港区的规划为:"在近江海的蕴藻浜以南、黄浦江西岸辟建新商港",以此新商港为依托,建设一个大型的港区,"吴淞镇以南、殷行镇以北……利用蕴藻浜作为内河船只与江海船舶联运的枢纽",并计划将对江的浦东岸线作为商港区的扩充地带[⑥],如此则可完全避开租界的影响。

以新商港为中心,相应的航运水道亦作了规划:"计划仍以黄浦江为市内主要航运水道,吴淞江为内河运输航道,蕴藻浜入浦之处建设新港区,为内河与江海联的要枢",并计划开凿运河,使蕴藻浜与吴淞江连接,以利转达;沿黄浦江江之西岸,开挖人工河坞,建筑码头仓库,以供外洋轮船客货装卸和水陆联运之需。这也是图 2-8、图 2-10 两幅图片中,将蕴藻浜标名为 "吴淞江"、"吴

---

① 《吴淞开埠计划概略》,《申报》1923 年 1 月 1 日,第 6 版。
② 《吴淞开埠计划概略》,《申报》1923 年 1 月 1 日,第 6 版。
③ 《吴淞开埠计划概略》,《申报》1923 年 1 月 1 日,第 6 版。
④ 王韬:《蘅华馆日记》,咸丰九年二月八日,载上海人民出版社编:《清代日记汇抄》,上海:上海人民出版社,1982 年,第 257 页。
⑤ 《关于吴淞江改道之近讯》,《申报》1923 年 5 月 20 日,第 13 版。
⑥ 孙平主编,《上海城市规划志》编纂委员会编:《上海城市规划志》,上海:上海社会科学院出版社,1999 年,第 67、72 页。

淞河"的历史背景与原因。

为适应内河航运的需要，除疏浚蕴藻浜等河道外，并将其拓宽至 100—150 米，各人工河坞两旁均留 155 米，供建设仓库及敷设铁路、道路之用；同时，沿黄浦江计划建 3 座各 150 米长的深水码头，并在码头仓库周围，辟建 30 米宽的运河，均可通黄浦江，以利码头仓库运货物装卸。①

以上是《大上海计划》中，对商港区的具体规划，不过，这一港区距离中心区尚有一段距离，而它之后的发展也证明并不顺利。

此外，还需要提及一下日伪的上海都市计划中对上海港的规划。

同为侵略中国的列强，日本与公共租界内其他各国，也存在着矛盾。日本人聚居区位于虹口一带，远离港口区；在上海的侨民不断增加，使"日本居留团"汲汲于获得在工部局更多的董事席位，曾投入大量人力财力，但始终未能满意。②因此，自 1895 年《马关条约》之后，日本便开始在上海寻求新的可建设租界之地，吴淞地区是它的首选。

1898 年，有日人称："日本在上海择地开租界一事，以吴淞为佳。黄浦江淤沙日厚，其势迟早必至无法可治，不能行船。如吴淞则日后必大兴胜之地，与上海来往之路极便，日本当择租界于吴淞。"③同年 4 月 15 日，《申报》亦言称："自上海通商，外洋轮船出入，吴淞为咽喉要路……第水路虽为通商要道，而岸上未有租界，且地属太仓州之宝山县，又非上海所辖，西商欲于此间设栈起货，格于成例，不克自由；而淞沪铁路工程又未告竣，公司货物必由驳船起运，船乘潮水涨落，未能迅速克期，此西人之心所以必须辟租界于吴淞者。"④

当然，由于中国政府"自开商埠"的计划，使得"这个港口是'自动地'开放的，因此中国有权指定开放的条件，其中之一就是外国人不得在租界之外取得土地"⑤，这也使日本获取租界的希望落空。但之后的时间中，日本仍在汲汲于对吴淞地区的觊觎。

因此，在日本的《大上海都市建设计划》中，亦抛开了旧的港区，在吴淞

① 孙平主编，《上海城市规划志》编纂委员会编：《上海城市规划志》，上海：上海社会科学院出版社，1999年，第 72—73 页。

② 〔美〕霍塞著，越裔译：《出卖上海滩》，上海：上海书店出版社，1999 年，第 204—208 页。

③ 《时务报》，第 22 册，1897 年 3 月译载，转引自戴鞍钢、张修桂：《环境演化与港口变迁——以上海港为中心》，《历史地理》第 17 辑，上海：上海人民出版社，2001 年，第 80 页。

④ 《论吴淞建设商埠》，《申报》1898 年 4 月 15 日，第 1 版。

⑤ 《总领事璧利南 1898 年度上海贸易报告》，载李必樟译编，张仲礼校订：《上海近代贸易经济发展概况：1854～1898 英国驻上海领事贸易报告汇编》，上海：上海社会科学院出版社，1993 年，第 949 页。

口、蕴藻浜一带建设新港区。与国民政府被迫转移港区的大上海计划不同，日伪政府则是主动将港区转向吴淞，虽然看似与前者很是相似。

第四节　小　　结

1896 年，上海英国总领事韩能，曾回忆开埠以来，上海城市的变迁，"当1843 年上海最初向外贸开放时，商人们都住在县城内。接着是在上海县城北部郊区的北面取得一块英国租界地。在这里建造了装卸商品的码头，建筑了马路，按最初的设想，马路的宽度已足够让肩负茶箱和布包来回于江边的苦力们互相通过"。"最初作为上海特色的只有仓库、商行、码头和狭窄的马路"①，这基本上是初期上海港口与城市关系的面貌。

对公共租界来说，贸易的日益发展，使港区得到了扩大，城区人口也迅速增加，各种现代化的因素不断在租界生根、发展，租界的面貌开始发生变化，城市的扩展与进步，也必然要带动港区与之相适应。

原英租界城区外滩一带，作为因港而兴的代表。由于人口的增多，以及港区的混乱，使其管理机构萌生了改造城区的想法，并将此想法付诸实施，最终实现了英租界原港区——外滩的华丽转身，成为上海最重要的城区，而原有的港区也逐渐向外转移。虹口地区首先成为接收外滩港区转移的目的地，这使原美租界逐渐脱离了乡村的面貌，开始向城市化进发。但相对而言，虹口城区是作为英租界的郊区存在的，直到 19 世纪末，仍然是一副港区的格局。而法租界地区，由于岸线较短，加之紧邻华界城区，故终始作为一个港区存在。

租界城区的港城关系，经历了由一体到分离，再到相互适应的调适过程。港区与城区因性质不同而产生的矛盾，促使了港与城的分离，也成为城市扩张的主要动力之一。上海的港区逐渐向郊区移动，最终，租界地区的港口一部分转移至虹口地区，大部分新的港区在浦东地区出现，租界城区的发展开始脱离对港区的直接联系。

19 世纪末期之后，随着上海城市性质的转变，以及上海租界地区的扩张，

---

① 《总领事韩能 1896 年度上海贸易报告》，载李必樟译编，张仲礼校订：《上海近代贸易经济发展概况：1854—1898 年英国驻上海领事贸易报告汇编》，上海：上海社会科学院出版社，1993 年，第 920、921 页。

以及上海港区的基本确定,上海城市发展过程中,港口所产生的动力作用方式也在发生变化。租界开始将自己的发展重点,转向对内部的变革,而华界地区仍然也寻求突破传统与现代双重困境的道路。

南市老城区在旧港区改造的过程中,受到种种阻力,影响到城区面貌的转变。之后虽曾进行过现代化的努力改造,但并未产生预期的效果,其港城关系仍然未能突破传统的约束。总体来看,南市城区地处租界上游,加之受传统与条约束缚,港口设施落后,使得大型轮船很少有机构停靠,仍然很难改变港区的落后面貌,更难为老城区的发展带来积极的影响。

新兴的浦东地区,港区的不断扩展,一定程度上带动了城区的发展,以路政为先导,浦东已经开始了自己的城市化进程。但是,港口的作用是引导性的,真正的动力在于民族主义对自身利益的维护。浦东地区的港区,其服务对象仍然面对浦西租界及南市华界地区,对浦东的辐射带动作用非常有限,因此,在近百年的时间内,并未实现如租界地区的港区转移及对浦东地区发展的带动。这不能不说是近代以来浦东落后于浦西的一个原因。

上海港所带来的巨大贸易、航运利益,使港区日益扩张,成为城市的重要组成部分;随着港区的不断转移,城市也在扩展着自己的范围。在这一过程中,港城双方有协调,也有矛盾,在这种协调与矛盾的斗争中,逐渐融合一体。因此,上海城市的发展,就是港城二者相互斗争与融合的过程。之后,上海的历次城市规划,对港区与城区二者关系的处理,更实实在在地证明着港口与城市发展的共时性与一致性。

第三章　近代上海港城关系的经济学考察

近代的上海，"主要是以商业中心而著称于世，其工业主要是在 20 世纪后发展的，而且侧重于轻工业"①。近代上海港的贸易，带动了城市经济中各类产业的发展，并使上海的经济地位，日益成为全国第一大中心城市。

早在 1848 年前后，即有人指出："上海在商业上的重要性再怎么评估都不为过。上海是北方山东和鞑靼人的货物集散地，是内地省份的输出港，是南方福建和台湾贸易的大商场，是通往时尚与本土文学大都会的苏州府的口岸与门户，是内陆贸易主要动脉扬子江与大运河的汇合地，再通过网络般的各种运河连接邻近地区无数的商业城市，还是欧美贸易在华北的大商场。乍看起来，上海的城市规模与有限的人口，很难让人想象到她有如此的重要性。"②这种强大的经济潜力，正是上海之后得以繁荣的历史背景。

上文已经对近代上海港的贸易状况进行了分析，并初步展现了贸易对上海城市发展的影响。下文即以经济学层次的理论与方法，论述上海港与城市的相互作用。

第一节　港口与城市的互动——相对集中系数

以上各章节，已经初步分析了上海城市扩展中与港口的互动关系。具体到经济史方面，则可以通过数理方法，同近代以来中国其他港口城市比较，分析上海港对上海城市发展的确切影响。这是本节所要探讨的内容。

---

① 张仲礼：《近代上海城市史研究》，上海：上海人民出版社，1990 年，第 11—16 页。
② 〔英〕施美夫著，温时幸译：《五口通商城市游记》，北京：北京图书馆出版社，2007 年，第 110—111 页。

一、本节所运用的港城关系理论模型及方法概述

现代港城关系的理论与模型，渊源很早，自 1934 年，高兹（E.A.Kautz）提出"海港区位论"之后，又有其他学者对港口区位工业化、港口铁路枢纽转运点等理论，主要在于分析港口形成和发展的决定因素，还未细致分析港口与城市的关系；20 世纪 60 年代后，数理分析方法的应用，形成了增长极理论，进而发展成为点轴理论，并集中于港口对城市和区域的促进作用；进入 20 世纪 80 年代，"协同学理论"的产生，使港口区域一体化、港城的相互促进关系等研究开始被关注。[1]在这些理论的基础上，形成了不少港城关系的分析模型，"港城发展动力模型"，以腹地因子作港口城市的单因子动力；随后，"港口通用模型"（即 Anyport 模型，图 3-1）成为港口与城市空间联系的最早探讨[2]，这一模

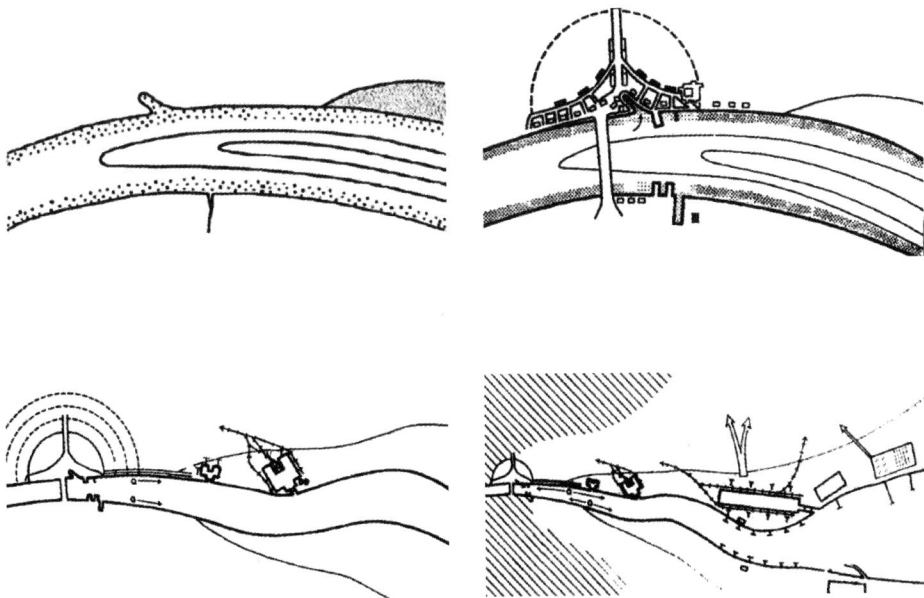

图 3-1　Anyport 模型

资料来源: James Bird. *Seaports and Seaport Terminals*. London: Hutchinson University Library, 1971, p.71；王列辉：《国外港口城市空间结构综述》，《城市规划》2010 年第 11 期，第 55—62 页

---

① 参见胡瑞山、沈山：《港城一体化战略研究进展》，《中国水运》2006 年第 12 期，第 206—207 页；陈航：《港城互动的理论与实证研究》，大连海事大学 2009 年博士学位论文；等等。

② 参见唐秀敏：《港城关系的发展与上海国际航运中心建设》，华东师范大学 2005 年硕士学位论文；王列辉：《国外港口城市空间结构综述》，《城市规划》2010 年第 11 期，第 55—62 页；等等。

型从城市地理学的角度，分析了港口与城市在不断扩张中的相互关系，认为港口活动有一个空间位移的过程，最终形成港口活动空间的分散化，进而带动城市的扩张。之后，Anyport 模型逐渐成为港口体系、港城关系研究的经典范式。

国内学者在研究中，也借鉴并发展了这些理论与模型，如沈娜、陈航，惠凯等研究中的"港城关系的生命周期理论"[1]，即是从经济地理学的角度，将港口城市的发展划分为四个时期：

生长期（初始期）——港口功能简单、港城互为一体，港口的区域优势起决定性作用；

发展期（成长期）——港口直接产业和关联产业产生巨大产业带动力，奠定港口城市的产业结构，港口规模日益膨胀，要求港口功能从城市中心分离出去，新的港区在城市中心以外地区建立起来；

成熟期——港口进入缓慢发展阶段，功能多样化；城市的产业体系进一步完善，形成港口经济以外新的增长点，但城市发展仍以港口为中心，港口辐射能力超出城市，影响周边区域；

停滞期（后成熟期）——港口城市依靠已建立的产业结构进入自增长时期，港口对城市的贡献度下降。[2]

这种建立 Anyport 模型的方法，在解释相关问题时，有相当的说服力。因此，本书对近代港口城市的分析工具相对集中数，即是在这些理论模型的基础上产生的，较为相关者如以下两个理论模型：

（1）区位商

又称专门化率，它由哈盖特（P. Haggett）首先提出并运用，是指一个地区某种产业或产品生产在全国（全省）的产业或产品生产中所占的比重与该地区某项指标占全国（全省）该项指标比重之比。它可衡量某一区域要素的空间分布情况，反映某一产业部门的专业化程度，以及某一区域在高层次区域的地位和作用等。

---

[1]　沈娜：《港口对城市经济增长的贡献评价与分析》，天津大学硕士学位论文，2002 年；陈航、王跃伟：《大连港口与城市关系的演变》，《水运管理》2009 年第 1 期，第 13—22 页；惠凯：《论港口城市的发展》，《港口经济》2004 年第 1 期，第 11—13 页。

[2]　惠凯：《论港口城市的发展》，《中国港口》2004 年第 11 期，第 11—13 页；陈航、王跃伟：《大连港口与城市关系的演变》，《水运管理》2009 年第 1 期，第 13—22 页。

区位商以 Q 值表示，一般来讲，如果产业的区位商大于 1.5，则该产业在当地就具有明显的比较优势。

（2）集中系数

指某一地区的某一经济部门，按人口平均的产量、产值等相对数，与全国或全区该经济部门相应指标的比值。区位商在计算时，能够应用的经济指标相对较多，也比较灵活，集中系数的应用则主要在于体现某一经济部门的产值与地区人口的关系，可以被认为是区位商在应用上的扩展。

$$C = \frac{a}{m} \bigg/ \frac{A}{M} = \frac{a}{m} \times \frac{M}{A}$$

式中，C 表示集中系数，a 为某地区某部门产值，A 为全国或全地区该部门的总产值，m 为该地区人口，M 为全国或全地区总人口。C 值大，表明该地区该部门按人均产量或产值衡量，具有较高的专门化程度；C 值小，说明该地区该部门在全区没有太大意义。

本书以集中系数与区位商二理论为基础，对比各港口城市的情况，以定量方式分析港口与城市二者间的相互影响关系，应用的是集中系数的另一种形式，即相对集中系数——RCI（Relative Concentration Index）。RCI 的理论基础，是港口功能对城市发展的促进能力的大小，不少研究对这种关系和能力有过模型化的研究，常见的如"港城关系矩阵"等（图 3-2），通过形象化的描述，揭示了港城二者间的相互关联与协调适应。

RCI 是一个衡量港口与城市相对重要程度的指标，最早由 Vallega 提出，并用于地中海沿岸港口城市的研究[1]，之后被各国学者加以运用，讨论其他国家和地区的港口与城市关系。[2]由于 RCI 是两个相对值的比值，不需要获取整个国家的某项经济指标的全部数据，只需要选取研究对象的数据即可，其应用的范围及方便性都大大扩展。

---

[1] Vallega A. Fonctions portuaires et polarisations littorales dans la nouvelle régionalisation de la Méditerranée, quelques réflexions. Paper presented at the 2nd French-Japanese Geographical Colloquium, Tokyo, 1979, pp.44-48.

[2] César Ducruet. *A Metageography of Port-City Relationships*, James Wang, et al., ed. Ports, Cities, and Global Supply Chains, Burlington: Ashgate 2005，pp.157-172；陈航、栾维新、王跃伟：《我国港口功能与城市功能关系的定量分析》，《地理研究》2009 年第 2 期，第 475—483 页。

RCI 数值的获得，是通过港口功能的相对值，同城市功能的相对值之比而得出的。其中港口吞吐量为反映港口功能强弱的指标（本书以船舶吞吐量吨位作为代表）；城市人口规模为反映城市功能强弱的指标。

RCI 值的计算步骤，大致如下：

$T_i = t_i / T$；

$P_i = p_i / P$；

$\text{RCI}_i = T_i / P_i = t_i P / p_i T$

其中：T_i 为港口城市 i 的港口吞吐量占全部港口城市总吞吐量的比例；P_i

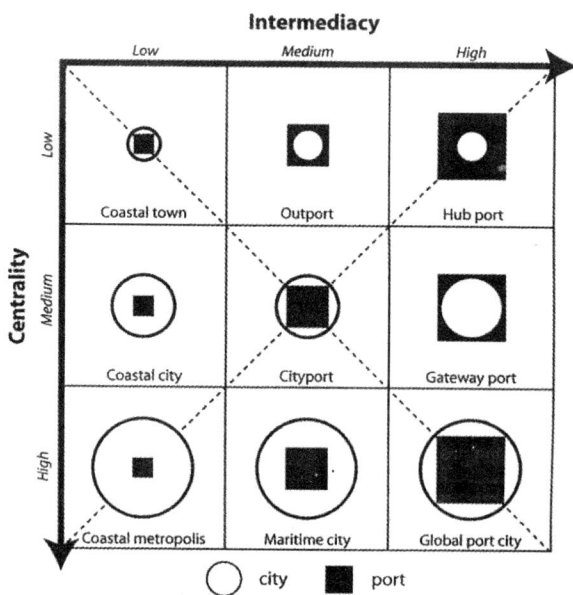

图 3-2　港城关系矩阵图

资料来源：James Wang, et al., ed. *Ports, Cities, and Global Supply Chains*, Burlington: Ashgate 2005, p.159

为港口城市 i 的人口占全部港口城市总人口的比例；t_i 为港口城市 i 的吞吐量；p_i 为港口城市 i 的人口；T 为所有港口城市的总吞吐量；P 为所有港口城市的总人口。

以 RCI 判断港城关系，其标准为：港口职能与城市职能应协调发展，二者不能偏离过大。但一般来说，即使二者完全协调，其指数不可能做到完全为 1，故需要选定一个范围。

若 RCI 值大于 1 以上，则说明该城市的港口职能大于城市职能，当然可以体现出"以港兴城"的特点；而如果大于 1.5，即说明港口对城市功能的促进作用非常明显，但也说明城市职能需进一步发展；相反如果小于 1，则说明该城市的港口职能小于城市所需，不能充分发挥港口对城市的引导带动作用；如果小于 0.5，说明港口在城市发展中的带动作用非常之小了。

若 RCI 位于 0.5—1.5 范围内，则说明该城市的港口与城市职能达到相对的平衡，但相关的研究，往往尽量缩小 RCI 值的平衡范围，多选择 [0.75，1.25] 这一区间作为港城关系良好的重要标志，即港口在城市发展过程中有积极的带动作用，港城二者能相对协调发展。

以图 3-1 结合 RCI 理论，可反映港口所在城市性质的不同，从沿海沿江的港口小镇（Coastal town）到大型沿海都市（City port）、全球性的港口城市（Global port city），是港城关系协调发展的代表；同样也是枢纽和中心的城市（Hub port, Coastal metropolis），港城二者的关系则不一定是相互协调和适应的。港口功能所占的比例，可以是一个港口城市的全部，也可以仅仅是港口城市的一个生产部门；在港城关系协调发展的港口城市中，港口功能一般是从属于城市功能的。但需要说明的是，港城关系的不协调，并不完全代表着城市的没落，而仅仅是城市处于港口—城市关系不同发展阶段的表现而已。

二、相关史料数据的整理、计算与比较

在数理模型及方法选定之后，研究对象及统计数据的选取，就相对重要起来。不同于中国当代经济统计数据的完备，RCI 应用于近代中国各港口城市的分析时，统计数据的选取是一项相对较繁重的工作。

1. 港口城市的选择

近代中国各通商口岸中，港口城市众多，选取这些城市作为研究对象时，需对其加以说明。近代中国的港口城市，是最早接触现代化因素的地方，尽管如上海这样的大都市，直到 20 世纪 20 年代，才"最终脱离中世纪城市格局"[1]，但相对于内地的城市而言，却仍是判若云泥，大致表现在：

---

[1]　沈渭滨：《困厄中的近代化》，上海：上海远东出版社，2001 年，第 306 页。

这些城市集中了中国经济的大部分现代化的精华，如大连、天津、青岛、上海、武汉、厦门、广州等大型港口城市，其历年贸易额占到全国的大部分，以 1931 年为例，它们直接对外贸易额总和占海关统计总额的比例达 81.82%[①]。

同时，这些港口城市的人口数量在全国城市中占有更大比例，以此为依据之一，中国最早设立了"市"这一行政单位，它们都在相当程度上具备了现代城市的基本特征。[②]其他中小型的港口城市，虽不及以上各大港口城市的经济能量，但在各自区域内仍举足轻重；这些港口城市的各种经济统计数据，相对比较容易获取。因此，本书选取了沿海沿江的 20 个港口城市作为研究对象。

2. 时间点的选取

本书所作的数理分析，对涉及的各项数据有相应的要求，受时间点选取的影响，虽各城市的经济数据相对充足，但仍不能保证逐年均能满足要求。因此，本书虽然在时间跨度上选择了 1916—1936 年的 20 余年时间，但史料所限，仅确定 1916、1921、1926、1931、1936 五个时间结点，未能使每个正常年份均纳入分析范围内。

选择这些时间结点的原因大致如下：从 20 世纪 20 年代开始，各项统计数据逐渐充分，获取也相对便利；20 世纪 30 年代初的世界经济危机，也极大改变了中国经济的走向，各港口的业务发展均受到巨大影响，直到 1935 年后才逐步恢复正常；1932 年后，日本帝国主义发动侵华战争，国内各港口的贸易均受到影响，东北的丹东、大连、营口等港口城市更沦陷到日本殖民统治之下，1936 年已无法计入海关统计之中；1937 年抗日战争全面爆发，中国经济建设被迫中断，已失去了进行正常经济分析的可能。

3. 史料的选取与应用

这是本书最重要的工作之一，分析工具需要充足和确切的史料数据作支撑。近代中国的各项统计事业尚不完善，而直到国民政府时期才有比较全面的经济

---

① 第二历史档案馆编：《中国旧海关史料（1859—1948）》，北京：京华出版社，2001 年，1931 年 "中国直接对外贸易总值关别表"。

② 吴松弟：《市的兴起与近代中国区域经济的不平衡发展》，《云南大学学报》（社会科学版）2006 年第 5 期，第 51—66 页。

统计[①]，这给本书的写作带来一定难度。

本书所运用的港口吞吐量数据，主要来源于中国旧海关史料。近代以"洋关"为代表的中国海关，绝大部分时间由外国势力把持，这使中国丧失了海关权利的完整。但海关税务司却根据西方的科学方法，形成了一整套具有相当的系统性、科学性与可信度的统计资料，成为研究中国近代经济史的资料库，并且涉及社会生活的许多方面，其价值相当之高。[②]

城市人口的获取，相对比较困难。旧海关统计资料中，对 1908—1931 年间各通商口岸城市的人口数量，曾有过测定（参见《中国旧海关史料》中的《各通商口岸中国人口概数表》）。但这些人口数据多属估测性质，除了部分年份比较可信外，尚无法直接运用。因此，本书同时搜集了其他相关研究成果，尤其是地方志、调查报告等资料，再与海关统计的人口相对比，进行一定的取舍，以期能取得各港口城市相对可信的人口数据。

此外，本书所运用的各港口吞吐量的吨位数据均来自海关报告，但在事实上均小于各港口的实际数值，因为还有不少船舶进入港并未加以统计。不过，这些漏载的情况，在各港口均有存在，海关统计已经能反映各港口船舶吨位数的总体趋势与相对比例，因此并不妨本书进行分析。各港口城市的船舶吞吐量（t_i），以及人口数（p_i），具体来源可参见附录。

整理相关资料后，各城市的港口吞吐量与人口数，大略如表 3-1 所示。

根据表 3-1 中各项数据的比较，可以计算出各港口城市的 t_i、p_i，进而求出其 RCI_i；同时综合各年各港口城市 RCI_i 的计算结果，得出各港口城市相对集中系数平均值，以及每个港口城市在几个时间结点上 RCI 值的标准差。计算出的各类数据在表 3-2 中列出。

通过计算与比较以上各表的数据，按上文确定的标准，可观察到在这 20 年间，各港口城市 RCI 值的变化情况，其整理与解读如下：

① 马敏、陆汉文：《民国时期政府统计工作与统计资料述论》，载中国社会科学院近代史研究所编：《中华民国史研究三十年（1972—2002）》，北京：社会科学文献出版社，2008 年，第 954—993 页。
② 吴松弟、方书生：《中国旧海关统计的认知与利用》，《史学月刊》2007 年第 7 期，第 33—42 页。

表3-1 1916—1936年各港口吞吐量与城市人口比较表

	1916 年		1921 年		1926 年		1931 年		1936 年	
	t_i	p_i	t_i	p_i	t_i	p_i	t_i	p_i	t_i	p_i
安东	323 262	32 790	380 938	110 428	363 526	128 526	506 194	149 403	—	—
大连	3 566 024	46 570	8 411 189	116 200	10 575 964	200 904	12 740 738	282 665	—	—
营口	722 134	58 091	941 318	68 623	1 702 073	100 000	2 462 828	106 040	—	—
秦王岛	1 379 428	6 840	2 365 020	12 829	2 529 046	14 323	3 335 066	20 020	2 549 798	30 000
天津	1 918 441	719 896	3 299 203	775 014	4 825 775	1 072 691	5 000 331	1 068 121	5 165 247	1 254 696
烟台	2 415 304	68 900	2 950 119	83 300	3 511 774	94 700	4 073 429	130 575	4 241 292	145 000
青岛	1 193 006	69 262	3 378 464	176 131	4 738 386	276 838	6 098 307	402 752	7 536 206	570 037
重庆	107 229	145 996	180 195	157 990	225 651	196 995	292 497	256 596	542 312	451 897
长沙	450 069	160 211	455 595	218 481	473 930	303 445	462 443	346 664	485 336	513 696
汉口	6 208 914	632 436	7 408 838	850 000	7 428 600	686 335	7 448 362	796 976	8 110 449	760 437
九江	6 722 449	36 000	7 998 981	53 400	7 901 485	54 500	7 803 988	80 217	9 557 870	86 060
芜湖	7 030 480	92 631	9 922 596	106 592	8 985 440	117 100	8 048 284	135 385	10 777 139	168 000
南京	7 105 314	378 200	9 676 408	380 200	9 421 305	395 900	9 166 202	633 452	10 889 436	973 158
镇江	7 140 361	128 030	9 283 558	135 405	9 094 084	174 001	8 904 609	176 002	8 231 699	205 238
上海	16 819 095	2 006 573	27 500 000	2 292 163	33 500 000	2 641 220	37 972 893	3 317 432	31 810 259	3 814 315
宁波	1 855 702	141 617	2 155 400	177 007	2 538 300	212 397	2 921 200	244 151	2 989 436	300 995
福州	793 478	314 900	938 826	314 900	1 325 097	314 900	1 500 160	322 725	2 084 513	396 358
厦门	1 851 576	114 000	2 693 529	132 414	4 000 000	128 000	5 000 000	166 380	4 990 812	190 392
汕头	2 676 311	36 851	3 912 621	80 000	3 000 000	135 527	5 633 885	175 615	6 629 842	204 785
广州	4 738 099	652 333	3 277 865	787 070	5 814 534	797 836	8 351 202	991 804	8 338 972	1 180 759
总值	75 016 676	5 842 127	107 130 663	7 028 147	121 954 970	8 046 138	137 722 618	9 802 975	124 930 618	11 245 823

注：具体数据来源，可参见附录，船舶吞吐量的单位为吨。

表 3-2 各港口城市 RCI_i 历年值与平均值比较表

	1916 年	1921 年	1926 年	1931 年	1936 年	平均值	标准差
安东	0.768	0.226	0.187	0.241	—	0.356	0.276
大连	5.960	4.749	3.473	3.208	—	4.348	1.268
营口	0.968	0.900	1.123	1.653	—	1.161	0.341
秦王岛	15.706	12.094	11.65	11.858	7.651	11.792	2.854
天津	0.208	0.279	0.297	0.333	0.370	0.297	0.061
烟台	2.730	2.323	2.447	2.221	2.633	2.471	0.211
青岛	1.341	1.258	1.129	1.078	1.190	1.199	0.104
重庆	0.057	0.075	0.076	0.081	0.108	0.079	0.018
长沙	0.219	0.137	0.103	0.095	0.085	0.128	0.055
汉口	0.765	0.572	0.714	0.665	0.960	0.735	0.144
九江	14.542	9.827	9.565	6.925	9.997	10.171	2.746
芜湖	5.911	6.107	5.063	4.231	5.775	5.417	0.771
南京	1.463	1.670	1.570	1.030	1.007	1.348	0.310
镇江	4.343	4.498	3.448	3.601	3.610	3.900	0.483
上海	0.653	0.787	0.837	0.815	0.751	0.769	0.072
宁波	1.020	0.799	0.788	0.852	0.894	0.871	0.094
福州	0.196	0.196	0.278	0.331	0.473	0.295	0.115
厦门	1.265	1.334	2.062	2.139	2.360	1.832	0.499
汕头	5.656	3.209	1.460	2.283	2.914	3.104	1.576
广州	0.566	0.273	0.481	0.599	0.636	0.511	0.145
总体趋势 1	7.84	6.12	5.30	4.90	5.43	—	—
总体趋势 2	3.22	2.57	2.34	2.21	2.44	—	—

注：T_i、P_i 值计算过程不再列表；RCI_i 值四舍五入，均保留小数点后三位有效数字。两个总体趋势，分别保留小数点后两位有效数字。

（1）RCI 标示了某城市的港口功能与城市功能的相互影响

根据计算可知，各港口城市 RCI 的历年平均值大小不一，总体来看可分为几种情况（表 3-3）。

表 3-3 RCZ 值分类情况

RCI > 1	RCI > 1.25	大连、秦王岛、烟台、九江、芜湖、南京、镇江、厦门、汕头
	1 < RCI ≤ 1.25	营口、青岛
RCI ≤ 1	0.75 < RCI ≤ 1	上海、宁波
	RCI ≤ 0.75	安东、天津、重庆、长沙、汉口、福州、广州

如果与港口城市的生命周期相对照，大致可以看出作为港口城市的中国沿海、沿江各城市所处的阶段：RCI > 1.25 时，处于港口城市的生长期；1 < RCI ≤ 1.25 时，处于港口城市的发展期；0.75 < RCI ≤ 1 时，处于港口城市的成熟期；

RCI ≤ 0.75 时，则是港口城市后成熟期的表现。

由各表可知，RCI > 1.25 的九个港口城市，港口功能大于城市功能，对城市的发展起着充分的促进作用，在之后的城市发展中，港口的作用也将十分显著。在下文分析中可以看到，如大连、厦门、汕头、秦王岛等城市，港口功能甚至能维持其成为当代中国的重要城市。

1 < RCI ≤ 1.25 的两个城市，港口功能大于城市功能，但相对于以上九个城市而言，基本可以保持相对的协调，可认为处于港口城市生命周期中的发展阶段。在今后的城市发展中，城市功能将逐渐转向对经济结构的调整，城市功能与港口功能之间的关系逐渐趋于合理，如青岛在成为山东地区的主要进出口中心后，更多地开始转向城市的建设。

0.75 < RCI ≤ 1 的两个城市中，港口与城市关系仍相对紧密，是港口城市生命周期中的成熟阶段；但城市的发展将主要依靠自身的积累，港口功能逐渐退居次要。如果港口功能不及时调整，则其作为港口城市的特征亦将逐渐淡化。

RCI ≤ 0.75 的七个城市，它们所在的港口，可以认为已完成了对城市发展的促进作用，而变化成为该城市中相对一般的生产部门。相对于城市系统而言，港口功能的作用已经很小了。重庆、长沙、福州等三个城市，RCI < 0.5，可以认为它们的港口对城市发展的促进作用非常低，其城市发展的主要依赖力量已经不是港口了。

（2）RCI 的历时变化

主要分析各港口城市整体的 RCI 值变化趋势。首先，分析历年 RCI 值大于 2 的七个港口城市，其平均变化趋势为"总体趋势 1"；其次，分析所有港口城市历年 RCI 值的平均值，其平均变化趋势为"总体趋势 2"，从中可发现二者的相似与不同。

对于 RCI 值较大的各港口城市而言，其变化趋势下降得更为明显。具体到每个港口城市，如秦王岛、九江、汕头等城市，其 RCI 值几乎显现 50% 左右的下降，表明这类港口城市在发展过程中，港口对城市功能的促进作用，有一个不断减小的过程。

但少数的几个城市，如营口、天津、福州、广州等，RCI 值却存在着一个缓慢上升的过程，不过其上升的变化非常小，其标准差更是在 0.2 上下。这表明在此类城市之中，港口的职能已经基本定型，并在与城市的协调中，无论是领先或落后于城市职能的变化，总体上都是逐步适应了城市职能的扩展。

从长期趋势的总体值来看，各港口城市的 RCI 值变化情形为：从最初极高的数额逐渐下降，并最终维持在一个非常低的水平，这在新兴的港口城市中表现最为明显。对所有的 20 个港口城市而言，RCI 值的总体变化趋势，虽然在不断下降，但其幅度相对较为平缓；而且各港口城市的 RCI 平均值大于 1，这表明全国的港口城市，整体上仍处于不断扩展的"发展期"之中。

（3）各港口城市 RCI 值的稳定性

根据各港口城市历年 RCI 值的变化，得出其标准差，可以判断港口功能与城市功能二者关系的稳定性与趋向性。

由表 3-2 可知，标准差在 0.01 上下的几个城市，如天津、青岛、上海、广州等，都是比较发达的城市，也是各自所在区域的经济中心；重庆、长沙、宁波、福州等各个城市，则是各自所在区域的政治中心，也是较小区域的经济中心，其港口职能也显现出稳定的特征。

标准差大于 1 的几个城市，往往是新兴的港口城市，如大连、秦王岛、九江、汕头等，均是在开埠后获得迅速发展，其港口功能的扩张也远远快于城市职能，并进而带动城市化的进程，其 RCI 值也表现出急速的变化趋势。

当然，各港口城市 RCI 的稳定性，是相互影响着的。从表 3-2 可以看出，由于 1936 年东北大连、安东、营口三个港口城市的沦陷，其他各港口城市的 RCI 值大都经历了一个突然的增长，除秦王岛、长沙、南京、上海等几个城市外，其他城市的 RCI 值出现了 10% 以上的提高。这也就表明各个港口城市，在全国的港口体系中，均有着自己的地位。

这些数据所反映出的状况，是中国近代史中近百年间演化的结果。通过以上分析，可以从中窥得港口对城市的促进作用，以及各自之间的程度差异；也在一定程度上，反映出各个港口城市所处的不同发展阶段。

当然，近代中国港口城市的发展，并非均完全遵从港口城市的生命周期律，它们是在近代特殊的时代背景下产生，而非独立孕育出来的。在近代中国半殖民地的背景之下，各港口城市的进出口贸易等港口功能，基本由国外势力控制，再以此为基础发展港口和城市，以便于货物出口和地理控制。[①]因此，港口与城市的疏离不会十分明显，港城关系的发展，也仅在大的趋势上符合这个成长的周期过程。下文即结合相关史实进行初步的分析。

---

① Lee S W, Song D W, Ducruet C. A Tale of Asia's world ports: the spatial evolution in global hub port Cities. *Geoforum*, 2008,(39), pp.372-385.

三、对各港口城市 RCI 值的史实分析

近代中国经济史、城市史的研究中，往往会对港口城市用"城以港兴、港以城荣"等定性词汇来描述。依靠海运、河运等交通条件，这些城市奠定了在地区间经济交流的枢纽地位；迅速发展的港口职能，又促使它们的城市职能不断扩张，上海就是最明显的例子，它"提供了用以说明中国已经发生和即将发生的事物的钥匙"①。上文中所列举的港口城市，基本上都能依靠港口的职能，带动所在城市逐步走向现代化。

港口城市由于优越的经济区位及对外交往的频繁，使其在经济地位上高于其他内地城市；但相对而言，并非所有的港口城市都能获得相同程度的发展，实际情况要复杂许多。通过上文的初步分析，可知各个港口职能对城市发展的促进作用，有一定的差异性与层次性。以下即根据 RCI 的计算，结合史实进行相应的观察和分析。

1. 新兴港口城市的不同发展阶段

近代中国最先受到西方经济因素冲击的是沿海沿江各港口城市，但具体到每一个城市，其受冲击与影响的程度是不同的。总的来说，开埠之后新兴的口岸城市，其港口对城市发展的带动作用要远大于传统的政治或经济中心。

1842 年，《南京条约》规定通商的广州、厦门、福州、宁波、上海五个港口城市中，至 1930 年前后仍能表现出港口职能的带动性功能的，只有厦门；其他四个城市，港口职能都已经低于城市职能了。

上海占据了优良的地理位置，近代中国贸易的发展"实以上海为翘楚，虽长江及华北各地所产土货，直接出口业有进展，然经由上海进出者，仍占多数"②，这种不断扩张的对外贸易，使上海的港口职能迅速增强。同时，上海在开埠之前，仅是一个县城，行政级别很低，受传统的束缚较小，在与国外密切接触的情况下，上海港对城市发展的促进作用日益显著。20 世纪之前，上海"主要是以商业中心而著称于世"，《马关条约》签订后，大量外国资本作为直接投资涌入上海，使上海的城市性质开始发生变化，城市工业开始蓬勃发展，并成为中

---

① 〔美〕罗兹·墨菲著，上海社会科学院历史研究所编译：《上海：现代中国的钥匙》，上海：上海人民出版社，1986 年，第 5 页。

② 班思德：《最近百年中国对外贸易史》，载中国第二历史档案馆、中国海关总署办公厅编：《中国旧海关史料》，北京：京华出版社，2001 年，第 157 册，第 220 页。

国的工业中心。[1]1930 年前后，上海港口职能对城市的促进作用已经相对下降，达到了比较协调的状态。

厦门在开埠时，行政级别较上海更低，"是海洋中国与资本主义世界经济接轨之后的产物"，尤其在 1924 年至 1931 年间，"厦门市况异常繁荣，地产业务蓬勃，市政建设加速进行"，因此，港口的对外经济联系"决定城市的盛衰，决定了城市之功能与内部结构"。[2]虽然近代以来，福州与厦门的对外贸易相差并不大[3]，但在初始条件方面，与作为传统政治中心的福州相比，厦门港对厦门城市的促进作用，是远远领先的。

第二次鸦片战争之后，新开辟的通商口岸中，能够迅速发展起来的，仍然是几个行政级别较低的城市，如天津、汕头等。天津在开埠后最重要的转变，是"它沟通了华北传统商品市场与国际商品市场的联系"，而外国商人也"希望这个港口能在重要性上压倒上海或其他敌手"，20 世纪 30 年代，天津已经成为"华北最大的开放商埠，西方各国在华投资的重要城市"。[4]同上海相似，随着天津城市化、现代化进程的展开，其 RCI 值不断下降，直至无法再发挥其积极的促进作用。

大连、青岛等城市，原属于帝国主义的租借地，是在海滩上建成的新城市，更完全消除了中国传统经济势力的影响，其 RCI 值之高，超乎一般的港口城市。青岛在近代短短 50 年的时间内，依靠港口作为联结内陆与海外的枢纽，"完成了由小渔村到现代化城市的嬗变"，进而影响到了整个华北地区经济格局的变迁。[5]大连的货物吞吐量，早在 1912 年已超过营口港，成为东北第一大港；1917 年，又超过天津和广州；1918 年，超过汉口，成为仅次于上海的中国第二大外贸港口，以及东北地区对外贸易的中心[6]，直到 1931 年，大连的 RCI 值仍远大于 1，港口对大连城市的影响自然可想而知。

因此，新兴的港口城市，因受传统经济的阻碍相对较小，迅速发展成为新兴的经济中心，并分别在各自的区域内取代传统的经济中心，如大连之超越沈

① 张仲礼：《近代上海城市史研究》，上海：上海人民出版社，1990 年，第 11—16 页。
② 周子峰：《近代厦门城市发展史研究：1900～1937》，厦门：厦门大学出版社，2005 年，第 103、92、294 页。
③ 王列辉：《驶向枢纽港：上海、宁波两港空间关系研究（1843—1941）》，杭州：浙江大学出版社，2009 年，第 118 页。
④ 罗澍伟：《近代天津城市史》，北京：中国社会科学出版社，1993 年，第 166、169、502 页。
⑤ 江沛、徐倩倩：《港口、铁路与近代青岛城市变动：1888—1937》，《安徽史学》2010 年第 1 期，第 31—43 页。
⑥ 郭铁桩、关捷：《日本殖民统治大连四十年史》上册，北京：社会科学文献出版社，2008 年，第 412—413、429 页。

阳、天津之超越北京、青岛之超越济南、上海之超越苏州，厦门之超越福州、汕头之超越潮州等。在港口生命周期中，这些港口城市，除上海、天津等全国性的经济中心外，均处于生机勃勃的"成长期"。但由于开埠时间的早晚不同，反映在 1930 年前后，RCI 值也出现了层次的差别，越是 RCI 值较大的城市，越处于港口生命周期的早期阶段。

2. 传统港口城市的现代转型

近代中国的现代化，是由沿海沿江逐步向内地推进的，越到内地，其影响力就越小，这已经是明显的史实。[①]对于传统治所型（尤其省会级、府治级）的城市而言，其港口功能与城市功能的关系，更能表现出向现代转化的特色。

如广州等通商口岸的港口职能，反映在 RCI 值上，是相当弱小的。广州在近代之前，是中国最大的外贸港口，但在开埠后仅十年的 1852 年，就被上海超越；受区位条件所限，广州逐渐沦为香港的附属港口，进出口贸易往往需要通过香港转口[②]，严重影响到了港口功能对城市发展的促进作用。作为传统的政治、经济中心，虽然其 RCI 仍能大于天津等新兴城市，但形成这一结果的过程是不同的，可知近代的广州在开埠之后，受各种因素的影响，港口职能的发挥受到了很大限制。

相比之下，不少传统的港口城市，经过调整后，其港口职能继续发挥着促进城市发展的作用。如汉口、九江、芜湖、镇江等港口城市，开埠后则在旧的府城之外，依靠港口的带动，形成了新的城区，并进而影响到了原有城区的发展。[③]

最明显的是长江流域较大的城市武汉，它是传统时期的重要城市，在近代经济史上的地位亦非常显著。在传统的武昌府城区基础上，汉口的开埠带来了港口与城市发展的新动力，并使武汉成为中部地区的经济中心。在"九省通衢"的大背景下，汉口作为上海的腹地城市而存在，发挥着自己转运枢纽的作用。

---

① 戴鞍钢：《发展与落差：近代中国东西部经济发展进程比较研究：1840—1949》，上海：复旦大学出版社，2006 年，第 3 页。

② 陈正恭主编，《上海海关志》编纂委员会编：《上海海关志》第四编附表二，上海：上海社会科学院出版社，1997 年，第 455 页；邓开颂、陆晓敏：《粤港澳近代关系史》，广州：广东人民出版社，1996 年，第 247 页。

③ 〔美〕罗威廉著，鲁西奇、罗杜芳译：《汉口：一个中国城市的冲突和社区：1796~1895》，北京：中国人民大学出版社，2008 年；张仲礼、熊月之、沈祖炜：《长江沿江城市与中国近代化》，上海：上海人民出版社，2002 年；李学忠、陈晓鸣：《开埠通商对近代沿江城市商业空间结构的影响——以九江为例》，《农业考古》2011 年第 1 期，第 323—327 页；叶东：《近代航运业与芜湖城市的兴起》，《重庆交通大学学报》（社会科学版）2009 年第 5 期，第 18—20 页；李宁：《近代镇江贸易地位变迁原因再分析》，《中国经济史研究》2008 年第 1 期，第 54—60 页。

由 RCI 值可知，汉口的港口与城市职能二者的关系，基本上可以维持一种比较协调的互动关系。

作为明清以来长江沿岸的重要米市，镇江、芜湖、九江等港口城市在进入近代之后，维持了与国内市场的高度整合性[①]；相继成为通商口岸后，均依靠港区形成了新的城区，继续扮演着整合内地市场的角色。通过港口功能向现代的转换，这些港口不仅仅转运米谷等初级农产品，更在其流通中转领域中增添了近代工业产品。通过与国内外市场的紧密联系，这些沿江城市的港口职能得到充分发挥，对城市功能的发展也产生了积极作用。

但重庆、长沙、福州等传统政治中心，由于缺乏新的港区，城区的拓展也相对缓慢，港口职能的发挥明显不如传统的经济型米市城市，更无法与汉口相比。重庆虽然是四川盆地边缘的水运枢纽、长江上游的经济中心，甚至城市的主要功能也由军政中心让位于经济中心[②]，但港口对城市的促进作用仍远小于沿海城市。福州虽然在 1843 年已经开埠，但港口职能的发挥一直受限于其传统的城市职能性质，二者互动的相互促进关系很小。

综上所言，传统的港口城市在近代的命运各有不同，其港口职能亦有着层次性。由 RCI 更能清晰地表现出，传统的经济型城市在港口职能获得新的扩张后，能在不小的程度上领先于省会级的治所城市；新的港区与港口职能的形成，也能够为港口城市带来新的机遇，否则，传统的港口职能将无法实现促进城市发展的作用。

3. 从相对集中系数看各港口城市的地位

本书中，港口职能虽反映于船舶的吞吐量，却要以贸易商品的转运为基础；转运商品的流向，又需要依靠广大的市场作为终点。因此，港口职能对城市的促进，归根到底需要城市所在区域及市场的支持。

每个港口城市的影响范围，构成了各自的腹地。因各港口城市经济规模的不同，它们的腹地范围也有大小之分，形成了各个区域不同等级层次的经济中心。根据上文分析，可观察到近代中国的各个区域中，其中心城市的地位如何反映在 RCI 值上。

各个 RCI 大于 1（尤其大于 1.5）的城市，一般都在经历着城市人口迅速增长的阶段；反之，其城市人口的增长相对缓慢。新兴港口城市的表现最为明显，

---

①　侯杨方：《长江中下游地区米谷长途贸易（1912—1937）》，《中国经济史研究》1996 年第 2 期，第 70—79 页。

②　隗瀛涛：《近代重庆城市史》，成都：四川大学出版社，1991 年，第 174、165 页。

大连、秦王岛、烟台、九江、芜湖、汕头等城市，因开埠之后国内外市场的带动，分别成为各自所在地区对外商品交往的窗口。新兴的历史背景，使这些城市在强大的港口职能推动下，发展势头极其强劲；但这并不足以表示其作为区域经济中心的地位，因为在这种情况下，它们的主要任务，是发展自己的城市职能，随着城市经济的迅速扩张，其影响区域也逐渐增大，RCI 值亦开始急剧下降。

近代早期开埠的港口城市，如天津、汉口、上海、广州等，1930 年前后，已经是名副其实的经济中心，但其 RCI 值已经不再如同时期其他新兴城市之高，这些经济中心的港口职能正逐渐与城市职能相协调，甚至开始小于城市职能了。这在一定程度上反映着这些城市逐渐走向成熟，各自的经济地位已经确立。这些城市利用自己广阔的腹地，为自身的发展提供着丰富的资源，而随着城市逐渐走向成熟，建立了相对完善的产业结构，疏离了原有的港口职能的动力。

对小型港口城市而言，其 RCI 值也会表现得很小，这也能够反映着它们的经济地位，即作为一个小区域的经济中心。如大连的急速扩张，使得营口港几乎处于停顿，事实上成为大连的支线港，直接对外贸易功能几乎丧失殆尽；安东港也同样无法与大连港相抗衡[1]，它们只能作为各自所在小区域的贸易商品集散地。1843 年就已经开埠的宁波，虽然是浙东的经济中心，但在 20 世纪 30 年代，也已经成为上海的支线港，丧失了对外贸易中心的地位。[2]虽然宁波依靠富庶的浙江作为腹地，但仍然无法与上海相竞争，港口职能也只能维持宁波城市作为一个小区域的经济中心。

当然，这些较小的港口，就其绝对经济量而言，仍是大于其他内地城市的，因此，它们仍然在发挥着各自所在小区域的枢纽功能与市场整合作用；但表现更为明显的是，这些小型的港口城市，是被纳入到高一级的中心港口城市影响范围内，作为港口体系的一部分而存在的。

本小节附录：

1. 各港口船舶吞吐量数据来源

《中国旧海关史料》中各年《海关进出船号只吨各数表》、《往来外洋及国内商船吨数及百分比数表》等统计表格，数据分别出自 1916 年、1921 年、1926 年、1931 年与 1936 年。

---

① 郭铁桩、关捷：《日本殖民统治大连四十年史》上册，北京：社会科学文献出版社，2008 年，第 427 页。
② 王列辉：《驶向枢纽港：上海、宁波两港空间关系研究（1843—1941）》，杭州：浙江大学出版社，2009 年，第 116 页。

其中:

1921 年，大连、烟台、汉口、南京、镇江、上海、宁波、汕头吞吐量，为 1922 年数据，来自《海关十年报告（1922～1931）》；安东、营口、青岛、九江、芜湖、福州、广州吞吐量，为根据 1916、1919 两年数据平均估算而得。

1926 年，除安东、天津、上海、福州、汕头外，其余均以 1916、1931 两年数据平均值代替。

1931 年，青岛、重庆、九江、芜湖、福州、汕头、广州吞吐量以 1932 年数据代替。

2. 各港口城市人口数据来源

安东，1916 年，为海关估测值；1921 年，为《海关十年报告（1922～1931）》1922 年数值；1926 年，为海关 1922 年与 1931 年估测数据平均值；1931 年，为《海关十年报告（1922～1931）》数值。

大连，1916 年、1921 年、1931 年，均为海关估测值；1926 年数据，为沈毅：《近代大连城市人口略论》的 197 907 人（《社会科学辑刊》1993 年第 2 期，第 102—108 页）（1925 年）与海关数据 203 900 人之平均值（此标准下同）。

营口，1916 年，根据海关估测值与 1921 年值比较计算得出；1921 年，为《海关十年报告：1912～1921》数据；1931 年，为海关估测值；1926 年，为《海关十年报告（1922～1931）》值。秦皇岛，1916 年、1921 年，为《海关十年报告：1912～1921》数据；1926 年人口，为满铁庶务部调查课：《秦皇岛港湾及相关关系》中 1924 年底调查数据（辽宁省档案馆编：《满铁调查报告》第 3 辑，桂林：广西师范大学出版社，2008 年）；1931 年，为海关估测值；1936 年人口，为张利民：《近代华北城市人口发展及其不平衡性》数据（《近代史研究》1998 年第 1 期，第 189—203 页）。

天津，数据均出自《天津简志》（天津：天津人民出版社，1991 年，第 1168 页），其中 1916 年以 1917 年代替，1926 年以 1925 年代替，1931 年以 20 世纪 30 年代替。

烟台，1916 年，为《山东省志·人口志》1911 与 1921 年之平均值（济南：齐鲁书社，1994 年，第 168 页）；1921 年，为《山东省志·人口志》值；1926 年，为海关估计值；1930 年，为海关估测值；1936 年，人口为张利民《近代华北城市人口发展及其不平衡性》数据。

青岛，1916 年、1926 年、1931 年、1936 年，为《青岛市志·人口志》数据（北京：五洲传播出版社，2001 年，第 45—47 页）；1921 年，为《青岛市志》1918 年、1924 年平均值。

重庆，1916 年、1921 年，以海关估测值与《重庆市志》中城市人口数据对比计算得出（第 1 卷，成都：四川大学出版社，1992 年，第 775 页）；1926 年，以《重庆市志》中 1929 年、1932 年数据以平均值方式估测；1930、1936 两年人口，为《重庆市志》数据。

长沙，1916 年，根据海关估测值 1921 年、1915 年值比较得出；1921 年，根据《长沙市志》1924 年人口（第 1 卷，长沙：湖南人民出版社，2004 年，第 314 页），以及 1926 年值比较计算得出；1926 年人口，为《长沙市志》1924 年、1929 两年人口之平均值；1930、1936 两年人口，为《长沙市志》数据。

汉口，1916 年，为《武汉市志·总类志》1913 年、1920 年平均值（武汉：武汉大学出版社，1998 年，第 126—127 页）；1921 年，为《武汉市志》1923 年数据；1926 年人口，为《武汉市志》1923 年、1928 年平均值；1931 年人口，为《武汉市志》与海关估测数据平均值；1936 年人口，为《武汉市志》数据。

九江，1916 年、1921 年、1926 年、1931 年，为海关估计值；1936 年人口，为《九江市志》1935 年数据（第一册，凤凰出版社，2004 年，第 352 页）。

芜湖，1916 年，为《芜湖市志》上卷中 1915 年数据（北京：社会科学文献出版社，1993 年，第 155 页）；1921 年，为海关估计值 1918 年、1924 年平均值；1926、1931 年人口，为海关估计值；1936 年人口，为谢国权《近代芜湖与无锡人口城市化之比较》中 1938 年估计数据（《东南大学学报》2000 年第 4 期，第 42—47 页）。

南京，1916 年、1921 年、1926 年、1931 年，为海关估测值；1936 年，为《申报》1936 年 5 月 15 日数据。

镇江，1916 年，为海关估测值 1915 年数据；1921 年、1926 年人口，为海关估测值 1918 年、1924 年平均值；1931 年，为《镇江市志》上册数据（上海：上海社会科学院出版社，1993 年，第 192 页）；1936 年，为《镇江市志》1935、1937 年数据之平均值。

上海，均为邹依仁《旧上海人口变迁的研究》数据（上海：上海人民出版社，1980 年，第 114—115 页），1916 年，为 1915 年数据；1921 年，为 1920 年数据，其中华界人口为 1915 年、1927 年平均值；1926 年，为 1927 年数据。

宁波，1916 年，为《宁波市志》上卷（北京：中华书局，1995 年，第 186 页）1912 年数据代替；1921 年，为《宁波市志》1912 年、1928 年平均值；1931 年，为《宁波市志》数据，1926 年、1936 年，以 1928 年、1934 年代替。

福州，1916 年、1921 年、1926 年、1931 年，为海关估测值；1936 年人口，为内政部统计处：《户口统计：民国二十七年》（1938 年铅印本）所载 1936 年（410 046 人）与《福州市志》1936—1937 年市区人口（382 670 人）之平均值（第一册，北京：方志出版社，1998 年，第 382 页）。

厦门，1916 年，为海关估测值；1921 年，为《厦门市志》1913 年、1929 年数据平均值（第一册，北京：方志出版社，2004 年，第 206—207 页）；1926、1931 年人口，为《厦门市志》数据；1936 年人口，为《厦门市志》数据（181 097 人）与《户口统计：民国二十七年》数据（199 687 人）之平均值。

　　汕头，1916 年，为《汕头市志》（第一册，北京：新华出版社，第 423 页）数据；1921 年，为《汕头市志》1923 年数据；1926 年、1931 年、1936 年，为《汕头市志》数据。

　　广州，各年人口，均为《广州市志》数据（卷二，广州：广州出版社，1998 年，第 370 页），其中，1916 年，为 1911 年、1921 年平均值；1931 年，为 1930 年、1932 年平均值；1936 年，为 1935 年、1937 年平均值。

第二节　上海城市产业与港口的变迁

　　本节主要就临港产业的发展进行论述，同时结合港城关系理论、港口城市生命周期理论等，探讨近代以来上海城市发展过程中与港口相关联的各层次产业之变迁过程，从而揭示港口与城市之间的具体关系。

一、近代上海临港产业变迁概论

（一）港口与城市产业关系理论略述

　　港口城市，顾名思义，是与港口的发展紧密相关的，除了上文所分析的港区对城区在地理上的影响之外，在城市经济（产业）方面，也同样与港口关系密切。

　　港口城市的经济结构，或港口经济的层次，一般可分为四个方面："港口直接产业——严格地讲，仅指港口的装卸主业。但实际操作上可将港口企业所经营的全部产业都划归这一类；港口关联产业——指与港口主业有着前后联系的产业部门，如海运业、集疏运业、仓储物流业等。这些产业部门分布在以港口主业为核心的产业的不同部位；港口依存产业——指以港口存在为主要选择依据而设立的产业部门，如造船业、贸易、钢铁、石化等。更广泛地讲，可指建立在港口及港口区域一定范围内，依港口而布局的产业；港口派生产业——包括：建立在沿海一定范围内，与港口直接产业、关联产业、依存产业的经济活动有关的金融、保险、房地产、饮食、商业等服务业；市区直接或间接与港口直接产业、关联产业、储存产业的经营活动有关的其他产业。"①

---

① 董维忠：《发展天津港口经济的几点认识》，《港口经济》2003 年第 5 期，第 22—23 页。

不同的研究者，对这四个层次的划分，其名称会稍有出入，但大体结构是相似的。如有研究者即曾以另外的方式划分："直接产业——货物装卸产业；共生产业——海运业、集疏运业、仓储物流业；依存产业——船舶修造、制造加工业；关联产业——金融、保险、房地产、饮食、商业等服务业"①，本书即以这种划分为准。

一般港口往往和城市同时出现或同步发展，"它们和城市及腹地的经济发展，工商业的繁荣兴盛，是互相依存、互相促进的。城以港兴、港为城用，这是城市和港口一道兴起、共同前进的一般规律"②。港口城市的发展，并非一个港口能带动并独立完成的，必须结合所在区域为基础。港口与城市的互动关系中，到底谁是第一位的，却并不是十分清楚，虽然大多数研究者都认为，是港口的兴起带动了城市的发展，但也需要看到城市对港口的作用力量："港口的发展取决于城市经济尤其是外向型经济发展所产生的引致需求，是城市发展带动了港口发展。而港口作为城市重要的基础设施，对城市和区域经济发展也具有强大的推动作用"③，并对港口城市的港城关系演变进行了模型化假设：

初始期——港口功能简单、港城互为一体，港口的区域优势起决定性作用；成长期——港口直接产业和关联产业产生巨大产业带动力，奠定港口城市的产业结构，港口规模日益膨胀，要求港口功能从城市中心分离出去，新的港区在城市中心以外地区建立起来；成熟期——港口进入缓慢发展阶段，功能多样化；城市的产业体系进一步完善，形成港口经济以外新的增长点，但城市发展仍以港口为中心，港口辐射能力超出城市，影响周边区域；后成熟期——港口城市依靠已建立的产业结构进入自增长时期，港口对城市的贡献度下降。港口也要面临两种关键选择：要么衰落，要么寻求新的发展途径。④

以上只是对港城关系发展规律的一个简要介绍，应该看到，任何一个港口城市，都是在相应的区域背景下产生并发展的；不同的港口城市，每一个都会有自己的发展途径。所谓规律性认识，并不能解释所有的问题，它是在具体环境背景下的产物，只能解释它所针对的问题。所有的规律都是以经验知识为前

---

① 王列辉：《驶向枢纽港：上海、宁波两港空间关系研究（1843—1941）》，杭州：浙江大学出版社，2009年，第258—276页。
② 罗正齐：《港口经济学》，北京：学苑出版社，1991年，第3页。
③ 惠凯：《论港口城市的发展》，《中国港口》2004年第11期，第11—13页。
④ 惠凯：《论港口城市的发展》，《中国港口》2004年第11期，第11—13页。

提的，港城关系的一般性规律也同样如此。

近代上海是在特殊的政治制度下成长起来的，并非仅仅是经济发展的自然结果，便使得港城关系有了更为复杂的表现，更会出现与理论模型上的巨大差距，也更值得深入研究。"只有港口成为城市的主导产业，这个城市才称得上是真正的港口城市。"[①]那么，上海有没有实现这一点呢？不少学者已认为"上海是一个典型的港口城市，它的兴起肇始于海上贸易，以后的兴衰也取决于港口的兴衰"[②]。

但是，上海作为一个港口城市，其特殊性在于，它是在传统经济基础上被引入了现代化因素。因此，港城关系的初始期与成长期很难分清界限，如果说传统的南市区已经进入了成长期，租界地区的港口，则是直接与欧美（英国）的港口发展阶段相近似的。这也正是上海港与城市发展的特殊性。

（二）港口产业与近代上海城市性质的转变

近代以来上海港口产业的研究，由于理论工具与历史资料的结合不太紧密，因此虽然有研究者作了相关的分析[③]，但停留于描述性，于具体数据上并未作太深挖掘。下文以定量分析为基础，来探讨近代上海城市产业与港口的关系及其对城市性质的影响。

1896 年，时任上海英国总领事韩能，对开埠以来上海城市产业的变迁，曾有过一番论述："当 1843 年上海最初向外贸开放时，商人们都住在县城内。接着是在上海县城北部郊区的北面取得一块英国租界地。在这里建造了装卸商品的码头，建筑了马路，按最初的设想，马路的宽度已足够让肩负茶箱和布包来回于江边的苦力们互相通过"，即作为港口直接产业的进出口业，在城市产业中所占的地位，影响范围非常广；因此，"最初作为上海特色的只有仓库、商行、码头和狭窄的马路"，之后"出现了修理船舶的工场和船厂"；紧接着，"再晚些时候，一些有进取心的商行开设了几家缫丝厂和一家火柴厂"，但是直到贸易条件变得恶化，所谓"银价对金价的比值发生大跌时"，"才有人认真地试图开发当地工业"[④]，这些基本勾勒了 20 世纪之前，上海

---

① 惠凯：《论港口城市的发展》，《中国港口》2004 年第 11 期，第 11—13 页。
② 茅伯科、邹逸麟：《上海港：从青龙镇到外高桥》，上海：上海人民出版社，1991 年，第 3 页。
③ 王列辉：《驶向枢纽港：上海、宁波两港空间关系研究（1843—1941）》，杭州：浙江大学出版社，2009 年，第 258 页。
④ 《总领事韩能 1896 年度上海贸易报告》，载李必樟译编，张仲礼校订：《上海近代贸易经济发展概况：1854—1898 年英国驻上海领事贸易报告汇编》，上海：上海社会科学院出版社，1993 年，第 920、921 页。

城市产业的变迁大势。

以下根据近代上海的产业发展，以 25 年左右为一个周期，来观察各个时期中，新设立的各类产业的数目（表 3-4）。由于难以确定各类产业中企业的注册资本，故仅以企业数量来代替，并除去各个时期内产业性质不明者，以此反映近代上海与港口相关各类产业的发展趋势。

表 3-4　近代上海各时期新设洋行企业数量表（1843—1937）

企业类别	1843—1870 年	1871—1895 年	1896—1920 年	1921—1937 年
进出口业	88	20	79	175
直接产业	88	20	79	175
航运业	19	8	9	18
交通运输业	6	10	11	25
出口加工业	1	3	6	4
仓储业	2	1	9	3
关联产业	28	22	35	50
船舶工业	31	5	5	2
食品工业	6	6	23	41
建筑工业（含建材业）	6	6	15	38
纺织工业	3	13	32	31
工业、轻工业		2	13	25
化学工业（含染料）	2	1	5	24
卷烟工业		6	23	21
医药工业	2		5	19
机械制造工业		1	12	18
印刷工业	3	5	7	14
日用工业		6	14	12
造纸工业		2	3	2
制革工业		4	6	5
服装工业	1			2
电器（机电）工业		1	4	4
汽车装配、五金加工				2
依存产业	54	58	167	260
商业	10	22	61	253
服务业	6	9	19	146
金融业（含保险、证券）	34	12	48	34
房地产业	3	3	13	39
娱乐、广告业		1	17	24
报刊业	9	6	11	13
邮电通讯业	5	4	6	3
医疗业	4	2	6	9
公用事业	3	7	11	9
派生产业	75	66	192	530
合计	245	166	473	1015

资料来源：王垂芳：《洋商史：上海 1843—1956》，上海：上海社会科学院出版社，2007 年，附录 2。其中，交通运输业中，后期有少量航空企业，但与航运企业相比数量很少，故一并计入

根据表 3-4，整理出各类产业变迁趋势如下图。

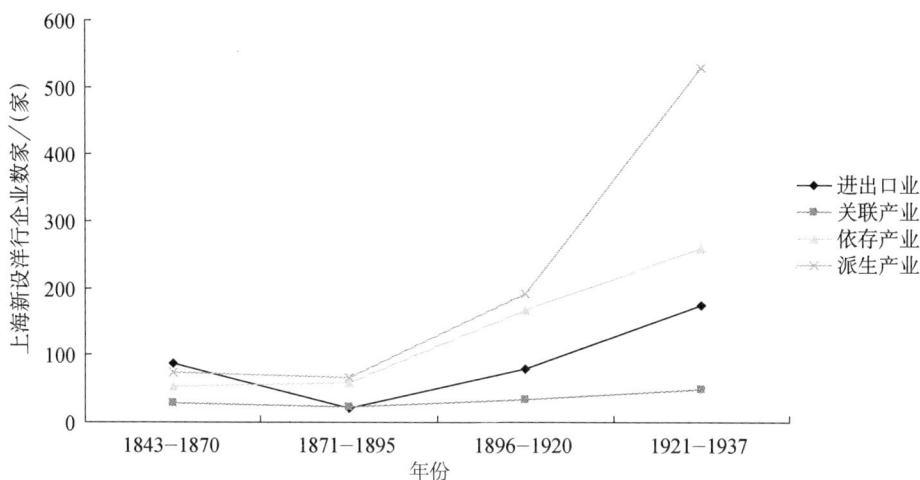

图 3-3 近代上海各时期产业新设企业数目变迁图（1843—1937 年）

资料来源：王垂芳主编：《洋商史：上海 1843—1956》，上海：上海社会科学院出版社，2007 年，附录

由表 3-4 和图 3-3，可以看出近代以来以洋商企业为代表的上海各类产业，其变化的总体趋势。

（1）代表港口直接产业的进出口业，经历了由开埠初期的最重要位置，逐渐下降再缓慢上升的过程。这说明，仅仅依靠港口的贸易力量，不足以完全支撑整个城市的发展，进而促使上海城市的及时转型，即向工业化的迈进，促成了上海贸易的进一步繁荣。

城市的发展，对港口的要求也要不断提升，港区必须做好改进的准备，1864 年初，上海码头公司成立，其"建筑物是在黄浦江对岸浦东那一边，它占有水面计一千二百二十尺，深达二百三十至二百四十尺，面积超过五十亩。该公司现已建成码头两个，其中一个已盖有屋顶，而第三个也在修建中。现已建成的两个码头，每个都占有江面一百六十尺，而在低潮时，水深也达一丈六尺。各码头仓库也有给予特别注意的价值。用以储藏茶叶的仓库共长一百五十尺，宽五十尺，其高度也与长宽成正比例。茶叶仓库的空气非常流通，内甚干燥，并用新加坡木料铺成地板。另一个仓库主要是用以储存大米与食糖的，它的地面是用花岗石铺的。这些仓库位于一个码头的对面。公司建筑物的另一头，是上煤与重量货物上下的码头。在这里堆集的黑色金刚石，使人知道各轮船有了用煤的便利。有些货物放在用瓦与草盖起的屋披之下，也有不易遭受损害的货物放在露天里的。但在这里，我们计议要在四十尺宽一条跑道的两旁修起堆煤栈，并建筑电车道，让车辆来往于码头及煤栈之间。由于在上海成立一些码头公司，对这个港口现所采用的运货办法，不久必将发生一次革命。货主与承办货物的人当看到，把一艘轮船停泊在码头上，并在完成收货与卸货的工作时，从前需要几个星期的时间，现在只要几天的工夫，他们当然想到运货的民船不久将在黄浦江上绝迹"①。这是城市对港口的影响。不过民船并没有绝迹，因为上海港与上海城市的性质，是传统与现代的并存。

近代之前，上海港贸易的发展，已经促生了南市城区相应的装卸产业："大小东门向有箩夫扛夫两项"，"凡马头各店粮食油酒及航报等船，一切钱货、民间婚丧、舆轿等项，俱系箩夫承值；各洋行内烟糖棉花等货，悉归扛夫扛抬"，由于帮派之间经党争夺货物搬运业务，屡有纠纷，嘉庆八年（1803），上海县令判定："嗣后凡有店铺粮食、油酒及航报船只钱货等项，俱归箩夫；至烟糖、棉花及一切洋货等物，悉归扛夫。照依旧分界址承值。"②

上海开埠后，港区向租界地区迁移，原有南市一带的这种装卸业，随之迁移至租界码头一带，唯表现方式稍有不同："箩杠者，各行栈扛运货物之夫役也。赁屋聚处，易于雇唤。近二摆渡河一带皆有之，遇船只抵岸，揽挑等李，不准雇车，索价最昂。若不言明，甚至两人扛一箱，一人携一物，到时方需索，不遂不休，非比南市行栈各有定价也。工部局以霸占地方，曾出示严禁。凡搬运行李，车载肩挑，本随客便，若辈亦不过欺生而已。"③可知在租界港区，现代化的过程中，也少不了受传统的影响。

经过开埠后的近百年发展，上海港面貌有了巨大改变，1911年前后"上海的码头和仓库设施有了很大的扩建，可是人们仍对那里还存在的拥塞状况表示不满"④，贸易的迅速发展，导致上海港的地位提升："这十年中令人注目的特点是前来上海的中国船不断减少，特别是小船。中国船的数字原来等于或多于

---

① 《北华捷报》第 702 期，1864 年 1 月 9 日，载上海社会科学院历史研究所编译：《太平军在上海——〈北华捷报〉选译》，上海：上海人民出版社，1983 年，第 495 页。

② 《上海县为箩夫扛夫议定脚价订定界址告示碑》，载上海博物馆图书资料室编：《上海碑刻资料选辑》，上海：上海人民出版社，1980 年，第 76 页。

③ （清）葛元熙撰，郑祖安标点：《沪游杂记》卷 2《箩杠》，上海：上海书店出版社，2006 年，第 100 页。

④ 《1912—1921 年海关十年报告》，载徐雪筠等译编，张仲礼校订：《上海近代社会经济发展概况（1882—1931）——〈海关十年报告〉译编》，上海：上海社会科学院出版社，1985 年，第 175 页。

远洋轮，现在连一半都不到了。"①

　　但是，与其他国际大港相比，上海港的各种设施仍明显落后，"由于各种私人资本利益的不一致，政局的动荡以及现代装备的缺乏，因而起货卸货的设备难以得到改良"，直到 1931 年，海关税务司仍感叹，"遗憾的是十年来上海港的装卸设备改善甚少。直到本期末年，还只有一处码头设有用来卸煤或其他重物的齿轮联运机，这座码头就是开滦煤矿公司的日晖港码头。这是上海第一座新式码头"，"利用机器起卸，一般 7700 吨的煤船，只要 100 名工人，就可在 26.5 小时内把煤全部卸完。如靠人力起卸，要 400 名工人连续工作 72 小时才能完成"②，虽然上海港在贸易额上，已经迈入世界级大港的行列，但就其内涵而言，还是不合格的。

　　（2）以仓储业等为代表的关联产业，与上海港的变迁直接相关。可以说，直接产业的兴衰，也就决定了关联产业的命运。

　　上海港贸易的不断扩展，使为之服务的各种其他产业也相继出现。1863 年，上海货车公司成立，"对各个租界情况的改善，以及对一般贸易的促进，都做了很多事情"，"现在，假若从煤栈提出一吨重的煤，当这吨煤运到买主家中或装到他的轮船上时，至少有可能使煤的重量同运出时差不了许多"，而过去的情况是用驳船运煤，"由于意外损失及直接偷窃，起码要使煤损失百分之十五"；同时，这种因贸易而生的产业进步，也在改变着上海的城市面貌："由于上海货车公司使用马车，交通也有所改善；和我们素来熟悉的旧情形相比，现在我们好像住在一个西方的大商埠里，而不是像过去那种倒霉的样子，人们把我们看作是世界极东地区的一些市民"。③

　　（3）以各类工业为代表的港口依存产业，其增加速度也呈上升趋势。

　　由于上海近代城市性质变迁的整体趋势，工业化是一个大方向，因此在整个近代史的时期内，工业基本上处于比较稳定的上升态势。

　　在上海城市产业不断转变的过程中，船舶工业是重要行业之一。1864 年，已经有人指出："由于本埠的贸易日益增长，帮对到埠船只提供并扩大各种必需

---

①　《1912—1921年海关十年报告》，载徐雪筠等译编，张仲礼校订：《上海近代社会经济发展概况（1882—1931）——〈海关十年报告〉译编》，上海：上海社会科学院出版社，1985 年，第 180 页。

②　《1922—1931年海关十年报告》，载徐雪筠等译编，张仲礼校订：《上海近代社会经济发展概况（1882—1931）——〈海关十年报告〉译编》，上海：上海社会科学院出版社，1985 年，第 258 页。

③　《北华捷报》第 702 期，1864 年 1 月 9 日，载上海社会科学院历史研究所编译：《太平军在上海——〈北华捷报〉选译》，上海：上海人民出版社，1983 年，第 496 页。

的设备，就成为迫不及待地要求。我们看到，新的船坞已经建造起来，旧的船坞也在扩建中，这就为修船与造船提供一切要件。继船坞的兴建，必然出现很多铸造厂，因此可以说，我们不仅是住在一个巨大的商埠内，也是住在一个巨大的工业城市中。像在英国一样，许多种类的制造工程，差不多都可以在上海迅速进行。"①

1878 年，怡和洋行将要开设新的轮船公司，"上海一家英商造船厂已为其建造了一、两艘轮船，安装了发动机，这为其能在世界上像上海这样偏僻的地区发展这么重要的待业的热情和事业心带来了很大的荣誉"②。可见一个造船厂的作用，对上海发展的巨大促进作用。

近代初期，除与船舶、贸易相关的工业外，上海其他工业乏善可陈。1882 年，上海的工厂包括 3 家缫丝厂，1 家自来水公司，"其他已设或在建的工厂还有：中国熟皮公司，上海华章纸厂，上海机器制冰厂，一家火柴厂，几家制酸厂，一家玻璃厂，几家铁厂，以及 4 个船坞"。③直到 1887 年，"上海的工业——在以前的报告中已经提到过上海有 4 家船厂、一些码头、机器厂和铸铁厂以及煤气和电灯公司等"，"还应提一下照相平版印刷厂。第一家这类企业是由美查先生于约十年前建立的，它现在已经转由中国业主掌管，而且经营得如此成功，以致现在经营这类业务的已有 8 家都是中国人拥有的同样企业"。④

1895 年之后，上海的工业开始迅速扩张，浦江两岸已经是一片工业城市的景象："在上海四英里之内，黄浦江及其两岸生气勃勃，它的西部声称其优势超过了行动迟缓的东部。一排排的大型仓库、码头、建筑工地、船坞、形形色色的'作坊'、缫丝厂、棉纺厂、冒烟的烟囱、不停的叮当声，全部是资本和能量存在的象征。对日战争后，工厂的数目有了快速增长。"⑤这一状况直接促成了上海向全国工业中心的转变。

---

① 《北华捷报》第 702 期，1864 年 1 月 9 日，载上海社会科学院历史研究所编译：《太平军在上海——〈北华捷报〉选译》，上海：上海人民出版社，1983 年，第 497 页。

② 《代理船舶登记员斯宾士 1878 年度上海港航运业务报告》，载李必樟译编，张仲礼校订：《上海近代贸易经济发展概况：1854～1898 年英国驻上海领事贸易报告汇编》，上海：上海社会科学院出版社，1993 年，第 509—510 页。

③ 《总领事许士 1882 年度上海贸易报告》，载李必樟译编，张仲礼校订：《上海近代贸易经济发展概况：1854—1898 年英国驻上海领事贸易报告汇编》，上海：上海社会科学院出版社，1993 年，第 645 页。

④ 《总领事许士 1887 年度上海贸易报告》，载李必樟译编，张仲礼校订：《上海近代贸易经济发展概况：1854—1898 年英国驻上海领事贸易报告汇编》，上海：上海社会科学院出版社，1993 年，第 727 页。

⑤ 〔英〕伊莎贝拉·伯德著，卓廉士、黄刚译：《1898：一个英国女人眼中的中国》，武汉：湖北人民出版社，2007 年，第 19 页。

（4）在派生产业中，最重要的是商业与服务业。

近代上海城市的产生和发展，即所谓"以商兴市"，故商业的发展一直非常充分。以商业为代表的港口派生产业，在近代上海城市中占有重要地位，无疑，工业是近代后期上海经济地位最坚实的支持者，但同时也离不开商业发展的支持；由于各种商品、资金的顺利流通，配合上海城市的发展，也更进一步促进了港口向着良性循环的方向改进。

如服务业的代表旅店业，"上海为通商码头，轮船所至，南闽、粤，北烟台、天津及出外洋往各国必经之地。商旅最夥，客栈因此而盛。轮船到埠，各栈友登舟接客，纷纷扰扰。同寓之人亦五方杂处，行囊旅橐必须亲自检点，庶无遗误"[①]，因此，英美租界早就开始整治，"一些高尚的旅馆正在慢慢地但是稳步地代替着那些恶劣的小客栈；这些小客栈多年来是虹口地区作奸犯科的好温床"[②]，可知旅店业，是上海城市各产业之中因港而兴者之一，也是与港口和城市均联系紧密的产业之一。

总体来看，近代上海港产业的变迁，基本遵循了各产业层次的顺序。但由于上海城市的特殊性，各类产业的发展并不一致，体现出作为一个近代中国开放港口城市的自身特点。以此为基础，上海的城市性质也随之发生变化。

上文是对上海临港产业的整体分析，下面就以作为内港的吴淞江为个案，并以米粮业为例，阐释产业与港口之间的联系。

二、吴淞江内河港区内的产业变迁

上海城市的边沿，是上海港庞大的码头体系，作为内港的吴淞江上也不例外。1874 年，工部局在会议上，曾讨论关于"是否要保留河南路底的一个码头"，因为不少"运来上海的茶叶、棉花和丝绸都是在这个码头上岸的，如果拆除这个码头，则货物的运输就会径直通向外国人的居住区"，影响到外滩一带的港区。[③]

不过，工部局并没有意图将吴淞江发展成为另一个港区，而是仅作为调剂

---

① （清）葛元熙撰，郑祖安标点：《沪游杂记》卷 1《客栈》，上海：上海书店出版社，2006 年，第 50 页。

② 《北华捷报》第 703 期，1864 年 1 月 16 日，载上海社会科学院历史研究所编：《太平军在上海——〈北华捷报〉选译》，上海：上海人民出版社，1983 年，第 505—506 页。

③ 《工部局董事会会议录》第六册，1874 年 10 月 26 日，第 641 页。

货物的一个途径。作为城市边沿的吴淞江，直到其真正成为上海港体系一部分后，才能真正开始临港产业的发展。

（一）吴淞江内河港区的兴盛与产业变迁

开埠之前，吴淞江港区所在区域，经济已经有所发展，"其市面较盛之区，……以新闸沿吴淞江一带地为最"[1]，已经初步形成了之后经济繁盛的基础。

1843 年之后，与上海租界的发展同步，吴淞江沿岸地区也逐渐开始在经济上有更多起色。虽然作为内河港区尚未完全形成，但民船的运输十分发达；内河轮运兴起之后，吴淞江沿岸获得了迅速的发展。"一时航运事业非常发达，所有内河客货运大都改用小火轮船"，"汽艇拖着中外商号的货船定期往返于上海和这些新口岸之间"。[2]"往来申、苏、杭小轮公司码头均设沪北"，"著名的有戴生昌、老公茂、大东（日商）、内河招商等，大都开设在铁大桥下塸（今河南路桥北塸），其他小轮船局尚不少"。[3]更重要的是，不少民船开始以机器作为动力，"上海与苏州、无锡、常州间交通，完全依靠小火轮，俗称无锡快、苏州快"[4]，成为轮运的前驱。

吴淞江上所航行的各种民船（表 3-5），吨位一般都比较小，故而对航道的要求不是十分苛刻。总的来看，行驶在吴淞江上的船只，大部分仍然是传统的帆船，即使如最繁华的上海至苏州航线，"往来苏沪小轮每日四五只"[5]，与庞大的民船比起来，数量非常之少。但机器化毕竟是一个大的趋势，随着内河小轮船的兴起，二者共同构成了上海内河港区的繁盛局面。

对内河小轮船的需求，使"机器厂制造小火轮盛行一时"，较著名的有"吴淞江老港内有公茂、史恒茂、大昌、广德昌等几家；在虹口有恒昌祥、广德兴等几家；在杨树浦有公兴；在南市有求新、兴荣发等几家"。其中，以设在吴淞

---

[1]　姚公鹤：《上海闲话》，上海：上海古籍出版社，1989 年，第 27 页。

[2]　上海市工商行政管理局、上海市机器工业史料组编：《上海民族机器工业》上册，北京：中华书局，1966年，第 128 页；《总领事韩能 1896 年度上海贸易报告》，载李必樟译编，张仲礼校订：《上海近代贸易经济发展概况：1854～1898 年英国驻上海领事贸易报告汇编》，上海：上海社会科学院出版社，1993 年，第923 页。

[3]　上海市工商行政管理局、上海市机器工业史料组编：《上海民族机器工业》上册，北京：中华书局，1966年，第 128 页。

[4]　上海市工商行政管理局、上海市机器工业史料组编：《上海民族机器工业》上册，北京：中华书局，1966年，第 135 页。

[5]　民国《上海县志》卷 12《交通》。

江畔的公茂机器厂为代表，"1895—1913 年间业务大为扩展，制造了不少小火轮，自设老公茂航运局，经营上海、无锡、苏州洞庭山、常熟等地的客货运输业务"，毫无疑问，"公茂的小火轮制造业务是随着它的航运事业的发展而发展起来的，因为老公茂航运局的发展，有力地支持了公茂船厂的经济周转，使小轮制造能加速进行，而小火轮制造又回过头来加强航运事业中的力量，因此公茂船厂的发展比别家同业为快，在 1913 年以前公茂船厂共为老公茂轮船局造过二十只左右的小火轮及拖船"。[①]

表 3-5　吴淞江上航行之民船类别表

民船类别	载重	载运货物	备注
龙华嘴船	5—30 吨	较贵重之货物	俗称行风船、出门船等
滩船	5—20 吨	柴草、米包等	俗称柴滩船
象牌船		石灰石	
绍兴船	3—16 吨	搭客，兼日用百货	原产于绍兴
米包子	20—45 吨	专运粮食	产于常熟、无锡、淮安等处
芦墟船	10 吨		产于浙江芦墟
蠡墅船	10—30 吨	建筑材料	产于苏州盘门外蠡墅等处，船身扁而宽，便于起舱
常熟船	5—10 吨	散货	产于常熟
洋澄河			产于吴江，形扁，吃水浅
椒湖船	15 吨		产于湖南，号称铁船，行水平稳
出门船	10—30 吨		产于吴江，吃水较深，宜长途航行
松江航船	30 吨		
西漳船	15—45 吨		产于苏州、无锡、常州等处，吃水浅，容量大，航速较快
苏北船	3—8 吨		产于盐城、高邮等处，船型不一
南湾子	10—40 吨	客货兼载	产于淮阴等处，原系官船，后为香船
鱼船		鲜鱼、鱼苗	产于浙江菱湖，船速较快
无锡快	5 吨	客货兼载	产于无锡，原称官船
扬州船	6 吨		产于扬州
江划子	小于 10 吨	客货兼载	产于镇江
不像船			包括三不像、四不像，船体细长，船速很快
乌山船	10—30 吨	杂货	产于浙江奉化
野鸡船	甚小	客货均载	航速较快
快口船	约 15 吨	杂货	
苏州船	10 余吨	鲜藕、水芹等水货	
荡桨划子	约 1.5 吨		船身较小
舢板		载客为主	俗称红头舢板

资料来源：郑祖安编著：《上海历史上的苏州河》，上海：上海社会科学院出版社，2006 年，第 13 页

　　吴淞江内河港区的日益发达，促使沿港区产业中其他各层次也获得了自己

[①]　上海市工商行政管理局、上海市机器工业史料组编：《上海民族机器工业》上册，北京：中华书局，1966年，第 128、130 页。

的发展机会，如小型的机器修理业，"新闸是内河船舶到上海的主要停泊地点，船舶在停泊期间，经常有必要的铁器修理，遂使新闸的铁铺逐渐繁荣起来"，先后有七八家无锡籍船作铁铺在新闸设立，"营业甚盛"。①

吴淞江沿线由于其便利的航运条件，虽然开发晚于浦江沿岸的租界地区，但上海港整体的发展，使其迅速成为上海著名的工业区。②

沪西的曹家渡地区，之前"地甚荒僻，绝少行人"，光绪十八年（1892），"有人购地建筑油车，是为成市之始"，"衣于斯，食于斯者，不下数千人"，更因优越的航运条件："面临吴淞江，帆樯云集，富商巨贾莫不挟重资设厂经商，除蚕丝、面粉两厂外，若洋纱厂、织布厂、鸡毛厂、牛皮厂、榨油厂、电灯厂，不数年间相继成立，市面大为发达，东西长二里。鳞次栉比，烟火万家，火车站在其西，轮船埠在其东，交通之便，本乡首屈一指"③，产业发展亦带动地区之变化，进入城市化的进程之中。

潭子湾，"在彭浦镇西南方四里许，地濒吴淞江，又为彭越浦出口处，从前只有村店数家，今则厂栈林立，商铺日增，居屋多系新建，帆樯往来，运输便利，商业之进步，远逾本镇而上之矣"④，生动揭示了临港产业的各个阶段。

周家桥一带，"本一小村落"，因"傍吴淞江"，荣家企业于此建筑纺织厂，之后"地价骤贵，亩值万金，百工麕集，遂成市面"；相比之下，静安寺附近，虽然因"英商开辟马路，渐成市集"，但"水道不通，贸易不甚畅旺，不过春郊走马，暑夜纳凉，为游娱一境耳"⑤，可见作为港区的吴淞江对浦西地区的带动作用。

正如江海关税务司在1922年所说："过去三年里（1918—1921），各类工厂像雨后春笋般开设起来，厂址大多在公共租界西北区，沿苏州河的两岸。本省的水路运输费用最便宜。可以说，哪里有宽阔的通往江河的水道，哪里就会有

---

① 上海市工商行政管理局、上海市机器工业史料组编：《上海民族机器工业》上册，北京：中华书局，1966年，第10页。

② 可参见胡银平：《沪西小沙渡研究（1899—1949）》，上海师范大学2008年硕士学位论文等相关研究成果。

③ 胡人凤续辑，许洪新标点：民国《法华乡志》卷1《沿革》，上海：上海社会科学院出版社，2006年，第4页。

④ 民国《宝山县续志》卷1《舆地·市镇》。

⑤ 胡人凤续辑，许洪新标点：民国《法华乡志》卷1《沿革》，上海：上海社会科学院出版社，2006年，第4页。

工厂"[1]，可以说，由于吴淞江内河港区的存在，才使沪西工业区的产生成为可能。

（二）吴淞江作为内港的地位与问题

据上文所述，吴淞江作为航道被加以利用之后，它的繁盛日盛一日。时人评论吴淞江的地位："江（吴淞江）小于浦（黄浦江），亦关系商埠之盛衰"，"沿江两岸工厂林立，轮运利便，端赖此江"[2]，可见经过近代数十年的发展，吴淞江作为上海港区一部分的地位，已经不可动摇。

上海特别市成立之后，无法全面控制黄浦江的港政，故而对吴淞江沿岸颇加注意，自成立后，在沿江一带着力疏浚、修筑码头，并取得一定成果（表3-6）。可以看出，这些码头，大部分修建在距离租界不远的闸北、沪北一带，靠近黄浦江，亦可见吴淞江港区的特点。

表3-6　上海特别市工务局建造吴淞江沿岸码头　　　单位：元

年份	码头名称	所在市区	造价	备注
民国16年	吴淞江北岸米业码头	沪北	6.20	
民国17年	吴淞江北岸木码头	沪北	9.00	
民国18年	中央造币厂码头	法华	1.00	
	裕通面粉厂码头	沪北	.40	
民国19年	陈家渡码头	蒲淞	5.63	
	丰田纱厂码头	法华	6.00	
民国20年	吴淞江米业公会码头	闸北	4.00	
	吴淞江南岸上海银行码头	闸北	3.50	
	吴淞江新闸桥西码头	闸北	0.00	
民国22年上半年	天源电化厂前码头	蒲淞	4.72	
	永安第三厂前码头	闸北	.61	
	信通洋栈前码头	闸北	.83	

资料来源：上海市政府秘书处编：《上海市政概要：民国二十三年》，第五章《工务》，1934年，第28—31页

由于自然与人文原因，自成为航道后，吴淞江的淤塞问题便日益被人注意。对于其淤塞的缘由，1922年上海县知事公署曾作出比较详细的分析：如曹家渡

---

[1] 《1912—1921年海关十年报告》，载徐雪筠等译编，张仲礼校订：《上海近代社会经济发展概况（1882—1931）—〈海关十年报告〉译编》，上海：上海社会科学院出版社，1985年，第208页。

[2] 《秦锡田修治吴淞江之意见》，《申报》1922年9月19日，第13版。

以下至叉袋角一段河道，"狭窄较甚，按诸前清档案，其宽度仅存二分之一，最狭处所不及十丈"，"考其致狭之由，皆由沿河地主，先将垃圾烧灰倾倒河滨，不久即成滩地一二丈，先盖水阁一进或二进，仍如前法倾弃垃圾，一二年后就前盖之水阁，改建瓦房，并于屋后增搭水阁。其无房屋之处，亦于沿河涨出之滩地上围以竹笆，或树以木桩，逐多僭占，群相效尤，以致河身日侵月削"，"若不严行取缔，势必将河面占尽，不特宣泄失所，而沪埠重要商旅，亦将断绝交通，贻害实非浅鲜"。[①]

1923 年 1 月初，闸北米粮公会函总商会称："苏州河西段野鸡墩（即虞姬墩）地方，自阴历十三日下午，因煤船与轮船相交挤塞以来，迄已五天，两端后至船只，至此相继挤住，愈挤愈多……东已塞至北新泾，西已停过黄渡，相接已有数十里之遥……苏州河为内地往来上海重要河道，挤断后，影响及于米市甚大，四五日来到货绝无，存底空虚，故高机粳已由十一元二角飞涨至十二元，刻下市上照此价目，尚无货可购，米店存底有限，后患堪虞。且蔬菜食物多赖西路运来，迩日莫不因此大涨，他如粪船无到，秽物将无出处，岂不更闹笑话？总之多延一日不通，即沪人士多一日之恐慌"[②]，情形的严重，亦道出了吴淞江地位的重要性。

1922 年，江海关税务司曾论及吴淞江疏浚等情况："两岸土地上发展了工业，导致沿河修筑了很多滩岸。随着上海的逐步发展，两岸工厂陆续建立，河中船只往来日益增多。与此同时，淤泥沉积，河道愈益狭窄。因此曾有几个团体建议上海工部局、浚浦局和中国当局三方应对河道的修治和疏浚共同做出一些具体永久性的安排，但到目前为止，除苏州河浚河局（Soochow Creek Conservancy Bureau）做了些零星挖泥工作外，别无其他结果。该局是在改进苏州河的问题提出之后由中国当局设立的"，因此，"有计划地整治和疏浚苏州河是一件十分重要的工作，应认真加以考虑"。[③]

《字林西报》曾就吴淞江的淤浅阻塞状况发表评论，称其河道情形："几与往日洋泾浜同为沪上之厌弃物，然苟善治之，未始不可成为重要之水道"，"况海关中绝少治河工程师，而治河亦非其职，水面以下，自不甚注意，在其管辖中，唯有水巡队，然因河中船舶往来如织，华人行船又不守来左去右之规则，

---

① 《取缔侵削苏州河之布告》，《申报》1922 年 5 月 23 日，第 13 版。
② 《米粮公会函请疏通苏州河》，《申报》1923 年 1 月 6 日，第 13 版。
③ 《1912—1921 年海关十年报告》，载徐雪筠等译编，张仲礼校订：《上海近代社会经济发展概况（1882—1931）—〈海关十年报告〉译编》，上海：上海社会科学院出版社，1985 年，第 193 页。

凌乱无序，争端时起，管理极为困难。苟水巡队人数稍多，尚易为力，今则寥寥无几，实际不敷分布，纵办事十分认真，而管理自难周密"，并认为吴淞江水利工程局工作不合格，因此，建议由浚浦局来完成疏浚工作。①但吴淞江水利工程局随即反驳称，"本局浚河经费，系由吴县吴江昆山等八县农田凑合集而来，且亦早经裁止，绝未尝向沪上商家及船只方面抽收丝毫之捐项，该报谓但知收捐，不知改良航路，尤属完全虚诬之言"②。

　　但无论争论如何，直到 1931 年，吴淞江的情况改变得并不多，"下游水道淤塞，十年来经常引起人们的严重关切。苏州河是黄浦江的主要支流，不但为上海的工业带来很大利益，也是内地同上海之间运载旅客、货物的重要水道。但苏州河每年在一定季节里水道动辄淤塞，尤其在虞姬墩一带，有时几乎全部阻塞。那里河水有时过浅，附近 3—4 英里内的小船，往往搁浅，几个昼夜不能移动。等到阻塞略见松动，船只拥挤混乱的情况，就更不用说了。有时不得不规定船只要随潮行船，即在潮涨时上行，潮退时下行，直到混乱现象消失，航道恢复正常为止"；疏浚工作仅有少量行动，"远在 1919 年，浚浦局即曾应江海关港务长的请求，对苏州河下游进行彻底的勘测，但疏浚工作一直迟迟未动。直至经过几年的争论磋商之后，方始与上海市政府商定，挖浚下游水道 13 英里，以利航行。这项工程已于 1931 年 2 月兴工。至本期末，虽仅挖至北西藏路桥，但从苏州河口至该桥这一段水道的所有障碍都已除尽，对船只航运的便利是难以估量的"。③

　　吴淞江作为港区，带动了沿岸经济的发展，并形成了相对完整的产业层次，使沪西城区在上海产业体系中的地位日益重要；但沿江的城市化，也使得吴淞江的航道状况逐渐变差，甚至吃水很浅的民船也会有搁浅的危险，这也是产业对港区反作用的表现。

　　因此，如何处理港区航道淤塞的问题方面，就引起了吴淞江沿岸各产业商人们的关注，由于之前吴淞江作为水利上的重要设施，其疏浚经费主要出自于沿途各县的农业税，但近代之后，"吴淞江在今日，已含有商港之性质，而农田之关系较轻，则浚河之费，不应尽责之于农田"，因而有士绅提出，应将经费筹集方法加以改变："一酌拨洋关加税"；"一酌征工厂之特捐，沿江两岸工厂……

①　《开濬苏州河之西报论调》，《申报》1922 年 9 月 1 日，第 13 版。

②　《吴淞江水利工程局来函》，《申报》1922 年 9 月 3 日，第 16 版。

③　《1922—1931 年海关十年报告》，载徐雪筠等译编，张仲礼校订：《上海近代社会经济发展概况（1882—1931）—〈海关十年报告〉译编》，上海：上海社会科学院出版社，1985 年，第 289 页。

可按其出品之价值，而定其捐数之多寡"；"一征收船捐。江内停泊之船，无不纳捐，如新闸等埠，已为外人收取，宜按约交涉，悉归管理之机关，就原定之捐额，整顿征收"，果能如此，则"日积月储，数必不少，应以十之六充疏濬之费，十之四充整理之费，而皆注重于下游，稍有淤浅，即行开挖，务使沙不久停，淤不多积"。①

以上这种非常理想的看法，因牵涉沿江机构众多，协调难度很大，并没有得到真正实现。但其中一个事关上海日常生活的米粮业，对吴淞江的疏浚工作表现出了积极的响应，并因此而成立了沪北米业联会，专门从事吴淞江的疏浚费用筹集工作。下文即以此作为分析。

三、产业与港区的互动——以近代上海米粮业为例

从一个江南地区规模不大的县城，一跃成为人口三百余万的大都市，上海用了不到百年的时间，这一情况所产生的一个结果，就是城市对粮食的需求。"上海为全国商业中心，金融之枢纽，万商云集，人烟稠密，于粮食运销上，实居重要地位"，"米粮销数，每年约须六百万市石左右，为国内各地之冠"②；"我业为沪上商业中之最为繁要，不可一日间断。是以迭次风潮，先以维持民食为要"③，米业的重要性，是显而易见的。

上海属长三角太湖平原的东端，城市人口生存所需的粮食，主要来源为苏南、浙北一带，这一地区也正是上海的直接腹地。④这些地区的粮食，主要通过黄浦江、吴淞江及其各条支流，以民船运输的方法销往上海。这些米粮运至上海，首先面对的，就是港口体系中的各个专业码头。

下文以米粮业为线索，分析港口与城市发展过程中的职能变迁的相互作用。

（一）近代上海米市简述

由于沪北吴淞江一带，在开埠之初，并非人口聚集之处，米业的主要市场在南市老城区一带，"南帮、常帮各米船，于产米乡区，载运食米来沪，以应南

---

① 《秦锡田修治吴淞江之意见》，《申报》1922 年 9 月 19 日，第 13 版。
② 社会经济调查所编：《上海米市调查》，上海：社会经济调查所发行，1935 年，引言。
③ 《南市米业方议请自建码头》，《申报》1922 年 1 月 17 日，第 11 版。
④ 戴鞍钢：《近代上海与周围农村》，《史学月刊》1994 年第 2 期，第 48—55 页；戴鞍钢：《上海开埠与苏南地区经济格局的变化》，《史林》1990 年 2 期，第 40—47 页。

市各行家销场"①。近代之后，沪北吴淞江一带，逐渐发展成为米业的另一个重心。

1935 年，曾有调查对上海米市的历史作了追溯："光绪卅二年（1906）以前，南市原属县治，人口稠密，米行米店，麕集于此，各地进口米船，均停泊黄浦江一带"；而闸北一带，"居民寥寥，冷落不堪。论其性质，不过一乡镇而已。当时新闸桥系木板桥，下有三石墩（见图 3-4、图 3-5），水流湍激，重载过墩，每多遇险，一般内地米船，乃停泊桥畔，由附近米行，卸下若干，然后直放南市；故当地米行，虽有四五家，大多兼办他种货物，不得视为纯粹米业也。迨后人口渐多，市廛渐盛，美商运碾米机来华，在北市创设美昌碾米厂，华商又在该厂附近，开设源昌碾米厂；于是内地米商，纷纷载运糙米来沪，碾白出售，一时苏州河内，米船齐集，米行米店，应运而盛，闸北米市，由此蒸蒸日上矣"，由于市面的兴盛，"米行设于米船集合之处，米船停泊于米行汇（荟）萃之区，因此相互关系，故南市集中于三泰码头，而北市集中于苏州河新闸桥一带"②，形成了南北两大米市并存的格局。

图 3-4　1897 年前后的新闸桥

资料来源：郑祖安编著：《上海历史上的苏州河》，上海：上海社会科学院出版社，2006 年，第 47 页。可以看到新闸桥的庞大桥墩，航道仅能容一小船通过

---

① 《米业函请指定停泊米船码头》，《申报》1922 年 1 月 13 日，第 15 版。
② 社会经济调查所编：《上海米市调查》，上海：社会经济调查所发行，1935 年，第 1 页。

米业与上海港，尤其吴淞江内港的关系则更加密切，根据《上海米市调查》所载，一粒米从产地到上海售与消费者，其路线大致如下：如果是已经在产地碾成的白米，其交易流程为：米客——经售米粮业——米行——米店——顾客；如果是稻谷直接运至上海，其交易流程为：米客——碾米厂——经售米粮业——米行——米店——顾客。在以上的交易流程中，除米店与顾客之外，几乎均与港口有直接关系。

（1）米客负责运送："经常由内地米行米厂，向农家办米，而转售于米客，米客将所购米粮，转运来沪，托经售业代为推售，复以所受货款，向内地采办米粮，转运来沪"[①]，此处运来者，若为白米，则直接交由经售米粮业；若为未碾之稻谷，则交由碾米厂碾白后，再由经售业转至下一步。

图 3-5   1916 年后的新闸桥

资料来源：郑祖安编著：《上海历史上的苏州河》，上海：上海社会科学院出版社，2006 年，第 48 页。

1916 年，为方便吴淞江航运交通，新闸桥被改造为单孔桁架桥，桥长 60.35 米，宽 6.1 米

（2）经售米粮业，直接与米客在港区接触，"凡米船到沪，或送厂碾白后，通常报告经售业，由经售业取样米数包，向各米行兜售，米行看中后，即携样赴河埠扦样；经售业、米行、米客三方，乃正式会谈价格，价格既定，斯为成

---

① 社会经济调查所编：《上海米市调查》，上海：社会经济调查所发行，1935 年，第 2 页。

交，俟米行过斛后，即照数付款"[1]。

（3）米行通过经售业与米客接触，"成交后，即向米店兜售，如货样合意，由米行伴同米店办货人到船或到栈看货，正式谈价，合则成交，并商订付款日期"[2]，米店也同样会接触到港区。

（4）米店为米业最后一层销售者，"向米行购办米粮，而转售于消费者"[3]。

由上节米业交易流程可以看出，米市业的各个层次，均与港区有着直接关系。因此，在其发展过程中，不可避免地与之发生各种关系。由于是以港口存在为主要选择依据而设立，甚至可以说，米粮业的装卸就是一种港口直接产业。

米客需贩运米粮来沪，通过吴淞江、黄浦江等港区，到达所需的各个码头，再将船上所载米粮，卸交米行或仓库。而在上海，会有专门的米业码头，"南市米业公会筑有新式码头，……于米粮到数，记录尚称可靠；北市到米大概多由经售业介绍成交，故经售业公会对于到米数额亦有记录"[4]。

内河运输的种种优势，也体现得非常明显，"查食米运输方法，不外内河铁路轮船及外洋四种。就中以内河输入最多，此因江浙产米各区，接近内河，而内河帆运，更有自由上卸诸种便利，为他种运输方法所不及"[5]，通过表 3-7 可知。

除了运费低廉之外，"帆船装米，可因米市在数地凑满一船，到沪后可停留三数日不取费用，驳费栈租均可节省，故在今日，帆运仍占重要位置"[6]，1932—1934 年间，通过内河水路与铁路分别输入上海的米，如表 3-8 所示。

由轮船输入的本国米及外国洋米，在 1932 年分别为：93 071（市石）、3 101 752（市石）；1933 年则分别为：427 814（市石）、731 793（市石）；而由铁路输入的各种商品中，"铁路之货……粮食极少，无关宏旨"[7]。以水运为主要运输手段的上海米市，与上海港就产生了紧密的关系："民食来源，大都由水道来沪，一朝阻滞，仅恃铁路运输，供不应求，遂呈居奇之概。"[8]

---

[1]　社会经济调查所编：《上海米市调查》，上海：社会经济调查所发行，1935 年，第 1 页。
[2]　社会经济调查所编：《上海米市调查》，上海：社会经济调查所发行，1935 年，第 2 页。
[3]　社会经济调查所编：《上海米市调查》，上海：社会经济调查所发行，1935 年，第 3 页。
[4]　社会经济调查所编：《上海米市调查》，上海：社会经济调查所发行，1935 年，第 5 页。
[5]　社会经济调查所编：《上海米市调查》，上海：社会经济调查所发行，1935 年，第 15 页。
[6]　社会经济调查所编：《上海米市调查》，上海：社会经济调查所发行，1935 年，第 49 页。
[7]　社会经济调查所编：《上海米市调查》，上海：社会经济调查所发行，1935 年，第 5 页。
[8]　《宋子良函商濬淞计划》，《申报》1930 年 4 月 12 日，第 14 版。

表3-7　自江浙各地至上海运米费用调查表

地点	运输方法	运输时间	运输费用（元）		沿途纳捐数额	备考
苏州	帆船	（1）二日至五日	每石（海斛，下同）	0.200		帆船运货到沪，货物可在船上停留三五日，不另收费，轮船火车，则须立刻起卸
	轮船	（2）二十小时	（5）每石	0.195		
	火车	（3）四小时	（5）每吨（约十石余）	1.610		
无锡	帆船	（1）三日至七日	每石 0.200			轮船运米每石本为二角，廿三年春季以后，因同业竞争，降为一角八分
	轮船	（2）三十小时	（5）每石	0.236		
	火车	（3）五小时	（6）每吨（约十石余）	1.850		
常熟	帆船	（1）二日	每石（海斛，下同）	0.200		常熟火车不通
	轮船	（2）二十小时	（5）每石	0.235		
	火车					
南京	帆船					南京运米来沪，实际多由火车
	轮船					
	火车	（4）一日	（6）每吨（约十石余）	3.050		
松江	帆船	（1）一日至三日	每石 0.160			松江运米来沪，以帆运最多，轮运较小，车运更少
	轮船	（2）十小时	（5）每石	0.175		
	火车	二小时	（7）每吨（约十石余）	1.340		
嘉兴	帆船	（1）二日至四日	每石 0.200			
	轮船	（2）二十二小时	（5）每石	0.240		
	火车	（3）四小时半	（7）每吨（约十石余）	1.730		

注：（1）视风之顺逆而定。（2）水浅时则需时较多。（3）向例今日上车，次日上海提货。（4）向例今日下（上？）车，后日上海提货。（5）内有到沪上栈费0.015。（6）内有照料费0.150，上下力驳费等0.650。（7）内有照料费0.150，上下力驳费等0.700。

资料来源：社会经济调查所：《上海米市调查》，上海：社会经济调查所发行，1935年，第50页表30

表3-8　1932—1934年间国内米粮输入上海比较表　　单位：市石

	内河输入			铁路输入			
	南市	北市	合计	京沪铁路	沪杭铁路	联运	合计
1932	1 763 463	881 113	2 644 576	210 840	989		211 829
1933	2 436 776	1 592 687	4 029 463	771 731	48 115	19 974	839 820
1934	2 166 859	1 359 045	3 475 904	131 692	2 974	220 973	355 639

资料来源：根据社会经济调查所编：《上海米市调查》，社会经济调查所发行，1935年，表1—表4整理而成

　　于是，米粮业的各个流通层次，就又与上海城市中港口的各产业层次，如

仓库、堆栈等仓储业，发生了相应的联系。

米粮为体积大、价值低的笨重商品，一般而言，总是需要在销售地提前储存，但上海城市虽然"商务日盛，人口日繁，消费日增，求供之数，相与俱巨，操奇计赢者，渐有囤积之势，于是堆栈日多"，不过，"此种仓库，初非为米业而设，盖米之销数，日有定额，其容积甚大，而房租甚贵，况交通便利，运输敏捷，趸购而零售，非米商之所乐为也"，因此，直到20世纪30年代，"纯粹堆存粮食之仓库，至现在仅南市三泰码头之一豆米业仓库而已"，但其利用状况，也是"平时未能储满，冬季则颇拥挤，寄存者多而抵押者甚少"[1]，似乎米业与仓储业的关系并不大。

虽然米粮业并没有发展出太多专门的仓储业，其他各产业中则有这方面的建设，如银行仓库，"均集中于北苏州河两岸，盖接近麦根路车站，取其运输便利也，各大银行皆有仓库，在昔专营丝茧，自茧价低落丝业失败后，来源减少，于是凡五金、疋头、药材、烟叶、棉纱、粮食等，均有抵押或寄存"，其中，"粮食约自十月起，逐渐上仓，开春以后，纷纷提出"，但银行所设仓库，总计"各仓堆存粮食面积，不及二分之一，而麦豆花生等物，亦已并计在内；至纯粹堆存粮食者，仅中国及上海二银行各有其一"。[2]

此外，又有其他形式的仓库，最常见的有钱庄堆栈、关栈等。钱庄堆栈，主要"散布于苏州河一带，范围大小不一"，"凡营业较盛而与外国银行发生关系者，称曰洋栈，如豫康、安记、鼎记、鸿记等是，否则即称曰某某堆栈。其营业亦以寄存及抵押为主，惟间有因其股本来源性质，而专投资于一种营业者，如棉纱面粉等是"。

关栈，则主要"隶属于中外轮船公司，凡进出口之货物，报关装运者，均堆存于此"。基本多属临时性质，"关栈建筑在各轮船码头附近，沿江边一带，自虹口以至南市王家码头，尤以杨树浦为最多，因其地价较廉，凡价值不贵而容积较大者，胥卸于此，故粮食亦多"[3]。

总之，米业与港区产业中的各层次，均有所联系；但整体来看，联系最紧密的，则是直接产业与关联产业。因此，它与港区的互动也就主要体现在这些产业层次方面。

---

[1] 社会经济调查所编：《上海米市调查》，上海：社会经济调查所发行，1935年，第4页。
[2] 社会经济调查所编：《上海米市调查》，上海：社会经济调查所发行，1935年，第4—5页。
[3] 社会经济调查所编：《上海米市调查》，上海：社会经济调查所发行，1935年，第5页。

（二）米粮业与港区的互动关系

米业与港区的关系，首先即可在经济关系上反映出来，"南市米业公会筑有新式码头，米船到埠，每担抽捐一分"[1]，这一分的捐税，在《上海豆米行业同业公会米组业规》中，第三章"佣金"部分第六条，也有明确规定"无论河货、厂货、栈货，拆包斛见，俱以量器一石议定价格，谓之客盘。每石扣取佣金二角，公益费一分，此项公益费，以备管理码头，雇佣水陆警士、职员伕役，设备消防电灯，布置河筒，疏瀹淤积，修葺码头，以及其他为客户设备之公益事业等用途"[2]，此处之"河货、厂货、栈货"，即为上文所言米客贩来之白米，碾米厂碾白之米，以及仓库堆栈中储存之米；而此一条中所规定公益费之用途，基本上都是与港区相关的，可见米业与港区联系的紧密程度。

不过，对南市与闸北两地米市而言，与港区的关系的侧重有所不同：南市由地濒接黄浦江，航道疏浚由浚浦局管理，加之民船或内河轮船吃水较浅，故航道无碍，主要在于管理专业码头；闸北地区则由于航道依靠吴淞江，虽然修建码头没有什么大问题，但常常会由于航道淤塞而倍感艰辛，一旦"潮水小汛"，就会发生"不能靠傍码头装卸货物"的尴尬景象[3]，故北市米业主要关注如何疏浚吴淞江。

1. 南市米业建筑码头的努力

上文提及，民国初年浚浦局疏浚黄浦江南市地区沿岸时，将原存各码头尽数拆去，米业码头也不例外，被迫向南迁移，"米船向来排泊于十六铺沿浦滩洪生码头一带，便于行家开斛运卸，历来已久。近年因浦江水巡队查得各米船停泊浦畔，多所阻碍，且浚浦局机船在彼开挖淤泥，而各轮埠公司亦在沿浦动工挖泥，遂将米船赶往关桥迤南及王家码头，兹因水巡队查得各米船仍多阻碍，时加拘罚，以致米船无处下泊"，南帮米业公所及仁谷公所得知后，"以前次浚浦兴工时，将各处码头拆去，迨工竣后，曾有拟请沪南工巡捐局指定地点，建设停泊米船专有之码头"，但自从提议后，并未得到妥善落实，致使"各米船对于浦江停泊，群起恐慌，自水巡队拘罚后，咸有戒心"，两公所"公同筹议，除公函沪南工巡捐局长应予饬科指定米船专泊码头地点，以便集资建筑，而保船

---

① 社会经济调查所编：《上海米市调查》，上海：社会经济调查所发行，1935年，第5页。

② 严声谔编：《上海商事惯例》，上海：新声通讯社出版部，1933年，第513页。

③ 《米客请开苏州河》，《申报》1923年1月29日，第13版。

商，一面妥劝各米船主照常装运，切勿停滞，及发生罢装风尘"。①可见米业对港口建设一事，影响甚小，但能力尚在。

由于停靠码头的缺失，南市地区米船只好在江中驳运，但情况非常艰难，经常遭到水警队驱逐，南市上海米行公会、南帮米商公所对这种情况深感痛心，认为"若不自设米行之专门码头，终非久远之道"，遂下定决心，"应请仁谷堂董事向工巡捐局磋商自建码头，如有办法，再商筹款"。②

受浚浦局疏浚工程之故，南市米业大受影响，甚而有将营业转至闸北者，"自濬浦挖泥机开濬沿浦淤泥，时将各码头拆卸，遂无专泊处所；间有移泊于北市，因而起卸跋涉；并有暂泊于王家码头等处者，辄遭水巡队干涉阻止停泊。各米船大感不便，俱拟罢装停运，或尽泊于闸北，……事关沪地民食，恐码头延不造成，各米船咸视为畏途，不敢再运米石来南起卸，殊与南市方面各米商营业前途，大生阻力，且沪地民食，不无同受影响"③。因此，上海南帮米业公所多次讨论决定建筑码头，因函请"沪地工巡捐局，请拨出相当处所，为建筑米船码头，迄今仍无眉目"，遂决定函县商会，请其"转呈江苏省公署，令饬沪南工巡捐局"，从速筹划码头基地，"以期早日观成"。④

不过，南市工巡捐局尚未答复，随后，由于轮船码头的修筑，米市停泊码头被再次南迁，"南市自大码头起至王家码头止，向来为米船汇集之处，各行号斛米卸货，均在该处，近自轮埠建筑至万豫码头，吾船户竟无停泊之所。水巡队前来驱逐至南董家渡一带，谓该处米船可泊，讵近来水巡队又加干涉，各船只得泊在浦中，如遇潮水紧急，颇为危险"⑤，针对这种情况的存在，常常发生米业的损失，"正月间某行之三船，装米停泊在浦中过夜，适潮浪甚急，米货打湿，船户只可赔偿。且现在卸米船户，亦不能靠傍码头卸米，殊多为难"。而由于上次要求指定停泊码头，并未确定，"此事对于行家、店家、船户三方，均有重大相关，若不从速指定地点停泊米船，恐日后发生不测"，南市米业决定，"再请公会公所及各行联名禀请工巡捐局即速指定地点，倘不指定，日后船户装米过夜，停泊浦中，如遇潮浪冲激，米货湿水，船户不负责任，其损失由货主

① 《米业函请指定停泊米船码头》，《申报》1922年1月13日，第15版。

② 《南市米业方议请自建码头》，《申报》1922年1月17日，第11版。

③ 《米船请指定停泊码头》，《申报》1922年2月7日，第15版。

④ 《米业公所重议建筑码头》，《申报》1922年12月11日，第14版。

⑤ 《南市发米公所开会记》，《申报》1923年4月27日，第15版。

自问"。①

经过数年的努力要求，1924年7月，南市米业码头终于得到一段岸线，准备作为专业码头，位于薛家浜的这段岸线，比起原来的停泊地点，已经大大南移，接近南市的郊区了，"南市米业中人，以米船来沪，工无相当之码头停泊，对于起货颇多困难，曾请沪南工巡捐局指拨米业码头地点，既而已由该业择定薛家浜北首沿浦，最为适宜，除营造码头外，另再设一营业处所，以便米船到沪时有所接洽，藉以支配在案。兹闻该业现以薛家浜之道路，将次填筑竣事，此项码头，亟应规则，以便动工营造，一面在同业中筹款，积极进行，使此码头，早日落成"②。

不过，由于时局的原因，南市米业所一直要求的自建码头等，并未能真正实现。直到上海特别市成立后，再次不断呈请修建，终于得到了结果，由上海工务局主持其事，开始建筑米业专用码头。

1930年1月，为满足米业各船舶的停泊需求，上海米业公会呈请上海特别市工务局，筹集经费三万余元，"在南市多稼路南首沿黄浦江西岸，建筑米业专用码头"，即薛家浜至三泰码头一段，并"对南市米业码头，拟规划早日兴建码头图样，业经绘制竣事，全部经费，估计共需三万余元。昨已呈请市府鉴核备案，并定期举行招商投标，以便兴工云"③。

10月底，米业码头正式落成，25日，海市豆米业同业公会专用码头开落成典礼大会，上海特别市相关部门，及上海市商会、南帮公所、常帮公所、同业会员等出席大会，米业对此欢欣鼓舞，认为，"现在我同业在市政府社会局领导之下，应各努力于改进及利民利商之方法，故米码头之建设，尚为初步之设施，今后仍应继续合力，经营于我业之安全设备"，社会局也表示"望米业诸君，本次热忱，再建米业上之设备，如仓库等。社会局为谋社会上发达及安全，今后对于民食上有应兴应革之事，定当力加赞助，俾商民均受益为责职"，上海市商会更认为"米业诸君，具勇往精神，合力建斯有规模之米业码头，则将来沪埠米业之发达，胥由米业诸君，有完善之设备始"④。

11月，上海豆米行业专用码头管理处通告内地各米商，"从本月十五日起，在南市薛家北首新建米业专用码头，开始停泊。凡内地米船到沪者均可傍泊，

---

① 《南市发米公所开会记》，《申报》1923年4月27日，第15版。
② 《南市米业进行建筑码头》，《申报》1924年7月30日，第14版。
③ 《工务局筹建南市米业码头》，《申报》1930年1月19日，第16版。
④ 《豆米业专用码头前日行落成礼》，《申报》1930年10月27日，第10版。

以期会集而资安稳"①，而此次新修码头，规模也不小，"薛家浜一段，可泊米船四五百号，最为适宜，对于米行号客，及船户均甚便利"②。

11 月 15 日，米业码头行落成礼，开始停泊米船，并通过经售米粮业各商，转知各米客米船知悉，"惟豆米行大都在豆市街一带，以米船码头刻已建成，则米船抵申后，将荟集一处，故各行前日议定所有经营米粮各行，一律迁移至南会馆迤南至薛家浜一带，俾得便利"，因此，使得薛家浜一带立即改变了荒凉面貌，"薛家浜一带之空屋，日来租借一空，皆开米行。近日在豆市街之米行搬迁前往者，络绎不绝，该处市面，顿形热闹"。③可见港口码头对一个城区的带动之明显。

随后，"各米船除有一部分轻信浮言，尚在观望外，余均络绎前往，起卸便利，停泊安适"，至于观望之原因，在于码头停泊费，"闻米船停驻码头，应纳之费，均归行与客认缴，于船户无分文损失，此项误会……一经明白，观望者不难乐从"，与此同时，"南市各米行亦同时分设于丰记码头，现该处成为一米市荟萃之区，到货之多寡，销数之涌滞，可一望而知，且市情亦得一律，无彼涨此降之弊，行客减去困难不少矣"。④

至此，米业码头建筑一事终于告一段落，在上海特别市的主持下，终于得以解决，米业随后的发展也比较平缓了。

2. 闸北米业疏浚航道的努力

进入民国之后，吴淞江历年未曾有人主持疏浚，终于在 20 世纪 20 年代初，积累的淤浅问题全面爆发，使整个吴淞江水系的航运受到极大影响。1931 年，上海市政府为疏浚吴淞江，曾回顾历史上的疏浚事情：

> 查此江自民国九年以迄十三年间，虽经先后修浚，但系枝节施工，旋作旋辍，加以交通繁盛，及潮流关系，近复淤塞如故，设再不通盘筹划，从事开浚，而全河水利，即受莫大影响。

> 民国三年，江苏省政府筹浚该江，援照田亩带征附捐，以充疏浚经费，设立一江南水利局以主其事。自九年二月开工，至三十年一月竣工，实挖出土十七万六千九百十方，计自梵王渡铁桥起，至新闸桥止，长二

---

① 《南市米码头管理处告内地米商》，《申报》1930 年 11 月 4 日，第 14 版。
② 《米业码头定期落成》，《申报》1930 年 11 月 13 日，第 14 版。
③ 《米业码头今日落成礼》，《申报》1930 年 11 月 15 日，第 16 版。
④ 《南市米专码头开幕记》，《申报》1930 年 11 月 16 日，第 16 版。

千八百二十二丈。施工期内，省局因经费支绌，工程几致停顿。

嗣后，上海总商会先后邀集上海商业团体及沿江八县公团，议决设立吴淞江水利协会，以辅佐官厅整理水利交通，筹款六十万，五年为期，沪商及八县农田各任其半。先就新闸以东，至出浦一段施工，十五年五月竣工，长九百二十丈，出土十二万八千三百二十三方，用款二十一万九千余元。本拟续浚新闸以西各段，又以经费不继，遂致中辍。①

航道淤塞，对于上海城市发展中的各项产业，均大有影响，吴淞江本"为太湖宣泄尾闾，又为苏沪间交通要道，凡沪埠需用之粮食栖石木材等要品，皆由此河转运而来，两岸工厂林立，均赖苏州河为枢纽"②；但这条重要的河流，"近年日积淤浅，以致断绝交通，少则数小时或一二日"，"长此以往，非特行旅受累，实与本市商务、沪埠食米，大有关系。……加以沪埠商业日渐发展，人口暴增，运输船只，亦日增不已，新米上市，常有挤轧之虞"。③

这是吴淞江水利协会成立之背景，同时也是沪北米业联合会成立的最大原因。吴淞江水利协会，是上海总商会为协助江南水利局疏浚吴淞江，而组织成立之机构；而沪北米联会则又是协助吴淞江水利协会之另一机构，所谓"联合各团体，组设沪北米市临时联合会，专为筹集浚河经费，赞助贵会（总商会）发起之盛意"。④

1923 年 1 月，"上海总商会召集吴淞江流域八县及上海各县代表筹款浚淞，设立吴淞江水利协会"，并订立章程，确立组织方式（见附录）。⑤

（1）沪北米业联合会的成立及其经过。

米粮业是在整个上海城市产业对吴淞江的航运状况，关切最为迫切的一个产业；而沪北米业联合会则是为上海港的更好利用而成立之一机关。

沪北米业联合会，其历史渊源为 1930 年的上海港务局，现根据档案资料，整理如下：

当时北市米业行厂经售各帮，(民国十二年二月)共同组织联合会，筹款协助。议决每米一石征捐一分(是为浚淞捐)，呈经前上海县知事沈核准备案。

---

① 《市政府积极筹浚吴淞江》，《申报》1931 年 2 月 3 日，第 13 版。
② 《取缔侵削苏州河之布告》，《申报》1922 年 5 月 23 日，第 13 版。
③ 《苏州河修浚问题》，《申报》1922 年 3 月 26 日，第 14 版
④ 《米商赞助吴淞江水利协会》，《申报》1923 年 4 月 1 日，第 13 版。
⑤ 吴淞江水利协会组织章程十二条，出自《吴淞江水利协会开会纪》，《申报》1923 年 1 月 20 日，第 13 版。

至十三年春因内部改组停顿，至七月改组沪北米业河货联合会，复呈上海县知事沈批准备案。

十四年夏，六行厂两方无形脱离公务□□。

十五年七月，北市河货各帮米客因米款屡遭劫窃，及码头缺乏，不便停卸，而水利协会浚淞工程又告停顿，河身淤浅，米运不便，经各帮代表议决，恢复联合会，改订章程。经前上海县知事危核准在案，浚淞捐委由北市米行代扣。

十七年一月呈准上海县长江，浚淞捐由该会自行征收；

至十七年十一月十五日，奉社会局发给公字第四十九号执照及公字第二十号图记在案；

十八年三月七日，奉市社会局颁给执照及图记；

自改组至今，建筑码头十五座，近更拟在吴淞江北岸自雇机船，开浚河床。[①]

上海特别市港务局成立后，由于不能对黄浦江行使真正管理权，遂转而对全市各黄浦江支流（包括吴淞江及其他小河道）进行整顿，而吴淞江则是首先解决的问题之一。

1930 年 1 月，上海财政局致函港务局，提出，"该会经过，系因浚淞而设立，新办事业又为同业谋公益，似与博施济众之慈善团体有别。惟本市公益慈善团体注册，现刻已由钧明令取消，新有公益慈善团体，悉应遵照监督社会团体规则办理，拟先责令该会依据该规则修正章程，改善组织，使不与慈善团体混淆。又米业行厂已脱离该会，即不得再沿用米业联合会名称，致滋误会。至收捐用以浚淞，系属市政范围，要应收归市办，加以整顿，于浚淞之外益指定两积谷用款之处"[②]。最终的解决方式为，浚淞捐收回市办，但仍由米联会暂时负责征收。

（2）米联会为维护吴淞江港区所做的努力。

沪北米联会成立后，为维护航道，修筑码头，随即开始协助在米业之中，征收浚淞捐。为本业发展之计，多数米行米店等均表示愿意合作。但由于力量分散，米联会所作的努力，并没有得到最圆满的结果。

直到 1923 年 5 月，沪北米业联合会呈请上海总商会注册立案，其成员包括：

---

① 《上海市港务局有关整顿沪北米业联合会征收浚淞捐办法卷》，上海档案馆藏，Q211—1—6。
② 《上海市港务局有关整顿沪北米业联合会征收浚淞捐办法卷》，上海档案馆藏，Q211—1—6。

"上海北市米行公会、上海机器碾米公所、沪北经售米粮公会、驻沪常熟米商公会，及行、厂、客三帮重要分子等所组合"，其成立则是由于"筹款又为河工要需"，"敝会同人，以水利与本业，有连带关系，即本此意，以策进行"，并请求指示如何处理疏浚吴淞江捐款事宜。①

随后，米联会召开会议，"对于总商会水利协会担任经费问题，公决首先承认开浚苏州河经费每月一千元以上"；并且决定，"函劝各业公团从速认定经费数目，以利水利协会之进行"。②对于如何筹集资金，米联会有自己的看法，"米业联合会集捐办法，订定无论厂米船米，每石均扣洋一分，由经售行家厂家代扣，每月由司月会同会计向行家抄数收取，汇总存在会长处，由会长保管，除水利协会经费及一切开支外，如有盈余，另摺存庄生息"，而总商会也函知米联会，需要其"常年认缴一万二千元"。③

但在当时的历史背景之下，上海地方政府疏浚吴淞江，没有足够的经费与技术，因此，一度准备请浚浦局协助疏浚，引起轩然大波。米联会出于保护国家利权的原因，对此亦表示反对④；同时由于其他各业对疏浚一事，并不是十分热心，使得米联会一度决定，自己筹款组织相关人员设备，疏浚新闸桥附近一段吴淞江航道⑤。但毕竟条件有限，最终仍委托吴淞江水利局，代为疏浚。⑥而且这次的疏浚工作，一直没有及时展开，导致常熟米公所、全皖旅沪米商公会等，均要求停止缴纳浚淞捐⑦；总商会为此，专程致函各米业团体，就浚淞一事说明情况，各米业团体均表示愿意继续合作，但暂行停征浚淞捐⑧。总之，在米业联合会成立后的一段时间内，尽管为疏浚积极筹款，但疏浚工程并没有收到预想的效果。

1924年，齐卢之战爆发，吴淞江的疏浚工作被迫中断。在缺乏有效领导和管理的情况下，由某些产业联合进行公共设施的建设，其结果往往是不尽如人

---

① 《沪北米联会呈请立案》，《申报》1923年5月8日，第13版。
② 《米业会议总商会水利协会案》，《申报》1923年6月6日，第14版。
③ 《碾米业开会纪》，《申报》1923年6月13日，第15版。
④ 《沪北米业联合会常会纪》，《申报》1923年10月27日，第13版。
⑤ 《沪北米联会定期如今特别会》，《申报》1923年11月9日，第13版；《北市米业联合会特会纪详》，《申报》1923年11月25日，第13版。
⑥ 《米业进行自办浚河计划》，《申报》1923年11月29日，第13版。
⑦ 《常熟米公所函请停抽浚淞捐》，《申报》1924年1月22日，第13版；《全皖旅沪米商公会开会纪》，《申报》1924年1月26日，第13版。
⑧ 《米业浚淞问题近讯》，《申报》1924年2月16日，第14版。

意的。直到上海特别市政府成立，随着专门机构的设立，对吴淞江的疏浚工作也逐渐重视起来，而沪北米联会仍然不断请求相关疏浚工作。

1929年3月26日，沪北米联会呈请上海特别市港务局，称"敝会自行开浚吴淞江米船停泊淤浅河道"，经市政府批准，"由敝会勘定地段，贴费代浚"，因此"勘定吴淞江自乌镇路口起，西至光复路恒康米厂西摆渡口止一段，淤浅最甚，泊船亦多"，请求迅速"派员勘估工程，计划进行"，从事疏浚。

随后港务局派人与米联会接洽，称"须将浚费数目呈报，即可计划施工"。4月18日，米联会再次呈请港务局，称"筹款六千元，存入农工银行"，港务局随后决定：将拟定施工计划，及预算、图样，核定后呈请市政府批准。5月29日，上海市政府原则上同意此次疏浚工程。6月4日，港务局开始与米联会商洽具体疏浚事宜。

此次疏浚工程，港务局将新闸桥上下游一段，共分为6个区间，逐段疏浚，其具体数据大致如表3-9所示（可参见档案中所载，因原图纸十分模糊，此处不再附该图）：

表3-9　1929年港务局疏浚吴淞江新闸桥一段相关数值表

分段号数	间距（英尺）	面积	平均面积	立方公尺	英尺土方
0		14.68			
1	315	19.13	16.91	532.66	188.08
2	920	20.11	19.62	1085.04	637.35
3	800	22.75	21.43	1714.40	605.35
4	866	12.18	17.41	1512.90	534.20
5	740	19.67	15.93	1178.82	416.24
6	880	24.25	21.96	1932.48	682.35
共计					3 063.57

资料来源：根据《上海市港务局有关沪北米联会请浚吴淞江乌镇路口卷》（附图），上海档案馆藏，Q211—1—53。

6月24日，上海特别市港务局制订告示，为疏浚工作做准备，称"定于本月廿七日起，派挖泥机器船，先在该处开始工作，至西至东，陆续疏浚"。但在7月4日，港务局又通知米联会，称预算经费约共八千元，原筹经费数额不足，需补充后才可兴工。6日，米联会回复称："除前议筹款六千元外，不足之数，仍由同业继续筹集。"

7月11日，港务局与相关机构等签订承运疏浚之泥合同；7月15日，乌镇路口至西摆渡一段疏浚工作，正式开工。9月22日，工程竣工。之后，米联会将疏浚所需款项，陆续解送港务局。①

但是，这次对新闸桥附近吴淞江的疏浚，并没有将航道状况很好地维持下去，疏浚工程竣工后一周，1929 年 9 月 30 日，沪北米联会主席范和笙就呈文上海特别市港务局，请求保护疏浚成果，提出"属会遵照章程规定，应办事业，以开浚吴淞江米船停泊淤浅之处为最重要之工作，所需经费亦属最巨。此次呈由钧局代浚吴淞江北岸一段，因会内存款均为前次建筑码头支用，所存无几，故此次浚费，由各委员及各米粮经售号筹垫，总数约近七千元，系以船米每石二分会费担保"，但沿岸情况却不容乐观，"近岸之处，垃圾倾卸，每有以垃圾倾入河沿，为日稍久，难免再见淤浅。更查乌镇桥下及迤东一带暨恒丰桥东西河内，均有竹木排抛系，实足妨碍河流宣泄，应行取缔"②，是以保护疏浚成果，任务更加艰巨。

吴淞江每次的疏浚，总是不能维持长久，1929 年 9 月疏浚新闸桥上下游一段吴淞江河道后，为保持其航道的顺畅，次年 11 月，沪北米联会再次请求港务局疏浚新闸桥下游乌镇桥至新垃圾桥一段的吴淞江。

乌镇桥以东至新垃圾桥一段的河道，"除米船一部分经行停泊外，为各种货船必经之区，且北岸其他厂栈及煤号等林立，均与该段河道有关"，因此，米联会请求"早日疏浚，以便运输"；至于疏浚经费，米联会表示由于去年的疏浚工作，"负债甚巨，单独负担力有未周"，同时考虑到"市库未充，恐亦为经费所限"，故建议由港务局"测勘设计，并估定全部经费"，"其中半数呈请市政府核拨，半数由属会暨该河北岸之厂栈地产业主及煤号等筹集，庶官商能力合作，易于进行"③，可见，虽然有相应机构的处理，但对吴淞江航运功能的需求日益增加，对它的疏浚工作就有时时进行的必要了。

除了对吴淞江航道的维护之外，对于米业码头的建设，沪北米业联合会同样不遗余力。早在 1923 年 5 月，沪北米业联合会即致函闸北工巡捐局，提出闸北吴淞江沿岸，"码头过少，米船无停泊之所，往往卸货耽延，客家受无形之损失"，同时声明，"敝会自成立以来，对于水利有筹款补助之责，究其捐款来源，纯由米客所出，是该客对于地方公益，既尽集捐之义务，而地方上之对于客家营业，应代筹补救之方"，根据米客的要求，"以吴淞江新闸桥西一带，应添筑码头四处，一泰昌米厂，一晋昌米厂，一大昌米厂，一浙江兴业货栈，此四处门临河边，米

---

① 《上海市港务局有关沪北米联会请浚吴淞江乌镇路口卷》（附图），上海档案馆藏，Q211—1—53。

② 《沪北米联会请出示保护新浚乌镇路口卷》，上海档案馆藏，Q211—1—28。

③ 《闸北米联会请浚吴淞江新垃圾桥一段河道卷》，上海档案馆藏，Q211—1—66。

船起卸，最为适宜"，请求闸北工巡捐局批准，早日兴工，"庶使米石得以早卸，米船不致拥挤，即地方民食，亦无妨碍之虞，是一举而受益良多"。①

上海特别市政府成立后，对于"新闸桥河下一带，向为内地各帮来沪米船停泊之所，其停泊数量，常达数百余艘，对于米粮起卸，异常繁忙，若无米业专用码头，实不足以收整齐便利之效"的情况，"民国十七年、二十年，及二十四年间，沪北米业联合会及沪北运米客商联益会先后捐资，请示前上海市工务局，自西藏路桥起，靠北沿河至恒丰路桥止"，建造米业专用码头，共建造水泥码头十座，木码头七座，"各码头前均竖有工务局设置之'吴淞江第○号码头沪北米业联合会及沪北运米客商联益会捐资建造'铁牌，以示区别而专为停泊米船，起卸米粮之用"；这些码头经过抗战的八年，大部分都被损坏，1946 年 12 月，上海市米商业同业公会，曾就此事请示公用局，"请将吴淞江各米业码头颁发明令仍归米业使用"②，这些码头的具体情况见表 3-10 所示：

表 3-10 沪北米业联合会等修筑吴淞江米业码头一览表（1928—1935 年）

码头号数	地址	1946 年时情形
吴淞江第 1 号码头	新垃圾桥西光路大陆银行仓库门前	水泥质完整，铁牌已窃去
吴淞江第 3 号码头	新垃圾桥西光路蔬菜地货第一市场门前	水泥质完整，铁牌存在
吴淞江第 5 号码头	新垃圾桥西光复路福源福康钱庄联合仓库门前	水泥质完整，铁牌已窃去
吴淞江第 7 号码头	新垃圾桥西光复路朱仁发橹店门前	水泥质完整，铁牌存在
吴淞江第 9 号码头	新垃圾桥西光复路永德里门前	水泥质完整，铁牌已窃去
吴淞江第 11 号码头	新垃圾桥西光复路华盛粮行门前	水泥质完整，铁牌已窃去
吴淞江第 12 号码头	新垃圾桥西光复路沪北竹木行门前	水泥质完整，铁牌已窃去
吴淞江第 13 号码头	新垃圾桥西光复路沪南和记竹木行门前	水泥质完整，铁牌已窃去
吴淞江第 13 号甲码头	新闸桥西光复路泰和粮行门前	木材质已损毁，铁牌已窃去
吴淞江第 14 号甲码头	新闸桥西光复路源丰昌米行门前	木材质已损毁，铁牌已窃去
吴淞江第 15 号码头	新闸桥西光复路胡荣记号门前	水泥质完整，铁牌已窃去
吴淞江第 15 号甲码头	新闸桥西光复路万盛泰米行门前	水泥质完整，铁牌已窃去
吴淞江第 29 号码头 吴淞江第 23 号码头 吴淞江第 23 号码头 吴淞江第 26 号码头 吴淞江第 29 号码头	此五座码头，均系木材建造，沦陷期间悉被拆去，故已无一存在。惟当时所摄照片□保存，可资查考。	

资料来源：《上海市米商业同业公会为请求将吴淞江各米业码头归还本业使用事致上海公用局》（附吴淞江米业码头一览表），上海档案馆藏，S395—1—88—1。其中被毁坏之五座木质码头，号码数有重复，原文如此

---

① 《沪北米联会请开辟四码头》，《申报》1923 年 5 月 6 日，第 15 版。

② 《上海市米商业同业公会为请求将吴淞江各米业码头归还本业使用事致上海公用局》（附吴淞江米业码头一览表），上海档案馆藏，S395—1—88—1。

　　建筑如此众多的米业码头，其原因，正如沪北米联合会所希望的那样："本市民食，全恃内地到源，以资维持，而到源之多寡，尤有关于米价之上落，是以战前之沪北米业联合会及沪北运米客商联益会等，不惜巨资建造米业码头，亦无非欲使停泊与起卸便利，消灭船客畏难心理，而求到源增加，藉收平价之效。"[①]虽然结果如何，尚待考察，但沪北米业联合会的努力，却是史籍所载，有目共睹的。

　　（3）对米联会的评价。

　　沪北米业联合会，是在吴淞江逐步发展成为上海内港的历史背景下，随着吴淞江沿岸的日益兴旺而产生的。作为上海内港的吴淞江，孕育了上海的新城闸北地区，同时也培养了一大批的产业，米业则是其中之一。

　　上海城市的日益扩大，人口不断增长，对粮食的大量需要，使得吴淞江沿岸的米业迅速繁荣，并形成了一股颇为巨大的力量。为了自身的利益，同时在客观上也为了上海港的持续发展，沪北米业联合会以协助维持吴淞江航道为目的而成立。并在它十余年的历史之中，尽自己最大的努力，保持吴淞江的顺利通航。

　　沪北米业联合会，是港口对产业发展直接促进的结果，也是临港产业反过来对港口施加影响的表现。但在成立之初，由于能力有限，加之没有统一的港务机构，它对吴淞江的疏浚等港区维护工程，成果十分有限，甚至会累及自身的商务发展。上海特别市政府成立之后，与整个国家的集权化趋势相一致，沪北米联会逐渐失去其对吴淞江航道的影响，并成为协助上海特别市政府的一支社会力量。

　　沪北米联会，可以说是城市产业与港口相互联系的一个生动表现，它因港口而生，又反作用于港口的发展。但归根到底，它仅仅是一个产业的力量，不足以影响整个上海港，港区的长远发展，需要一个有效的、统一的机构来规划和管理。

第三节　小　　结

　　由本章的讨论可以看出，以相对集中系数为例，从经济学的宏观角度来考

---

① 《上海市米商业同业公会为请求将吴淞江各米业码头归还本业使用事致上海公用局》（附吴淞江米业码头一览表），上海档案馆藏，S395—1—88—1。

察上海港与上海城市发展的相互作用，与近代中国的其他港口城市相对比，上海港一直能够以强劲的势头，促进上海城市的发展。虽然这种经济学模型的考察方法，仅仅是利用对外贸易额、船舶吨位额以及城市人口数量等方面数据来进行分析，但通过侧面的分析，也能表现近代上海港城关系中的一些普遍事实，也可以成为近代上海城市地位不断上升的一个例证。

通过产业发展方面的分析，可知在近代早期，上海港直接影响到城市的产业结构与布局，随着时代的发展，上海城市产业的发展在港口因素的带动下，逐步转向全面扩张，并逐渐形成了自身完整的产业体系；虽然这种产业体系的形成，并非完全均与港口的存在密切相关，但正是上海港的存在，使这种产业结构更迅速的演变成为可能。

本章又通过对内河港区的吴淞江进行分析，以米粮业为例，论述城市产业与港区的互动关系。由此得知，近代上海城市化的过程中，城市产业与港口的有强烈的依存关系，二者相互影响，共同形成了近代上海城市由商业中心向工商业、金融中心的转变；而在这种转变过程中，城市产业甚至更加细致地加强了与港口的关系，直接融入到港口发展的进程之中，因此，产业与港口的关系也在经历着一个不断深化的演变过程。

第四章　港城关系的个案分析——以码头捐为线索

码头捐（Wharfage Dues），是近代史上出现的一个名词，它是与近代中国对外贸易的发展以及城市化的过程相一致的，又称作"货物税"、"货物捐"（Dues on Merchandize）等。顾名思义，它是以港口的存在、贸易的发展为基础的，它是近代史上，以上海为代表的沿海沿江各通商口岸城市化过程中，市政费用的主要来源之一。

就上海而言，对码头捐的研究，多停留于就其本身历史所进行知识式的讲述，尚未深入探讨。曾有研究者对市政经费来源的土地税等项目，做过初步的探讨[1]；对码头捐的研究，主要放在租界财政项下，作为一项市政建设收入的来源，尚未全面考察其对港口的代表作用，也未全面评价这一税收与近代上海城市发展的关系。[2]

笔者在整理资料的过程中，发现这一名词背后隐含着重大的背景——码头捐与近代上海城市发展的重要联系，即以贸易的增长为基础，提供支持上海市政建设的重要资金来源，是上海城市发展的直接动力。而公共租界工部局的性质与权限，部分也是在征收码头捐的过程中，逐渐确立起来的。码头捐的出现与演变，并非仅仅是一项历史事实，更充分展示了以上海为舞台的近代政治—经济交互关系的复杂性，尤其是在近代上海对外贸易日益发展的大背景下，对码头捐的分析可以从一个侧面反映出港口与城市变迁的深层次关系，进而从定量与定性相结合对比的角度，全面考察近代上海港的贸易变迁所带来的历史影响。这也是本章研究的出发点之一。

现将这一概念提出，并以公共租界码头捐为主要线索，结合近代上海港对

---

[1] 沈祖炜：《近代上海城市建设资金来源》，《档案与历史》1989 年第 6 期；方子文：《旧上海公共租界筹集市政建设资金的形式》，《上海财税》1994 年第 8 期，第 37 页。

[2] 蒯世勋编著：《上海公共租界史稿》，上海：上海人民出版社，1980 年，第 425—430 页；陈鹏：《都市形态的历史根基：上海公共租界市政发展与都市变迁研究》，上海：同济大学出版社，2008 年，第 89 页。

外贸易、市政建设经费等方面，进行一番分析。

第一节　码头捐概述

近代前后上海港的贸易地位，前文已做了讨论。但上海作为城市，只是清王朝统治下的一个县城，其面貌仍然停留在中世纪，并无相关市政建设工程。因此，以提供市政建设费用为主要任务的码头捐，其真正的产生是在 1843 年上海开埠、产生租界之后。

光绪二年（1876），寓居上海的葛元熙，有感于公共租界马路、路灯、下水道等公共设施的齐全，描述租界的管理者工部局者，谓其"衔挂司空饰美称，度支心计擅才能。众擎易举浑闲事，散罢金钱百废兴"[①]。此不可不谓非常高的赞赏，却也是对工部局从事市政建设成果的真实描述。进行租界地区的市政建设，必不可少的一点，即"散罢金钱百废兴"——资金的来源问题，以提供市政建设费用为主要目的的码头捐，就是其中的一部分。

码头捐的性质与征收缘由，虽因对外贸易而起，但明确规定下来的起源，则要追溯至《土地章程》。因此，首先需要考察的是规定着租界合法性的《土地章程》，究竟是如何定义码头捐的，它在码头捐的征收工作中又有着怎样的意义。

一、码头捐的渊源及其与上海市政的联系

1842 年的《南京条约》中即规定，英国商人及家眷，可以"寄居大清沿海之广州、福州、厦门、宁波、上海等五处港口，贸易通商无碍；且大英国君主派设领事、管事等官居住该五处城邑，专理商贾事宜"[②]。但并未规定外国人以何种方式居住于通商口岸，在当时"华洋分居"的背景下，广州、福州等通商口岸都发生了反对外国人入城的事件，但是在上海，情况有所不同。在最初的通商五口中，上海在清王朝行政体系中层级极低，只是一个县城，与广州、

---

① （清）葛元熙撰，郑祖安标点：《沪游杂记》卷 3《工部局》，上海：上海书店出版社，2006 年，第 215 页。
② 王铁崖：《中外旧约章汇编》第 1 辑，北京：生活·读书·新知三联书店，1957 年，第 31 页。

福州、宁波等省会、府级城市不同。驻上海的英国领事开始寻求所谓的"居住地"，原因在于上海县城内的生活条件使第一任英国领事巴富尔无法忍受，不顾英国政府"领事只能租地办公，不能购地建房"的规定，欲至城外觅地居住；中外居民混杂所产生的纠纷，也让上海地方政府深感头疼。①因此，上海道台宫慕久与巴富尔经过交涉，于 1845 年 11 月 29 日，颁布了《上海租地章程》（通称《土地章程》），其中第一款规定："划定洋泾浜以北、李家庄以南之地，准租与英国商人"②，形成了上海也是中国近代史上第一块租界——英租界（后与美租界合并为公共租界）。

《土地章程》（Land Regulations）或称《地皮章程》、《地产章程》，为租界制度组织的根本法（Constitution），故亦称为《租界章程》③，英租界的划定及发展，包括 1846 年设立的道路码头委员会、1854 年设立的工部局，均依此为根据，码头捐的产生自然也不例外。章程第二十款规定了市政费用的部分来源，"道路、码头及修建闸门原价及其后修理费用应由先来及附近居民住租主分担。后来陆续前来者以及目前尚未分担之租主亦应一律按数分担，以补缺款，能使公同使用，杜免争论；分担者应请领事官选派正直商人三名，商定应派款数"，基本上属于集资性质；"倘仍有缺款，分担者亦可公同决定征收卸货、上货一部税款，以资弥补"④，这就可以说是码头捐的最初形态，也奠定了码头捐作为市政经费来源的地位。之后对土地章程虽然有过多次修订⑤，但对码头捐的规定，基本上以这条为准，沿革有序，1849 年 3 月英租界租地人会授权道路码头委员会征收码头上装卸货物的税收，7 月 23 日道路码头委员会发布公告，开征码头捐。⑥

洋行、马路、码头的不断出现，使市政建设成为上海尤其是租界的重要职能，并导致了对市政经费的需求。城市建设不断发展，商人和洋行可以建造自己的营业场所或住所，但公共设施却必须有专业机构来承担，这即是"道路码头委员会"和"工部局"成立的背景。如道路码头委员会在 1846 年 9 月 24 日

---

① 熊月之：《上海通史》卷 3《晚清政治》，上海：上海人民出版社，1999 年，第 20、26 页。
② 王铁崖：《中外旧约章汇编》第 1 辑，北京：生活·读书·新知三联书店，1957 年，第 65 页。
③ 徐公肃、丘瑾璋：《上海公共租界制度》，载蒯世勋等编著：《上海公共租界史稿》，上海：上海人民出版社，1980 年，第 43 页。
④ 王铁崖：《中外旧约章汇编》第 1 辑，北京：生活·读书·新知三联书店，1957 年，第 68 页。
⑤ 熊月之：《上海通史》卷 3《晚清政治》，上海：上海人民出版社，1999 年，第 137—144 页。
⑥ 史梅定主编，《上海租界志》编纂委员会编：《上海租界志》，上海：上海社会科学院出版社，2001 年，第 324 页。

开筑"边路"(即"界路",今河南中路),作为英租界的西部边界①,此为租界的第一条马路;1847年,又发行公债3000两以建设公用码头,8000两建设下水道等设施。②

1854年7月《土地章程》第一次修订,第九款中规定:"起造、修整道路、码头、沟渠、桥梁,随时扫洗净洁,并点路灯,设派更夫各费,每年初间,三国领事馆传集各租主会商,或按地输税,或由码头纳饷,选派三名或多名经收,即用为以上各项支销。"③1869年《土地章程》再次修订,对第九款中包括码头捐在内的各种市政经费来源,做了详细的规定。码头捐的用途在于"兴造租界以内各项应办工程及常年修理之事",包括"设立路灯、备水洒地,……开通沟渠……设立巡查街道巡捕"等;征收方面规定"租界内之人,将货物过海关,或在码头上起卸货物,下船转运,均可抽捐",其税率则"照货之价值而定,但货价每一百两,捐不得逾一钱"。④经过这两次修订,本条款一直没有太大的改变,"《土地章程》第九款"成为码头捐的代名词,即征收的法律根据。

早期上海租界市政建设的经费,只能采取募捐或发行债券的方式来实现,码头捐开征后,财政来源才开始相对丰裕,并正式成为英租界(公共租界)市政建设费用的主要来源之一。道路码头委员会在其存在的近十年时间内,主持了英租界道路、码头等多项市政工程,如在1849年3月、7月建造5座石码头、铺设道路⑤,1852年5月填高路面、建造阴沟等工程,1852年6月开始主持建造租界内沟渠系统。这些建设,所需经费的来源,很大部分是来自于码头捐⑥。之后的工部局是上海公共租界的实际统治者,充当了公共租界市政建设的主导者,自然成为征收码头捐的主体。

公共租界鉴于上海港私人、专用码头的扩展,为增加码头捐征收的合法性,

① 徐公肃、丘瑾璋:《上海公共租界制度》,载蒯世勋等编著:《上海公共租界史稿》,上海:上海人民出版社,1980年,第7页。

② 史梅定主编,《上海租界志》编纂委员会编:《上海租界志》,上海:上海社会科学院出版社,2001年,第331页。

③ 王铁崖:《中外旧约章汇编》第1辑,北京:生活·读书·新知三联书店,1957年,第81—82页。

④ 王铁崖:《中外旧约章汇编》第1辑,北京:生活·读书·新知三联书店,1957年,第294页。

⑤ 《上海英租界租地人大会会议记录》(1849年3月14日、7月31日),上海市档案馆编:《上海英租界道路码头委员会史料》,《上海档案》1992年第5期;《上海英租界租地人大会会议记录》(1852年5月18日、6月21日),上海市档案馆:《上海英租界道路码头委员会史料(续)》,《上海档案》1992年第6期。

⑥ 《上海英租界租地人大会会议记录》(1852年6月21日),上海市档案馆编:《上海英租界道路码头委员会史料(续)》,《上海档案》1992年第6期。

也将码头捐的使用自然延伸至市政建设的各个方面。如警政等服务设施："为了上海外国租界的安定、良好程序和管理而设立了捕房及其他有关机构"，大量货物和财产的交易"确实从这些机构受益匪浅；为了适当维持这些机构，迫切需要筹集资金"[①]，码头捐即是早期的主要来源。1876 年，为劝说履泰洋行交纳码头捐，工部局称码头捐"无论从哪方面来说，都是为市政工作的正常进行所必需"，当一个人或洋行"享受了当地政府的福利"，就应该"支付按比例分摊的捐款"。[②]对码头捐的性质，上海华界地方各机构已有明确认识，如清末的南市总工程局，为筹划南市地区的市政经费，也提出征收码头捐的考虑，因为"北新关码头捐一项，系于正税之外带收，充工部局筑路等用"，故考虑收回南市沿浦的码头捐。[③]

归根到底，码头捐作为公共租界市政建设的一项经费来源，从它出现开始就已经被决定了，此后它也一直承担着这个角色；码头捐又因《土地章程》，被赋予了一定意义的合法性。围绕着这一捐税的征收，也有了多方面值得探讨的问题。

二、码头捐征收中的相关规定

以贸易为基础的码头捐，其征收对象，税率等方面，无疑也是与上海港紧密相关的，但在码头捐产生后的几十年时间内，围绕征收的对象、税率等方面，有过较为曲折的变迁。

（一）码头捐征收的演变：由从量税到从价税

码头捐的产生，虽然是用于城市建设的，但它的基础是日益增长的上海港对外贸易。自 1845 年《土地章程》初步规定了码头捐的形态，到 19 世纪末的半个多世纪里，围绕码头捐究竟应为从量税，或是从价税，有着非常复杂的纠葛。以此为线索，能深刻反映码头捐与上海港的紧密联系，及上海城市现代化过程中，各行政机构间相互复杂关系的曲折演变。

---

① 《工部局董事会会议录》第二册，1865 年 12 月 13 日，第 537 页。
② 《工部局董事会会议录》第六册，1876 年 1 月 24 日，第 719 页。
③ 《禀苏松太道蔡请划拨南市码头捐交城自治公所充地方公用文（宣统二年四月初三日）》，《上海市自治公牍乙编·请划拨南市码头捐案》，《上海市自治志》，1915 年，第 651 页。

码头捐征收的执行过程中，征收对象当然是进出口的商品。理论上来说，所有进出上海港的商品，都要向工部局征收这一市政捐税。工部局成立之初，就参考海关税率并确定码头捐的税率，早期税率的变动比较频繁，囿于史料，尚不完全明晰。但工部局受自身规模所限，出于方便起见，所征收的均为从量税。根据 1863 年工部局正式明确公布的税率表（表 4-1），码头捐的从量税性质是十分清楚的。

表 4-1　1863 年工部局码头捐征收标准

商品	税率	单位	商品	税率	单位
茶	1 分	担	丝	5 分	包
棉麻织物	2 分	捆	羊毛或羊毛混合制品	4 分	捆
油	0.5 分	担	金属	0.5 分	担
谷物、糖、日本海藻	3 分	50 担	木材	3 分	50 担
木板	0.5 分	50 块	栋木	4 分	根
纸张	3 分	50 捆	煤	3 分	吨
船用帆布、索具等	2 分	捆	其他中国和日本不可数产品	1 分	捆

资料来源：《工部局董事会会议录》第一册，1863 年 8 月 21 日，第 691 页

关于这份较早的税率表，工部局随即就发现了其中的问题，"根据现有的收费标准以及拟议的收费标准，在草拟的一份关于可能收入比较报告表明，后者比前者少收入 20%"，于是决定"按旧税率征收进出口税款"，并将税率标准再次公布于众。①对码头捐税率的修订，是一直在进行的，比较大的一次是在 1866 年 4 月，公共租界工部局在英国领事馆召开的租地人大会上通过码头捐的收费标准，该项修订标准经上海各洋行组织的总商会批准，"从 1866 年 6 月 1 日起生效，该收费标准将予以印发，以供全体侨民遵照执行"②。

工部局对此次修订工作一度非常满意，但在新税率正式实施后一个月，工部局对财务状况进行了审计，因无法完全统计进出口货物数量，"在预计收入中马上出现 22488 两的亏损数"，码头捐的损失额最大，"6 月 1 日前无法按照新的税则征税，因此在这方面预计代偿华人应缴税额的损失为 16000 两"③，占全部亏损额的 71.15%。因此，实行新的码头捐后，其各项现行税则，"虽然

① 《工部局董事会会议录》第一册，1863 年 9 月 16 日，第 692 页。
② 《工部局董事会会议录》第二册，1866 年 5 月 31 日，第 560 页。
③ 《工部局董事会会议录》第二册，1866 年 7 月 12 日，第 564 页。

制定得很好，如再略加修订则将更为完善"①，为之后的修订留出了余地。

1866 年修订后的码头捐，基本上已经包括了上海港贸易的所有种类货物，后虽经过些许改动（如 1870 年的修订，见表 4-2），但基本格局没有大的变化。值得注意的是，早期码头捐的税率表中，已经出现了不少从价税的情况（即税率表中标有"ad val."部分的商品）。不过，不同的包装方法，包含的商品规格（数量或重量）也有所不同，如粗丝等一担为一大包（Bales），废丝、蚕茧及茶叶等均以担（Picul）为单位；毛毯（Blanket）等以大包（Bales）为单位，每一大包指 50 疋（Pieces）；法兰绒（Flannel）等以包裹（Package）为单位，每一包裹指 24 或 20 疋（Pieces）；等等。

表 4-2　1870 年工部局修订的码头捐税率表（部分）

Description of Article	Method of Packing	Rate of Dues (t.m.c.)	Description of Article	Method of Packing	Rate of Dues (t.m.c.)
Silk, Raw			Bunting	Bales	ad val.
Silk, Japan	Picul.	0.35	Camlets, English	Bales	0.13
Silk, Floss			Camlets, Dutch	Bales	0.2
Silk, Waste	Picul.	0.05	Camlets, Imitation	Bales	0.1
Silk, Cocoons	Picul.	0.05	Canvas	Bolt	ad val.
Silk, Piece Goods			Cloths, Broad	Packages	0.15
Silk, Worm's Eggs in pkgs			Cloths, Habit	Packages	0.15
Silk, and Woollen Mixture			Cloths, Medium	Packages	0.15
Silk, and Cotton Mixture	Picul.	ad val.	Cloths, Russian	Packages	0.3
Silk, Clothing			Flannels	Packages	0.1
Silk, Caps			Lastings	Packages	0.22
Silk, Embroidery			Lastings Imitation	Packages	0.15
Tea, Black			Lastings Crape	Packages	0.15
Tea, Green	Picul.	0.03	Long Ells	Bales	0.12
Tea, Brick			Linens	Bales	ad val.
Tea, Dust	Picul.	0.01	Linens Sheeting	Bales	ad val.
Tea, Leaf			Spanish Stripes	Bales	0.24
Alpacas	Cases	0.25	Woollens, Unclassed		
Astrachans, Imitation	Cases	ad val.	Woollens, and Cotton	Bales	ad val.
Blankets	Bales	ad val.	Mixtures, unclassed		

资料来源：Annual Report of the Shanghai Municipal Council（1871），上海档案馆藏，U1—1—884。原表过大，此处仅列出丝、茶及各种棉毛制品等大宗商品

---

① 《工部局董事会会议录》第三册，1868 年 4 月 17 日，第 635 页。

之后，虽然 1880—1885 年工部局因种种原因，一度停征码头捐，但 1870 年税率一直沿用；直到 1898 年，工部局与海关税务司、上海道台等各方讨论由海关负责直接征收码头捐，税率也有了调整，从量税彻底改变由此而始。江海关税务司变称，1892—1901 年，"海关内部办事机构的最大变动"之一，为发生在 1899 年 4 月 1 日的"码头捐组的创设"。①

在此次修订码头捐征收办法的过程中，江海关税务司起了主导作用，对税率规定的影响尤其明显。其中，建议"对各种货物征收 2%关税的办法取代按从量税计算交纳码头捐数额的办法"，这种从价税率，"大约相当于 1%市场价值的 1/20 的认可税率"，而且"税法的这种改变可以避免运送货物过海关时造成的延误和不便，而这种耽搁和不便在实行从量税的手续中是必定会产生的"②，工部局和公董局均同意了这种修改。但茶、鸦片、丝和贵重货物等，则由工部局决定税率，按照与中外商会的妥协，最终定为 3‰上下的税率。③

1899 年 3 月 20 日，码头捐各方达成协议，"是对鸦片、丝、茶和金银分别按照一定的税率征税；所有应缴税的货物已付关税总额的 2%；所有免税货物缴纳申报价值的 1‰"；并且还确定了码头捐收在工部局、公董局和上海道台之间的分配比例。"道台从'本地或国内贸易'的码头捐中收取半数后减去征收全部码头捐所用去的费用总数的一半。法租界公董局得捐税总数减去道台份额之后的 25%。公共租界工部局占有其余份额，并与法租界均摊余下的另一半征收费用"，这种安排，最初是临时性的，1901 年前后"改为永久性的协议，但加上了保留条件：三方中的任何一方，只要在三个月之前发出通知，就可以在任何时候中止协议"④；并大体确定国内贸易货物缴纳的码头捐，按 2:1:1 的比例由道台、工部局、公董局分配；对外贸易货物缴纳的码头捐，按 3:1 的比例由工部局、公董局分配。为了配合海关的征税，工部局与公董局每年要向海关缴纳 2500 两的征收费用，同时道台也需支付一

---

① 徐雪筠等译编，张仲礼校订：《1892—1901 年海关十年报告》，《上海近代社会经济发展概况（1882—1931）——〈海关十年报告〉译编》，上海：上海社会科学院出版社，1985 年，第 100 页。

② 《工部局董事会会议录》第一册，1899 年 1 月 25 日，第 468 页。

③ 《工部局董事会会议录》第一册，1899 年 3 月 8 日，第 475 页。

④ 徐雪筠等译编，张仲礼校订：《1892—1901 年海关十年报告》，《上海近代社会经济发展概况（1882—1931）——〈海关十年报告〉译编》，上海：上海社会科学院出版社，1985 年，第 100 页。

部分，其比例按照 1：1：2 分摊。①

正如各方所达成协议中规定的，鸦片、丝、茶和贵重奢侈品等商品被单独规定了税率，仍然是从量税的形式，与关税的比例也分别不同，但大体仍维持在 2% 上下（表 4-3）。

表 4-3　1899 年修订的部分商品关税与码头捐税率（部分）

征税种类	计量单位	关税	码头捐	码头捐与关税比率（%）
生鸦片	每担	一百两	二两	2
熟鸦片	每担	二百两	四两	2
鸦片渣	每担	五十两	一钱	0.2
丝厂缫	每担	十两	三钱二分	3.2
丝生白色	每担	十两	一钱六分	1.6
丝华产黄色	每担	七两	一钱三分五厘	1.93
丝野生	每担	二两五钱	一钱	4
丝野厂缫	每担	二两五钱	一钱二分五厘	5
丝重缫华产	每担	十两	二钱五分	2.5
丝条本重缫		五两	二钱五分	5
丝重缫本厂	每担	十两	二钱五分	2.5
丝头		一两	二分	2
丝茧炒过	每担	三两	六分	2
茶红青炒过	每担	一两二钱五分	一分五厘	1.2
茶砖	每担	六钱	一分	1.67
茶碎	每担	一两二钱五分	一分五厘	1.2
茶碎炒过		六钱	三厘	0.5
茶末炒过		一两	一分五厘	1.5
珠宝进口或出口		每一千两免税	每一千两三钱	
各种汽水货款洋均属		每打华产免税洋货五分	每打二厘五毫	5

资料来源：《1899 年码头捐表》，上海档案馆藏，Q202—2—62。所涉及商品仅包括鸦片、丝、茶等大宗商品

1899 年之后，工部局将码头捐的征收委托于江海关，将征税范围扩展至所有进出口商品，税率也基本确定下来。码头捐的税率也由从量税，正式过渡为真正意义上的从价税，进而大大地提高了税收额，由表 4-4 可知，1899

① 史梅定主编，《上海租界志》编纂委员会编：《上海租界志》，上海：上海社会科学院出版社，2001 年，第 326 页。

年的税额几乎一跃而成为 1898 年的 2 倍。通过江海关、上海道台和工部局、公董局等相互的妥协,自开征初期出现的围绕码头捐征收的各种纠纷逐渐趋于减少;又因中国政府在清末后逐渐失去对地方的控制,码头捐的征收基本由江海关与工部局共同协商解决。下文所述公共租界工部局与上海各机构的种种争端,基本上源于近代前期由码头捐的征收方式,以及与码头捐相关的进出口商品的税率。

表 4-4　1889—1895 年码头捐分类表　　　　　单位:两

年份	进口	出口	复出口	总计
1889	28 500	11 100	9 239	48 839
1890	31 500	9 000	8 255	48 755
1891	33 500	12 300	7 842	53 642
1892	31 700	13 600	7 120	52 420
1893	29 600	12 400	7 321	49 321
1894	36 100	15 200	9 098	60 398
1895	35 300	13 100	8 800	57 200

资料来源:公共租界工部局年报(1889—1895),上海档案馆藏,U1—1—901 至 U1—1—908

(二)对复出口贸易征税的反复

上海港作为近代中国最大的港口,其所承担的,不仅仅是为上海的发展提供物资,还是中国对外交流的通道,担负着中国内地广大地区的物资流动任务。而这一任务,主要就是通过上海港的贸易来完成的。

历年的贸易额中,包括了进口、出口、转口三种贸易形态,随着贸易的不断发展,对这些种类贸易的码头捐征收,也在经历着改变。

近代上海的贸易状况,总体是入超,因此,码头捐也显示同样的格局,进口货物所交纳者最多,每年几乎占一半左右。

但也可以看出,转口贸易所缴纳的码头捐数量很少,工部局曾考虑将转口贸易的码头捐取消。但也有人提出反对,认为这些转口贸易的船只和货物,"缴付一次后,四个月内可以免缴",但是,"来上海贸易的船只有时除了要求捕房帮助之外,还经常给捕房带来很大麻烦",如果"这些船只可以免缴工部局捐税",是没有道理的,因此直到 1873 年,转口贸易的码头捐,"都由船主缴付,因此船主们就负担工部局经费的一部分",如果真的要取消,也需要"利用这一良好时机设法使公使团批准征收一种新税来代替目前的旧税"。①

1877 年，工部局鉴于码头捐中转运货物捐征收麻烦，且数额很少，法租界也并未征收此项捐税，故于 11 月 1 日起，取消转运货物捐。②但从之后的情况看，虽然转船货物码头捐不再征收，而复出口的码头捐征收一直没有放弃。

（三）码头捐征收中的争论——鸦片

码头捐开征之后，虽然面向贸易商品征税，但并非所有的货物均缴纳码头捐，其中最重要的即为鸦片，这使得工部局此项收入并不令人满意。从表 4-5 可以看出，并没有鸦片的码头捐税率，这一上海开埠之初贸易的主要货物，一直在逃避码头捐。

表 4-5　开埠初期上海港的鸦片贸易状况

年份	全国每年平均进口量（箱）	上海港平均每年进口量（箱）	上海占全国的百分比（%）	损失码头捐数额（两）
1847	39 200	16 310	41	6 524.0
1848—1850	48 267	19 793	41	7 917.2
1851—1853	58 069	24 285	42	9 714.0
1854—1856	68 738	30 654	45	12 261.6
1857—1859	65 858	33 036	50	13 214.4
1860—1862	64 916	41 650	64	16 660.0
1863—1865	71 329	51 750	72	20 700.0
1866—1868	81 113	58 750	72	23 500.0
1869—1871	90 285	61 250	68	24 500.0

资料来源：茅伯科、邹逸麟：《上海港：从青龙镇到外高桥》，上海：上海人民出版社，1991 年，第 35 页

近代以来上海的鸦片贸易，主要在停泊于黄浦江中的趸船上完成，与上海港码头的接触非常少，因此从一开始并不向工部局缴纳码头捐。但随着工部局对市政经费的需求越来越大，同时考虑到"目前捐税不平等"的情况，虽然"鸦片的大宗交易仍然不向工部局缴纳任何捐税，但它却从岸上及船上的良好秩序

---

① 《工部局董事会会议录》第五册，1873 年 3 月 31 日，第 618—619 页。
② 史梅定主编，《上海租界志》编纂委员会编：《上海租界志》，上海：上海社会科学院出版社，2001 年，第 325 页。

中受益非浅"①。而面对每年大量的码头捐损失，工部局也不能无动于衷，因此，主张对鸦片贸易征收码头捐。

根据表 4-5 的比例，可以得知每年工部局因鸦片交易所损失的码头捐数额（码头捐损失额，根据 1870 年修订码头捐税率中鸦片税率 0.4 两/箱计算出来）。

但这种对鸦片贸易征收码头捐的行动，却使得许多以鸦片为主要贸易商品的洋行，相继从公共租界迁至法租界，工部局不得不妥协。直到由 1866 年修订了码头捐征收标准后，鸦片才开始被列入码头捐范围之内。

1866 年的税率修订中，明确规定："作为征收这项税的根据，租地人批准、领事团认可和上海总商会赞同：'对已由英、美租界内华洋居民进口的并在海关申报表上列出的一切货物，包括鸦片和转运货物都要征收码头捐，……这项税收的对象包括英、美两租界居民经营的全部贸易，以至一切货物都要向工部局财库交一次款。'"②

但对鸦片征收码头捐，损害了不少鸦片商人的利益，被他们集体抗议，1867 年 3 月 31 日工部局年报称，"必须要求明确限定码头捐的范围，并消除现存疑惑，这一切已招来那么多的误解和麻烦"③，而且，贸易中的鸦片商人们会想出各种办法逃避，其中一个方法，是由中国人代为从公共租界码头上岸，例如，在 1872 年，"住在法租界的一个名叫皮尔霍伊的袄教徒在船上向中国人出售鸦片，由中国人带上岸，通过这种方式，码头捐就未交，而由道台代偿"，而公共租界除了认为"很有必要提出增加华籍商人的代偿金问题"之外，也提不出别的解决方法。④

但由于同道台的协商并未能解决根本问题，工部局仍然要面对鸦片商人们逃税的问题，如老沙逊洋行等依靠鸦片贸易起家的洋行，一直拒绝为鸦片缴纳码头捐。1878 年，工部局甚至做出决议，"强迫那些住在法租界或本租界界外地区的鸦片进口商按此决议缴税"⑤，不过，这种方案的可行性却大受质疑，因为"除非对《土地章程》作某种修改，否则他认为纳税人会议不能强制实施决议，以迫使租界之外的居民缴纳堆放在接待船上的鸦片的捐

---

① 《工部局董事会会议录》第二册，1865 年 11 月 10 日，第 522 页。
② 《工部局董事会会议录》第三册，1867 年 1 月 14 日，第 545 页。
③ 《工部局董事会会议录》第三册，1867 年 5 月 2 日，第 568 页。
④ 《工部局董事会会议录》第五册，1872 年 3 月 18 日，第 542 页。
⑤ 《工部局董事会会议录》第七册，1878 年 12 月 23 日，第 658 页。

税”。①

同时，如果强行向鸦片贩运的洋行们征收码头捐，还会产生其他问题，1879 年 6 月，工部局接到葛倍洋行的来信，以"合伙人中没有一个是本租界的居民"为由，拒绝缴纳码头捐，但工部局认为，该洋行负责人"曾在本租界居住过很长一段时间"，因此，"希望能征收到葛倍洋行自创立以来所进口的所有鸦片的货物税"，但该洋行对此并不买账，提出"目前已作好安排去法租界居住"；②同时，该洋行还反驳工部局说，其负责人是以客人的身份居住于公共租界，"从居民这个名词的法律观念上来说，他不是一个居民，因此不能要求他们付税"，但为了表示合作，该洋行"准备缴纳 3 个月的货物税，以全部清偿工部局要求他企业缴纳的税款"，工部局表示同意，"条件是不能把目前居住在租界境内的该企业的任何成员看作为客人，或者是一所房屋的暂时使用人"。③

与此同时，老沙逊洋行也通告工部局，"除非工部局立即采取措施强制所有鸦片进口商缴纳货物税，不管他们是住在本租界境内还是在界外，否则他们为了保护自己就不得不迁离租界，以避免缴纳他们鸦片的货物税从而使他们自己和其他进口商处于同样的地位"，工部局认为，"应立刻起草某种规章提交纳税人特别会议讨论，根据该规章，所有存放在船只上的鸦片均有义务缴纳货物税"。④

随后，工部局作出决定，在《土地章程》第 9 款上加上下列字句，"为了征收货物税，应把那些永远停泊在洋泾浜北首租界前面的接收船只看作是位于租界界线之内"⑤。

但是，工部局对《土地章程》所做的修改，并没有得到通过，领袖领事通知工部局"有关当局不同意将 7 月 25 日纳税人会议上通过的将鸦片驳船视为租界一部分的决议，作为《土地章程》第 4 款的补充条款"，"会议建议设法将鸦片驳船从外滩前的下锚处移泊他处，此事留待下次会议再行审议"，同时，为了赚钱，老沙逊洋行老板沙逊，准备辞去工部局董事职位，工部局"决定在接受其辞呈之前"，需要"约见沙逊先生，弄清他是否因其洋行已迁往法租界而不得

---

① 《工部局董事会会议录》第七册，1879 年 2 月 24 日，第 665 页。
② 《工部局董事会会议录》第七册，1879 年 6 月 19 日，第 677 页。
③ 《工部局董事会会议录》第七册，1879 年 6 月 26 日，第 677—678 页。
④ 《工部局董事会会议录》第七册，1879 年 6 月 26 日，第 677—678 页。
⑤ 《工部局董事会会议录》第七册，1879 年 7 月 14 日，第 680 页。

不辞职"。①

总之，为了征收码头捐，工部局所面临的困难是各种各样的（其他分析见下文），工部局最终放弃了对它的直接征收，改由海关代为征收，也结束了工部局在这方面的纠缠。与鸦片贸易相伴随的码头捐征收，也因为不再直接向其征收码头捐，省却了工部局许多麻烦；同时，在进入 20 世纪以后，随着中国进口鸦片的日益减少，由这一特殊商品所带来的码头捐也退居次要地位，不再被提及了。

第二节　码头捐与近代上海贸易、市政的关系

码头捐作为"一项贸易税"②，在它的历史上，离不开与贸易的关系；而又由于它在工部局财政开支中的地位，也就与市政经费产生了相关性。那么，码头捐到底与上海港的贸易有着怎样的联系，其相关性如何体现？在市政建设经费中的地位又有什么变迁，具体又反映了什么历史状况？这都是本节要讨论的问题。

一、码头捐与上海港贸易的相关性

码头捐产生之后，围绕它的征收对象，曾产生过从量税、从价税的争论，甚至对从事贸易的主体居住地也有规定，导致具体的征收方式也有改变，工部局也为此付出了许多的代价，甚至一度取消了码头捐的征收。

但无论是针对什么对象征收，码头捐总是与进出口贸易相关联。因此，码头捐与上海港对外贸易的消长有着息息相关的联系，因此，如何确定工部局通过码头捐与上海港的联系（即相关性）？本节主要以具体的码头捐数额与上海港的贸易数据，利用相关系数作宏观的分析，再联系具体的贸易货物作微观分析。

---

① 《工部局董事会会议录》第七册，1879 年 10 月 2 日，第 688 页。
② 《工部局董事会会议录》第二册，1865 年 6 月 29 日，第 508 页。

近代以来的上海港对外贸易额，已见上文；又根据工部局各年预算及统计等报表，整理出各年的码头捐数据，二者相互比较，如表 4-6 所示。

表 4-6　上海公共租界工部局历年码头捐额与上海港贸易额比较表（1869—1931）

单位：关平两

年份	码头捐决算额	埠际贸易额	对外贸易额	贸易总额
1869	86 034.30	86 125 531	90 940 360	177 065 891
1870	100 598.94	75 861 139	79 803 810	155 664 949
1871	112 736.43	86 688 431	88 900 771	175 589 202
1872	135 116.15	98 240 707	93 557 921	191 798 628
1873	105 832.80	94 951 833	86 145 054	181 096 887
1874	107 187.92	91 236 010	80 118 878	171 354 888
1875	107 331.01	95 035 641	78 746 908	173 782 549
1876	97 127.50	99 123 067	90 044 381	189 167 448
1877	90 958.08	100 731 443	83 251 407	183 982 850
1878	83 450.78	94 927 448	79 601 155	174 528 603
1879	87 196.97	118 410 010	93 105 602	211 515 612
1880	16 702.75	118 066 230	94 396 341	212 462 571
1881	10 302.25	123 046 717	102 557 995	225 604 712
1882	10 244.50	110 371 839	84 959 429	195 331 268
1883	10 185.00	102 437 757	78 109 463	180 547 220
1884	10 244.50	107 701 283	77 780 456	185 481 739
1885	46 912.42	117 645 955	88 097 273	205 743 228
1886	63 276.37	121 040 543	92 654 632	213 695 175
1887	62 295.17	125 932 001	98 305 384	224 237 385
1888	67 330.20	124 809 539	106 750 959	231 560 498
1889	65 548.82	127 968 419	103 033 096	231 001 515
1890	64 321.78	137 298 624	100 528 116	237 826 740
1891	71 759.87	146 127 393	118 985 308	265 112 701
1892	69 460.16	147 186 595	124 073 614	271 260 209
1893	62 987.91	150 474 769	135 586 876	286 061 645
1894	77 095.62	150 660 222	158 489 529	309 149 751
1895	77 994.91	167 706 456	174 769 768	342 476 224
1896	76 726.87	170 476 312	188 313 424	358 789 736
1897	70 378.83	213 791 408	215 733 610	429 525 018
1898	69 900.75	213 084 228	200 683 151	413 767 379
1899	135 762.65	239 248 778	249 549 283	488 798 061
1900	118 300.06	178 460 116	211 024 279	389 484 395
1901	140 170.17	233 870 229	244 613 555	478 483 784
1902	177 225.08	257 892 906	295 577 114	553 470 020

续表

年份	码头捐决算额	埠际贸易额	对外贸易额	贸易总额
1903	162 508.80	292 352 769	291 235 550	583 588 319
1904	180 159.00	330 549 001	334 099 349	664 648 350
1905	224 212.84	334 387 136	376 542 195	710 929 331
1906	203 741.94	317 783 610	357 393 053	675 176 663
1907	179 357.53	313 362 180	335 042 781	648 404 961
1908	157 957.04	342 269 160	314 143 520	656 412 680
1909	177 636.01	384 643 339	352 723 137	737 366 476
1910	173 393.89	386 761 186	382 458 946	769 220 132
1911	180 778.00	387 424 573	383 719 381	771 143 954
1912	204 782.49	414 811 347	382 249 493	797 060 840
1913	215 244.71	427 280 170	432 567 337	859 847 507
1914	189 361.98	394 132 868	395 182 291	789 315 159
1915	183 288.82	476 430 621	414 155 601	890 586 222
1916	207 000.71	472 253 258	429 765 746	902 019 004
1917	203 394.01	468 575 790	415 478 468	884 054 258
1918	196 310.76	501 380 757	428 809 506	930 190 263
1919	268 835.84	592 537 478	532 726 065	1 125 263 543
1920	365 297.02	577 056 529	592 967 314	1 170 023 843
1921	374 785.11	653 381 602	649 799 255	1 303 180 857
1922	379 743.45	697 571 854	649 870 955	1 347 442 809
1923	427 364.51	793 235 368	704 897 806	1 498 133 174
1924	489 622.20	817 627 316	772 648 656	1 590 275 972
1925	464 627.49	860 207 735	747 251 181	1 607 458 916
1926	616 633.41	995 556 834	971 942 859	1 967 499 693
1927	499 299.64	857 943 765	798 404 537	1 656 348 302
1928	602 787.07	982 180 576	919 577 563	1 901 758 139
1929	664 963.03	911 191 073	998 346 546	1 909 537 619
1930	748 335.63	947 839 726	1 005 550 108	1 953 389 834
1931	645 488.28	965 293 927	1 120 255 027	2 085 548 954

资料来源：《公共租界工部局年报》，1868—1931，U1—1—882 至 U1—1—943；罗志如编：《统计表中之上海》，上海：中央研究院社会科学研究所，1932 年

　　根据上表所示，可以计算出码头捐与贸易额呈相关的趋势。其中，1932 年之后的海关各项贸易数据统计方式有所改变，不能再整理出与 1931 年之前相同的口径，此处从略。

　　码头捐和上海港贸易之间，相关程度的大小，可以用相关系数来进行分析。大体可知，贸易额中的进出口贸易总额、对外贸易、埠际贸易，三者对码头捐的影响并不是相同的，这种差别也同样可以通过相关系数表现出来。

　　相关关系的强弱，一般以相关系数 R 表示，常用的计算公式（即 Pearson

公式）：

$$R = \frac{\sum_{i=1}^{n}(x_i - \overline{x})(y_i - \overline{y})}{\sqrt{\sum_{i=1}^{n}(x_i - \overline{x})^2 \sum_{i=1}^{n}(y_i - \overline{y})^2}}$$

其判断相关程度的一般标准为：

当$|R| < 0.3$ 时，为无相关；

当$0.3 \leqslant |R| < 0.5$ 时，为低度相关；

当$0.5 \leqslant |R| < 0.8$ 时，为显著相关；

当$|R| \geqslant 0.8$ 时，为高度相关。

以下笔者就以这一统计指数为工具，来分析 1869—1931 年间，上海公共租界工部局码头捐数额，与上海港埠际贸易额、对外贸易额以及贸易总额的相关性。

根据相关系数的计算结果，颇有些意外，因为它显示的是：在 1869—1899 年间，码头捐与贸易额呈负相关性，而且相关系数的绝对值也相当小，这说明二者几乎没有什么关系。其结果如下（由于 1880—1885 年间，对进出口贸易征收的码头捐为 0，故除去这六年的数据直接由 1879 过渡到 1886）：

$$R_{埠} = -0.219$$
$$R_{外} = -0.062$$
$$R_{总} = -0.137$$

这一结果出乎笔者意料之外，按理不应如此，因为码头捐的数额是与上海港的贸易息息相关的，唯一能作为解释的，即是码头捐的增长率未能与贸易额的增长率相一致，在工部局直接征收的情况下，虽然码头捐的数额在不断增长，但并不能保证它与上海港贸易增长的一致性。

从 1869 年至 1898 年间，每年道台为中国船只进出上海港所付出的补偿金，约为 10 000 余两，基本没有太大波动。这是与上海港不断增长的贸易额不相对称的，因此，为更好地计算码头捐额与上海港贸易的相关性，此处除去道台补偿金的影响，则码头捐余额如表 4-7 所示。

表 4-7　上海公共租界工部局码头捐额（1869—1898，除去道台补偿金）单位：两

年份	码头捐额	年份	码头捐额	年份	码头捐额
1869	75 507.18	1879	76 943.82	1889	55 244.82
1870	90 123.44	1880	0	1890	54 094.78
1871	99 684.93	1881	0	1891	61 592.37
1872	124 410.15	1882	0	1892	59 226.16
1873	94 919.80	1883	0	1893	52 767.91
1874	96 687.92	1884	0	1894	66 588.62
1875	99 831.01	1885	0	1895	67 389.91
1876	86 652.00	1886	53 017.87	1896	66 489.37
1877	80 575.33	1887	52 117.17	1897	59 920.83
1878	73 253.53	1888	57 100.20	1898	59 480.75

资料来源：《公共租界工部局年报》，1869—1898，U1—1—883 至 U1—1—910

根据此表，除去道台补偿金后，1869—1898 年间，码头捐与各类贸易额的相关系数，各数值如下：

$$R_{埠} = -0.449$$

$$R_{外} = -0.622$$

$$R_{总} = -0.540$$

经过除去干扰因素，可发现，码头捐与贸易额呈现负相关性，且相关系数绝对值更大。这更说明二者的增长并不一致，而这也导致了之后工部局交出码头捐的征收权，而全部由海关来负责。

在 1899 年之后，由于码头捐的征收交由海关税务司来执行，这导致了码头捐数额的迅速增长，它与贸易的相关性也迅速增强，几乎属于完全相关。这也说明，海关在征收码头捐的过程中，是相当尽职的。这不难理解，除了少数商品之外，均按 2% 的从价税征收，因此相关性会更大一些，在计算过程中也会表现得更明显。计算 1900—1931 年的三十余年间，码头捐与贸易额相关系数如下：

$$R_{埠} = 0.954$$

$$R_{外} = 0.984$$

$$R_{总} = 0.975$$

通过以上的分析，可知码头捐与上海港贸易的大致关系是：

首先，工部局直接征收时代。虽然码头捐数额也在不断增长，且在市政经费中所占比例巨大，但通过相关系数可以发现，这一增长趋势与贸易额的增长却是呈负相关。这也表明，一个城市的市政管理机构，没有全面管理港口的贸易，就不可能使市政经费与贸易的增长相一致。

其次，海关代为征收时代。1899 年之后，工部局的工作重心开始发生转移，由于租界的扩张，它的主要精力都转向对新区的建设，进而对上海港的直接关

注日益力所不及。它把码头捐的征收权交给江海关，是一件收益远大于损失的事情，并且一度使码头捐在财政体系中的地位有所提升。

最后，上海城市性质的变化也对公共租界的码头捐征收产生着影响。进入20世纪，上海开始由一个商业城市，转变为一个工商业为主导的城市，产业体系的不断完善，使城市获得了发展的内在动力。工部局也因此而获得了更大程度的利益，至少在市政经费上，变得十分宽裕，无须再纠结于对码头捐的征收。上海港通过码头捐，对上海城市发展的支持，在短暂上升之后也无法改变逐渐降低的趋势，这是与上海港地位的历史趋势相一致的（参见下文）。

二、码头捐对工部局市政费用的影响

自从码头捐开征之后，其在市政费用中所占据的比例，经历了一个由大到小逐渐变化的过程：由初期的大半，逐渐降至小半，最后只占极小的比例。其具体演变过程，本节试做分析如下。

（一）工部局对码头捐的依赖

工部局成立之初，规模并不大，所进行的各项工程，也仅限于外滩一带。从较早的工部局收支表（表 4-8）中，可以看出当时工部局财政状况的一斑，亦可窥见码头捐的重要地位。

表 4-8　1856 年工部局收支预算表

预算收入（元）		预算支出（元）	
从西人收来税款	3 500	捕房	5 620
从华人收来税款	5 400	营房	2 522
码头捐	9 000	道路和码头	3 158
洋文书馆和台球俱乐部房租	375	薪金	1 110
共计	18 275	共计	12 400

资料来源：《工部局董事会会议录》第一册，1856 年 7 月 21 日，第 589—590 页

此年的码头捐收入，占据了总收入的 49.2%，加上 1855 年、1856 年的盈余，除去各项应付款，尚能盈余 10 820 元。开埠后的十多年内，工部局的收入还不是很充裕，只能量入为出；而码头捐数量与比例的可观，亦可见对外贸易对工部局公共事业的支持。

鉴于码头捐在工部局的财政开支中占有的重要地位，一旦有洋行拖欠码头捐，工部局就会很紧张。因为"如果这种义务不予更好地经常注意的话，董事会

就无法应付行政机关的开支，而不注意这种情况的后果将迫使捕房力量减少，导致本租界处于极为不利的历史时期"①。工部局在不同的时期，都会反复说明："码头税是财政收入的来源之一，而且在所有财源中最具有伸缩性，需要关注和细心照料"②；1867 年初，工部局财政委员会甚至考虑缩减开支，因为"在看到像码头捐那么重要的一个项目上的惊人减少之后（构成不少于年度全部税收的四分之一），本委员会的首要责任是尽可能重新编制缩减开支又适合工部局部门效率的预算"，毫无疑问的，这会影响如警备委员会和工务委员等部门的工作。③

1869—1870 年度预算比较报表中，上年未收捐税 13 161 银两，"只能希望从码头捐取得补偿"，但码头捐仅收到了 506 银两，结果就是"恐怕工部局会受到损失"④；1869 年，工部局财务委员会报称，1870 年预算的 60 000 银两，很大一部分"将从这一来源实现"⑤，可见码头捐在工部局财政收支中的地位。1865 年，工部局的财政状况到了非常窘迫的地步，"迄今为止，工部局收入的主要来源之一的码头捐下跌程度非常令人吃惊……本年度从这一税源得到的捐税将不足 55 000 两银子，很可能不超过 25 000 两银子。出于暂时的原因，房捐和土地税也严重减少。因此你们一定知道工部局的财政状况非常危急，除非通过尽早征收拟议中的市捐以使税收有极大的增加，否则工部局无法为公众正常发挥管理职能"⑥。在这一背景下，工部局曾考虑以"市捐"代替码头捐，其实质是对所有的进出口商品全面征收码头捐，以充实市政经费。

早在 1863 年 7 月，码头捐小组委员会已开始着手准备全面改革税收的计划，直到 1865 年 6 月，这一计划才真正形成，董事会决定调查用"市捐"代替"码头捐"的可能性。⑦所谓"市捐"，"是一项对进口、出口和再出口等所有通过海关的货物征收的捐税"，它提出的原因，大体有以下几个：很多商人和洋行逃税、道台拒绝增加华人货物的代偿金、对不同货物在抽税时的不同待遇（尤其鸦片从未缴纳过码头捐），以及对私人码头使用的增加。工部局决定由海关以对他们最方便的方式征收，"例如根据进口、出口和再出口的申请征税，这样就能够避免逃税现象，而且这种税收将只会随港口业务的多寡而浮动。所有人都将

---

① 《工部局董事会会议录》第一册，1861 年 12 月 27 日，第 631 页。
② 《工部局董事会会议录》第四册，1871 年 1 月 30 日，第 770 页。
③ 《工部局董事会会议录》第三册，1867 年 1 月 14 日，第 545 页。
④ 《工部局董事会会议录》第三册，1867 年 8 月 31 日，第 725 页。
⑤ 《工部局董事会会议录》第三册，1869 年 11 月 4 日，第 740 页。
⑥ 《工部局董事会会议录》第二册，1865 年 12 月 13 日，第 536 页。
⑦ 《工部局董事会会议录》第二册，1865 年 6 月 7 日，第 504 页。

平等纳税"，由于这是一项贸易税，"不居住本埠但与本埠进行交易，且其财产和经营活动得到捕房和工部局保护的人将以这种市捐的方式作出贡献"，这相当于增加了上海港贸易的整体税率，这就需要得到"作为租界管理机构的租地人大会批准"，以及"法公董局、道台大人和海关西人税务司的认可"，但工部局对此充满信心，认为这是为了"废除不公正的强征的码头捐"，并且预计"这一税源将使收入增加到 65 000 两"。①

对于这一改变，英国代理领事、海关税务司和法租界公董局也都表示赞同，租地人大会也通过了这一措施，但道台拒绝予以批准，"此事已由各国缔约代表提交到北京"②。为配合市捐的制定，租地人大会又于 1864 年底制定了加倍码头捐的规定，引发了普遍的反对，使征收码头捐的工作受到阻碍。无奈之下，工部局不得不"将一半码头捐还给所有在截止到 1865 年 3 月 31 日这一季度加倍缴捐的人"③，这种让步也说明了加征捐税的难度。鉴于征收市捐的无限期推迟，工部局不得不请求主要的鸦片进口商"同意缴纳适当数量的捐税，从而帮助工部局减轻目前的负担"④。

如果需要改码头捐为市捐，则势必要修订《土地章程》，那么这就是一个很大的问题，因为牵涉到与中国政府的外交。争议持续到 1866 年 2 月，英国驻华公使认为，"此事应等到对《土地章程》修订总则做出决定后再说"，工部局不得不考虑，"根据目前的《土地章程》是否有可能制定一种捐税，用以应付工部局的财政困难，并更均衡地分布捐税范围"⑤，"市捐"的提议逐渐消失，工部局不得不就码头捐的征收，付出更多的时间与精力。虽然在进入 20 世纪后，码头捐在工部局财政收入中的地位开始逐渐下降，但在 19 世纪征收一直是困扰工部局的一个大问题。

（二）码头捐地位的数理分析

码头捐开征之后的数十年时间，征收数额取得了飞跃性的增长。工部局曾乐观地认为，码头捐"这项税源通过留意关注，有可能扩大成为工部局主要收

---

① 《工部局董事会会议录》第二册，1865 年 6 月 29 日，第 508 页。
② 《工部局董事会会议录》第二册，1865 年 8 月 7 日，第 510 页。
③ 《工部局董事会会议录》第二册，1865 年 9 月 5 日，第 515 页。
④ 《工部局董事会会议录》第二册，1865 年 10 月 10 日，第 517 页。
⑤ 《工部局董事会会议录》第二册，1866 年 2 月 10 日，第 544 页。

入之一"①，但与工部局整体收入预算相比较来看，就可以发现更有意义的问题。下文即通过各种数据的计量分析，来分析码头捐对工部局财政（本书指经常项目）的影响程度 。

1856 年，码头捐即以征收额 9000 元的规模，占到了工部局年度预算 18 275 元的 49.2%（表 4-8），之后码头捐的征收额几乎逐年上升，1861 年，码头捐为 12 000 两，1862 年，达到了 51 960 两。②不过，码头捐在总预算、决算额中，所占的比例，却在不断下降。其变化趋势大致如表 4-9 所示。

根据以上表格所示，将相关数据整理成图（图 4-1、图 4-2），并可观察各项指标更为直观和明显的趋势。其中 1881 年码头捐预算为 0（具体原因见下文），但在决算中，有道台的补偿金，故决算比例虽小，但仍然存在。

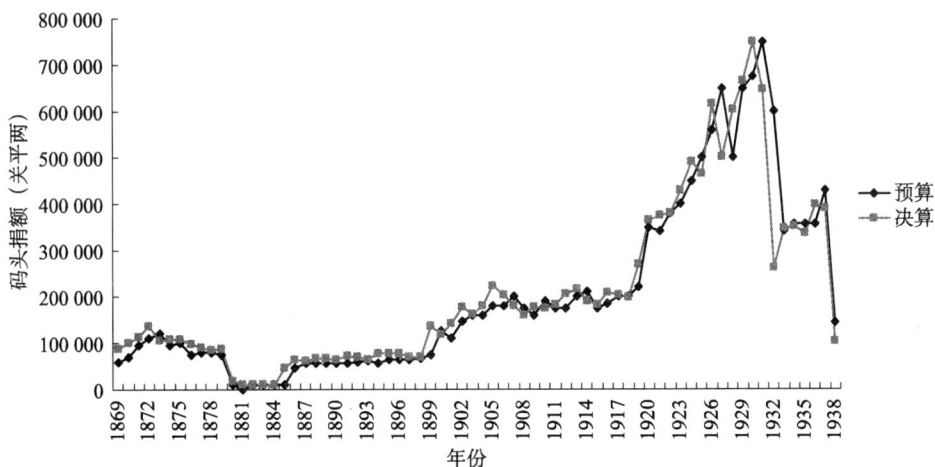

图 4-1　上海公共租界工部局历年预算、决算中码头捐数额比较图（1869—1938）

由以上图表可知，码头捐的总额，在 1880—1885 年之间因停止征收，仅剩道台补偿金，使得总额、比例均出现大幅下降。但除此之外，在 1931 年之前，除虽偶有浮动，但总趋势一直处于一种不断上升的过程之中，尤其在 1920 年之后的十年间，处于一种急剧上升的趋势。直到 1931 年之后，因"九一八事变"、"一·二八事变"的发生，上海港的贸易受到影响，码头捐数额也随之急剧下降。

① 《工部局董事会会议录》第三册，1867 年 9 月 9 日，第 615 页。
② 《北华捷报》第 656 期，1863 年 2 月 21 日，上海社会科学院历史研究所编译：《太平军在上海——〈北华捷报〉选译》，上海：上海人民出版社，1983 年，第 476 页。

　　相比之下，码头捐在工部局年度预算、决算总额中的比例，变化趋势则相对简单。1872 年之前，码头捐无论在数额上还是所占比例上，均在不断上升；1872 年之后，除有小幅的波动之外，整体趋势开始不断下降，1880—1885 年之间更是如此；而在进入 20 世纪之后，与码头捐数额的迅速上升相反，所占比例则几乎是呈现一种不断下降的趋势，虽偶有波动，但已不能改变总的趋势。

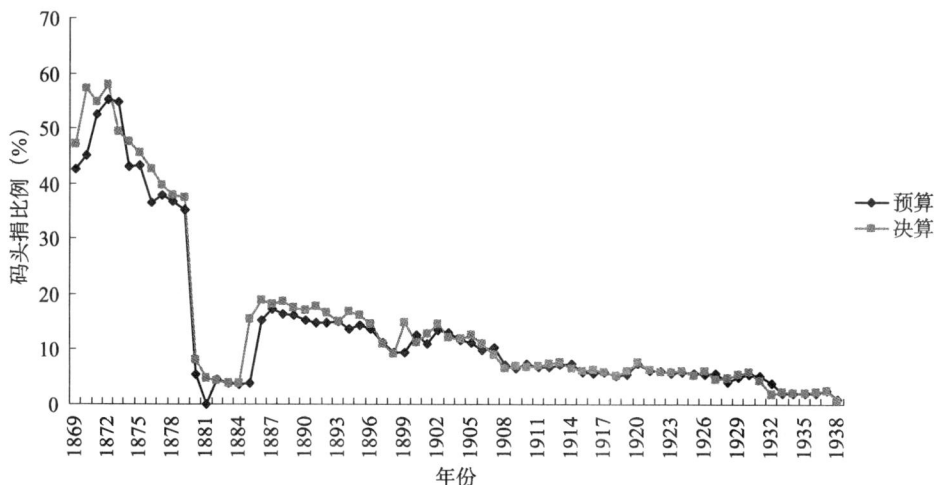

图 4-2　上海公共租界工部局历年预算、决算中码头捐比例比较图（1869—1938）

　　这表明了近代以来上海港贸易的扩张，以及上海城市性质的演变，在 1895 年《马关条约》之后，上海经历了一次重要的转变：由一个商业城市，逐步转变为工商业城市，工业的比重开始不断上升，产业体系的不断完善，使城市获得了发展的内在动力。于是工部局就可以不断开拓新的税源，并因此而获得了更大程度的利益，至少在市政经费上，变得十分宽裕，码头捐的比例遂转为下降，这时上海城市发展，已经开始相对独立的贸易了。若由此项码头捐的指标来看，根据港口与城市相互作用的生命周期理论[①]，此后的租界城区，与港口的关系日渐疏远，上海港通过码头捐，对上海城市发展的支持，在短暂上升之后也无法改变逐渐降低的趋势，这是与上海港地位演变的历史趋势相一致的，也反映出对外贸易在上海城市发展中的作用：至少对租界城区发展的直接经济贡献，日趋变小。

---

①　陈航：《港城互动的理论与实证研究》，大连海事大学博士学位论文，2009 年。

表 4-9　工部局历年预算与码头捐比较表

年份	码头捐预算（两）	总预算（两）	码头捐比例（%）	码头捐决算（两）	总决算（两）	码头捐比例（%）
1866	66 000	169 386	38.96	61 524.57	145 445.45	42.30
1867	—	—	—			—
1868	—	—	—	73 823.73	162 710.90	45.37
1869	60 200	141 471	42.55	86 034.30	182 676.67	47.10
1870	70 360	155 877	45.14	100 598.94	175 670.32	57.27
1871	95 360	181 595	52.51	112 736.43	205 854.11	54.77
1872	110 360	200 236.5	55.11	135 116.15	232 991.81	57.99
1873	120 000	219 485	54.67	105 832.80	214 322.28	49.38
1874	95 000	220 075	43.17	107 187.92	225 184.62	47.60
1875	99 000	229 040	43.22	107 331.01	235 385.14	45.60
1876	75 000	204 500	36.67	97 127.50	228 060.35	42.59
1877	80 200	211 430	37.93	90 958.08	229 082.69	39.70
1878	80 000	218 000	36.70	83 450.78	220 000.44	37.93
1879	75 200	213 727	35.19	87 196.97	232 226.21	37.55
1880	10 200	192 546	5.30	16 702.75	206 886.22	8.07
1881	0	196 728	0.00	10 302.25	217 174.57	4.74
1882	10 200	222 740	4.58	10 244.50	236 032.60	4.34
1883	10 200	274 896	3.71	10 185.00	267 467.66	3.81
1884	10 200	278 552	3.66	10 244.50	266 259.06	3.85
1885	10 200	273 360	3.73	46 912.42	303 585.03	15.45
1886	46 200	303 050	15.25	63 276.37	334 839.14	18.90
1887	56 700	327 554	17.31	62 295.17	344 558.46	18.08
1888	55 200	337 184	16.37	67 330.02	362 236.18	18.59
1889	56 700	350 110	16.19	65 548.82	376 188.82	17.42
1890	56 200	366 284	15.34	64 321.78	377 790.89	17.03
1891	56 200	381 675	14.72	71 759.87	404 759.43	17.73
1892	58 200	390 890	14.89	69 460.16	416 487.03	16.68
1893	61 200	404 680	15.12	62 987.91	421 237.82	14.95
1894	57 200	416 910	13.72	77 095.62	456 774.74	16.88
1895	65 300	455 370	14.34	77 994.91	482 602.95	16.16
1896	65 300	479 570	13.62	76 726.87	528 283.73	14.52
1897	65 300	587 920	11.11	70 378.83	640 006.14	11.00
1898	67 300	717 843	9.38	69 900.75	753 270.05	9.28
1899	75 000	799 610	9.38	135 762.65	917 091.00	14.80
1900	125 000	992 730	12.59	118 300.06	1 045 177.16	11.32
1901	110 000	1 003 750	10.96	140 170.17	1 097 719.71	12.77
1902	145 000	1 078 780	13.44	177 225.08	1 209 175.24	14.66
1903	160 000	1 232 400	12.98	16 2508.8	1 341 570.03	12.11

续表

年份	码头捐预算（两）	总预算（两）	码头捐比例（%）	码头捐决算（两）	总决算（两）	码头捐比例（%）
1904	160 000	1 362 750	11.74	180 159.00	1 505 402.40	11.97
1905	180 000	1 617 500	11.13	224 212.84	1 780 414.82	12.59
1906	180 000	1 812 250	9.93	203 741.94	1 866 398.01	10.91
1907	200 000	1 953 305	10.24	179 357.53	1 983 431.83	9.04
1908	175 000	2 429 920	7.20	157 957.04	2 403 164.16	6.57
1909	160 000	2 469 700	6.48	177 636.01	2 521 600.33	7.04
1910	190 000	2 575 350	7.38	173 393.89	2 555 056.02	6.79
1911	175 000	2 567 900	6.81	180 778	2 589 627	6.98
1912	175 000	2 611 450	6.70	204 782.49	2 734 245.38	7.49
1913	200 000	2 758 165	7.25	215 244.71	2 858 006.01	7.53
1914	210 000	2 872 205	7.31	189 361.98	2 934 381.58	6.45
1915	175 000	3 006 460	5.82	183 288.82	3 051 017.17	6.01
1916	185 000	3 277 850	5.64	207 000.71	3 333 150.76	6.21
1917	200 000	3 462 350	5.78	203 394.01	3 455 127.75	5.89
1918	200 000	3 895 780	5.13	196 310.76	3 864 576.87	5.08
1919	220 000	4 079 890	5.39	268 835.84	4 419 961.47	6.08
1920	350 000	4 742 870	7.38	365 297.02	4 823 483.03	7.57
1921	340 000	5 700 950	5.96	374 785.11	5 967 040.09	6.28
1922	380 000	6 285 530	6.05	379 743.45	6 391 200.39	5.94
1923	400 000	7 064 770	5.66	427 364.51	7 203 797.56	5.93
1924	450 000	7 822 650	5.75	489 622.20	8 028 824.09	6.10
1925	500 000	8 936 800	5.59	464 627.49	9 152 409.48	5.08
1926	560 000	10 200 850	5.49	616 633.41	10 100 856.87	6.10
1927	650 000	11 528 850	5.64	499 299.64	11 161 792.35	4.47
1928	500 000	12 615 970	3.96	602 787.07	12 691 714.42	4.75
1929	650 000	13 047 520	4.98	664 963.03	12 473 292.49	5.33
1930	675 000	12 463 860	5.42	748 335.63	12 679 207.77	5.90
1931	750 000	14 668 300	5.11	645 488.28	14 795 037.66	4.36
1932	600 000	15 744 810	3.81	261 112.73	15 169 552.83	1.72
1933	340 000	16 538 100	2.06	345 508.26	15 809 837.11	2.19
1934	357 500.36	17 449 092	2.06	351 610.31	17 100 943.12	2.06
1935	357 500.36	18 027 313	1.98	336 205.70	17 098 854.22	1.97
1936	357 500.36	17 526 098	2.04	396 912.08	17 526 097.53	2.35
1937	429 000.43	17 953 525	2.39	390 726.83	15 515 187.43	2.52
1938	143 000.14	15 849 192	0.90	102 059.97	17 654 573.73	0.58

资料来源：《公共租界工部局年报》，1868—1938，财政年报，U1—1—882 至 U1—1—951。其中，1875年后，工部局财政年度由 4 月 1 日—3 月 31 日调整为 1 月 1 日—12 月 31 日；1934 年之后的数据，原单位为国币元，依比率转化为关平两，1 关平两=1.3986 元

第三节　码头捐对近代上海城市社会的影响

上节分析了因贸易而生的码头捐，与近代上海公共租界财政收支的关系。其实，在码头捐的征收过程中，还会牵涉到各个方面的利益冲突。下文以工部局为线索，考察其与江海关税务司、法租界、上海道台、浦东塘工局、国民政府上海特别市政府等国家、地方和城市机构的关系，进而揭示上海港为城市发展带来的深远影响。

工部局对码头捐征收过程的演变，严格地来说，是一项多方博弈的结果。因为，每种经济政策的制定与演变，都不仅仅是一个经济问题，而是一个"政治过程"，该过程的本质则是"许多参与者同时企图影响直接制定政策者的行为"①，与各种社会问题密切关联。基于博弈论的交易成本理论，即是要打开政策制定与运作的"黑箱"，并检验内部机制的实际运转状况，从而有益于政策分析；对于以考据为主要方法的历史学而言，在经济史研究中深入探究经济政策的演变，与以上经济理论的结合，则同样显示出了可行性与必要性。

码头捐的征收工作，最主要的参与者，是公共租界工部局，但它在不同时期又需要面对多重的博弈对象：从早期的洋行、上海道台（地方政府）、法租界公董局、江海关，直到后期的中央政府、地方社会。最终，码头捐的征收归结为一点：如何在成本最小化的情况下，获得收益的最大化。各方参与者关注的首先是作为码头捐基础的贸易额的提升，这一点在1895年《马关条约》后，随着中国沿海沿江港口的全面开放而无需担心；在近代初期贸易受条约制衡的情况下，才有可能单独由工部局出面征收码头捐，也就面临着多方面的交易成本与政策约束。

交易成本理论、博弈论、"委托—代理"理论等，是对社会解释模式的实践，这些理论的体现与历史过程是融为一体的，通过分析史实，可以更好地"理解相互联系的政治—经济体系是如何逐渐演化出一些方法来处理它必须面对的各

---

① 阿维纳什·K.迪克西特著，刘元春译：《经济政策的制定：交易成本政治学的视角》，北京：中国人民大学出版社，2004年，第7—8页。

种交易成本的"。①具体到近代中国、尤其在上海这个特殊的地点，需要处理的则是各方面的力量存在，及如何协调这些关系，制定出最符合经济政治规律的政策。当然，这都只是对于工部局——这个外来者而言的。至于之后国民政府的取而代之，则需要更长的时间了。

一、码头捐征收者的变迁

由哪个机构来征收码头捐，经历了复杂的转变。从总体上看，其过程为：最早是在近代初期，因上海港贸易额很小，工部局可以相对容易掌握贸易商品的种类、数量，可以自身独立征收；随着太平军攻占江南，上海城市与贸易额急速扩张，工部局便需要新成立的帝国海关提供贸易数据，便开始向海关派驻人员，以掌握贸易的具体状况，为征收码头捐服务；因受《土地章程》合法性的影响，为减少征收成本，工部局将码头捐的征收工作，全部交由海关代为征收。下文即对这一进程简略加以简析。

最初，工部局坚决反对由海关代收码头捐，坚持由自己来承担，因为虽然19世纪50年代末的上海，对外贸易额已经据中国各口岸之首，但在1861年，"贸易利润由少数几家德国、英国、法国和美国的公司瓜分"②，甚至直到1879年，情况仍然没有什么大的改变："上海港与伦敦之间正常进出口贸易的运输主要掌握在法兰西火轮船公司、大英轮船公司、霍尔特轮船公司、葛连轮船公司和卡索尔轮船公司等5家轮船公司的手中。去夏，这5家公司设想他们已强大到足以向从事对华贸易的商人们指定运费率，换言之就是要联合起来维持高得出奇的运费率"③，这样看来，工部局似乎只需控制这些公司，便可获取对码头捐的掌控。

因此，工部局认为"依靠海关或领事的协助收取码头捐并不是一种切实可行的办法"，应是由自己决定，向从事贸易的洋行发布命令，"要求每家公司提

---

① 阿维纳什·K.迪克西特等著，刘元春译：《经济政策的制定：交易成本政治学的视角》，北京：中国人民大学出版社，2004年，"前言"，第3页。

② 王维江、吕澍译辑：《1861：普鲁士外交特使团报告中的上海》，《另眼相看：晚清德语文献中的上海》，上海：上海辞书出版社，2009年，第7页。

③ 《代理船舶登记员斯宾士1879年度上海港航运业务报告》，载李必樟译编，张仲礼校订：《上海近代贸易经济发展概况：1854～1898年英国驻上海领事贸易报告汇编》，上海：上海社会科学院出版社，1993年，第558页。

供各捐税金额的细节"。①

工部局在一开始，之所以没有选择与江海关合作，这种做法也是与海关的"中国"性质分不开的。由于江海关在名义上仍是中国政府的下属机关，与工部局的交涉往往相对比较麻烦。直到 1862 年，江海关税务司通知工部局，"说明该税务司无法提供过去半年内的进口和出口统计表，但是从今年 1 月 1 日起已为此目的委任了一位专职官员"②。

但归根结底，与工部局相比，近代史上的江海关，掌握了上海乃至中国最大的财政权，在历年的关税总额中，江海关所占比例几尽全国之半③，不但是国家税收的主要来源之一，更涉及对政治权力的控制。同时，对上海港而言，江海关是它的主要管理机构，因此，工部局在向上海港贸易征收码头捐的过程之中，不可能离开江海关的协助。随着赫德入主海关，担任总税务司，按西方国家的海关制度建立中国"洋关"之后，工部局与海关的关系明显缓和亲近了许多。④

同时，上海港贸易额的不断扩大，使工部局逐渐没有力量对贸易直接征税，在"自发申报情况下，码头捐所取得的税收大大不足额"，工部局不能完全掌握贸易的实际情况，便不得不求助于海关。为寻求更好的收取码头捐的方法，1861年 4 月，工部局通过决议："授权董事会雇用一名办事员，从海关统计表中摘录必要的统计资料"⑤，从而不得不开始依靠海关协助，才能获取征收码头捐的必要信息。

1866 年 4 月，工部局发现在收入项目中，有"一个通过征收华人与西人码头捐预期可得到 66 000 两白银的项目"，虽然工部局董事会认为从财政年度开始的"4 月 1 日起就能见效"，但结果却是"这一沿袭的程序完全行不通"，其原因是：税率表不能全部编好；没有一个能马上开始工作且可以自由支配、效率又高的机构；信息发布时间过长，蒙受额外时间的损失；同时，"由于工部局不能直接向华人征收，工部局损失白银 16 000 两以上"。⑥ 由于贸易额的庞大及商品种类的众多，工部局在自己的职权范围之内，已经很难完成码头捐的征

---

① 《工部局董事会会议录》第一册，1857 年 3 月 25 日，第 595 页。

② 《工部局董事会会议录》第一册，1862 年 3 月 12 日，第 633 页。

③ 陈正恭主编，《上海海关志》编纂委员会编：《上海海关志》第四编附表二，上海：上海社会科学院出版社，1997 年，第 332—335 页。

④ 陈诗启著：《中国海关史》，北京：人民出版社，1993 年。

⑤ 《工部局董事会会议录》第一册，1861 年 4 月 10 日，第 615 页。

⑥ 《工部局董事会会议录》第三册，1867 年 1 月 14 日，第 545 页。

收任务，这也构成了之后向海关移交事务的基础。

1866 年开始，工部局修订码头捐税率后，提出"希望和外国海关税务司就向华籍商人公平征收码头捐事件做出令人满意的安排"，此次由码头捐管理处派遣"一名能干的收捐员驻在海关"①，之后的码头捐就一直由海关协助收捐员共同执行。

1867 年，工部局已经初步提出，码头捐由江海关代为征收，甚至想出别的替代办法，例如"由大清江海关缴付相当于经过本埠海关出口全部的货物总值0.1%的分担额，或者，如果得到缔约国批准，征收现行海运税的附加税，以代替迄今征收的'码头捐'"②。

不过，由于"条约中关于贸易方面的捐税实际上未予以仔细考虑或认可，若不遭到严重反对，征收也有困难和易被人找岔子，因此应认真考虑。如果能劝使中国政府放远目光看到它对西人社会的义务，西人社会独自地多年来每年以巨款支持了大清皇帝的正当行为，它就不会反对这条建议所依据的原则"；不过，"这是一步使中国政府负担庞大的治安机构全部经费的一个建议。迄今为止，这项建议一直由租界内华人居民纳税资助西人社会来维持这个机构，这一点不可忽视。不管这笔经费总额是由海关税收支付还是由别的来源支付，都是一回事，如果要求中国政府提供这笔费用，它就很可能不仅要求对捕房的章程和管理的控制权，而且会要求向华人征收的全部捐税用于市政用途的账目，在征收数额及其使用方面要求有决定性的发言权"，综合考虑之下，工部局认为，"有一个双方都可接受的折衷方法，不妨可以考虑。目前为捕房所用而以码头捐名义所征得的税款微乎其微，而征收码头捐对双方是一致而正当的，如果由海关征收则不费劲，最后应用这项税收使双方获得共同利益，看到这几点，几个缔约国也许会乐于同意单单在上海，抑或无论何地，凡多数外国居民希望在其他通商口岸，在根据条约现在所征收的海运税上做微小的增加"。③ 但是，这项建议最终没有被采纳。由海关代为征收码头捐要在 30 年之后了，但是，海关在工部局征收码头捐的事情上，是一直持支持态度的。

由于码头捐的重要性，工部局甚至曾做出决定，"考虑能得到去海关查对码头税总账的许可证，以便核对，藉以避免我们的账目有任何错误和遗漏发生的

---

① 《工部局董事会会议录》第二册，1866 年 6 月 8 日，第 561 页。
② 《工部局董事会会议录》第三册，1867 年 1 月 14 日，第 549 页。
③ 《工部局董事会会议录》第三册，1867 年 1 月 14 日，第 550 页。

可能"，"应尽最大努力谨慎地记好账册……能够随时非常详细规定码头税务科账册的细则，这就能准确地与港口贸易报告书相对照"①；海关为工部局提供的方便是，"有一个房间，充当'工部局码头捐办公室'，以存放相关账簿，并应（工部局）申请提供征收细节"。②

1880 年工部局停征码头捐，但在 1885 年，工部重新开征码头捐时，海关又对此作了不少的协助，海关税务司写信称，"以前在海关大楼里用作捐务股的房间，可仍由工部局使用。……在捐务股人员需要整理捐款账目时，可准许他们查阅各种文件材料"③。因此，海关对此次重征，亦颇为上心。

在经过了十多年后，工部局再次陷入困境之中，主要原因还是在于贸易行的逃税，以及道台对华人贸易代偿金的拖欠，工部局遂依照天津工部局成例，"由海关执行"④；江海关税务司也表示同意，但由于海关系统相对独立，"不想接收现在的捐务股"，而是全部由海关职员来进行工作，于是工部局这一机构的相关人员被分配到工部局其他机构中，"尽其所能担负一些职务"。⑤

1898 年开始，工部局与海关税务司、上海道台等各方讨论改变征收码头捐的方式。江海关税务司称，1892—1901 年，"海关内部办事机构的最大变动"之一，为发生在 1899 年 4 月 1 日的"码头捐组的创设"。⑥

在此次修订码头捐征收办法的过程中，海关税务司起了主导作用，对税率规定的影响尤其明显。其中，建议"对各种货物征收 2% 关税的办法取代按从量税计算交纳码头捐数额的办法"，这种从价税率，"大约相当于 1% 市场价值的 1/20 的认可税率"，而且"税法的这种改变可以避免运送货物过海关时造成的延误和不便，而这种耽搁和不便在实行从量税的手续中是必定会产生的"⑦，工部局和公董局均同意了这种修改。但茶、鸦片、丝和贵重货物等均由工部局决定税率，按照与商会的妥协，最终定为 3‰ 的税率。⑧

为了配合海关的征税，工部局与公董局每年要向海关缴纳 2500 两的征收费

---

① 《工部局董事会会议录》第四册，1871 年 1 月 30 日，第 770 页。

② 《工部局年报》（1871 年），上海档案馆藏，U1—1—884。

③ 《工部局董事会会议录》第八册，1885 年 2 月 27 日，第 610 页。

④ 《工部局董事会会议录》第一三册，1897 年 12 月 22 日，第 552 页。

⑤ 《工部局董事会会议录》第一三册，1898 年 12 月 28 日，第 610 页。

⑥ 徐雪筠等译编，张仲礼校订：《1892—1901 年海关十年报告》，《上海近代社会经济发展概况（1882—1931）—〈海关十年报告〉译编》，上海：上海社会科学院出版社，1985 年，第 100 页。

⑦ 《工部局董事会会议录》第一四册，1899 年 1 月 25 日，第 468 页。

⑧ 《工部局董事会会议录》第一四册，1899 年 3 月 8 日，第 475 页。

用，同时道台也需支付一部分，其比例按照 1：1：2 分摊。①

1899 年 3 月 20 日，码头捐各方达成协议，"是对鸦片、丝、茶和金银分别按照一定的税率征税；所有应缴税的货物已付关税总额的 2%；所有免税货物缴纳申报价值的 1‰；并且还确定了码头捐收在工部局、公董局和上海道台之间的分配比例"。道台从"本地或国内贸易的码头捐中收取半数后减去征收全部码头捐所用去的费用总数的一半。法租界公董局得捐税总数减去道台份额之后的 25%。公共租界工部局占有其余份额，并与法租界均摊余下的另一半征收费用"，而这种安排，最初是临时性的，1901 年前后则"改为永久性的协议，但加上了保留条件：三方中的任何一方，只要在三个月之前发出通知，就可以在任何时候中止协议"。②

工部局对这次修订的态度很积极，而且认为协议的效果是"非常令人满意的"，对比之前的状况可知："1894—1898 年，工部局从公众中收到的"货物捐"和从上海道台处折算而得的各项当地捐税，每年平均约 68 000 两；而在 1899 年 4 月修改分配比例之后的头几个月中，收到的码头捐总计已达 107 722 两，在最近的两个年度中又分别收到了 118 300 两和 140 170 两。在改由海关经营的第一年中，码头捐的收入总数为 208 287 海关两，其中须减去征收费用 10 387 海关两。根据刚刚过去的这几个月的情况来判断，第三年的收入将不止能弥补 1900 年因不景气而养活的部分，而且预计将超过 1899—1900 年的总额"，对于道台而言，"在协议继续有效期间不再向工部局汇寄那一部分微不足道的地方捐税金额"③，似乎也是非常有利可图的一件事。

总之，这件事情得到了相对稳妥的解决，工部局便再也不用为征收码头捐而大伤脑筋，道台也不用汲汲于华人贸易的补偿金了。之后，海关对码头捐的征收基本维持下来，直至工部局解散，也没有太大的变化，1931 年，上海市政府收回华界城区岸线码头捐征收权，但实际的征收工作仍由海关负责。

因此，在 20 世纪 20 年代之后，收回码头捐的征收权运动时，华界各机构不少人认为，码头捐一直由海关征收（见下文）。通过以上分析可知，这种看法

---

① 史梅定主编，《上海租界志》编纂委员会编：《上海租界志》，上海：上海社会科学院出版社，2001 年，第 326 页。

② 徐雪筠等译编，张仲礼校订：《1892—1901 年海关十年报告》，《上海近代社会经济发展概况（1882—1931）——〈海关十年报告〉译编》，上海：上海社会科学院出版社，1985 年，第 100 页。

③ 徐雪筠等译编，张仲礼校订：《1892—1901 年海关十年报告》，《上海近代社会经济发展概况（1882—1931）——〈海关十年报告〉译编》，上海：上海社会科学院出版社，1985 年，第 100—101 页。

并没有上溯到码头捐的源头，其中间变迁的过程，要复杂得多。

二、工部局码头捐征收中对外贸易参与者的抵制

按照交易成本理论的假设，"信息是有成本的；行动者解释他们的环境是基于主观模型；合同的不完全实施"，采用这样的模型而进行的选择造成高昂的政治交易费用，致使政治市场非常不完善。[1] 工部局在开征码头捐时，上海对外贸易量比较小，在信息搜集方面比较全面，可以自己加以控制；随后上海港贸易迅速扩展，工部局已经很难完成这项信息搜集整理的任务，洋行的贸易亦不喜欢被工部局事无巨细地知晓，码头捐的征收工作也难以顺利开展。

英租界（公共租界）的产生，是以英国领事带领下的贸易利益代表者们，以《土地章程》为基础而建立的。码头捐的征收，自然也会触及到这些洋行、洋商的利益，是以诸如税率的确立、税款的催交等事务，都免不了与这些操纵着对外贸易的机构们进行协商。如 1866 年 5 月，工部局财政、捐税及上诉委员会就新的码头捐标准建议，在正式通过前，向上海各外商通报，"把收费标准送商会委员会，以便征求他们的意见，这样可能有利于这个计划的顺利实施"[2]，还是必须要考虑到外商的具体利益。

征收机构方面，工部局最初反对由海关代收码头捐，坚持由自己来承担，因为 19 世纪 50 年代末的上海，对外贸易额已经据中国各口岸之首，但"贸易利润由少数几家德国、英国、法国和美国的公司瓜分"[3]，直到 1879 年，情况仍然没有什么大的改变："上海港与伦敦之间正常进出口贸易的运输主要掌握在法兰西火轮船公司、大英轮船公司、霍尔特轮船公司、葛连轮船公司和卡索尔轮船公司等 5 家轮船公司的手中。去夏，这 5 家公司设想他们已强大到足以向从事对华贸易的商人们指定运费率，换言之就是要联合起来维持高得出奇的运

---

① 道格拉斯·C.诺思：《交易费用政治学》，载道格拉斯·C. 诺思等著，刘亚平编译：《交易费用政治学》，北京：中国人民大学出版社，2013 年，第 1 页。

② 《工部局董事会会议录》第二册，1866 年 5 月 8 日，第 556 页。

③ 王维江、吕澍：《1861：普鲁士外交特使团报告中的上海》，《另眼相看：晚清德语文献中的上海》，上海：上海辞书出版社，2009 年，第 7 页。

费率"①，这样看来，似乎只需控制这些公司，便可获取对码头捐的掌握。因此，工部局认为"依靠海关或领事的协助收取码头捐并不是一种切实可行的办法"，而是由自己决定，向从事贸易的洋行发布命令，"要求每家公司提供各捐税金额的细节"②。

具体的征收实施中，一旦外商采取不合作的态度，码头捐的征收便会陷入困难之中。因为工部局对码头捐的征收，是以租界的根本大法——《土地章程》为基础的。但对于《土地章程》的合法性，一直以来就不断被质疑，相应的，码头捐的合理性也同样被怀疑。

对于在上海进行贸易的商人和洋行而言，它们的主要目的，是获得尽可能多的利润，正如开埠初期一位商人所说，"我的目的就是在最短的时期中发一笔横财。我预期最多在两三年之中必须发财，即行离去。那么，上海以后即使化为灰烬，于我又有什么相干呢？……这不是一个安逸的地方，这不是一个可以携眷长住的地方。这个建筑在泥滩上面，由效力否定不很实在的条约和《地皮章程》所支持的上海，当然是只宜跑去发一大笔财，赶紧离开的"③。

因此，对这些贸易征收码头捐，无疑是在减少他们的利润，从一开始，便一直有商行对征收码头捐一事提出质疑。当然，其中不乏正当抗议者。1869年，上海最大的燕窝进口商丰兴行，对燕窝征税提出申诉，因为"质量最佳的一种白色燕窝，上海的现行市价为每斤25银两至30银两，则每斤应交税款2钱或每担20银两，或者说税率差不多是0.75%，看来税负太重"，因为码头捐税率为1‰，工部局随后表示，"对各种燕窝的码头捐，今后用从价税来取代现行的明显过高的税率"④，以减轻其负担。

所以，工部局也考虑到这一点，经过与这些商人和洋行的矛盾之后，工部局会更加考虑到如何协调与他们的关系，1885年重新征收码头捐之后，采取的一些措施，上海外国商会向工部局提出修订税率，工部局也表示同意，而且"对实际上负担捐税太重者，工部局应予以适当考虑"⑤。

---

① 李必樟译编，张仲礼校订：《代理船舶登记员斯宾士1879年度上海港航运业务报告》，《上海近代贸易经济发展概况：1854～1898年英国驻上海领事贸易报告汇编》，上海：上海社会科学院出版社，1993年，第558页。
② 《工部局董事会会议录》第一册，1857年3月25日，第595页。
③ 〔美〕霍塞著，越裔译：《出卖上海滩》，上海：上海书店出版社，1999年，第39页。
④ 《工部局董事会会议录》第三册，1869年8月31日，第726页。
⑤ 《工部局董事会会议录》第八册，1885年4月10日，第614页。

但总的来看，在工部局直接征收码头捐时期，它与上海各外商之间的矛盾多于协调一致，这主要反映在对码头捐的拖欠，甚至直接对簿公堂。

（一）早期的码头捐拖欠事件

为了自身的贸易利益，包括英国在内的许多洋行不断抗拒码头捐的征收，甚至有部分国家的商人，对《土地章程》提出了质疑。

最早有拖欠码头捐的记载，见于1861年底，工部局董事会"审查并通过了几笔账目，指令总办呈报尚未付清码头捐的租地人名单，向他们寄发第二份催付捐税申请表格"[①]。1862年11月，工部局收到了这一名单，包括几家洋行：英商怡和洋行拒绝支付税款，也不提供出口和进口细节、船只进出口日期等；复升洋行、裕泰洋行至1861年底漏交18个月的码头捐；赞臣洋行则准备以诉讼手段解决码头捐问题[②]，此类拖欠或拒付码头捐的事情，屡见不鲜，成为工部局最难解决的问题之一。

对于工部局所提出的要求，"仅有极少数西人居民对于要求他们提供过去半年来的进口和出口报表作出响应"，工部局对此非常失望，"如果这种义务不予更好地经常注意的话，董事会就无法应付行政机关的开支，而不注意这种情况的后果将迫使捕房力量减少，导致本租界处于极为不利的历史时期"。[③] 可知，开征码头捐十多年后，各大洋行拖欠或拒付码头捐已经司空见惯，工部局常常担心自己的财政状况。

1880年之前，各洋行拖欠或拒付工部局码头捐的情况，几乎每年都会发生。从表4-10中，可以看到相关的具体情况。

甚至还有即使拖欠码头捐，但仍然对工部局表示不满的情况，如1866年初至8月，克劳森洋行等五个俄国洋行，"强要我捕房和其他机构给予保护和方便，而他们都拒缴捐税"，其中，克劳森洋行、古特斯乔洋行、奥珀特洋行、雷诺夫·维尔洋行、泰来洋行，共计欠缴捐税计1 180.33两，除房捐及特别捐外，码头捐为527.23两，占了近一半。[④]

---

① 《工部局董事会会议录》第一册，1861年12月11日，第630页。
② 《工部局董事会会议录》第一册，1862年11月19日，第661页。
③ 《工部局董事会会议录》第一册，1861年12月27日，第631页。
④ 《工部局董事会会议录》第二册，1866年10月12日，第586页。

表 4-10　各洋行或商人历年拖欠工部局码头捐情况略表

年份	洋行或商人名称	数额	备注
1862.11.19	怡和洋行、复升、裕泰、赞臣洋行	不详	第一册，p.661
1863.6.6	达拉斯	不详	第一册，p.681
1863.8.5—8.13	隆茂洋行、鲁麟洋行、阿华威洋行、怡和洋行	不详	第一册，p.688，不再催收
1864.4.30	斯特本道夫	88.43 两	第二册，p.477
1866.10.12	克劳森洋行、古特斯乔洋行、奥珀特洋行、雷诺夫·维尔洋行、泰来洋行	共计 527.23 两	第二册，p.586
1867.2.11	大英轮船公司	不详	第三册，p.556
1869.11.4	复升洋行等，共十八家洋行	共计 5 073 两	第三册，p.740
1869.12.17	惇裕洋行	1 163.21 两	第三册，p.743
1870.4.5	隆广洋行	37.86 两	第四册，p.699，该洋行已倒闭。
	中和洋行、丰泰洋行、帕斯莫尔先生	不详	第四册，p.699
1872.1.15	旗昌洋行、公正轮船公司	不详	第五册，p.531
1872.2.19	泰昌洋行、亨达利洋行、J.卜加士达、里文顿	不详	第五册，p.533—534
1872.3.18	瑞生洋行	不详	第五册，p.542
1872.7.29	中和洋行、同茂洋行	共 5.70 两	第五册，p.563
1872.9.17	莫法特洋行	不详	第五册，p.576
1873.2.10	平和洋行、汇利洋行	共计 1 156 两	第五册，p.605，无法收回，均予注销
1873.6.30	大英火轮船公司	350.56 两	第五册，p.640
1873.7.21	太古轮船公司	不详	第五册，p.645
1873.8.4	载生洋行	不详	第五册，p.649
1872—1873	轮船招商局	不详	第六册。
1876.4.19	三菱洋行、怡和洋行、旗昌洋行	共计 5 178.8 两	第六册，p.731
1876.4.26	天祥洋行、立德洋行、太古洋行、丰裕洋行、禅臣洋行	不详	第六册，p.732，均缴清欠款
1876.5.8	锦名洋行	351.07 两	第六册，p.733，后全部付清
1876.6.26	顺全隆洋行（德籍）	不详	第六册，p.740
1876.8.7	太古洋行	7 525.9 两	第六册，p.747
1877.2.26	三菱邮船公司、禅臣洋行、怡和洋行、旗昌洋行、太古洋行	共计 19 497.38 两	第七册，p.583
1877.3.26	泰昌洋行	111.29 两	第七册，p.588，无法收回，注销
1877.4.9—4.16	元亨洋行、马立师洋行、里文顿	共计 1 047.95 两	第七册，p.591—592

　　资料来源：《工部局董事会会议录》，各册记载。其中，中和洋行、同茂洋行，截至 1873 年 1 月 27 日，共偿付 1 606.8 两；1873 年 12 月 9 日，亨达利洋行偿还 191.13 两

为了降低由于这种拖欠所造成的损失，往往需要对洋行们采取妥协，降低收取的码头捐数额，如 1869 年 12 月，在"经董事会批准将欠款金额减低"后，一些"拒付码头捐的商行业已将他们的码头捐结清"。①而不少洋行更是主动要求减少码头捐的支付数额，如丰裕洋行曾写信要求豁免进口货的某些码头捐，"所持的理由是：虽然货物是以该行名义报关的，但这批货却是一中国人购买的"。但"总办将回信如下：工部局只以海关统计表上的进口商作为缴纳货物税的对象，因此要求迅速结清欠款"②。

这种不断进行的博弈，一般都会得到平息，但往往要以双方的让步为前提，工部局也常常只能"要求董事会批准发函给那些拖欠工部局出口码头捐的各商行主管，不采取这一措施，本委员会看不出还有什么好的办法来解决未了的债权"③，而多数洋行也往往会补交相关欠款。一个很明显的例子，就是大英火轮船公司拖欠码头捐事件的解决。

早在 1867 年，大英火轮船公司便已经拖欠了工部局的码头捐等税款，该公司认为自己从事的贸易，不应当缴纳此项捐税，并提出三条原因："他们只能被视为承运人；转运不是进口；不可把转运看作属于该港埠的贸易，其货物只是过境。"④

此后，由于工部局的不断催促，该公司开始对工部局征收码头捐提出质疑，"坚持不承认工部局有权征收码头捐"，这令工部局十分紧张，因为"这个公司的拒绝引起了非常严重的问题"，这关系到"工部局是否能对转运货物完全征收码头捐"，"一旦作了让步，从码头捐得到的收入将减少甚至成为有名无实的税捐收入，而不成为工部局的一项税源"，尤其是"人们对转载船运货物收取的码头捐日益不满，在私人行商看来，大英火轮船公司豁免了进出口税"⑤，也将会严重损害工部局的声誉。

之后，这件事情被相对搁置了下来。直到 1873 年，由于大英火轮船公司对码头捐多年的拖欠，工部局决定"不能同意该公司拒付税款的理由"，并且"授权财务委员会坚持此项要求……不管采取法律措施或其他手段，必须向大

①《工部局董事会会议录》第三册，1869 年 12 月 2 日，第 741 页。
②《工部局董事会会议录》第三册，1869 年 12 月 17 日，第 746 页。
③《工部局董事会会议录》第四册，1870 年 3 月 3 日，第 692 页。
④《工部局董事会会议录》第三册，1867 年 2 月 11 日，第 556 页。
⑤《工部局董事会会议录》第三册，1867 年 9 月 9 日，第 615 页。

英轮船公司追讨这笔税款"。①仅仅从 1872 年底到 1873 年初的五个月内，该公司拖欠的码头捐已经高达 350.56 两，大英火轮船公司通过"住在租界范围以外的人"为自己和其他居民转运货物从而进行逃税，"这种做法的确影响到并且还将更多地影响到租界市政的税收。如果不加以制止的话，毫无疑问，纳税人会议有责任考虑采用其他方法来为市政方面的需要而筹措资金"，进而工部局决定，询问"究竟火轮船公司的意图如何；如果他们继续反对这个根据权力提出的付税要求的话，他们是否还能提出充分的理由来反对将此案提交法院以取得彻底解决"。②

工部局认为，如果提起诉讼，"在大英按察使司衙门获得胜诉是完全可能的"，如果大英火轮船公司同意的话，可以"将此案的实情送大英按察使司衙门首席按察使，请他严格按照法律条文，对该公司是否有责任支付所提到的税款的问题发表意见"，但大英火轮船公司对此不以为然，并回复称，"工部局无论提出什么要求都是没有理由的"，而这将直接关系到码头捐的性质与合法性，"如果将此案公之于众，那么要解决的问题就是对于纳税人以及那些承认《土地章程》并且支付了转运税的人来说是否都受到了公正的对待。如果作出了相反的决定，则税收将会遭受高达 6 000 到 8 000 两的损失，势必要从其他税源筹集款项，否则，在该衙门进行的辩论，及提交此案之事均作不公开的决定"，工部局决定，"大胆地应付这个问题"，赞成将此事公开，但是，"作为一个初步的措施"，工部局仍然决定："准备采取任何合情合理的办法，使问题能和平解决"。③

直到1874 年 3 月，经过数年的协商，工部局终于和大英火轮船公司达成协议，工部局同意"接受大英轮船公司的下述建议，他们以每月 50 两的金额来作为他们转船运输税的代偿金，公司立即支付 1873 年的未付账款"④；大英火轮船公司则表示，接受对拖欠码头捐的修正意见，但其前提是工部局"接受代偿金办法的决议仅指转船运输税而言"⑤。

此事最终的解决，是以工部局与大英火轮船公司的相互妥协而告终的。不过，并非每家洋行都会表示配合，为了收回这些被拖欠的码头捐，工部局曾通过决议："鉴于某些当事人拒付出口物资的码头捐，董事会认为这些码头捐是

---

① 《工部局董事会会议录》第五册，1873 年 2 月 24 日，第 609 页。
② 《工部局董事会会议录》第五册，1873 年 6 月 30 日，第 640 页。
③ 《工部局董事会会议录》第五册，1873 年 7 月 21 日，第 647 页。
④ 《工部局董事会会议录》第六册，1874 年 3 月 24 日，第 609 页。
⑤ 《工部局董事会会议录》第六册，1874 年 3 月 31 日，第 610 页。

1866 年 4 月 18 日租地人大会上决定的。这些当事人将由各自的法庭依法提出起诉，使问题得到圆满解决"①。这样做的后果，一般都会比较严重，甚至诉诸公堂。不过，拖欠码头捐的往往是那些比较大的洋行，由于利益牵涉较多，自然也就不愿意缴纳这些捐税了。

为了改变这种艰难的追缴欠款，工部局逐渐将码头捐的缴纳对象进行改变，以进出口货物为对象。但这样一来，就必须与海关做好精密的合作，也成为其逐步交出征收权的主要原因之一。

（二）元亨洋行案：因码头捐对《土地章程》产生的质疑

如果只有洋行拒付码头捐，工部局还可以接受，并通过与洋行之间的妥协加以解决。但是，这些拖欠，都已经部分归结到对《土地章程》的质疑，而这也正是工部局最为担心的。如何顺利地解决由拖欠而产生的质疑，是工部局一直要面临的难题。

这方面有一个明显的例子，是元亨洋行一案，此案对工部局征收码头捐的积极性产生了极大的打击。

元亨洋行是一家德国籍的公司。早在 1873 年，就有另一家德国籍的载生洋行因拖欠码头捐，而被工部局提起诉讼，德国领事对此"要求达成一项折衷方案"，因为"德国政府一直没有宣布批准《土地章程》，因此他在法院可能不得不决定对工部局的部分要求提出异议"，对于这个观点，工部局虽然表示反对，但也没有办法从根本上解决问题。②

元亨洋行的拖欠数额更大，自 1869 年起，元亨洋行开始拖欠或拒付码头捐，当年的拒付金额为 330 两，占全部拒付码头捐洋行中的第五位。③自 1871 年开始，工部局通过法律顾问，向包括元亨洋行在内的德意志各洋行收取欠款④，但效果并不理想。工部局遂决定起诉元亨洋行，收回被拖欠的码头捐。

1877 年 2 月，工部局开始对元亨洋行等拖欠者采取措施。其具体情况是，元亨洋行"由居住在法租界的人去海关报关但却卸在本租界码头或浮码头上"，"其代理人一般会通知收货人说，货物要卸到码头的仓库里，而且大多数沿海船只都在码头装卸货物"，但是"在很多情况下，居住在法租界的商人在船边收货，

---

① 《工部局董事会会议录》第三册，1869 年 4 月 6 日，第 703—704 页。
② 《工部局董事会会议录》第五册，1873 年 8 月 4 日，第 649 页。
③ 《工部局董事会会议录》第四册，1869 年 11 月 4 日，第 740 页。
④ 《工部局董事会会议录》第四册，1871 年 3 月 17 日，第 785 页。

根本就不接触码头"，因此，工部局决定"要求码头经理在这方面协助工部局，同时马立师洋行与元亨洋行用轮船在码头上装卸的一切进出口货物，其货物税单应开列后交工部局"。①两个月后，工部局收到税单，1877 年的前两个月，马立师洋行拖欠二月份账 1.89 两，元亨洋行拖欠一、二月份账共 51.14 两，董事会随即通过决议，"立即向马立师洋行及元亨洋行提出起诉，以追缴该两商行自本年 1 月 1 日以来卸于本租界境内货物的货物税"②。

工部局随后做好了进行诉讼的准备，根据法律顾问们的意见，"估计董事会会把此判案提到英国高等法院去"；法律顾问显然并没有将这件事看得很严重，由于法官"目前的健康情况不允许他亲自出庭，而这又不是一件相当重要的案子，所以最好还是稍候时日，待这位法官能亲自处理此案。如果由他审理，就准备修改书记官所写的判决书"，会议同意按此办理，并"向上述商行按常规提出正式要求，否则诉之以法律"③，这一轻率的决定导致了工部局之后的败诉。

元亨洋行接到工部局的催款通知，"以及若不缴付该项税款即予起诉的警告，深感震惊，因此要求充分解释清楚"，为此，"总办奉命向元亨洋行致送《土地章程》一份，并答复如下：应缴税款的货物系卸于洋泾浜以北租界境内，董事会认为按照章程第 9 条规定，元亨洋行有义务为该批货物缴税"。④但是，元亨洋行拒绝承认工部局的征税权力，"因为他们是在法租界公董局的保护之下，他们坚持认为只有法公董局才有向他们征税的权力"，在这种情况下，"董事会就研究这一问题，即该案应立即移送德国领事法庭呢，还是待工部局控告马立师洋行之案在英国领事法庭审理之后再说"。⑤

9 月初，工部局决定对马立师洋行暂缓起诉，同时全力投入到元亨洋行的案件中。⑥为了确保这一案件的胜诉，工部局法律顾问作了不少的调查工作，尤其是与德国领事的会晤，德国领事"倾向于或者判工部局败诉，或者认为他对此案并无审判权"，根据《土地章程》第 28 条的含义，这是"一件对《土地章程》的解释引起相当怀疑的案件"，若德国领事作出这样的判决，其后果对工部局的利益可能是极其有害的，因为"其他德国商行可能因此而被诱导在其他

①　《工部局董事会会议录》第七册，1877 年 2 月 12 日，第 582 页。
②　《工部局董事会会议录》第七册，1877 年 4 月 16 日，第 592 页。
③　《工部局董事会会议录》第七册，1877 年 4 月 23 日，第 593 页。
④　《工部局董事会会议录》第七册，1877 年 5 月 7 日，第 595 页。
⑤　《工部局董事会会议录》第七册，1877 年 5 月 14 日，第 596 页。
⑥　《工部局董事会会议录》第七册，1877 年 9 月 3 日，第 610 页。

与本案性质不同的案件中，也采取这样的辩护的办法"，故请求领事暂缓开庭，以便向董事会请示；9 月 24 日，工部局收到法律顾问的又一封来信，称得到德国领事的保证，不用参照《土地章程》第 28 条关于审判权的问题，而且不管作出何种判决，断然不会削弱《土地章程》的权威。工部局遂决定，"将这场官司继续打下去，除非法律顾问找到充分理由撤诉"。[①]

但是，判决的结果却令工部局大失所望，9 月 26 日此案开审，判决的内容大体有两个方面：一、德国领事承认《土地章程》的合法性，并对"德帝国所有居民都具有'法律的效力'"，但是，第九条"十分明确地说明工部局征收此项货物税的权力仅限于在工部局管辖范围之内的社会成员所进口或出口的货物"，因此，码头捐是一种"个人的捐税"，由居住在洋泾浜之北租界境内的商人按其营业范围加以课征的，"不能对居住在课征地区之外的个人行使"，因此"开设在法租界境内的元亨洋行并非是真正的被告"；二、关于卸货的地点，虽然"由于各轮船公司的缘故，曾堆放在公和祥码头"，但实际上，"这些货物只是进口到法租界……被告的卸货行为只有在将卸于公和祥码头的货物卸到法租界境内之后才能正确地被认为是完成。这可以从众所周知的港口惯例来证明，即海洋保险公司对于堆存于上述码头的货物负责 10 天，在此期限内，货物仍与在船上一样对待"，最终法院判定，"原告因是败诉的一方，应负担诉讼费用"。[②]

随后，元亨、马立师二洋行所欠的 1877 年 1 月至 8 月的码头捐 191.56 两、66.57 两，因"估计已无法收取"，相继被工部局从账册中注销；而之前八月间，由"高丽"号轮船运来的一小批生铁，并未缴纳码头捐，而是刚到码头就提走了，由于该行案件事实上与元亨洋行具有相同的特点，董事会听从法律顾问向总董提出的劝告而行事，决定此案不提交法院；同时，自 11 月 1 日起停征转船税，"因为该项捐税是件棘手的事，而一年之内只收了很小一笔款子（大约 1000 两）"[③]。而对于里文顿所拖欠的 1877 年 1 月至 9 月的码头捐共 789.82 两，也被"从工部局账册中注销，作无法收回处理"[④]。

至此，在元亨洋行一案中，工部局完全败诉。之后工部局开始反省码头捐的征收问题：出于对国家及外交利益的考虑，德国领事并未否认《土地章程》，

---

① 《工部局董事会会议录》第七册，1877 年 9 月 24 日，第 613—614 页。
② 《工部局董事会会议录》第七册，1877 年 10 月 8 日，第 615—617 页。
③ 《工部局董事会会议录》第七册，1877 年 10 月 15 日，第 617—618 页。
④ 《工部局董事会会议录》第七册，1877 年 11 月 12 日，第 619 页。

但对于从事商业活动的各大洋行来说，对《土地章程》的质疑并未停息。因此，工部局认为"对元亨洋行案件的判决是不利于工部局的，其主要症结似乎是证据不足，关于所谈论的货物是否在工部局的处理范围之内"，法律顾问们提出不能"采用法律手段强迫支付税款，或用现行的《土地章程》来对付这种类似的案件"。[1]

经过此次案件，工部局在码头捐征收问题上，一反过去的高调逐渐消极起来。1879 年，工部局开始正式讨论是否取消码头捐，并提出："应迟早召开一次纳税人会议，以弄清大多数纳税人是否赞成完全取消货物税，税款收入以提高土地税及房捐和增加华人捐税来弥补。"[2]经过几个月的讨论后，1880 年，为了保证《土地章程》的合法性，工部局完全取消了码头捐的征收。可见这次判决对工部局的信心打击之巨大。

1884 年，受预算收支不平衡的影响，财政出现亏损的压力[3]，工部局重新开征码头捐，但这次工部局明显谨慎了许多。据史料记载，它所想到的最初一条，是联合公董局共同征收，但公董局似乎并不买账（见下文）。直到 1899 年，由海关接收对码头捐的征收（见上文），这一状况才得到改善，工部局无须担心有拖欠或拒付的情况，麻烦明显少了许多。

三、工部局与上海城市管理机构各方的关系

码头捐作为近代上海城市发展中的一项重要捐税，其作用自然不可忽视；而在征收这项捐税的过程中，工部局同上海城市发展史上的其他重要机构，也在发生着相应的联系。

码头捐的产生，是以上海港贸易的发达为前提的，由近代市场经济所决定的上海港口与城市的兴起，并不能赋予码头捐完整的经济性质，从更大的视野中看，它是"属于公共议程的"，"是不喜欢市场的结果并在政体中有更高议价能力实现其目标群体所关注的议题"；因此，它更像是一个政治问题，"政治体制中的议价能力和交易费用的产生必定不同于经济领域，否则群体就不值得把

---

① 《工部局董事会会议录》第七册，1877 年 11 月 12 日，第 619 页。

② 《工部局董事会会议录》第七册，1879 年 10 月 8 日，第 689 页。

③ 史梅定主编，《上海租界志》编纂委员会编：《上海租界志》，上海：上海社会科学院出版社，2001 年，第 325 页。

问题转向政治领域。因此，选择的过程就是将高交易费用的议题转交政治体制的过程"。^①就此而言，为什么工部局会放弃码头捐的直接征收，不仅仅是搜集贸易信息的困难，更因为交易费用的昂贵。因此，在工部局章程这一并非完全合法的制度框架之下，必须将这些关系到列强的税收转向由列强自身控制的海关，虽然会使工部局自身的权力受到某些损失，但都是比较小的问题，因为列强会采取相应的支持。

　　根据交易费用政治学的理论框架，决定一项制度演进和达到预期效果的两个要素是："行动者的主观模型和源自具体政治制度的交易费用，这些制度构成不同政体政治交易的基础。第一个要素影响着第二个要素。也就是说，如果行动者有了正确的模型，虽然依旧存在交易费用，但是它完全不同于并且也大大低于主观模型不完全情境下的交易费用。"^②具体到码头捐的设立，直至成为一项正式的制度，先是在行动者之间通过博弈，达成了一致的行动主观模型，进而将码头捐纳入海关的这一具体政治制度框架之中，最大限度地消除了与各利益方的冲突，实现了对此项收入的控制；但又通过与海关这一行动者之间的博弈与服从，完成了码头捐合法性在条文与实施两个方面的实现。工部局与法租界公董局等机构在征收码头捐方面的交涉与合作，可谓这一协调过程的实现。下文即以法租界、道台、浦东塘工局等为例，分别说明这一关系。

（一）与法租界公董局既合作又独立的关系

　　公共租界与法租界的关系，是近代上海史上一个比较有趣的论题。法租界所宣扬的"不丧失自己的独立性"，"保持法国基本特性"的目标，又使得它具有了更丰富的特色^③，它与公共租界保持着既合作又有距离，一度合并又最终分离的关系。具体到码头捐的征收，更能明显地反映出两个租界之间的关系。

　　《土地章程》仅适用于公共租界，从码头捐开征时，便一直有洋行和商人为了逃税而移居法租界；法租界对于征收码头捐之事并不热心，也不把码头捐作为主要的财政收入。工部局为了使逃税现象得到控制，曾有过与公董局合作征

① 道格拉斯·C.诺思：《交易费用政治学》，载道格拉斯·C.诺思等著，刘亚平编译：《交易费用政治学》，北京：中国人民大学出版社，2013年，第8页。
② 道格拉斯·C.诺思：《交易费用政治学》，载道格拉斯·C.诺思等著，刘亚平编译：《交易费用政治学》，北京：中国人民大学出版社，2013年，第9页。
③ 参见〔法〕梅朋、傅立德著，倪静兰译：《上海法租界史》，上海：上海社会科学院出版社，1983年，第206页；熊月之主编：《上海通史》卷3《晚清政治》，上海：上海人民出版社，1999年，第419页。

收码头捐的意向。1865 年，在拟将码头捐改为"市捐"的事件中，工部局就曾提出，"收得市捐的六分之一归法公董局，其余六分之五归英工部局"，因为"在本地人交易中，有一大部分是法租界的居民做的"，工部局甚至试图与法租界最大限度的一致，"为了大众的利益和两租界当局的利益，各种捐税应尽量统一，洋泾浜两岸的税率可以一致起来"。①虽然这次"市捐"事件未能成功，但工部局却确定了与公董局联合的决心。通过与公董局的联系，最终于 1867 年 5 月16 日，签订了关于由两个租界当局共同征收码头捐税的"初步协议备忘录"②。此协议明确规定：期限为一年，任何一方可随意拒绝续订；税率、征收方式及记账，各按现行制度执行；全部收入的四分之三归洋泾浜以北之工部局，四分之一归洋泾浜以南之公董局；两租界当局各自与中国当局商定华人码头捐之代偿款；若实际可行，自 5 月 1 日起征，每季度结账；为此而设立的机构所需费用由两租界当局按比例分摊。

协议签订之后，工部局对合作的前途相当乐观，并主动根据之前租地人大会通过的一项决议案，即"每家应在各自的管辖范围内，对所有以西人名义的进出口货物征收一种经确定的码头捐"，早在 4 月中旬，工部局"已完全执行了此项安排，并已按时地将账目提交法租界"。③公董局却并不十分积极，以至于码头捐账目尚未结算首次的季度差额，"因为公董局没有把征收的进展情况正式通知本委员会"④。在经过与公董局的联合征收后，工部局财政、捐税及上诉委员会感到十分满意，因为 1867—1868 财政年度，码头捐的"收入达到了预算的总数（白银 40 000 两），而且市政金库收入获得如此进一步的增加，使本委员会有理由将 1868—1869 年度的预计收入数列为白银 50 000 两"⑤。

但是好景不长，仅一年之后的 1868 年 8 月 22 日，法公董局通知工部局，称"法公董局在实行按照 1867 年 5 月 16 日协议所建立的征收码头捐的制度中遭到失败，现决定将其放弃"⑥，工部局甚为无奈，不得不在之后近二十年内，独自承担码头捐的征收工作。虽然不少洋行未向工部局缴纳码头捐，但之后也很少见到向公董局缴纳码头捐，只偶尔会见于一些诉讼案件中。如在 1873 年，

① 《工部局董事会会议录》第二册，1865 年 6 月 29 日，第 508 页。
② 《工部局董事会会议录》第三册，1867 年 6 月 12 日，第 599 页。
③ 《工部局董事会会议录》第三册，1868 年 4 月 17 日，第 632 页。
④ 《工部局董事会会议录》第三册，1867 年 9 月 9 日，第 615 页。
⑤ 《工部局董事会会议录》第三册，1868 年 4 月 17 日，第 656 页。
⑥ 《工部局董事会会议录》第三册，1868 年 9 月 1 日，第 683 页。

太古洋行因代理轮船招商局业务，拒绝缴纳码头捐，据太古洋行写给工部局的信中声称，因为招商局从不使用公共租界的码头或码头上装卸货物的地方来装卸货物，"他们由于向法公董局支付了码头税，因此从法租界获得了使用其码头的特权"①。

就在停征码头捐后，工部局在 1881 年致函领袖领事，"要求他重新考虑他所作出的关于不再要求道台提供拨款作为华人进出口货物税代偿金的决定"，因为"尽管法公董局并不收取码头捐，但道台却总是付给他们 1 万两"。②但到了 1884 年底，为了重新开征码头捐，与公董局的合作显得必要起来。吸取之前单独征收而产生不利的教训，工部局首先与公董局联系此事，但法方告知，"在对码头捐问题发表意见以前，法公董局必须召开会议"，"法公董局并不迫切需要款项，但在作出决定以前，法公董局希望知道英租界纳税人在码头捐方面的观点"，工部局无奈之下，认为"除非法租界采取同样做法，否则在英租界征收码头捐将是无用之举"，因此会议决定"将征收码头捐一事暂时从预算中取消，而以其他方法增加收入"。③工部局在经历了元亨洋行一案的打击后，明显聪明了许多，开始在征收码头捐方面联系更多的力量。

这次重征码头捐时，与公董局联合征收码头捐的计划并未完全成功，1885 年，工部局得到了海关税务司的支持，决定抛开公董局，再次独自征收码头捐。1898 年，江海关税务司协助代征工部局码头捐已经有一段时间，工部局认为这一措施很有效，遂由海关税务司向道台通报，欲确定措施为固定方法。但道台表示，"要在法租界统一采取同样的办法"，工部局在试探了公董局之后，未获任何令人满意的结果，"因为法公董局似乎想要讨好他们那里的居民，让他们在一个相当长的时期内不交码头捐"；工部局总董遂亲自出马，表述工部局的看法，"即如果能采取一种统一的办法，对两个租界都有好处"。④

1898 年 8 月，这一新方案分别由道台和海关当局批准，并请公董局对此进行合作，"如果法国人表示愿意讨论的话，即由财务委员会作代表，与法国人的代表及海关税务司就所得税款的最佳分配方案进行商谈"⑤。在这种利益的作用下，公董局终于同意，"新方案生效执行之后，该公董局将对其租界内的码头

① 《工部局董事会会议录》第五册，1873 年 7 月 7 日，第 642—643 页。
② 《工部局董事会会议录》第七册，1881 年 1 月 10 日，第 727 页。
③ 《工部局董事会会议录》第八册，1884 年 12 月 15 日，第 599 页。
④ 《工部局董事会会议录》第一三册，1898 年 4 月 6 日，第 571 页。
⑤ 《工部局董事会会议录》第一三册，1898 年 8 月 3 日，第 591 页。

上岸的所有货物征收码头捐，而不问其原居留地如何"①，并同意召开会议，推选了它的代表，年底工部局与公董局举行了会晤，邀请海关税务司参加，讨论了相关细节问题，尤其是"按照修订的办法而定的收入分配问题"②，为两个机构共同征收码头捐铺平了道路。1899 年 2 月，公董局回信，确认"关于这笔捐税的征收和分配办法"，随后又赞同"按 2%关税的固定税率征收码头捐的修订方案"。③至此，工部局与公董局关于码头捐共同征收一事，终于了达成了共识，虽然之后还就海关代征所收取的劳务费一事，有过小小讨论，但已不影响两个机构的合作关系。

产生这一事实的主要原因，在于公董局与工部局的财政来源不同。作为法国外交部直接控制下的公董局，其财政经费主要来源于法国财政部的拨款，而且法租界由于范围较小、贸易利益也不大，并不存在征收码头捐的动力。不过，公董局同样考虑到自身的利益，最终同意了联合征收码头捐的征收方式，由海关代为征收；这样做，既不损失其所谓"独立性"，又能获得一笔不小的收入。

（二）工部局与上海道台由依赖到独立的关系

在码头的征收方面，工部局与上海城市地方（即苏松太道台）关系的紧密程度，以及态度等各方面，随着时间的推移，均产生了相应的变化：由依赖转为独立。

工部局成立之初，由于租界范围较小，以及上海港贸易依然较小等缘故，它的各项市政建设资金来源，除了直接征收码头捐等税收之外，还需要依赖苏松太道台的支持。

1856 年 7 月，工部局成立刚刚两周年，便通过英国领事的努力，得到道台许诺承付的一笔款项，"将为外滩向外扩建 30—40 英尺提供一笔资金，有了这笔资金就不需要增加税收"，同时还需要"董事会的每位董事同意去走访某些租地人，向他们游说以求支持"。④1857 年，上海道台同意每年统一捐钱给工部局，作为支付界内华人的码头捐⑤，这可以说是较早时期出现的工部局与道台的经

---

① 《工部局董事会会议录》第一三册，1898 年 10 月 5 日，第 599 页。
② 《工部局董事会会议录》第一三册，1898 年 12 月 21 日，第 609 页。
③ 《工部局董事会会议录》第一四册，1899 年 2 月 8 日，第 671 页。
④ 《工部局董事会会议录》第一册，1856 年 7 月 21 日，第 590 页。
⑤ 史梅定主编，《上海租界志》编纂委员会编：《上海租界志》，上海：上海社会科学院出版社，2001 年，第 324 页。

济联系。

但随着工部局职权的不断扩大，以及租界市政经费的增长，工部局与道台的关系开始发生转变。在码头捐的征收方面，其主要表现在于，要求道台不断增加华商贸易的代偿金，由最初的 2 000 两逐渐增加至 20 000 两，在道台不满足其要求时，甚至考虑直接对华商征收码头捐。于是，道台在码头捐方面对工部局的支持，使得二者的关系，经历了从一开始就不太和谐的局面。

较早时期，道台向工部局提供的因华人贸易而产生的码头捐补偿金，为 2000 两，1861 年 4 月，工部局向英国领事提出，"恳求他向道台提出要求按照本月 10 日租地人大会的决议，准许海关当局向董事会提供在本港口上岸和装运包裹件数的一份统计表，同时还向道台指出，目前每年支付 2 000 元银洋不足以折偿华人码头捐"[①]。但道台对这一请求并未完全答应，而是仅"增加 500元变每年总额为 2500 元"，工部局认为这"不是令人满意的数额"，再次要求"提出申请一笔特定款项规银 4000 两，或者，如海关统计表制定的另外一笔这样的数额也可以作为一笔等值款"[②]，1862 年 3 月，江海关税务司也表示"无法提供过去半年内的进口和出口统计表"，不过"从今年 1 月 1 日起已为此目的委任了一位专职官员"，同时，再次向道台提出申请，"要求如数偿付在华人进口和出口方面已商定的一笔款"[③]，在道台没有明确回复的情况下，工部局决定，"就此事致函各国领事当局"[④]，向道台施压。

经过两年多的交涉，1864 年 2 月，道台终于同意，"将代替本地商人码头捐的代偿金每年从 4000 元增加到 8000 元"[⑤]，并按照这一标准，开始向工部局提供补偿。1865 年 2 月，道台向工部局转交"一张……4 000 大洋的支票，作为中国当局支付 1864 年 12 月 31 日来为止半年的码头捐"。[⑥]

就在这次交涉后不久，工部局再次提出，"道台目前所缴付的代作应向本地商人收取的码头捐款银子数额不足，因此要求总办肯定地指明（通过英国领事馆），这笔年款定为 15 000 两银子是合适的"[⑦]，并决定"致函英国领事，请其向道台大人提交预算案，并就预算中涉及华人的项目征得他的同意"，工部局认

---

① 《工部局董事会会议录》第一册，1861 年 4 月 21 日，第 615 页。
② 《工部局董事会会议录》第一册，1861 年 5 月 22 日，第 617 页。
③ 《工部局董事会会议录》第一册，1862 年 3 月 12 日，第 633 页。
④ 《工部局董事会会议录》第一册，1862 年 8 月 21 日，第 690 页。
⑤ 《工部局董事会会议录》第二册，1864 年 2 月 12 日，第 468 页。
⑥ 《工部局董事会会议录》第二册，1865 年 2 月 1 日，第 498 页。
⑦ 《工部局董事会会议录》第二册，1865 年 4 月 12 日，第 503 页。

为，"领事先生很快将会同意这一建议"①，但此次，道台明确拒绝了工部局的要求，提出如果要提高补偿金额，"除非允许向居住在租界的中国居民收税"，"而工部局认为这种税收显然是不可取的"。②

与此同时，工部局在积极进行将码头捐改变为"市捐"的活动，由于道台对此拒绝予以批准，不得不"按原来批准的规定征收码头捐"，虽然工部局表示遗憾，因为"不征收市捐对工部局财政一定十分不利，而且使许多迫切需要而又备受欢迎的措施不能得以实施"。③

1867 年，深受财政困难之苦的工部局，决定再次要求道台增加码头捐代偿金额，"深信领事团将向道台大人力陈，目前迫切需要增加他目前的分担额，至少增加到 20 000 银两，以代偿应向华人征收的以他们自己名义通过海关的货物码头捐。毫无疑问，从海关编制的《贸易报告》中一眼就可以看出现在的总额是完全不足的"④，不过，对于此次要求，道台并没有给予明确答复，而随着与法租界公董局联合征收码头捐的努力失败，工部局也对这一向道台的要求搁置了一段时间。转而向拖欠码头捐的各个贸易洋行交涉征收。

但实际上从 1868 年开始，道台对补偿金数额已经提高到 10 000 两左右，当年补偿了 10 150 两，甚至在工部局 1880 年放弃征收码头捐之后，道台仍然每年向其提供 10 000 余两左右的补偿金，一直维持到 1898 年⑤，由于码头捐改由海关征收，道台才放弃了对工部局的补偿金支付。

1875 年 4 月，工部局再次提出，根据海关贸易统计资料，道台的"现有代偿金额太少"，"而按目前的贸易情况，他们完全有理由要求增加金额"，并说明"道台阁下如能增加代偿金额，工部局将有额外基金可资支配"。⑥

8 月，各国驻沪领事与工部局财务委员会就码头捐一事进行会谈，"会谈的实质是：领事委员会同意董事会的意见，即领事们去见道台，并对他说：外国人向外国进口和出口货物的货物税，工部局将予以照料；但道台代偿金要包括从内地港口进口的一切土产品，即：土产品再出口内地各港口，进口土产品以供本地消费，以及未制成品，则代偿金应增加到 20 000 两"，不过，工部局认

---

① 《工部局董事会会议录》第二册，1865 年 5 月 1 日，第 504 页。
② 《工部局董事会会议录》第二册，1865 年 8 月 7 日，第 510 页。
③ 《工部局董事会会议录》第二册，1865 年 8 月 7 日，第 510 页。
④ 《工部局董事会会议录》第三册，1867 年 5 月 2 日，第 570 页。
⑤ 《工部局财政预算、决算表》，《公共租界工部局年报》（1868—1898），上海档案馆藏，档案号：U1—1—881 至 U1—1—911。
⑥ 《工部局董事会会议录》第六册，1875 年 4 月 19 日，第 670—671 页。

为"这套办法不会起多大作用"。①随后，领事团向工部局通报，"华人纳税问题能按下列条件予以解决：第一，工部局对从外国进口及出口往国外的一切货物均课以货物税；第二，道台代偿金仅适用于国内贸易；第三，如有可能道台代偿金应予以增加，但董事会并不愿意放弃代偿金而自行征收国内贸易税"，工部局对第二条的"国内贸易"作了相关说明，"应申报缴纳道台代偿金的仅包括从本国港口进口的，或向本国港口出口之本国货物，而从本国港口进口再要出口往外国港口的货物不在其内"。②

对这一方法，道台私下表示"赞赏"，另外提议"外国人将中国货出口至本国港口，其货物税应由工部局征收"，作为代偿金的一部分，此外"要试行六个月，六个月到期之后，订约双方的任何一方均可自择，重新考虑此问题"，工部局董事会各董事对此亦表示赞成。③就在工部局"董事会急等回音，希望越快越好"的时候④，此事又出现了另一问题。

9月底，工部局收到领事与道台之间的交涉信件，认为"道台尽管作了口头保证，但他的答复含糊不清，令人不满，因此他建议应及早寻求机会再与道台讨论此事"，同时提出，道台在租界内征收厘金的数额，"大大超过了道台所说的那个微不足道的6000两"⑤，因此，"如在租界内停止征收厘金，则中国商人很愿意向工部局缴税。但董事会认为，在这一点成为既成事实之前，先立刻放弃道台代偿金，那是不明智的"，虽然直接向华人征收码头捐，"随着海关及市政工作的改进，现在实行起来可能已无甚困难"，但是"由工部局直接征税，要想征得与以前一样多，那是没有把握的，而且有困难"。⑥而厘金局的存在，使得这种"征收厘金和类似税款的机构的分布是如何的广泛，因而使贸易受到了阻碍"⑦，影响到了码头捐的收入额。1875年，厘金中在上海的分布如表4-11所示。

① 《工部局董事会会议录》第六册，1875年8月2日，第690页。
② 《工部局董事会会议录》第六册，1875年8月9日，第692页。
③ 《工部局董事会会议录》第六册，1875年8月16日，第693页。
④ 《工部局董事会会议录》第六册，1875年9月20日，第699页。
⑤ 《工部局董事会会议录》第六册，1875年9月27日，第700—701页。
⑥ 《工部局董事会会议录》第六册，1875年10月4日，第702页。
⑦ 李必樟译编，张仲礼校订：《领事麦华陀1875年度上海贸易报告》，《上海近代贸易经济发展概况：1854—1898年英国驻上海领事贸易报告汇编》，上海：上海社会科学院出版社，1993年，第392页。

表 4-11　1875 年上海城市周围厘金局表

城区名称	厘金局种类	备注
英租界	筹饷捐局、丝绸捐局、煤铁税局	
法租界	洋布捐局、土布捐局、杂货捐局	
	粤南货捐局、粤北货捐局、生猪捐局	
上海县城等 华界地区	捐厘总局	县城内
	鸦片捐税局	东门外
	木材捐税局	南门外
	粮捐总局	杨家桥
	杂货捐局	
	出口货捐局	油车街

资料来源：李必樟译编，张仲礼校订：《领事麦华陀 1875 年度上海贸易报告》，《上海近代贸易经济发展概况：1854—1898 年英国驻上海领事贸易报告汇编》，上海：上海社会科学院出版社，1993 年，第 392 页

各种厘金机构的存在，带给清政府的利益是巨大的，"以江苏一省，其数可以当北方数省；以上海一隅，可以当苏省之半，可谓富矣"[1]，如果需要道台裁撤各处厘卡，其困难可想而知。

因道台拒不提高代偿金数额，工部局再次决定，"须重新考虑此事，建议纳税人会议完全放弃代偿金，而向华人货主及收货人直接征收货物税"，并将由领事团通知道台。[2]其重要性在于，以放弃道台代偿金为条件，要求道台放弃在租界征收厘金的权利，但此事并未在全体董事中达成一致。[3]而领事团的态度则是"没有办法让道台正式明确代偿金到底包括哪些捐税"，而且道台"在 1874 年 9 月 3 日的信件中又曾声称，增加代偿金只会引起麻烦"，因此"强迫道台就此事再次表态是不明智的"；至于厘金的征收，"中国官厅声称有权有各种名义之下对外国及本国货物征收捐税，不论是在本埠，还是在本埠之外地区"，后者的解决，则需要取决于"各国驻北京的代表到底是赞成还是反对这种征税权力"[4]。

在问题尚未解决之前，工部局再次向道台提议，"如果工部局决定放弃代偿金，道台阁下是否支持工部局向租界境内华人居民征收货物税"，但道台并未对此做出回复。[5]因此，工部局决定，"要求领袖领事无论如何要催请道台发表意

① 王韬：《蘅华馆日记》，咸丰九年十月五日，载上海人民出版社编：《清代日记汇抄》，上海：上海人民出版社，1982 年，第 262 页。

② 《工部局董事会会议录》第六册，1875 年 12 月 6 日，第 714 页。

③ 《工部局董事会会议录》第六册，1875 年 12 月 13 日，第 715 页。

④ 《工部局董事会会议录》第六册，1876 年 4 月 3 日，第 729 页。

⑤ 《工部局董事会会议录》第六册，1876 年 7 月 10 日，第 742 页。

见，因为迄今为止今年税收要比前几年收入下降。因此董事会应有责任尽早考虑采取措施，使事态能处于令人满意的状况。但是在他们获悉中国官厅对工部局直接向华人收税的意见以前，他们无法考虑此事"[1]。1876年9月11日，工部局收到道台回复，坚称"外国人无法定权利向中国臣民课税，故拒绝支持这一建议"[2]。不过，就在两天后，1876年9月13日，《烟台条约》签订，其中有规定"自1877年起，租界内外国商品无论卖给华商洋商，均不再抽厘。据此，清政府官员不可再对上海租界内的华商抽厘"[3]。

但就在1877年初，新的问题又出现。"法租界居民代表中国人向海关申报中国货"，并卸在公共租界境内，工部局开始讨论对此是否应该征税，并援引之前的事件，"向道台要求增加代偿金时，道台公然向领事提出，他们那些侨民帮助他们脱逃中国政府的合法税收。他并争辩说，若制止这帮人这样干，中国政府与工部局都会增加收入"，工部局决定，"若通过某种办法使申报的外国人负有缴纳工部局捐税的义务，他们可能就不再拿中国货向海关申报了，这样中国人就能征收到厘金，道台也就比较愿意增加代偿金了"。[4]但由于随后与元亨洋行的诉讼案件，工部局无法再关注其他事情，此事也就暂时搁置了。

总之，在1899年之前，工部局与道台的关系，是既合作又有矛盾的。工部局在刚刚成立后，由于财政条件尚不宽裕，虽然与道台有矛盾，但更多的是需要道台的资助；随着上海港贸易的不断增加，面对日益增长的码头捐数额，工部局逐渐放弃与道台的合作，最终将码头捐的征收交由海关负责。这一看似使各方都收益的行动，最大的受益者仍然是工部局。

而道台在清末数十年的时间内，并未对南市老城区的港区及城区进行有意义的改造，直到1905年8月，"中国的城镇中，第一个市政机关"——上海城厢内外总工程局成立，才真正开始现代意义上的市政建设，其"主要收入来源为商业税、房产税以及公共车辆税和码头税"[5]，作为后发的城市市政机构，华界地区继承了租界对码头捐的利用方式。

对码头捐的性质，清末时上海华界地方各机构已有明确认识，早在光绪末

---

[1]　《工部局董事会会议录》第六册，1876年9月11日，第755页。
[2]　《工部局董事会会议录》第六册，1876年12月30日，第770—771页。
[3]　史梅定主编，《上海租界志》编纂委员会编：《上海租界志》，上海：上海社会科学院出版社，2001年，第369页。
[4]　《工部局董事会会议录》第七册，1877年2月26日，第583页。
[5]　徐雪筠等译编、张仲礼校订：《1902—1911年海关十年报告》，《上海近代社会经济发展概况（1882—1931）——〈海关十年报告〉译编》，上海：上海社会科学院出版社，1985年，第155—156页。

年，因地方财政支绌，苏松太道曾经"禀明南洋大臣，拟将大关（即常关）、吴淞两处进出各货，亦照新关酌收码头捐"，此为华界提议征收码头捐之始；并于光绪三十二年（1906）闰四月间商准江海关税务司，江海关答复，南市可以照办，"吴淞应暂作罢"。①

1910 年前后，上海南市城自治公所议事会董事会按照《城镇乡自治章程》的相关规定，提出："北新关码头捐一项，系于正税之外带收，充工部局筑路等用，今南市大达码头停泊各轮，报关关税者，其码头捐一律照缴。查此项码头捐即系地方自治章程公益捐内之附捐，应呈明苏松太道移请税司，将南市码头捐划拨城自治公所之用。"②

此事的经过大体如下：

宣统二年（1910）三月，上海道台再次函江海关税务司，称"现在南市商务渐兴，民轮各船起下货物亦逐见增多，未知曾否援照新关办法酌收码头捐"③，对此，税务司回复认为："大关拟征码头捐，至今尚未开收，按新关办法，货税银每百两收捐二两，即照近年常关税收而论每年约银十九万两上下，计所捐之数亦年只三千八百两，今若援照开办，徒为商民怨府，故以鄙见窥之度，不值因此些微码头捐而令船商起与抵抗也。"④

之后，税务司再次解释，以工部局为借口称："南市捐款，按租界抽收码头捐章，一律摊拨，并无区别，以南市起下之货，皆由中国通商口岸运来，或即运入中国通商口岸而去者，故归尊署暨工部局合得其半，而在租界征收之一半捐款归尊署所得者亦即征自中国通商各口照章应拨之数。倘以南市本非租界所收码头捐尽归贵道提拨，窃恐工部局必将租界收得之一半藉口不允摊分，岂非得不偿失？"⑤本着争取利权与筹款之目的，道台提出："今南市各轮既有挂洋旗、华旗之分别，所完码头捐资，尊处自必照章将洋商、华商分别登记。故本

---

① 《苏松太道函致墨税务司（宣统二年三月初三日）》，《上海市自治公牍乙编·请划拨南市码头捐案》，《上海市自治志》，1915 年，第 651 页。

② 《禀苏松太道蔡请划拨南市码头捐交城自治公所充地方公用文（宣统二年四月初三日）》，《上海市自治公牍乙编·请划拨南市码头捐案》，《上海市自治志》，1915 年，第 651 页。

③ 《苏松太道函致墨税务司（宣统二年三月初三日）》，《上海市自治公牍乙编·请划拨南市码头捐案》，《上海市自治志》，1915 年，第 651 页。

④ 《苏松太道接税务司来函（宣统二年三月初九日）》，《上海市自治公牍乙编·请划拨南市码头捐案》，《上海市自治志》，1915 年，第 652 页。

⑤ 《接税务司来函（宣统二年三月□□日）》，《上海市自治公牍乙编·请划拨南市码头捐案》，《上海市自治志》，1915 年，第 652—653 页。

道意见，以华商所捐者全归本署，以洋商所捐者归本署与工部局各得其半，与租界办法一律，以昭平允，谅工部局亦表同情也。"①

四月初一日，税务司复函，"查租界码头捐办法，凡来往外洋，进口各货之捐，全归英法两工部局分得；凡来往通商各埠，进出口各货之捐，则一半归诸尊署，一半则归英法两工部局分得。今如函示所拟，南市码头以华商所捐者全归贵署，以洋商所捐者归贵署与工部局各得其半云云，似非率由旧章之道。如果照此办理，则英法两工部局势必分文无着，盖以南市捐款皆系征自华商土货故也。况现租界码头捐项，所归尊处之一分，为数已属不少，以故鄙见，自不必以南市区区小利，别创一议，而反被工部局有所藉口，徒费唇舌。至于欲在南市依照开办民船此项捐款，在本税务司亦甚愿转饬常关帮办代为征收，惟应请由贵道先行出示晓谕，俾众咸知，方为正办。再本税务司更须聊贡一言，此项民船码头捐一经订定开办，最好莫如凡定税一百两者应收码头捐银五两，是因南市报完之税，均系另星小数，若亦仿诸租界只收二两，则奸（纤）毫之微，实属难以稽核也"②。总之，海关对于南市城自治公所之要求，回答所用方法，则为软硬兼施，以致逼其就范。

城议事会向上海县令呈请，根据自治章程内公益附捐之规定，"当由敝局禀恳道宪，移请税司将南市停泊各轮所征之码头捐划出，移送发交城自治公所，以充地方公用"③，"苏松太道准拨南市码头捐委办药王庙施医、栖流所放粥"④，但此时所征之码头捐，数额极少，不能满足南市区域内的市政费用所需。宣统二年（1910）五月底，总工程局向道台禀请，但是，"查南市码头捐为数无多，以之抵支施医、放粥两款，不敷其巨"⑤，因此，要求道台"准照历年应支款项，按年照拨"剩余各款，但六月初，道台给出的回复却是"查施医、施粥，向系由道设法垫款办理，现在清理财政，一切和盘托出，关道办公经费较前竭

① 《苏松太道复税务司来函（宣统二年三月十六日）》，《上海市自治公牍乙编·请划拨南市码头捐案》，《上海市自治志》，1915年，第653页。
② 《苏松太道接税务司来函（宣统二年四月初一日）》，《上海市自治公牍乙编·请划拨南市码头捐案》，《上海市自治志》，1915年，第653页。
③ 《呈上海县田请划拨南市码头捐交城自治公所充地方公用文（宣统二年四月十一日）》，《上海市自治公牍乙编·请划拨南市码头捐案》，《上海市自治志》，1915年，第653—654页。
④ 《禀苏松太道蔡遵批交议划拨南市码头捐委办药王庙施医栖流所放粥据案陈复文（宣统二年五月廿八日）》，《上海市自治公牍乙编·请划拨南市码头捐案》，《上海市自治志》，1915年，第654页。
⑤ 《禀苏松太道蔡遵批交议划拨南市码头捐委办药王庙施医栖流所放粥据案陈复文（宣统二年五月廿八日）》，《上海市自治公牍乙编·请划拨南市码头捐案》，《上海市自治志》，1915年，第654页。

蹶，既可筹垫自治公所，既请将南市码头捐拨充地方公费，所有施医施粥两项，由来已久，今难中止，又在自治应办之列，是以拟归自治公所办理，所需经费由自治会筹款担任。今请仍将原支外销款项发交经理，与交议之意不符，既据查明南市捐数无多，不敷甚巨，此件议案应从缓再决办法"。①

虽然曾做过努力，但是南市地区码头捐并没有真正被应用到市政建设方面，一方面是由于数额很少；另一方面则因为国家财政紧张，经费多被移做他用。更重要的是，上海港贸易日益向租界港区移动，按照道台与江海关税务司、租界的三方协议，码头捐被租界占有的份额过多，华界占有的甚少。

总之，清末南市城区码头捐，并未真正实现用于市政建设，与租界城区的情况形成鲜明对比；这同样也反映出旧港区与城区互动关系，远弱于租界地区。

（三）民国时期工部局与码头捐征收相关的华界各方的关系

民国之后，道台被撤销，上海地方的管理经过了多次变革，出现了沪海道尹、江苏特派交涉员、淞沪护军使等官员，并经历了地方自治等阶段。②但码头捐由于是江海关负责征收，对于公共租界而言，并未受到影响，其征收数额仍然按照贸易增长的状况，逐渐发展兴旺。

1. 上海各界抗议工部局增收码头捐

随着租界的不断扩张，工部局的开支也随之增大，扩大财政来源就成为非常紧迫的任务，"工部局议加码头捐……为裨益市政经费起见"③，而增加码头捐无疑是一种方法。不过，民国时期的华界各官私机构，随着民族主义思想的产生与发展，均在为争取码头捐而进行努力，在1927年之前的一段时期，主要任务为防止工部局增加码头捐税收。最为明显的例子，即为20世纪20年代初期的几次运动。

据上海总商会之回顾：早在民国十年（1921）年二月，工部局提出码头捐"应一律按照所征税银之数，征收百分之三（即照货价每百两纳捐一钱五分）"，江海关征求总商会意见时，"本会函复，未便承认"。④

但在第二年——1922年初，工部局又提出欲增加码头捐征收，将《土地章

---

①　《禀苏松太道蔡遵批交议划拨南市码头捐委办药王庙施医栖流所放粥据案陈复文（宣统二年五月廿八日）》，《上海市自治公牍乙编·请划拨南市码头捐案》，《上海市自治志》，1915年，第654页。

②　参见上文第一章中《上海市政机构沿革表》，以及周松青：《上海自治研究：1905—1927》（上海社会科学院出版社，2005年等论著。

③　《总商会请勿违章改收码头捐》，《申报》1922年3月30日，第14版。

④　《总商会对码头捐之表示》，《申报》1924年4月15日，第13版。

程》第 9 条原文规定"凡租界内之人将货物过海关或在码头上起卸、货物下船转运，均可抽捐，捐数多少，照货之价值而定，但货价每百两捐不得逾一钱"加以修改，"租界内之人，将货物过海关或在码头上起卸货物下船转运，均可抽捐，捐数多少，照货之价值而定，但价每百两捐不得逾一钱（捐数不得逾关税百分之三）"①，即把税率征收单位加以修改，由此产生的结果，"向系货价每百两抽捐一钱……约当关税所征银数百分之二"②，即等于增加了 1% 的税率，由此导致华商各方的反对。

3 月 28 日，北海路商联会向总联合会提议应对措施，指出根据《土地章程》第 28 款修改章程，"须由领事官与中国地方官会同商议，必俟各国钦差及中国国家批准，方可规定"，"此项增加码头捐之案，工部局实无权提出"，并指出，增收码头捐"去年曾经提出，未能成立。今者旧事重提，事机迫切"③，请予以反对。

总商会也为此事电请外交部、农商部税务处提出反对意见，认为需首先由领事团与交涉署商议，并须华商方面一律赞同，始能于工部局大会时提案交议，同时"近年来贸易增进，税收加旺，而物价标准，转瞬又须重行估定，是嗣后此项附捐，本有自然增加之趋向，实无加重捐率之必要"，"码头捐以外，尚有浚浦局所抽附捐，亦系比照码头捐办理"，总之，"应请将华商方面势难承认理由，向外交团声明，并令行总税务司电知海关，届时勿予执行"。④

4 月 4 日，外交部复电上海总商会，表示"业由本部训令特派江苏交涉员，查明该局本届年会，如果仍将此项议案列入，迳商领事团转令撤销"⑤。此事遂暂告一段落。

1922 年这次码头捐加征事件，发生的交涉仅两年，1924 年再次上演这一幕，并扩展到上海城市的许多方面。

1924 年 4 月 3 日，工部局发布第 909 号公报，将码头捐征收税率修正为"凡租界内之人将货物过海关或在码头上起卸、货物下船转运，均可抽捐，捐数多少，照货应完关税之额不得逾一百分之三"，即原照货价抽 1‰ 者，改为照关税抽 3%。⑥此项消息一经传出，随即引起一片反对，这场轩然大波，在工部局纳

①　《工部局又提修正地皮章程之附律》，《申报》1922 年 3 月 23 日，第 14 版。

②　《总商会为码头捐之往来电》，《申报》1922 年 4 月 7 日，第 13 版。

③　《工部局提议附律之反响》，《申报》1922 年 3 月 29 日，第 15 版。

④　《总商会请勿违章改收码头捐》，《申报》1922 年 3 月 30 日，第 14 版。

⑤　《总商会为码头捐之往来电》，《申报》1922 年 4 月 7 日，第 13 版。

⑥　《本届纳捐外人特别会提议案》，《申报》1924 年 4 月 3 日，第 13 版。

税人大会开幕之前，一直持续半个多月时间。

4月5日，闸北公团联合会即函致上海总商会，以为"敝联合会虽在闸北，然与租界华商痛痒相关，难安缄默"，请劝告公共租界纳税西人，打消增加码头捐原议①；沪北六路商界联合会也召开会议，"议决提交总联会暨纳税华人会讨论，誓不承认"②；随后，福建路商联会、华商料器业公会③，沪北五区商联会、蓬路商联会④，海宁路商联会⑤，报关行⑥，虹口六路商联会⑦，等等，均相继迭次发表声明，反对增收码头捐。

不过，虽然各界对增抽码头捐反对激烈，但多仅从本商号或本行业利益出发，真正开始从根源上剖析码头捐根据的，最早要属蓬路商联会。该商联会致电外交部、农商部、税务处并提出，码头捐一向由海关代征，"拨充工部局市政经费"，《土地章程》第9款有明文规定，而"本届工部局又拟提议增加捐数，既未由各领事官与地方官会同商拟，亦未经华商同意，违背租界约章，加重市民负担"，请求"依据洋泾浜章程第二十八款，向外交团提出抗议，并令知特派江苏交涉员，迳商领事团，转令撤销"，"万一时间不及，该局此次会议，竟贸然通过，亦希按照租界约章，于该局呈请时，依法批驳，并令行总税务司电知海关，届时勿予执行"⑧，基本上把所有的情况都考虑到了，此后其他商业团体所建议采取的各项反制措施，大体在这一范围之内。

对于改变码头捐征收基础的后果，纳税华人理事会根据各路华界联合会等二十余团体的报告，并结合裁厘加税的背景，向纳税外人会议作了一番计算："譬如货价千两，现在抽码头捐一两，如改照关税抽百分之三，则货价千两，计关税五十两，码头捐须加至一两五钱，如关税加至值百抽七半，即码头捐须加至二两二钱五分；如关税加至值百抽十二半，码头捐即须加至三两七钱五分，较之现行码头捐率，几约四倍"，随后反问：虽然码头捐在1923年"较之一九二二年增五万余两，较之十年以前，所增已逾一倍"，但是"工部局对于码头上之建设保护，不但未见进步，且劫案层出，流氓需索规费，亦较昔加厉，试问

---

① 《闸北公团联合会致总商会函》，《申报》1924年4月6日，第13版。

② 《沪北六路商界联合会常会纪》，《申报》1924年4月7日，第14版。

③ 《福建路商联会函纳税华人会》、《料器业今日召集大会》，《申报》1924年4月8日，第13版。

④ 《沪北五区商联会讨论三要案》、《蓬路商联会反对增加码头捐》，《申报》1924年4月9日，第14版。

⑤ 《各团体致商总联会函》，《申报》1924年4月10日，第13版。

⑥ 《报关行将开会讨论码头捐案》，《申报》1924年4月12日，第14版。

⑦ 《虹口六路商联会反对两提案》，《申报》1924年4月16日，第13版。

⑧ 《蓬路商联会反对增加码头捐》，《申报》1924年4月9日，第14版。

工部局持何理由，尚欲加捐？"①

在各种压力之下，工部局同意解释，4月12日，纳税华人会顾问许建屏等三人，赴工部局交涉，代理总办谓"码头捐一事，工部局现仅欲取得加征权，至将来实行加捐，尚须容纳华人意见，其加征权与加征，应判为两事，请勿视为同一"，"许君谓既欲获此权，似必欲达加征目的"；总办又顾左右而言他，问及总商会为何不在上述二十余团体之中，认为"总商会应与工部局合作"，"许君谓此亦有困难之点，因华人对于此事，均持反对态度也"。②最终交涉并未取得突破性进展。

上海总商会作为上海商界的代表，由于自身地位的重要性，自然不能置身事外。总商会所认为"加征码头捐系增加华商担贺（负），必须华商一体赞同，始能提出议案"，此次工部局再次提出修改码头捐税率之前，总商会在三月二十九日的常会期间，已经就此作了讨论，随后，请江海关监督转税务处，认为"码头捐项既以税收为准，是税收加旺，捐数随之增多"，"工部局近年来所收码头捐，较之五年以前，至少当增加一倍"，则"收数既逐年增加，断无再行加重捐率理由"，并按前两次处理方法，请求外交等部"照洋泾浜租界章程第二十八款之规定，于纳捐人年会通过此案，依例请求批准时，断然予以驳斥，并电海关勿予执行"。③

同时，有士绅冯炳南提议，可据此事解决华人参与工部局的问题，因为"此捐纯为领事团与沪道二方之外交式的协定，若只就华商而言，为沪道者，未经其时中央政府之批准而贸然允许，令华人认付此项捐款，其措施是否合法，尚属疑问"；因此，工部局果真要更改码头捐的征收依据，则需要修正《土地章程》第9条，这样一来，"工部局既非得中国政府之批准更改章程，不能实行增加码头捐项，则华人之以强有力之运动，促使中国政府非为华人于租界内获得一种参与市政权，不许此项更改章程之批准"，以达到华人在工部局获得代表权的目的，"否则惟有静待良时，以提此增加码头捐之议案"。④纳税华人会据此拟礼聘冯炳南为名誉理事，以赞助反对码头捐事之进行⑤，不过，冯所提出的设想，终究只是一种想法，并未真正实现。

---

① 《各公团对工部局两要案之正式表示》，《申报》1924年4月13日，第13版。
② 《昨日华顾问与工部局总办之谈话》，《申报》1924年4月13日，第13版。
③ 《总商会对码头捐之表示》，《申报》1924年4月15日，第13版。
④ 《冯炳南对于洋泾浜章程及附律之意见》，《申报》1924年4月12日，第13版。
⑤ 《张心抚致纳税会理事函》，《申报》1924年4月15日，第13版。

经过近半个月的交涉，在纳税华人年会召开的前一天，工部局董事会召开会议，其中对特别会议中关于码头捐一事作了讨论，总董提及，美商会会员已和他讨论过此事，"估计个别商会会员不同意决议案中的措施"，其中，美商商会会员威瑟姆提出"对过关、卸岸、装运或转运货物之征税现已按其价值提高0.15%，而不像该决议案中规定的对货物征收 3% 关税"，这样，"所获得的额外税收和据工部局提出的决议案可得的差不多"，征税基准的改变，"是为了满足海关官员的要求……从统计角度来看对他们更为方便"。在这种情况下，"会议长时间讨论是否应该改变征税的基础"，最终决定，"保持该决议案的措词不变，倘遭反对，可通过纳税人会投票决定采用何种基础"。①

不过，虽然工部局做了不少的努力，但最终由于特别会议不足法定人数，扩充码头捐的提议未能通过②，"此项消息，实为大众所乐闻。各团体奔走呼号，费尽心力，得此结果，亦可稍慰"③。

这同时也表明，工部局与上海港的联系，在主客观条件的变化下，日益疏远。若按工部局预定的修正税率，1923 年的码头捐可征收数目为 527 000 余两，但最终本年码头捐决算额为 427 364.51 两，相去甚远。工部局虽因为"现在市政，急求改良，经费不敷"，能采取的办法并不多，"非增加码头捐，即增加房捐"④，因此在码头捐征收数目未达到目的时，工部局提高了房捐的征收额，尤其之后的 1925 年，"当其他市政资金来源随着上海港的发展而增加时，码头捐却并未得到相应程度的提高（While other sources of Municipal Income have Increased with the development of the port, the receipts from Wharfage Dues have not grown to the same extent）"，于是工部局在经常性收入预算中，对房捐和地税等均进行了大幅度的提高。⑤

之后，工部局又于 1925 年再次提出加征码头捐，上海总商会会同杂粮公会、面粉公会、洋货商业公会、南北报关公所、运输同业公会等三十余同业公会，联名反对，工部局的提议最终仍然没有成功。⑥就在上海各界反对工部局提高码头捐税率的同时，浦东塘工局甚至更进一步提出：全部收回华界地区码头捐的征收额。

---

① 《工部局董事会会议录》，1924 年 4 月 15 日，第 678 页。
② 《公共租界纳税外人年会纪》，《申报》1924 年 4 月 17 日，第 13 版。
③ 《商总联会讨论两要案之善后》，《申报》1924 年 4 月 18 日，第 13 版。
④ 《昨日华顾问与工部局总办之谈话》，《申报》1924 年 4 月 13 日，第 13 版。
⑤ 《公共租界工部局年报》（1925 年），上海档案馆档案全宗，档案号 U1—1—938。
⑥ 《上海总商会及商业各团体对于工部局所提码头捐等四案一致的抗议》，上海档案馆藏，Q324—1—23。

2. 浦东塘工局争取收回码头捐的努力

随着上海港的不断发展，相应码头捐的数目不断增加，工部局由此获得了充足的市政建设经费；华界地区城市建设亦逐步开展，对关系城市建设的码头捐，其关注也开始日益增加。比较著名的例子，是浦东塘工善后局争取收回浦东地区码头捐。

浦东塘工局，是一个"半官方的民间自治机构"，自 1906 年成立后，为浦东城区的开发作了大量的开创性工作。[①]浦东塘工局所辖之"洋、塘、高、陆一市三乡为区域范围，沿浦绵亘四十余里，内地路政码头津渡，不仅交通利益，尤关土地主权"[②]，塘工局成立以来，"不请公帑，不支附税，赤手创办，惨淡经营，无非隐御外患之意，所持清理公地及滩地缴价抯注，别无可筹之款，乃滩则缴价，忽被濬浦局攘夺而去，清理沿塘沿浦公地，交涉悬案渐次议结，杯水车薪，难为后济"[③]，因此，呈请江苏省省长，"请以海关在浦东码头征收之捐，拨充浦东路政工需及地方一切公用，实为天经地义，正当不易之理"[④]。此事经过大体如下：

1921 年 6 月，浦东塘工局呈上海县知事，称根据该局"善后清理公地，筹办路政"的宗旨，十余年来，对浦东沿浦江各码头、仓栈所占之塘基、公地加以清理，"经过交涉已议结者，如英商怡和行之于董家渡下海浦渡，美商美孚油池之于东渡，日商大阪公司之于老白渡，此皆沿浦义渡码头，关系水陆交通者也。又如英商太古洋栈，亚细亚油池，开平煤栈，耶松和丰等船厂，日商三井洋栈等，围占各段塘基。他若冯铭威等赴沙田局或官产处，朦领塘脚，盗卖美商各案，此皆塘基公地，关系国土主权者也，详查清理，慎请交涉，因势利导，各洋商颇能愿全公益，或愿退让或请缴价，所有议结各案，刊印备查"，在此基础上兴办各种工程，"如修塘辟路开港浚河、建造桥梁，以及重建洋泾之赖义渡、西渡，塘桥之董家渡、庆宁寺之东渡各码头，先后竣工"，"上未请拨公帑，下不支领附税，逐年借垫亦巨，分刻报告以照征信"，并因此于"民国七年复蒙大总统褒题'急公好义'匾额，颁给紫绶银章，策励进行"；而随着工程的进行，"需费不赀"，尤其建造码头，"每座需费约六七千元"，"连筑公路，分枝接干，方能交通利便，码头费重，路广工长，逐步分建，力已未逮，同时并举，更难措手"，"对于议结

① 朱年发：《塘工局与上海浦东早期市政建设》，《档案与史学》1994 年第 3 期，第 70—71 页；朱菁：《浦东开发的先驱：浦东塘工善后局研究（1906—1927）》，上海社会科学院 2008 年硕士学位论文。
② 《塘工局请匀配码头捐款》，《申报》1923 年 2 月 3 日，第 13 版。
③ 《塘工局请匀配码头捐款》，《申报》1923 年 2 月 3 日，第 13 版。
④ 《塘工局请匀配码头捐款》，《申报》1923 年 2 月 3 日，第 13 版。

交涉之案，久不施工，既失外人信用，且违董局办事之心，更负历任长官维持之意"，因此，塘工局经过筹划认为，"浦江进出口货物，上下经过英法租界，及浦东各码头，江海关有征收码头捐一项，由税务司代收，分土货洋货二种，土货码头捐前清解上海道署百分之五十，英工部局百分之三十七半，法工部局百分之十二半；洋货中国无之，除支代收费外，分别解领……塘工设局善后，路政积极进行，近奉大总统颁布省县道施行细则，工程更不容缓，塘工范围区域辽阔，工艰款巨，董局职务重要，与租界英法工部局相同，而码头捐之征收，浦东亦为一大宗，系属正税之外带收，规定工程之需，税务司征收，分别英界、法界、浦东、南市，月结列表，按季支解，界限既经分明，用途必求正当。董局筹办路政多年，建筑沿浦公渡码头，费用尤大，且浦东内地与浦西租界相衡，主权似有区别，无论洋货土货，亟应全数留存浦东之用，由董局请领济用，实为名正言顺"，遂请求"援引英法工部局办理，俾得早日兴工，保全对外信用"。①

7 月 23 日，上海县知事沈宝昌训令浦东塘工局，声明各机关正在讨论，同时接江海关监督指令称："查码头捐支解办法，抽诸外洋进出口各货者，全归英法两工部局所得，抽诸通商各口进出各货者，英法两工部局合分一半，其余一半，向由税务司核明扣除代征经费等项外，将剩余之数按结送署，转解财政部核收，历经照办在案。塘工局原呈声叙按土货洋货二种分别收解云云，核与定章稍有歧异，所请留存浦东济用一节，如仅指向解本署通商口岸进出货捐剩余之款而言，既须解缴大部核收，已非本署所能擅便，若如原呈不分外洋与通商口岸，凡取给于浦东码头者，无论洋货土货全数留存，则事关变更定章，两工部局及领事团能否一致赞成，尤难臆料。"②这其中的背景是：在 20 世纪 20 年代，码头捐的征收，属于华界的份额，其处理方法为，"关署应得之数，除去代征经费及苏州河洋水巡费并吴淞防疫费外，汇同各项杂收，照案批拨红十字会接办吴淞防疫医院经费，及上海公立医院经费，所余报解（财政）部库"③，码头捐的华界部分，也成为国家财政的一部分。

7 月 31 日，浦东塘工局回复上海县知事，对江海关监督的说法作出回应，请求沪海道尹等转咨财政部，将"抽诸通商口岸进出各货捐剩余之款，……俾

---

① 《浦东塘工善后局呈上海县知事文（1921 年 6 月 19 日）》，《浦东塘工善后局呈请咨部准拨江海关征收码头捐案汇录》，上海档案馆藏，Q203—2—62。

② 《上海县知事训令浦东塘工善后局文（1921 年 7 月 23 日）》，《浦东塘工善后局呈请咨部准拨江海关征收码头捐案汇录》，上海档案馆藏，Q203—2—62。

③ 《码头捐拨充塘工费之批准》，《申报》1923 年 1 月 28 日，第 14 版。

准先行拨作浦东路政码头工用，以应急需"①。9 月 26 日，上海县知事再训令塘工局，称税务司表示："新关征收码头捐，只有外洋进出口各货，及通商口岸进出口各货之分，并无他项区别……此项码头捐款，向系分别拨解，并无浦东码头捐之别"，"来呈所请函询税务司浦东码头捐近年岁收若干，现在存储若干，作何用途各节，自无庸再为查询"，并同意呈请省长"将向解部库核收之码头捐余款，咨请财政部先行拨作浦东路政码头工用，以应急需；此事属内政，由沪海道尹核办即可"。②10 月 29 日，上海县知事再训令塘工局，称"查近来部库奇绌，此项解部之款能否移充工需，殊多考虑。据称浦东码头工急款巨，究竟该处码头拟如何计划修筑，需款若干，有无别款可筹，应饬由该局切实声复，再行核办"③，这相当于回绝了塘工局的要求。

1922 年 6 月 28 日，塘工局为码头捐事，再函呈上海县知事，请求转函"江海关监督函知北关税务司，将带收码头捐分别浦东、南市、英界、法界拨领，以清界限并函知领袖领事，法领事，转饬两工部局，查照俯念浦东地方重要路政工用急需，准将浦东码头捐，除去代收经费，由江海关监督迳发钧署，转拨董局，俾浦东路政码头一切有益商旅工程，得有的款，即可逐渐进行，以维国权而兴公益"，并举出自己的理由："内地与租界主权有别，且浦东本在租界以外，征收码头捐断无预先包括之理，江海关代收英、法租界，南市，浦东四处码头捐款，确系分别登记用途，必求允当，往日轮埠率在英法两租界之内，南市及浦东尚无此项建筑，海关因在租界征收，是以分交英法两工部局。今则浦东厂栈轮埠，起货上下，为多所收捐款，理应照章拨充浦东，发展地方路政码头工程及一切公益之用，自属名正言顺"，同时，"近闻英工部局半年结报，捐务收入项下，列码头捐二十八万有零，法局尚不在内，抚今追昔，比较全年收入已逾数十倍。际兹商力疲乏，负捐甚重，取于华人之脂膏当非少数，乃取之于浦东内地，而惠之于浦西租界，事实既有不符，法理安得为平？总之无论进出口华洋各货，在浦东码头起卸征收之捐款，极应拨济浦东地方工用，天经地义，为正当不易之亘，放弃己任，适转贻外人之诮。查东西各国洋商，对于路

---

① 《浦东塘工善后局复上海县知事文（1921 年 7 月 31 日）》,《浦东塘工善后局呈请咨部准拨江海关征收码头捐案汇录》,上海档案馆藏，Q203—2—62。

② 《上海县知事训令浦东塘工善后局文（1921 年 9 月 26 日）》,《浦东塘工善后局呈请咨部准拨江海关征收码头捐案汇录》,上海档案馆藏，Q203—2—62。

③ 《上海县知事训令浦东塘工善后局文（1921 年 10 月 29 日）》,《浦东塘工善后局呈请咨部准拨江海关征收码头捐案汇录》,上海档案馆藏，Q203—2—62。

政，极为注意，董局为善后计，为土权计，自不先谋，人必代谋，应于国际交涉上，预存地步，以杜外人指为居民增多，地方污秽，交通阻塞，商务妨碍藉口，干涉权利，影响关系，亦甚重大。若因无款，久久停工，此后交涉各案，更觉难于议结"①，此次呈请，包括江苏省长、沪海道尹、江海关监督、江海关税务司等均参与其中，动静很大。

7月1日，为分配浦东地区码头捐一事，塘工局同时又呈请江苏省省长王瑚，7月12日，省长王瑚回复，称已令行沪海道尹会同交涉员及海关监督办理。但随后几个月，并没有消息，于是在10月13日，塘工局再呈请江苏省省长，称"码头捐者，盖因货物上下经过码头，故名义不能更异也。嗣因捐旺多盈，工部局议章征于斯用于斯，将此款拨充路政工需，浦东本在租界以外，江海关征税收捐，分别浦江东西、租界内外，支配解拨，纯属国家主权，特派监督总理至洋泾浜租界章程阐明于租界行之未便，自将租界内外地行政主权纳诸洋泾浜租界章程之内，其理极明，故浦东带收码头捐，自应照章拨充浦东地方路政、公益、公渡码头之用"，同呈请请"转饬两工部局查照将浦东码头捐除去代收经费，由江海关监督迳发上海县知事，转给董局具领"②，两个月后，12月7日，江苏省省长韩国钧，转令塘工局称，财政部"为顾全该处塘工善后起见，应准即在此项解部数内每年拨给五千元，自本年十月份（即海关第二百四十九结）起，由关按结分拨浦东塘工善后局具领，以资补助"，至于江海关"所收码头捐款，每年每结约有总数若干，除去应交关署照案解部之外，仍有若干用于英法工部局，能否设法匀配，俾华界塘工得以指拨应用，应由江海关监督察酌情形，妥议办法"①，对于英法租界而言，这当然是不可能的事情。但在江海关监督的不断压力下，12月17日，江海关税务司回复称，根据工部局对征收码头捐的规定，即征收对象是居住在租界的外国人，拒绝将浦东地区码头捐交回塘工局。②

1923年1月20日，沪海道尹公署转令塘工局，说明了税务司的意思，虽

① 《浦东塘工善后局呈上海县知事文（1922年6月28日）》，《浦东塘工善后局呈请咨部准拨江海关征收码头捐案汇录》，上海档案馆藏，Q203—2—62。

② 《浦东塘工善后局呈江苏省长文（1922年10月13日）》，《浦东塘工善后局呈请咨部准拨江海关征收码头捐案汇录》，上海档案馆藏，Q203—2—62。

③ 《江苏省长训令浦东塘工善后局文（1922年12月7日）》，《浦东塘工善后局呈请咨部准拨江海关征收码头捐案汇录》，上海档案馆藏，Q203—2—62。

④ 《江苏省长训令浦东塘工善后局文（1922年12月17日）》，《浦东塘工善后局呈请咨部准拨江海关征收码头捐案汇录》，上海档案馆藏，Q203—2—62。

然"所收码头捐项，业已分别英、法、南市、浦东四处入册"（表 4-12），但是"今若将租界华界码头捐之分派问题，重行提议，恐华界一面无甚利益"，其原因是"工部局在租界内所以有征收码头捐之权者，系由洋泾浜北首租界章程第九款而来，按照该款内载，租界内之人，将货物过海关或在码头上起卸货物下船转运均可抽捐等语，是凡居住租界之人，无论在租界、在浦东，或在南市起卸货物投报江海关完税者，工部局均可抽收码头捐也。至浦东虽为华界，然在浦东起卸货物之人，多系住居租界之内，所以浦东之码头捐款，亦应归工部局抽收"，并以民国十年（1921）为例，说明这一问题，"所有以上各捐款，按照洋泾浜章程所载，租界商人捐款应归工部局，华界商人捐款应归中国官宪之意，似除华界商人在南市华界起卸货物之捐款二万七千两，应归本关监督外，其余均应归两租界工部局收用，但南市收捐之货，亦有住在两租界内之商人报关者，是南市所收码头捐内，尚有两租界工部局应得之款。然按照前项光绪二十五年所订合同内载，分派以上四处码头捐之办法，则凡本埠与通商各口往来货物之码头捐款，监督应得一半，其余一半，并由外洋进口以及出口运往外洋各货之码头捐，系归该两工部局所得。就此办法而言，民国十年分监督所得之前项捐款，已有关平银六万六千两之多，可见监督于洋泾浜章程意义以外多得已属较巨"，因此，江海关监督认为"总税务司详核所呈各节，似属不为无见"。①

表 4-12　江海关民国十年（1921）分征收公共租界并法租界以及浦东南市等处码头捐银数清表

单位：两

界别	由外洋进口货物	由通商各埠进口货物	出口货物往外洋	出口货物往通商各埠	总共
公共租界内	161 795.043	17 983.210	27 358.343	15 285.359	222 421.955
法租界内	14 562.555	26 843.292	15 484.298	37 320.811	94 210.956
浦东	137 666.651	18 150.793	19 198.987	9 070.254	184 086.685
南市	4 557.368	4 786.248	7 872.535	9 866.847	27 082.998
共计	318 581.617	67 763.543	69 914.163	71 543.271	527 802.594
说明	公共租界格内，由通商各埠进口货物捐数项下，间有零星洋货在内，前项捐数均系按关平征收。				

资料来源：《浦东塘工局呈江苏省长文（1923 年 6 月 1 日）》，《浦东塘工善后局呈请咨部准拨江海关征收码头捐案汇录》，上海档案馆藏，Q203—2—62

---

① 《沪海道尹公署训令浦东塘工善后局文（1923 年 1 月 20 日）》，《浦东塘工善后局呈请咨部准拨江海关征收码头捐案汇录》，上海档案馆藏，Q203—2—62。

　　塘工局对此表示不满，1 月 27 日，呈上沪海道尹王赓廷，称根据税务司所言之码头捐分配情况，请调"前清道署旧卷订立代收章程全案，并检洋泾浜北首租界章程，一并饬抄令发董局，俾资考证"①，随后江海关监督于 3 月 10 日，将相关资料送达（参见附录）。据此，6 月 1 日，塘工局再次上呈省长等，阐明交涉之理由，称："溯查江海关代收之始，年仅十万两左右，现在年收五十二万两有零，今昔相较，收已逾数倍，而浦东地方治理之繁剧，比代收此项捐款之初，开拓发展，有不可同日语也。况浦东厂栈林立，华洋杂处，预筹治理，设有栈关，兴造工程等，于租界此项码头捐款，自应分别地方，收拨捐于斯用于斯，庶无偏倚。又云浦东虽为华界，然在浦东起卸货物之人，多住租界之内等语，若照反其本义而言，则居住租界华人，无论在内地何处贸易，工部局均可抽捐，不独出乎租界章程之外，使工部局范围直无限制，合华人之脂膏概归于外人，抽捐于浦东码头，统惠于浦西租界，事实既有不符，法理安得为平？总之，浦东既非租界，具体已明，码头捐者指码头而抽收，非指居住而抽收，捐款规定用之地方治理兴造，既经征诸浦东码头，即应议拨浦东之用。"②

　　随后，上海县署将此事转交省长等处理，6 月 26 日，省长指令沪海道尹，"此案纯属对外问题，应如何办理，请会商交涉署核议"。③ 7 月 5 日，塘工局再次呈请省长等，"码头捐是江海关税务司代收，此款附带名义，并非正税，实为地方要需。今浦东各洋商契地，议划公渡路线，十年五载议结之案，或筑或停，工繁款巨，地方官绅无不深知此项码头捐，若以地点而论，华洋各货均应分别重行提议，因浦东、南市均有轮埠，包括内地，无此情理。惟是缓不济急，只有先请余款截留济用，以重要工。在财部收此微数余款，请拨地方工用，似与部章正税无所窒碍"④，是以要将所有缴部码头捐余款，全部截留于上海一地。对此，江苏省政府再次向财政部请示，因事情复杂，之后一连数月，亦无回音。于是，11 月 4 日，塘工局直接呈文财政部，请求"令行江海关监督，将江海关带征之土货码头捐，除照的案指拨各款外，余数悉准拨给董局领用，俾

① 《浦东塘工善后局呈沪海道尹公署文（1923 年 1 月 27 日）》，《浦东塘工善后局呈请咨部准拨江海关征收码头捐案汇录》，上海档案馆藏，Q203—2—62。
② 《浦东塘工局呈江苏省长文（1923 年 6 月 1 日）》，《浦东塘工善后局呈请咨部准拨江海关征收码头捐案汇录》，上海档案馆藏，Q203—2—62。
③ 《江苏省长指令沪海道尹公署文（1923 年 6 月 26 日）》，《浦东塘工善后局呈请咨部准拨江海关征收码头捐案汇录》，上海档案馆藏，Q203—2—62。
④ 《浦东塘工善后局呈江苏省长文（1923 年 7 月 5 日）》，《浦东塘工善后局呈请咨部准拨江海关征收码头捐案汇录》，上海档案馆藏，Q203—2—62。

地方事业得以发展，而外人觊觎隐以消弭"①。

12 月 8 日，财政部四一一号批文，称"江海关经收码头捐，除照案指拨各项经费，所余解部之款，为数已属无多。既据一再声称，该局塘工善后工程待款进行。本部为发展该埠地方公益事业起见，已准于原拨五千元之外，每年再加拨五千元，共计一万元"②，1924 年 1 月 10 日，江苏省省长训令上海浦东塘工局，并转达此项批示。

至此，本案暂告一段落。虽然塘工局所请，颇为有理有据，但由于租界的存在，华界政府对码头捐的支配，不可能做到完全掌握。即使是财政部，也仅就自己能够得到的份额，对塘工局进行财政支持；对码头捐的整理工作，还需要等到有一个强有力的中央政府的出现，即 1927 年之后了。

3. 码头捐分配问题的最终解决

1927 年，上海特别市政府、港务局等机构成立之后，主要任务之一，即为与租界谈判并清理、收回浦东等地的码头捐。

上海市政府对码头的性质，认识得颇为清楚，此项财源，"全年收入为数甚巨，即南市、浦东两处各码头之商船捐收，已达四十余万两"，但是"由江海关拨交市府者仅每年一万元，支配不平，损失过大"。③因此，如何收回此项税收来源更为重要，市政府遂"会同江海关监督公署，及江苏交涉公署"，并令财政局"约同港务局邀集各机关代表"，研究交涉。①

通过市政府"迭经与租界当局交涉，至二十年四月，始与江海关税务司订立规约十二条，于五月一日起实行"，"凡浦江中流船只所载货物码头捐，归本市与租界按照比例分配"②，其划分规则为："公共租界区域内之码头捐，由工部局收取，法租界区域由法公董局收取，华界方面由市府收取"③，"市区计得百分之四十，每年约七十万元"④。据《申报》载："闻市府将该码头捐收回后，

① 《浦东塘工善后局呈财政部文（1923 年 1 月 20 日）》，《浦东塘工善后局呈请咨部准拨江海关征收码头捐案汇录》，上海档案馆藏，Q203—2—62。
② 《财政部四一一号批文（1923 年 12 月 8 日）》，《浦东塘工善后局呈请咨部准拨江海关征收码头捐案汇录》，上海档案馆藏，Q203—2—62。
③ 上海市政府秘书处：《上海市政概要：民国二十三年》，第四章《财政》，1934 年，第 3 页。
④ 《第一百十五次市政会议》，《申报》1929 年 5 月 18 日，上海特别市市政周刊第 1 版。
⑤ 上海市政府秘书处：《上海市政概要：民国二十三年》，第四章《财政》，1934 年，第 3 页。
⑥ 《上海码头捐交涉就绪》，《申报》1931 年 4 月 13 日，第 9 版。
⑦ 上海市政府秘书处：《上海市政概要：民国二十三年》，第四章《财政》，1934 年，第 3 页。

每年可增收入约七十万云"[1]，二者在数额上稍有差异，但与之前每年的一万元相比，确实已经很多了。1931 年，工部局财政中，码头捐的绝对值（由 74 万余两至 64 万余两）及占财政收入的百分比（由 5.9%—4.36%），均出现了大幅的下降。至此，中国政府才终于收回华界地区港线沿岸的码头捐。

此后，作为市政工作的一项主要支持，码头捐在上海市财政体系中占有重要地位：1930 年，上海市政府全年财政收入数额为 731 万余元，而 1931 年的财政收入达 773.7 万余元，码头捐实际收入为 63.7 万元[2]，占到财政收入的 8.23%，远高于当年工部局码头捐所占比例的 4.36%。

上海特别市政府成立后，由于财政支绌，各项工程均难以顺利开展。但在收回华界城区码头捐后，财政状况有所改善，这是上海港对新成立的上海市政府最直接的支持。

第四节　小　　结

上海作为一个港口城市，港口对城市发展的直接支持之一，即码头捐——近代出现的一个新事物，开中国为市政筹资的先河，同时也证明了上海城市的繁荣兴旺与港口和贸易的相关性。

本章以公共租界工部局为线索，分析了上海港的代表——码头捐，在上海城市发展中的作用。可以看出，在上海开埠后的二十余年间，上海港对上海城市发展的带动作用，无论是绝对量还是相对量均非常明显：就绝对量而言，在整个历史时期，码头捐均处于增长的趋势之中，甚至最大相差近八十倍；但在进入 19 世纪 70 年代之后，上海港与上海城市的相互影响日益明显，上海作为一个国际性商业城市的地位已经奠定，它的经费来源日益多样化，码头捐在工部局市政经费的比例（即相对量）逐渐下降。

同时更由于各种商业团体的阻力，码头捐的征收发生了一定的困难，甚至一度被取消，反映着上海港开始逐渐远离上海城市发展的步调；19 世纪末，上海港的主要管理者——被列强势力控制的江海关，接管了码头捐的征收。此后，

---

① 《上海码头捐交涉就绪》，《申报》1931 年 4 月 13 日，第 9 版。

② 上海市政府秘书处编：《上海市政概要：民国二十三年》，第四章《财政》，1934 年，第 8—9 页。

虽然工部局每年取得不断增长的码头捐，它在预结算中的比例一度上升，但总趋势却日益下降，在抗战爆发前后，更是跌落到了无足轻重的地步。

码头捐地位的变迁过程，可以从一个侧面，反映出上海港在上海城市发展中地位的变迁。作为一个"因港而兴"的城市，毫无疑问，是要将其发展的原动力追溯到港口的区位优势上的，但是，在发展到一定阶段之后，城市已经有了自身的动力，贸易对其影响已经很小。更重要的是，在城市发展的其他动力之中，是它所在区域对其支持，进而逐渐扩展到以全国为影响范围了。

但对于华界政府而言，争取码头捐的征收权，则是另一件重要的事情。正如租界成立初期，受到码头捐的支持一样，包括南市、浦东等城区的发展，也开始以码头捐为其主要的经济来源。上海港对城市发展的支持，也显现出了层次性，由租界向华界城区转移。

结　　语

　　近代上海港与上海城市的发展，是一个在地域上逐步扩张、内涵上不断提升的过程。从理论的高度来看，这是一个现代化的过程，是传统城市文明逐步接纳西方城市文明，并最终被西方现代化进程主导的过程。上海港区从最初分布于旧县城东部浦江沿岸的一段港区，逐步遍及浦江两岸，甚至绵延至吴淞江的中游；同时，它也由前现代的面貌与格局，转变为著名的世界大港，成为各种现代化因素进入中国的窗口。可以说，上海港的变化过程，也是上海城市发展的一个缩影。相应的，上海港的巨大功能，在开埠之后日益增长，直接带动着城市的变迁。

　　与港区的扩张同时，上海的城区范围，也在不停地扩张（尤其在租界出现后），向周边地区伸展自己的影响力，城市化区域不断扩大。从开埠前的县城及南市地区的小面积建成区，扩张至分布于浦江两岸、吴淞江南北的中国第一大城市，并成为中国的经济中心。

　　由于近代上海港与上海城市发展的这种同步性，现有的研究认为：近代上海城市的发展，遵循着一定的规律，即所谓"以港兴城，以城促港"的相关影响关系；并举出多方面的例证来说明这一点。本书的研究，即是根据港区—路政—城区；贸易—工商业—城市产业体系的两条并行动力机制，来分析近代上海港与上海城市之间的相互关系。

　　又因为近代上海城市性质的特殊性（在旧有城区基础上，引入了租界的因素），使完全利用现代城市地理学等理论模式的解释出现了一定的问题。因此，对近代上海港城关系的理解，必须分清不同城区与时段，按一定的专题，分别理解与研究。本书通过城市地理、产业经济、财政收支等角度，探讨了上海城市与港口的互动关系。

1. 地理空间上近代上海城区与港区的互动

　　租界建立之后，上海港对其发展的支持是直接的、明显的，无论是在地理空间上的扩展关系，还是上海港通过贸易对租界建设的支持，都非常明显。港区的存在，影响到了租界城区变化的形态与方向，并形成租界以港区为转移的城市格局；港口则日益成为租界重要的对外沟通渠道，以及租界的重要标志。虽然在二者的关系变迁过程中，有过相应的矛盾与冲突，但最终通过相互的调适，达到了相对的稳定状态。

上海租界城市化的同时，浦东地区接纳了转移的上海港，成为附属于租界城区的港区。浦东的港区，对浦东城市化进程的促进，也在一定程度上遵循着港区—路政—城区的模式；但是，其主要服务范围仍然是浦西租界城区，对浦东原有的乡村景观的改变不大，其积极作用远不如开埠初期租界内的港区。因此，这也可以作为近代浦东落后的一个原因。

对南市老城区而言，开埠之前的状况，已经可以说明着上海港对城市发展的影响：最繁华的小东门沿浦一带，就是上海最早的港区。开埠之后，租界城区逐渐取代南市老城区成为上海城市范围的主体，传统港区对南市老城区的影响力度大为减弱。但这种促进作用却并没有完全消失，而是在传统与现代的纽结之中，相互影响着，并在通向现代化的道路上缓慢前行。

因此，上海港对城区的拉动作用，并非是均匀的，这与近代上海城市的性质相关。近代后期，上海经济地位的提升，要求对城市进行整体规划，因市政管理的不统一，并未真正得到实现；但在这些规划之中，均要首先考虑港区的存在与地位，并在很大程度上决定着上海城市发展的整体方向。

2. 近代上海港城互动关系在产业与经济方面的表现及意义

从经济学的宏观角度，本书以相对集中系数为例，利用贸易额、关税额以及人口数量的相对关系，考察了上海港对上海城市的拉动作用；并通过与中国其他港口城市的对比，发现上海港一直能够以强劲的势头，促进上海城市的发展，也可以成为近代上海城市地位不断上升的一个例证。

在产业发展方面，上海港直接影响到城市的产业结构与布局；对内河港区的吴淞江，本书论述了米粮业与港区的互动关系，并可以从中得知，近代上海城市化过程中，城市产业与港口有强烈的依存关系，二者相互影响，共同形成了近代上海城市由商业中心向工商业、金融中心的转变。

最后，本书以码头捐为线索，考察上海港对市政建设的支持与影响。可以看出：除了贸易带给城市的直接和间接影响，上海港更直接从财政的层次上，支持着上海城市的发展。与贸易的不断增长相关，公共租界的码头捐数额也在历年增加；但上海城市的发展，使其逐渐有了自身独立发展的资源，而获取资源的途径也逐渐多元化，取代了港口的部分作用，码头捐在公共租界财政中的地位不断下降。但公共租界减少的码头捐，被华界城区所吸收，进而应用于市政建设，反映着港口对城区发展的持续支持，是具有一定层次的。

征收码头捐的过程中，工部局与上海城市中的各个机构都在发生着联系，并逐渐扩展到城市管理机构的各个层次。从最初与江海关、公董局的紧密关系，转化为与华界各机构的交涉。这也说明，港口与租界城区联系的紧密性得到充分释放后，必然会对处于边缘的华界城区的城市化进程产生更积极的作用。

3. 近代上海港城互动关系对城市现代化的影响

从本书的分析结构来看，更多是从物质演变、地理实体、经济活动等方面进行的探讨，但同样不容忽视的是，现代化因素的载体并不仅仅体现在物质层次上，影响最为深远的往往是对作为能动者的主体——人和社会团体的改变。

现代化理论对传统与现代之间是否存在"断裂"尚未完全统一认识，但二者的区别是基本上被认可的。就近代上海城市的变迁而言，租界城区移植于欧美制度的印记最为明显，之后城区、港区的建设进程，基本上是由欧美人士主导的，这种完全引进西方的现代化历程，直接促成了上海成为一座国际性大都市，也深深刺激到中国的各个阶层——尤其是精英阶层。

因此，无论如何批判诸如"冲击—反应论"、欧洲中心论等研究模式，沐浴在欧风美雨之下的近代上海，其现代化历程终究是展开了，在最为明显的物质层面上，直接改变了上海的城市景观；更进一步，从制度和文化层面上，形成了近代中国最有特色的制度体系与海派文化。所有这一切，都是由以工部局、公董局等为代表的西方资本主义的影响之下，在近百年的时间之内浸润完成的。而这个过程，使得上海的现代化进程，远远超乎国内其他区域和城市。

总之，近代上海能够在不到一百年的时间内，成为著名的国际化大都市，原因肯定是多方面的，现有的解释也是形形色色，包括国内国外的双重因素作用，特定的制度安排等，这些分析均有其合理性。本书关注的只是这一现代化进程的冰山一角，从近代上海城市发展的起点——上海港这一角度，分析港口与城市的关系，揭示了近代上海史上的一些关键因素，期望在尽力复原史实的同时，能为当下的上海城市发展，提供相关的参考。

参 考 文 献

1. 档案类

《工务局拟开辟浦东两大干道卷》，上海档案馆藏，Q211—1—47。

《公共租界工部局年报》，1868—1938，上海档案馆藏，U1—1—882 至 U1—1—951。

《沪北米联会请出示保护新浚乌镇路口卷》，上海档案馆藏，Q211—1—28。

《浦东塘工善后局呈请咨部准拨江海关征收码头捐案汇录》，上海档案馆藏，Q203—2—62。

《上海市港务局有关沪北米联会请浚吴淞江乌镇路口卷》（附图），上海档案馆藏，Q211—1—53。

《上海市港务局有关整顿沪北米业联合会征收浚淞捐办法卷》，上海档案馆藏，Q211—1—6。

《上海市米商业同业公会为请求将吴淞江各米业码头归还本业使用事致上海公用局》（附吴淞江米业码头一览表），上海档案馆藏，S395—1—88—1。

《上海总商会及商业各团体对于工部局所提码头捐等四案一致的抗议》，上海档案馆藏，Q324—1—23。

《闸北米联会请浚吴淞江新垃圾桥一段河道卷》，上海档案馆藏，Q211—1—66。

2. 史料类

陈炎林编著：《上海地产大全》，上海：上海地产研究所，1933 年。

陈真编：《中国近代工业史资料》，北京：生活·读书·新知三联出版社，1961 年。

陈正恭主编，《上海海关志》编纂委员会编：《上海海关志》，上海：上海社会科学院出版社，1997 年。

高行区市政委员会办公室编撰，许洪新标点：《上海特别市高行区概况》，上海：上海社会科学院出版社，2006 年。

葛元熙撰，郑祖安标点：《沪游杂记》，上海：上海书店出版社，2006 年。

葛自振著：《上海之经济与商业（1940 年）》（经济丛书之一），上海：中国商报社。

海关总署本书编译委员会：《旧中国海关总税务司署通令选编》，北京：中国海关出版社，2003 年。

胡林阁等著：《上海产业与上海职工》，香港：远东出版社，1939 年 7 月。

胡人凤续辑，许洪新标点：民国《法华乡志》，上海：上海社会科学院出版社，2006 年。

胡祥翰编：《上海小志》卷 1，上海：上海古籍出版社，1989 年。

黄楙材：《沪游脞记》，上海：上海书店，1984 年。

黄苇、夏林根编：《近代上海地区方志经济史料选辑》（1840—1949），上海：上海人民出版社，1984 年。

交通史编纂委员会编：《交通史航政编》，1931 年。

蒯世勋等著：《上海公共租界史稿》，上海：上海人民出版社，1980 年。

李必樟译编、张仲礼校订：《上海近代贸易经济发展概况（1854~1898）——英国驻上海领事贸易报告汇编》，上海：上海社会科学院出版社，1993 年。

刘大钧：《上海的成长发展与工业化》，上海：商务印书馆，1940 年。

罗志如编：《统计表中之上海》，上海：中央研究院社会科学研究所，1932 年。

毛祥麟著：《墨余录》，上海：上海古籍出版社，1989 年。

宓汝成编：《中国近代铁路史资料》，北京：中华书局，1963 年。

民国《宝山县续志》。

民国《上海县志》。

日本东亚同文会编撰，詹翰藻编译：《中国经济全书》，经济学会，1910 年。

日本青山口高等商业学校编：《中国经济全书》，上海：东亚同文会，1928 年。

上海博物馆编：《上海碑刻资料选辑—上海史资料丛刊》，上海：上海人民出版社，1980 年。

上海人民出版社编：《清代日记汇抄》，上海：上海人民出版社，1982 年。

上海社会科学院经济研究所编：《刘鸿生企业史料》（上中下），上海：上海人民出版社，1981—1982 年。

上海社会科学院经济研究所编：《英美烟公司在华企业资料汇编》（1—4），北京：中华书局，1983 年。

上海社会科学院历史研究所编译：《太平军在上海——<北华捷报>选译》，上海：上海人民出版社，1983 年。

上海市城市规划设计研究院编：《大上海都市计划》，上海：同济大学出版社，2014 年。

上海市档案馆，庄志龄选编：《秘密拍卖中东铁路浦东码头产业案史料（1933—1936）》，《档案与史学》1998 年第 3 期。

上海市档案馆，庄志龄选编：《收回浚浦局主权案史料》，《档案与史学》1999 年第 1 期。

上海市档案馆编：《工部局董事会会议录》，上海：上海古籍出版社，2001 年。

上海市档案馆编：《上海英租界道路码头委员会史料》，《上海档案工作》1992 年第 5 期。

上海市工商行政管理局、上海市机器工业史料组编：《上海民族机器工业》，北京：中华书局，1966 年。

上海市文管会编：《上海史料丛编》（1—6），上海：上海人民出版社，1961—1962 年。

上海市政府秘书处编：《上海市政概要：民国二十三年》，1934 年。

上海通社编：《旧上海史料汇编》（上、下），北京：北京图书馆出版社，1998 年。

上海通社编：《上海研究资料》、《上海研究资料续编》（全二册），上海：上海书店出版社，1984 年。

上海图书馆：《上海地方资料（中文书名目录）—建国前部分》，上海：上海图书馆，1964 年。

上海图书馆：《上海地方资料西文著者目录》，1964 年。

上海文史馆等编：《上海地方史资料》（1—6），上海：上海社科院出版社，1982—1998 年。

盛叙功编译，刘虎如校订：《交通地理》，上海：商务印书馆，1931 年。

史梅定主编，上海租界志编纂委员会编：《上海租界志》，上海：上海社会科学院出版社，2001 年。

孙平主编，《上海城市规划志》编纂委员会编：《上海城市规划志》，上海：上海社会科学院出版社，1999 年。

孙毓棠编：《中国近代工业史资料》，北京：科学出版社，1957 年。

孙中山著，张小莉、申学锋评注：《建国方略》，北京：华夏出版社，2002 年。

泰：《上海史资料的搜集、整理和出版情况》，《社会科学》1982 年第 12 期。

同治《上海县志》。

王垂芳主编：《洋商史：上海 1843—1956》，上海：上海社会科学院出版社，2007 年。

王庆成编著：《稀见清世史料并考释》，武汉：武汉出版社，1998 年。

王韬：《瀛壖杂志》，上海：上海古籍出版社，1989 年。

王铁崖编：《中外旧约章汇编》，北京：生活·读书·新知三联书店，1957 年。

王维江著，吕澍辑译：《另眼相看：晚清德语文献中的上海》，上海：上海辞书出版社，2009 年。

王彦威、王亮编：《清季外交史料》，台北：文海出版社，1985 年。

韦息予编：《上海》，上海：上海大江书铺，1932年。

吴馨等修，姚文枬等纂：《上海县续志》，民国七年（1918年）刊本。

徐雪筠等译编，张仲礼校订：《上海近代社会经济发展概况（1882—1931）—〈海关十年报告〉译编》，上海：上海社会科学院出版社，1985年。

严谔声编：《上海商事惯例》，上海新声通讯社出版部，1936年。

严中平等编：《中国近代经济史统计资料选辑》，北京：科学出版社，1955年。

杨大全：《现代中国实业志》，上海：商务印书馆，1940年。

杨逸纂：《上海市自治志》，民国四年（1915年）刊本。

姚公鹤：《上海闲话》，上海：上海古籍出版社，1989年。

姚贤镐编：《中国近代贸易史资料：1840—1895》，北京：中华书局，1962年。

张辉：《上海市地价研究》，上海：正中书局，1935年。

张伟等编著：《老上海地图》，上海：上海画报出版社，2001年。

郑曦原：《帝国的回忆：〈纽约时报〉晚清观察记：1854—1911》，北京：当代中国出版社，2007年。

中国第二历史档案馆、中国海关总署办公厅：《中国旧海关史料：1859—1948》，北京：京华出版社，2001年。

中国第一历史档案馆，方裕谨编选：《光绪末年黄浦江修浚工程主办权之争史料》，《历史档案》1994年第4期。

中国第一历史档案馆，方裕谨编选：《光绪三十四年荷商利济公司浮开浚浦土方案》，《历史档案》1995年第1期。

中国社会经济调查所编：《上海米市调查》（粮食调查丛刊第一号），中国社会经济调查所发行，1935年。

《上海指南》，上海：商务印书馆，1909—1936年。

《申报》，上海：上海书店影印，1982年。

《申报索引》编辑委员会编：《申报索引：1919—1949》，上海：上海书店出版社，2008年。

〔法〕梅朋、傅立德著，倪静兰译：《上海法租界史》，上海：上海社会科学院出版社，1983年。

〔美〕霍塞著，越裔译：《出卖上海滩》，上海：上海书店出版社，1999年。

〔美〕马士著，区宗华译：《东印度公司对华贸易编年史》，广州：中山大学出版社，1991年。

〔南非〕费唐著，工部局华文处译述：《费唐法官研究上海公共租界情形报告书》，1931年。

〔日〕马场锹太郎：《支那水运论附满洲国水道》，上海东亚同文书院支那研究部发行，1936年版。

〔日〕日本陆军参谋本部编：《东亚各港志》，1893年。

〔瑞典〕海德生等编撰：《上海港口大全》，1922年、1928年、1930年、1934年、1941年。

〔英〕格林堡著，康成译：《鸦片战争前中英通商史》，北京：商务印书馆，1961年。

〔英〕莱特著，姚曾廙译：《中国关税沿革史》，北京：商务印书馆，1964年。

〔英〕裒昔司著，程灏译：《上海通商史》，上海：商务印书馆，1926年。

〔英〕施美夫著，温时幸译：《五口通商城市游记》，北京：北京图书馆出版社，2007年。

〔英〕伊莎贝拉·伯德著，卓廉士、黄刚译：《1898：一个英国女人眼中的中国》，武汉：湖北人民出版社，2007年。

3. 研究论著

《上海港码头的变迁》编写组：《上海港码头的变迁》，上海：上海人民出版社，1975年。

《上海港史话》编写组：《上海港史话》，上海：上海人民出版社，1979 年。

《上海外贸史话》编写组编：《上海外贸史话》，上海：上海人民出版社，1976 年。

〔德〕高兹著，山上彻译：《海港区位论》（日文），东京：时潮社，1978 年。

〔俄〕伊·冈察洛夫著，叶予译：《巴拉达号三桅战舰》，黑龙江：黑龙江人民出版社，1982 年。

〔美〕阿维纳什·K·迪克西特著，刘元春译：《经济政策的制定：交易成本政治学的视角》，北京：
　　中国人民大学出版社，2004 年。

〔美〕道格拉斯·C·诺思等著，刘亚平编译：《交易费用政治学》，北京：中国人民大学出版社，2013 年。

〔美〕华志建著，任云兰译：《关于旧上海的论题：一个既可比又不可比的城市》，《城市史研究》
　　第 15—16 辑，天津：天津社会科学院出版社，1998 年。

〔美〕霍塞著，纪明译：《出卖的上海滩》，北京：商务印书馆，1962 年。

〔美〕凯文·林奇著，项秉仁译：《城市的印象》，北京：中国建筑工业出版社，1990 年。

〔美〕林达·约翰逊：《上海：一座正在崛起的江南港口城市，1683—1840》，载林达·约翰逊主编，
　　成一农译：《帝国晚期的江南城市》，上海：上海人民出版社，2005 年。

〔美〕罗威廉著，鲁西奇、罗杜芳译：《汉口：一个中国城市的冲突和社区：1796—1895》，北京：
　　中国人民大学出版社，2008 年。

〔美〕罗兹·墨菲著，上海社会科学院历史研究所编译：《上海——现代中国的钥匙》，上海：上海
　　人民出版社，1986 年。

〔美〕罗兹曼：《中国的现代化》，南京：江苏人民出版社，2003 年。

〔美〕马士著，张汇文等译：《中华帝国对外关系史》，上海：上海书店，2000 年。

〔美〕施坚雅主编，叶光庭等译，陈桥驿校：《中华帝国晚期的城市》，北京：中华书局，2000 年。

〔美〕威廉·埃德加·盖洛著，晏奎等译，沈弘等审校：《扬子江上的美国人——从上海经华中到缅
　　甸的旅行记录（1903）》，济南：山东画报出版社，2008 年版。

〔美〕詹姆斯·奥康纳著，唐正东、臧佩洪译：《自然的理由》，南京：南京大学出版社，2003 年，
　　第 76 页。

〔日〕滨下武志著，高淑娟、孙彬译：《中国近代经济史研究：清末海关财政与通商口岸经济圈》，
　　南京：江苏人民出版社，2006 年。

〔日〕松浦章：《近代上海南市和沙船航运业》，李长莉、左玉河主编：《近代中国的城市与乡村》，
　　北京：社会科学文献出版社，2006 年。

〔瑞典〕詹森、施尼尔森著，吴舸、魏恒洲译：《港口经济学》，北京：人民交通出版社，1988 年。

陈伯熙编著：《上海轶事大观》卷 2，《南市之第一码头》，上海：上海书店出版社，2000 年。

陈从周、章明：《上海近代建筑史稿》，上海：上海三联书店，1988 年。

陈港：《上海港码头的变迁》，上海：上海人民出版社，1966 年。

陈诗启：《中国海关史》，北京：人民出版社，1993 年。

陈正恭主编，《上海海关志》编纂委员会编：《上海海关志》第四编附表二，上海：上海社会科学
　　院出版社，1997 年。

程潞：《上海市经济地理》，北京：新华出版社，1988 年。

褚绍唐：《上海历史地理》，上海：华东师范大学出版社，1996 年。

戴鞍钢、张修桂：《环境演化与港口变迁——以上海港为中心》，《历史地理》第 17 辑，上海：
　　上海人民出版社，2001 年。

戴鞍钢、张修桂：《环境演化与上海地区内河航运的变迁》，《历史地理》第 18 辑，上海：上海
　　人民出版社，2002 年。

戴鞍钢：《发展与落差：近代中国东西部经济发展进程比较研究：1840—1949》，上海：复旦
　　大学出版社，2006 年。

戴鞍钢：《港口、城市、腹地：上海与长江流域经济关系的历史考察：1843—1913》，上海：复
　　旦大学出版社，1998 年。

邓开颂、陆晓敏：《粤港澳近代关系史》，广州：广东人民出版社，1996 年。

丁日初主编：《上海近代经济史》，上海：上海人民出版社，1997 年。

丁树诚：《丁治棠纪行四种》，成都：四川人民出版社，1984 年。

樊卫国：《激活与生长——上海现代经济兴起之若干分析（1870—1941）》，上海：上海人民出
　　版社，2002 年。

冯天瑜：《"千岁丸"上海行》，武汉：武汉大学出版社，2006 年。

复旦大学历史地理研究中心主编：《港口—腹地和中国现代化进程》，济南：齐鲁书社，2005 年。

傅国民：《中国近代港口图录》，北京：人民交通出版社，1998 年。

顾朝林等：《中国城市地理》，北京：商务印书馆，1999 年。

郭利平：《产业群落的空间演化模式研究》，北京：经济管理出版社，2006 年。

郭铁桩、关捷主编：《日本殖民统治大连四十年史》上册，北京：社会科学文献出版社，2008 年。

黄汉民、陆兴龙：《近代上海工业企业发展史论》，上海：上海财经大学出版社，2000 年。

黄汉民编：《上海近代经济史·第二卷：1895—1927》，上海：上海人民出版社，1997 年。

黄盛璋：《中国港市的发展》，《历史地理论集》，北京：人民出版社，1982 年。

黄苇：《上海开埠初期对外贸易：1843—1863》，上海：上海人民出版社，1961 年。

江沛、徐倩倩：《港口、铁路与近代青岛城市变动：1888—1937》，《安徽史学》2010 年第 1 期。

金立成：《上海港史》（现代部分），北京：人民交通出版社，1986 年。

金忠明编：《上海远洋运输志》，上海：上海社会科学院出版社，1999 年。

靖学青：《长江三角洲地区城市化与城市体系》，上海：文汇出版社，2005 年。

孔宪雷：《港口经济系统演化与优化研究》，南京：河海大学出版社，2006 年。

李东平：《港航商务管理》，北京：人民交通出版社，2008 年。

李小建：《经济地理学》，北京：高等教育出版社，1999 年。

梁庚尧、刘淑芬主编：《城市与乡村》，北京：中国大百科全书出版社，2005 年。

梁元生：《从〈上海通志〉到〈上海通史〉——一个城市的史学史》，见梁氏：《晚清上海：一个
　　城市的历史记忆》，桂林：广西师范大学出版社，2010 年。

梁元生著，陈同译：《上海道台研究——转变社会中之联系人物，1843—1890》，上海：上海
　　古籍出版社，2003 年。

林满红：《口岸贸易与近代中国——台湾最近有关研究之回顾》，《中国区域史研究论文集》，台
　　北："中央研究院"近代史所，1986 年。

刘斌：《产业集聚竞争优势的经济分析》，北京：中国发展出版社，2004 年。

刘惠吾：《上海近代史》（下），上海：华东师范大学出版社，1989 年。

刘建辉：《魔都上海：日本知识人的"近代"体验》，上海：上海古籍出版社，2003 年。

刘宪文：《近代上海十六铺研究》，上海师范大学硕士学位论文，2005 年。

卢汉超：《美国的中国城市史研究述评》，载李小兵、田宪生主编：《西方史学前沿研究评析》，
　　上海：上海辞书出版社，2008 年。

卢汉超：《西方物质文明在近代上海》，载唐振常、沈恒春主编：《上海史研究》二编，上
　　海：学林出版社，1988 年。

陆大道编著：《区位论及区域研究方法》，北京：科学出版社，1988 年。

罗荣渠：《现代化新论：世界与中国的现代化进程》，北京：商务印书馆，2009 年。

罗澍伟：《近代天津城市史》，北京：中国社会科学出版社，1993 年。

罗正齐：《港口经济学》，北京：学苑出版社，1991 年。

马伯煌主编：《上海近代经济开发思想史》，昆明：云南人民出版社，1991 年。

马敏、陆汉文：《民国时期政府统计工作与统计资料述论》，载中国社会科学院近代史研究所：《中华民国史研究三十年（1972—2002）》，北京：社会科学文献出版社，2008 年。

马正林：《中国城市历史地理》，济南：山东教育出版社，1999 年。

茅伯科、邹逸麟：《上海港：从青龙镇到外高桥》，上海：上海人民出版社，1991 年。

茅伯科主编：《上海港史：古、近代部分》，北京：人民交通出版社，1990 年。

茅盾主编：《中国的一日》第三编，上海：生活书店，1936 年。

茅家琦主编：《横看成岭侧成峰——长江下游城市近代化的轨迹》，南京：江苏人民出版社，1993 年。

梅安新：《上海的自然条件：上海乡土地理》，上海：上海科技出版社，1959 年。

谯枢铭：《上海地区疆域沿革考（元代以后）》，唐振常等主编：《上海史研究》二编，上海：学林出版社，1988 年，第 349—352 页。

谯枢铭：《上海史研究》初编，上海：学林出版社，1984 年。

上海社会科学院经济研究所、上海市国际贸易学会学术委员会编著：《上海对外贸易：1840—1949》，上海：上海社会科学院出版社，1989 年。

上海市地方志办公室编：《上海：通往世界之桥》（上、下），上海：上海社会科学院出版社，1989 年。

上海市地方志办公室编：《上海辞典》，上海：上海社科院出版社，1989 年。

上海市内河航运管理处工人写作组编：《航道沧桑：苏州河的故事》，上海：上海人民出版社，1976 年。

上海研究中心上海人民出版社编：《上海 700 年（1201—1991）》，上海：上海人民出版社，1991 年。

沈渭滨：《困厄中的近代化》，上海：远东出版社，2001 年。

宋炳良：《港口城市发展的动态研究》，大连：大连海事大学出版社，2003 年。

唐振常主编：《上海史》，上海：上海人民出版社，1989。

唐振常主编：《上海史研究》二编，上海：学林出版社，1988 年。

陶爱萍，周健生：《上海建立现代化国际大都市的近代历史根基》，《合肥工业大学学报》2008 年第 3 期。

同济大学城市规划教研室编：《中国城市建设史》，北京：中国建筑工业出版社，1982 年。

王尔敏：《外国势力影响下之上海开关及其港埠都市之形成（1842—1942）》，载梁庚尧、刘淑芬主编：《城市与乡村》，北京：中国大百科全书出版社，2005 年。

王洸：《中国海港志》，台北：中华文化出版事业委员会，1954 年。

王海平、刘秉镰：《现代化港口城市的内涵与特性——兼论港口经济》，《港口经济》2000 年第 11 期。

王海平：《中国港口经济》，天津：天津人民出版社，2005 年。

王列辉：《驶向枢纽港：上海、宁波两港空间关系研究（1834—1941）》，杭州：浙江大学出版社，2009 年。

王列辉：《驶向枢纽港：上海、宁波两港空间关系研究（1843—1941）》，杭州：浙江大学出版社，2009 年。

王兆成编：《上海铁路志》，上海：上海社会科学院出版社，1999 年。

韦森：《社会制序的经济分析导论》，北京：生活·读书·新知三联书店，2001 年。

韦少波：《上海近代工业发展的考察》，《社会科学》1984 年第 6 期。

陇瀛涛主编：《近代重庆城市史》，成都：四川大学出版社，1991 年。

魏向东、宋言奇：《城市景观》，北京：中国林业出版社，2005 年。

吴松弟：《中国百年经济拼图——港口城市及其腹地与中国现代化》，济南：山东画报出版社，2006 年。

行龙：《略论中国近代的人口城市化问题》，《近代史研究》1989 年第 1 期。

熊月之：《海外上海学》，上海：上海古籍出版社，2004 年。

熊月之主编：《上海通史》，上海：上海人民出版社，1999 年。

徐鼎新、钱小明：《上海总商会史：1902—1929》，上海：上海社会科学院出版社，1991 年。

徐剑华主编：《国际航运经济新论》，北京：人民交通出版社，1997 年。

徐新吾、黄汉民：《上海近代工业史》，上海：上海社会科学院出版社，1998 年。

许长新：《港航经济系统论》，北京：海洋出版社，2004 年。

许洪新：《19 世纪末浦东避免沦为租界之始末》，上海市档案馆主编：《上海档案史料研究》第六辑，上海：三联书店，2009 年。

许学强、周一星、宁越敏：《城市地理学》，北京：高等教育出版社，1997 年。

杨万钟：《上海经济区域经济研究》，上海：华东师范大学出版社，1992 年。

叶凯蒂：《从十九世纪上海地图看对城市未来定义的争夺战》，载刘东主编：《中国学术》第 3 辑，北京：商务印书馆，2001 年。

张鸿雁等：《五千年历史的切面：1949 中国城市》，南京：东南大学出版社，2009 年。

张伟然：《唐人心目中的文化区域及地理意象》，载李孝聪主编：《唐代地域结构与运作空间》，上海：上海辞书出版社，2003 年版。

张燕主编，《上海港志》编纂委员会编：《上海港志》，上海：上海社会科学院出版社，2001 年。

张忠民：《上海：从开发走向开放，1368—1842》，昆明：云南人民出版社，1990 年。

张忠民主编：《近代上海城市发展与城市综合竞争力》，上海：上海社会科学院出版社，2005 年。

张仲礼、熊月之、沈祖炜：《长江沿江城市与中国近代化》，上海：上海人民出版社，2002 年。

张仲礼：《城市进步、企业发展和中国现代化（1840—1949）》，上海：上海社会科学院出版社，1994 年。

张仲礼：《东南沿海城市与中国近代化》，上海：上海人民出版社，1996 年。

张仲礼：《近代上海城市研究（1840—1949 年）》，上海：上海人民出版社，1990 年。

章英华：《清代以后上海市区的发展与民国初年上海的区位结构》，见中国海洋发展史论文集编辑委员会主编：《中国海洋发展史论文集》（第一辑），台北："中央研究院"人文社会科学研究中心，1984 年。

赵曾珏：《上海港之将来》，上海：商务印书馆，1949 年。

郑祖安：《百年上海城》，上海：学林出版社，1999 年。

郑祖安：《近代上海都市的形成》（1843 年至 1914 年上海城市发展述略），《上海史研究》，1984 年。

郑祖安：《上海、横滨都市形成比较研究》，见《上海和横滨》联合编辑委员会、上海市档案馆编：《上海和横滨——近代亚洲两个开放城市》，上海：华东师范大学出版社，1997 年。

郑祖安：《上海地名小志》，上海：上海社会科学院出版社，1988 年。

郑祖安：《上海历史上的苏州河》，上海：上海社会科学院出版社，2006 年，

周松青：《上海自治研究：1905—1927》，上海：上海社会科学院出版社，2005 年。

周一星：《城市地理学》，北京：商务印书馆，1995 年。

周振鹤编：《上海历史地图集》，上海：上海人民出版社，1999 年。

周子峰：《近代厦门城市发展史研究：1900—1937》，厦门：厦门大学出版社，2005 年。

朱国栋、王国章主编：《上海商业史》，上海：上海财经大学出版社，1997 年。

朱华等编：《上海近代史》（下），上海：华东师范大学出版社，1988 年。

朱菁：《浦东开发的先驱：浦东塘工善后局研究（1906～1927）》，上海社会科学院 2008 年硕士学位论文。

朱荫贵、戴鞍钢主编：《近代中国：经济与社会研究》，上海：复旦大学出版社，2006 年。

祝鹏：《上海市沿革地理》，上海：学林出版社，1989 年。

邹俊善：《现代港口经济学》，北京：人民交通出版社，1997 年。

邹依仁：《旧上海人口变迁的研究》，上海：上海人民出版社，1980 年。

César Ducruet. 'A Metageography of Port-City Relationships', James Wang, et al., ed. *Ports, Cities, and Global Supply Chains*, Burlington: Ashgate，2005.

Francis Lister Hawks Pott. *A Short history of Shanghai: being an account of the growth and development of the International Settlement*,Shanghai: Kelly and Walsh, 1928.

Lee S W, Song D W, Ducruet C. A Tale of Asia's World Ports: The Spatial Evolution in Global Hub Port Cities. *Geoforum*, 2008,(39), pp.372-385.

Vallega A. Fonctions portuaires et polarisations littorales dans la nouvelle régionalisation de la Méditerranée, quelques réflexions. Paper presented at the 2nd French-Japanese Geographical Colloquium, Tokyo, 1979, pp.44-48.

4. 论文类

鲍静静：《对外贸易与上海经济的早期现代化》，《广州大学学报》2003 年第 10 期。

曹屯裕：《宁波、上海港的历史轨迹与现代发展趋势》，《浙江社会科学》1995 年 6 期。

柴彦威、塔娜：《中国行为地理学研究近期进展》，《干旱区地理》2011 年第 1 期。

常冬铭、孙晓明、李丽萍：《港口与港口城市的互动关系》，《中共济南市委党校学报》2007 年第 3 期。

陈传康：《行为地理学的研究对象、内容和意义》，《西南师范学院学报》1985 年第 1 期。

陈航：《大连市港城关系研究》，辽宁师范大学硕士学位论文，2003 年。

陈航：《港城互动的理论与实证研究》，大连海事大学博士学位论文，2009 年。

陈航、栾维新、王跃伟：《我国港口功能与城市功能关系的定量分析》，《地理研究》2009 年第 2 期。

陈航、王跃伟：《大连港口与城市关系的演变》，《水运管理》2009 年第 1 期。

陈建：《黄浦江越江工程论证的历史》，《世界经济导报》1982 年 10 月 11 日。

陈健昌：《行为和感知地理学述评》，《地域研究与开发》1989 年第 2 期。

陈可畏：《近代上海地区的市镇兴衰》，《探索与争鸣》2002 年第 1 期。

陈立仪、陆志濂、钱小明：《解放前上海是怎样成为我国主要对外贸易中心》，《社会科学》1982 年第 5 期。

陈其广：《上海地区对外贸易、外资设厂的发展变化及其相互关系初探》，《中国经济史研究》1986 年第 2 期。

陈瑞忠：《上海"洋行"史话》，《上海外贸调研》1982 年第 10 期。

陈瑞忠：《上海仓库史话》，《上海外贸调研》1984 年 14 期。

陈瑞忠：《上海港码头史话》，《上海外贸调研》1983 年 23 期。

陈瑞忠：《上海开埠以来运输报关业的兴衰概略》，《上海外贸调研》1981 年第 21 期。

陈瑞忠：《上海轮船航运业小史》，《上海外贸调研》1984 年 24 期。

陈诗启：《中国海关与引水问题》，《近代史研究》1989 年第 5 期。

陈文瑜：《上海开埠初期的洋行》，《经济学术资料》1983 年第 1 期。

陈云：《近代上海吴淞地区研究（1898—1937）》，上海师范大学硕士学位论文，2007 年。

陈争平：《天津与南通：近代中国港城发展的两类典型》，《经济地理》1990 年第 4 期。

陈正书：《上海近代工业中心的形成》，《史林》1987 年第 4 期。

承载：《城市社区史和上海史研究》，《档案与史学》2000 年第 6 期。

池志澂：《沪游梦影录》，《档案与历史》1989 年第 1 期。

戴鞍钢、张修桂：《回顾与启示：上海地区内河航运的历史变迁》，《上海行政学院学报》2001 年第 2 期。

戴鞍钢：《近代上海的枢纽港地位》，《浙江学刊》2006 年第 5 期。

戴鞍钢：《近代上海与周围农村》，《史学月刊》1994 年第 2 期。

戴鞍钢：《口岸贸易与晚清上海金融业的互动》，《复旦学报》2003 年第 2 期。

戴鞍钢：《内河航运与上海城市发展》，《史林》2004 年第 4 期。

戴鞍钢：《上海开埠与苏南地区经济格局的变化》，《史林》1990 年 2 期。

丁日初：《再论上海成为近代中国经济中心的条件》，《近代史研究》1994 年第 1 期。

董洁霜、范炳全：《国外港口区位相关研究理论回顾与评价》，《城市规划》2006 年第 2 期。

杜国平、杜从原、曹宝根：《从港口的代际功能看港口功能的发展》，《港口科技动态》2006 年第 10 期。

杜黎：《鸦片战争前上海航运业的发展》，《学术月刊》1964 年第 4 期。

杜其东等：《国际经济中心城市港口比较专题系列研究之一：港口与城市关系研究》，《水运管理》1996 年第 1 期。

杜恂诚：《近代以来沪港成为国际金融中心的启示》，《社会科学》2008 年第 11 期。

杜瑜：《上海港孕育轨迹》，《中国史研究》1996 年第 1 期。

段本洛、卢伯炜：《论开埠前后上海沙船业与钱庄业的演变》，《江海学刊》1992 年第 5 期。

段绍伯：《上海市建港地址初探》，《上海师范学院学报》1983 年 3 期。

樊如森：《港口——腹地与中国现代化进程学术研究综述》，《史学月刊》2004 年第 12 期。

樊卫国：《关于近代上海城市竞争力》，《档案与史学》2003 年第 2 期。

樊卫国：《近代上海的市场特点与口岸经济的形成》，《上海社会科学院学术季刊》1992 年第 2 期。

方子文：《旧上海公共租界筹集市政建设资金的形式》，《上海财税》1994 年第 8 期。

高兴华：《新城兴衰—近代闸北城市化研究（1900—1949）》，上海师范大学硕士学位论文，2007 年。

宫田辉：《基于产业耦合的港城关系研究》，中国海洋大学硕士学位论文，2010 年。

顾朝林、宋国臣：《北京城市意象空间及构成要素研究》，《地理学报》2001 年第 1 期。

顾朝林：《改革开放二十年来中国城市地理学研究进展》，《地理科学》1999 年第 4 期。

顾国权：《苏州河的今昔及其疏浚工作》，《大公报》（沪）1950 年 10 月 12 日。

郭忠言：《上海的发展和对外贸易》，《上海外贸调研》1981 年第 1 期。

侯杨方：《长江中下游地区米谷长途贸易（1912—1937）》，《中国经济史研究》1996 年第 2 期。

胡瑞山、沈山：《港城一体化战略研究进展》，《中国水运》2006 年第 12 期。

胡银平：《沪西小沙渡研究（1899—1949）》，上海师范大学硕士学位论文，2008 年。

黄汉民：《近代上海工业结构历史演进分析》，《学术月刊》1991 年第 4 期。

黄亚平：《上海近代城市规划的发展及其范型研究》，武汉理工大学硕士学位论文，2003 年。

黄逸平、陆耀宗：《孙中山建立东方大港和改建上海港计划述评》，《学术月刊》1989 年第 11 期。

黄逸平：《上海初期的租界和城市经济近代化》，《学术月刊》1987 年第 5 期。

黄逸平：《上海开埠前后的经济变化》，《华东师范大学学报》1986 年 1 期。

惠凯：《论港口城市的发展》，《港口经济》2004 年第 1 期。

佳宏伟：《近 20 年来近代中国海关史研究述评》，《近代史研究》2005 年第 6 期。

江沛、徐倩倩：《港口、铁路与近代青岛城市变动：1888—1937》，《安徽史学》2010 年第 1 期。

金济溽：《解放前后上海经济地位和作用的变化》，《社会科学》1984 年第 10 期。

金立成：《帝国主义对旧上海码头业的垄断——上海公和祥码头史料》，《学术月刊》1962 年第 1 期。

金立成：《近代上海港是怎样成为远东航运中心的》，《中国港口》1996 年第 6 期。

李百浩、郭建、黄亚平：《上海近代城市规划历史及其范型研究（1843—1949）》，《城市规划学刊》2006 年第 6 期。

李刚：《中古乐府诗中的城市意象》，《中国历史地理论丛》2005 年第 4 期。

李郇、许国强：《广州市城市意象空间分析》，《人文地理》1993 年第 3 期。

李宁：《近代镇江贸易地位变迁原因再分析》，《中国经济史研究》2008 年第 1 期。

李培德：《上海研究与沪港双城》，《档案与史学》2000 年第 4 期。

李学忠、陈晓鸣：《开埠通商对近代沿江城市商业空间结构的影响——以九江为例》，《农业考古》2011 年第 1 期。

梁庆欢：《〈中国旧海关史料（1859—1948）〉文本解读》，厦门大学硕士学位论文，2007 年。

梁双波、曹有挥、吴威等：《全球化背景下的南京港城关联发展效应分析》，《地理研究》2007 年第 3 期。

林玉莲：《武汉市城市意象的研究》，《新建筑》1999 年第 1 期。

凌弓：《近代上海航运发展与城市变迁》，《社会科学》1996 年第 12 期。

凌弓：《上海近代外贸中心形成的原因与启迪》，《学术月刊》1993 年第 4 期。

凌小言、孙东华：《解放前上海口岸的对外中转贸易》，《上海经济研究》1992 年第 10 期。

刘秉镰：《港城关系机理分析》，《港口经济》2002 年第 3 期。

刘枫：《孙中山开发上海为东方大港的宏伟计划》，《近代中国》1991 年第 1 期。

刘正刚：《粤人与近代上海城市的变化》，《学术月刊》2000 年第 12 期。

陆文达：《上海租界第一次〈地皮章程〉中文原本书后》，《史林》1993 年第 1 期。

栾峰：《李德华教授谈大上海都市计划》，《城市规划学刊》2007 年第 3 期。

罗澍伟：《近代天津上海两城市发展之比较》，《档案与历史》1987 年第 1 期。

罗苏文、周武：《略论近代上海市政》，《学术月刊》1999 年第 6 期。

罗苏文：《沪东：近代棉纺织厂区的兴起(1878—1928)》，《史林》2004 年第 2 期。

罗苏文：《论 1895—1927 年上海都市郊区市镇的变化》，《史林》1994 年第 4 期。

罗苏文：《外滩：上海的眼睛》，《档案与史学》2002 年第 4 期。

马学强：《黄浦江与上海城市发展》，《档案与史学》2003 年第 2 期。

马学强：《近代上海成长中的"江南因素"》，《史林》2003 年第 3 期。

马学强：《通商开埠前后上海地价初探》，《档案与史学》1999 年第 3 期。

满振祥：《租界市政与上海近代化》，《乐山师范学院学报》2008 年第 1 期。

毛剑锋：《杨树浦工业区研究（1880—1949）》，上海师范大学硕士学位论文，2006 年。

茅伯科：《现代化港口型城区的性质、特点及功能》，《港口经济》2007 年第 9 期。

牟振宇：《法租界城市化研究》，复旦大学博士学位论文，2010 年。

牟振宇：《近代上海法租界空间扩展及其驱动力分析》，《中国历史地理论丛》2008 年第 4 期。

潘君祥：《近代上海形成全国经济中心的内在原因》，《上海社会科学院学术季刊》1991 年第 2 期。

潘君祥等：《商品经济的发展和上海城市的形成》，《上海经济研究》1985 年第 1 期。

谯枢铭：《清乾嘉时期的上海港与英国人寻找新的通商口岸》，《史林》1986 年第 2 期。

沈建法：《海外中国城市地理研究进展》，《世界地理研究》2007 年第 4 期。

沈娜：《港口对城市经济增长的贡献评价与分析》，天津大学硕士学位论文，2002 年。

沈渭滨：《吴淞开埠与城市建设》，《档案与史学》2001 年第 6 期。

沈益人：《城市特色与城市意象》，《城市问题》2004 年第 3 期。

沈益人：《对城市意象五元素的思考》，《上海城市规划》2004 年第 4 期。

沈祖炜：《近代上海市政建设的资金来源》，《档案与历史》1989 年第 6 期。

沈祖炜：《旧上海与内地的商品流通渠道》，《上海经济研究》1985 年第 4 期。

沈祖炜：《上海租界房地产业的兴起》，《上海研究论丛》1989 年 2 辑。

圣孩：《蓝图之夭——旧"大上海都市计划"始末》，《上海档案》2002 年第 2 期。

施存龙：《上海"江海关"始设港口论证》，《海交史研究》1988 年 1 期。

宋炳良：《论福特主义经济体系的演变与港口城市再造》，《外国经济与管理》2000 年第 7 期。

苏全有：《近十年来我国近代航运史研究综述》，《南通航运职业技术学院学报》2004 年第 4 期。

苏智良：《城区史研究的路径与方法——以上海城区研究为例》，《史学理论研究》2006 年第 4 期。

孙倩：《上海近代城市规划及其制度背景与城市空间形态特征》，《城市规划学刊》2006 年第 6 期。

孙施文：《近代上海城市规划史论》，《城市规划汇刊》1995 年 2 期。

唐巧天：《上海外贸埠际转运研究（1864—1930）》，复旦大学博士学位论文，2006 年。

唐秀敏：《港城关系的发展与上海国际航运中心建设》，华东师范大学硕士学位论文，2005 年。

汪原：《凯文·林奇〈城市意象〉之批判》，《新建筑》2003 年第 3 期。

王长松：《18 世纪中叶至 20 世纪中叶乌鲁木齐城市与区域意象研究》，《干旱区资源与环境》2009 年第 6 期。

王成金：《现代港口地理学的研究进展及展望》，《地球科学进展》2008 年第 3 期。

王恩重：《近代上海绅商与闸北城区建设》，《历史教学问题》1996 年 4 期。

王均：《现象与意象：近现代时期北京城市的文学感知》，《中国历史地理论丛》2002 年第 2 期。

王良行：《上海贸易条件研究（1867—1931）》，《近代史研究》1996 年第 3 期。

王列辉：《港口城市与区域发展——上海、宁波两港比较的视野》，《郑州大学学报》2006 年第 6 期。

王列辉：《国外港口城市空间结构综述》，《城市规划》2010 年第 11 期。

王列辉：《国外港口体系研究述评》，《经济地理》2007 年第 2 期。

王庆成：《开埠初期上海外贸业的制度和概数：英国收藏的敦利商栈等簿册文书并考释》，《近代史研究》1997 年 2 期。

王少卿：《晚清上海地价及其对早期城市化的影响》，《史学月刊》2009 年第 4 期。

王文楚、金曰寿：《鸦片战争以前上海港的形成与发展》，《历史教学问题》1981 年第 4 期。

王曦：《城市特色与城市意象形态》，《规划师》2000 年第 6 期。

吴传钧、高小真：《海港城市的成长模式》，《地理研究》1989 年第 4 期。

吴俊范：《城市空间扩展视野下的近代上海河浜资源利用与环境问题》，《中国历史地理论丛》2007 年第 3 期。

吴俊范：《上海老城厢：一个江南城市的景观演变史及其动力机制》，《中国历史地理论丛》2008年第 1 期。

吴松弟、方书生：《一座尚未充分利用的近代史资料宝库——中国旧海关系列出版物评述》，《史学月刊》2005 年第 3 期。

吴松弟、方书生：《中国旧海关统计的认知与利用》，《史学月刊》2007 年第 7 期。

吴松弟：《港口—腹地：现代化进程研究的地理视角》，《学术月刊》2007 年第 1 期。

吴松弟：《港口—腹地和中国现代化空间进程研究概说》，《浙江学刊》2006 年第 5 期。

吴松弟：《港口—腹地与中国现代化的空间进程》，《河北学刊》2004 年第 3 期。

吴松弟：《明清时期我国最大沿海贸易港的北移趋势与上海港的崛起》，《复旦学报》2001 年第 6 期。

吴松弟：《市的兴起与近代中国区域经济的不平衡发展》，《云南大学学报》2006 年第 5 期。

吴松弟：《通商口岸与近代的城市和区域发展——从港口—腹地的角度》，《郑州大学学报》2006年第 6 期。

武廷海：《中国城市史研究中的区域观念》，《规划师》2000 年第 5 期。

夏东元：《上海近代工业的产生和地位》，《上海研究论丛》1989 年第 2 期。

萧国亮：《沙船贸易的发展与上海商业的繁荣》，《社会科学》1981 年第 4 期。

萧国亮：《外国资本入侵与上海沙船业的衰落》，《社会科学》1983 年第 1 期。

肖照青：《上海在近代中国中心城市地位的确立及其历史因素》，华东师范大学硕士学位论文，2004 年。

谢金金：《张家港市港城关系研究》，苏州科技学院 2011 年硕士学位论文。

邢建榕、周金香：《杨浦：近代上海工业的摇篮》，《档案与史学》2004 年第 1 期。

熊月之、罗苏文、周武：《略论近代上海市政》，《学术月刊》1999 年第 6 期。

熊月之：《20 世纪上海史研究》，《上海行政学院学报》2000 年第 1 期。

徐放：《居民感应地理研究的一个实例——对赣州市的调查分析》，《地理科学》1983 年第 2 期。

徐雪筠：《对外贸易与上海经济的近代化》，《学术月刊》1987 年第 10 期。

徐永健、净小培、许学强：《西方现代港口与城市、区域发展研究述评》，《人文地理》2001 年第 4 期。

徐占春：《近代上海转口贸易研究（1843—1941）》，西北大学硕士学位论文，2006 年。

徐仲敏：《上海的轮渡》，《上海经济》1985 年 1 期。

许甜业：《近代上海浦东城区变迁研究》，上海师范大学硕士学位论文，2008 年。

许学强等：《20 世纪 80 年代以来我国城市地理学研究的回顾与展望》，《经济地理》2003 年第 4 期。

杨华雄：《论港口与城市的协调发展》，《中国港口》2000 年第 6 期。

杨健、戴志中：《凯文·林奇城市意象研究方法辨析》，《重庆建筑大学学报》2007 年第 2 期。

杨琳琳：《上海江湾城区研究》，上海师范大学 2008 年硕士学位论文。

叶东：《近代航运业与芜湖城市的兴起》，《重庆交通大学学报》2009 年第 5 期。

叶兰莲：《近代上海提篮桥城区研究》，上海师范大学硕士学位论文，2007 年。

尤乙：《蓝图之夭——民国〈大上海都市计划〉的再度兴衰》，《档案春秋》2006 年第 7 期。

于醒民、陈兼：《十九世纪六十年代的上海轮运业与上海轮船商》，《中国社会经济史研究》1983 年第 2 期。

余子道：《民国时期上海都市发展规划述论》，《复旦学报》1992 年第 1 期。

虞建新：《近代历任上海道台简况》，《档案与历史》1986 年第 3 期。

虞建新：《近代上海道台表补正》，《档案与历史》1987 年第 4 期。

袁燮铭：《工部局与上海早期路政》，《上海社会科学院学术季刊》1988 年第 4 期。

张鸿雁：《城市意象要素的本土化文化认知》，《城市问题》2004 年第 5 期。

张虎婴：《近代上海金融中心的形成》，《经济日报》1984 年 11 月 8 日。

张赛美：《上海近代轮船航运业的兴起》，《上海经济研究》1991 年 1 期。

张伟红：《近代上海海关税务司制度的建立》，《山东社会科学》1993 年第 2 期。

张晓虹：《旧秩序衰解前的内陆重镇——晚清西安城市意象解读》，《陕西师范大学学报》2010 年第 4 期。

张永贤：《帝国主义的侵略与黄浦江河道的疏浚》，《学术月刊》1963 年第 5 期。

张忠民：《近代上海经济中心地位的形成和确立》，《上海经济研究》1996 年第 10 期。

张忠民：《清前期上海港发展演变新探》，《中国经济史研究》1987 年第 3 期。

张仲礼、潘君群：《论上海经济近代化的轨迹和发展内因》，《中国经济史研究》1992 年第 3 期。

张仲礼、潘君祥：《上海城市经济的近代化及对长江流域经济的影响》，《上海社会科学院学术季刊》1992 年第 3 期。

张仲礼、熊月之、潘君祥、宋一雷：《近代上海城市的发展、特点和研究理论》，《近代史研究》1991 年第 4 期。

张仲礼：《略论近代上海经济中心地位的形成》，《上海社会科学院学术季刊》1993 年第 3 期。

赵津：《"大上海计划"与近代中国的城市规划》，《城市》1999 年第 1 期。

郑韶：《吴淞自开商埠始末》，《上海社会科学院学术季刊》1990 年 1 期。

郑绍昌：《略论宁波港城发展的历史作用》，《宁波师院学报》1985 年第 4 期。

郑祖安：《吴淞两次自开商埠始末》，《档案与史学》1999 年第 3 期。

钟建安、陈瑞华：《近年来中国近代城市史研究综述》，《社会科学评论》2007 年第 4 期。

钟义盛：《上海市政建设的近代化进程及其启迪》，《社会科学》1995 年第 1 期。

周武：《小刀会起义、太平军战事与近代上海的崛起》，《上海社会科学院学术季刊》1996 年 4 期。

朱年发：《塘工局与上海浦东早期市政建设》，《档案与史学》1994 年第 3 期。

朱镇华：《近代上海形成远东金融中心的若干原因》，《档案与历史》1989 年第 6 期。

朱镇华：《追析旧上海形成远东金融中心的条件与标志》，《中青年经济论坛》1985 年第 3 期。

竺菊英：《从近代宁波轮船航运的产生和发展看沪甬两地经济互动关系》，《学术月刊》1994 年第 9 期。

邹涛涛：《城市意象的时间性》，《上海第二工业大学学报》2007 年第 2 期。

邹逸麟、张修桂：《上海港的历史地理》，《自然杂志》1993 年第 2 期。

〔日〕薄井由：《开埠初期上海与横滨城市发展的比较——由城市地理学的角度探讨租界与近代城市发展的关系》，《历史地理》2003 年第 19 辑。

〔日〕水羽信男：《日本的中国近代城市史研究》，《历史研究》2004 年第 6 期。

附 录

咸丰元年（1851）上海港口管理章程

第一，规定外国商船在港内停泊的界限自苏州河南岸至洋泾浜的黄浦江面，东西沿岸各留出行船通道，外国商船停泊不得超越这一界限；

第二，规定港务长的职权是：为外国船只指泊，监督外国商船的停泊与开航，已停泊的外国商船未经港务长的同意，不得擅自移动；

第三，凡载有火药及易燃品的船只不得停泊在洋船停泊区附近；

第四，外国人不得在岸上开设饭店客栈供外国商船上水手使用；

第五，无领事许可，外国船员不得上岸永久居留；

第六，章程若要修改，应由道台与领事共同协商办理。

资料来源：《北华捷报》，1851 年 9 月 24 日公布，转引自张燕主编，《上海港志》编纂委员会：《上海港志》，上海：上海社会科学院出版社，2001 年，第 642 页。

光绪三十一年（1905）改订修治黄浦河道条款

辛丑和约所议设黄浦河道局及该局应办事务并应收款项各节，中国国家现欲另定办法，自承其工，并认全费，经各国应允，商定办法条例如左。

一、所有改善及保全黄浦河道并吴淞内外沙滩各工统由江海关道暨税务司管理。其黄浦江面之巡捕及卫生、检疫、灯塔、浮标、引水等事，仍照旧事办理。

二、此项议定章程书押后三个月内，中国自行选择熟悉河工之工程师，经辛丑公约书押之各国使臣大半以为合式，中国即可派委其承办工程。倘开工后工程师或因事故须另换人，如其故经各该国使臣大半以为然者，则其选择委派各节，仍照前法办事。

三、凡立合同全揽或分揽河工、购买材料、机器等事均须招商公司投标，以最宜者得售。

四、每三个月须将所办工程及所用各款详细开进驻沪各国领事官备查。

五、凡新筑泊岸码头并安设活码头及河面停泊趸船各事，须由江海关道暨税务司允准，方能举办。

六、凡已设泊船处所器具，江海关道暨税务司均有取舍之权，并有权设立公共泊船之处。

七、治河各工须由江海关道暨税务司核准，方能开办。

八、凡改善、保全黄浦河道各工所应用外国租界以外之地，江海关道暨税务司有收买使用之权。凡有因改善河道之工须买地段，如系洋商之产，其价应由该地主之领事官及江海关道与税务司并领衔之领事官二处各选择一人，合同议定。如领衔领事官即系地主之领事官，则第三人应由亚于领衔之领事选择。该三人如何公断，该地方之领事官应即保其遵行。如系华人产业，即由江海关比照酌定遵行。

河岸地段前如因改善河道之工增加淤滩，应先尽该河岸之华、洋地主买受承租，其价仍照前法，分别会议酌定，或按情形由海关酌定。

九、河工之费，中国国家一律承出，并不向沿江各地产及来往船货征收税捐。

十、中国现指定四川省及江苏徐州府人土药税，统数以担保河工之全费，仍照辛丑和约，每年支用关平银四十六万两，以二十年为限。如开办后无论何年购置材料、机器等物，用款较矩，中国可筹借若干款项，备具保票，即以上所指定人土药税为抵押。每年付还借款本息及举办工程、养已竣之工一切诸费，总以至少四十六万两关平银筹备，由该省该管各官将此数按月均匀分开，交江海关道暨税务司手收。如以上所提之税不敷，则由中国政府应用它项进款，以补足所定之数。

十一、如此项工程办得有不见谨慎、俭固之处，各国领事官大半可告知关道暨税务司，转语工程师设法改良；或仍办理不善，各国领事官亦可请关道暨税务司将该工程师撤退，另行选择委派，仍照第二款所言办理。如江海关道暨税务司不允照办，各国领事官即可申详以上所指之各国驻京大臣核夺。

十二、此条议定书押后，即将辛丑和约第十一款之第二段及附件第十七暂行停住。惟中国如不照此新章每年筹拨足用之款，以致有误工程要需，或有遗漏不照本章他项要端，则辛丑和约条款及附件十七后施行。

光绪三十一年八月二十九日（1905 年 9 月 27 日）

在北京定立

张燕主编，《上海港志》编纂委员会：《上海港志》，上海：上海社会科学院出版社，2001 年，第 645 页。

上南汽车公司周家渡码头规则

周家渡轮船码头，为本公司独资建筑，专为本公司轮船停泊之用，凡本公司轮渡搭客，均在此上下，其有不属本公司之船只，而欲在此码头系缆卸载货客者，须照章收取码头租费。特定规则如左：

（一）大商轮停泊卸载货客，每天十元。

（二）沙船停泊卸载货客，每天五元。

（三）小火轮停泊卸载货客，每天一元。

（四）航船停泊卸载货客，每天一元。

（五）游艇停泊，每天一元。

（六）原有旧码头可以停泊之摆渡船，不许停泊于本码头。

（七）舢板不许停泊。

（八）木排竹排不许靠近码头，须离码头前面左右各十丈以外。

（九）码头上不许堆存货物过夜，须随到随卸。

（十）在每日规定时间以外，不许上下货客（此项时间随时视天气长短规定公布之）。

（十一）本公司收取租费，给有收据，停泊之船只，须受本公司人员之检查，不得拒绝。

（十二）码头如被损坏，须由原船赔修。

（十三）码头不许蹧蹋，如有肮脏不洁货物或危险物品，足以妨碍他人或致本码头于不安全者，此种船只，不许停泊。

（十四）码头上不许随意张贴广告，如有欲张贴广告于本码头者，须在指定之地点，并须纳相当之广告费。

（十五）本规则如有不适用时，得随时修改公布之。

资料来源：《申报》，1923 年 5 月 4 日，第 14 版。

上海市政厅管理八长渡渡船规则（1914）

第一条、本市政厅已设市舶科，所有八长渡船事宜归本市政厅市舶科管理。

第二条、八长渡之济渡处如左。

（一）周家渡，由浦西南码头为长渡，江边码头为短渡。

（二）南码头，由浦西南码头过渡。

（三）姜家渡，由浦西油车码头过渡。

（四）董家渡，由浦西董家渡过渡。

（五）老白渡，由浦西老白渡码头过渡。

（六）杨家渡，由浦西杨家渡码头过渡。

（七）陆家渡，由浦西大达码头过渡。

（八）烂泥渡，由浦西金方东码头过渡。

第三条、八长渡之渡船额数如左。

（一）周家渡，共渡船十二只，摇渡者九只。

（二）南码头，共渡船十五只，摇渡者七只。

（三）姜家渡，共渡船十四只，摇渡者七只。

（四）董家渡，共渡船十八只，摇渡者十一只。

（五）老白渡，共渡船四十八只，摇渡者六只。

（六）杨家渡，共渡船三十四只，摇渡者十只，预备者十只。

（七）陆家渡，共渡船三十六只，摇渡者十二只。

（八）烂泥渡，共渡船三十七只，摇渡者十九只。

第四条、凡大号次号渡船，准载之人数限制如左。

（一）大号渡船，准载渡客二十人，渡夫在外。

（二）次号渡船，准载渡客十五人，渡夫在外。

第五条、凡渡夫以勤摇为主，如大号准载二十人者，不必待至二十人始开，以免渡客守候，且免自碍其生业。

第六条、凡渡船开行，大号渡船至少须有渡夫三人，次号渡船至少须有渡夫二人或三人，不得减少，以免危险。设少一渡夫，违者究罚。

第七条、各渡船须挨次轮摇，不得争先挽夺。

第八条、八长渡虽统称义渡，各渡船向均收取渡资，应准悉仍其旧。每日潮水涨落水急之时，毋得籍词加增渡资，如违究罚。

第九条、渡客带行李或货物者，满百觔作一人，满二百觔作二人，船中即应少坐此人数。

第十条、过渡之轿作五人，船中即应少坐五人，其牲口过渡，除管理牲口人外，不得另载他人。

第十一条、各渡夫照第四条一、二等款，准载之人数如逾额，多载一人查出后初次罚银一元，多载二人以上者按数递加，二次倍罚，三次应不准其再充渡夫。

第十二条、凡渡船如有渡客遗忘物件，应由该渡夫交存本市政厅，以待认领。设有藏匿不报者，查出究罚。

第十三条、凡遇烈风猛雨，波浪过大时，应行止渡。

第十四条、凡风浪交作，见有别种船只倾覆时，附近该码头之渡船应齐出施救。

第十五条、八长渡渡船事宜，责成市舶科总船目妥慎管理。

第十六条、各渡夫头如有不遵命令，或别有不规则情事，由总船目呈请惩究。

第十七条、八长渡之渡夫名册一次，每年由总船目编造一次，未及造册期限渡夫或有更换时，应即由总船目呈报。

第十八条、本市政厅按年发给渡船船牌一次，编列号数，注明渡名、渡夫姓名及大号、次号等字样，以便稽查。

第十九条、凡渡船由水巡随时稽查之，如有不遵定章情事，分别究罚。

第二十条、如有未尽事宜，随时修改。

资料来源：《上海市自治志》之《规则规约章程丙编》，1915 年铅印本，台湾：成文出版社影印，1974 年，第 1146—1149 页。

濬浦局暂行章程驳议

第一条，组织。开濬黄浦河道局（以下简称曰濬浦局）局员三人：上海通商交涉使、上海税务司、上海理船厅。▲此条即辛亥夏秋间外务部与外团彼此争持未决者也。查开濬河道，属于地方行政，今地方长官不与其事，宜其违反民意，贻地方无穷之害。辛丑各约第十一款附件（下简称和约附件）第四条，该局应任之员，甲为上海道。光绪三十一年改订修治黄浦条款（下简称改订条款）第五第六第七各条，皆以江海关道税务司主持局务，江海关道之职权，即今海关监督沪海道尹也。本条之局员洋员，于税务司外，添列理船厅，华员即应于交涉员外，添列海关监督沪海道尹，权力方得平均。

第二条，权限。该局权柄系中央政府所委，不隶省宪属下，局中三员之权，彼此相等，如有商办事件，以多数认可为断。▲既云中央政府所委，何以无大总统命令，亦无外交部命令？不录省宪属下句，辛亥夏秋间，外交团在北京外务部提议时，已允删去。查和约附件第三十四条，每年账目结算后六个月内，应由该局将前十二个月内经管各事，及进出各款，详细呈报南洋大臣，各国驻沪领事，所报各节，即应印发通行。是当时各国心目中尚有南洋大臣，而有此形式之报告，然当时疆吏部吏，犹以为治理地方之主权，不无侵损。今日不隶省宪属下，则地方主权完全消灭，一任其亡为而莫敢谁何矣！三员之内，华员一，洋员二，本条多数认可为断，阳予以权，阴实夺之，视华员为木偶矣！民国三年七月，交涉员杨晟详外交部文曰：特派员虽为该局总办之一，然立于少数地位，争执无效。又上外交部电曰：本署为局员之一，多数取决，照暂行章程无权争执。

第三条，经费。所有该局财政，均归该局管理。（甲）中国政府，原定每年支用关平银四十六万两，定限交付。该局收掌该局账簿，在何银行，即将此款存何银行，其以前贷款还本付利，亦皆归该局筹备。（乙）此次所拟办法，自宣布后三十日内，一切款项，均归该局收掌。（丙）日后中国政府，如增添每年支用之款，亦须定有时期，交与该局收掌。（丁）所有下开第四条内所载进出口濬浦税，应由税务司代征，定以时日，全交该局收掌。（戊）濬浦局举办工程及雇用人夫等项，其使费均由该局自主，惟银行支票，须局员两人同行签字。▲两语不成条文，专以表现其利权独揽之意。甲，原定经费每年四十六万两，以二十年为限，早经前清政府将二十年全数九百二十万两一次付足，何以又有此无期限之每年四十六万？殊不可解。付还借款本利，系财政部职掌，何以由该局筹备？更不可解。统观前后条文，是该局一方面对于中央政府负承办工程之职责，一方面对于中央政府为债权者之代表，两种性质，自相背触，离奇已极。此项借款，债权者是何主名，何以国务院统计局所编之行政统计汇编第一编第五章外债内债两表，均未列入？乙，"一切款项"四字，殊太笼统含糊。丙，此条以无期限之每年四十六万两，犹为未足，而觊觎增添，尤为可骇。丁，丙条觊觎犹为虚拟，此章指实，税务司受中央政府之委任，海关征税，乃其专责，何劳局章规定？戊，该局自主之下，局员签字之上，中间用一惟字，直是局员之外该局别有主体，岂非咄咄怪事？特派交涉员为局员之一，闻其从未签字于支票。

第四条，税项。在上海之各商务会，及代表上海商务利益之各公会，已允加税，专为修濬浦江之用。该税即照海关税每百两加三两，其免税之货，每值千两抽一两五钱。俟各国驻京大臣咨明该局允许后，即按上开第三开第四节所开办法办理。▲中国海关加税，自有中国政府主持，此云商会已允，又云俟各国驻京大臣允许，直是目无中国政府。加税不尽洋商负担，且货价增高，间接仍出诸华人。下列之顾问局，外人居其五，而华人得其一，华人负加税之全责，而参预之权，反居绝对之少数，尤为不平。

第五条，购办材料工程、招办工程及购办材料机器等事，均用投票法，视所投之票与工程最称便宜者，即准用该票。▲此改订条款之第三条也，不失本意，仅此一条，然不如原文之周密。

第六条，员司。应用人员及书记与工程师等，均由该局自主聘用管理。▲用人由该局自主，表面上语极正大，然实际 局员三人，华人仅居其一，而又以多数为断，试问该局现用人员，兼任局员之特派交涉员，果有可否进退之权否耶？改订条款，订明统由江海关道暨税务司管理，诚彼善于此矣！又查改订条款第二条，此项议定章程，画押后三个月内，中国自行选择熟悉河工之工程师，经辛丑公约画押之各国使臣，大半以为合式，中国即可派委。其承办工程，倘开工后，工程师或因事故须另换人，如其故经各该国使臣大半以为然者，则其选择委派各节仍照 前法办理云云。是对于技术专家之任用，何等郑重。本条由该局自主，视同寻常备僱，无怪不能得高尚纯洁之工程师也。

第七条，管辖界限。该局所管之境，自黄浦入长江处起，至潮流停止处止。其境内河身两傍潮到处，有与河道相关之工程，非由该局认可，无论何项工程，不准兴修。其傍岸之浮码头并趸船，亦非由该局允许，不得建设。如欲在黄浦口岸南界之下兴办以上各事，仍可按向来办法，赴理船厅禀请听候办理。其黄浦江面之巡警及卫生验疫、灯塔、浮标、引港 等事，仍照旧归海关管理。▲查和约附件第三件，该局管辖之境，自江南制造总局之下界，向港口作一直线，自该线起，至扬子江中红色浮标处为止等语，改订条款，未另订明，自系仍照原约。辛亥夏秋间，外交团提议此项章程，外务部以此条界限太宽，仍改从前濬浦局原订界线，即由江南制造局起至吴淞口外滩长堤尽处为止，今本条仍未照改。民国二年四月外交部致交涉员陈贻范函云：如以潮流为限，则其影响所及，将浸淫于苏松嘉湖各处，恐范围太广，流弊滋多。三年十一月交涉员杨晟上外交部电曰：潮流所至，推至浙苏省境，致外商顾问局干预内地港路主权，尤非所宜。四年三月又上外交部函云：潮流所至，为施工权限所及，与工期工款，统皆漫无限制，如捧漏卮，何时满足云云。现在制造局迤南，该局虽未施工，而碑石已立，已有浸淫之势，如将此四字推广言之，则苏浙两省之支河小港，无一非黄浦潮流所及，家民小小工作，无一不可藉口干涉，两省地方行政之权，皆丧失矣！即如浦东地方，今规划津渡码头公路一切公益事业，迭奉内外各官署立案核定，历年受濬浦局横加阻挠，侵犯行政主权，违反地方公意，皆此条阶之属也。

第八条，涨滩公产。查西历一千九百零五年，所订濬浦条款，内载黄浦两岸涨滩公产，因濬浦工程而出售者，其售得之价，应作濬浦经费，所载尚欠明晰。今查自订立该条款以来，所有黄浦两岸官地，直达至濬浦局所定之界线者，均由升科局售去，应归濬浦局而并未照办。此层亟宜清理，惟事甚烦杂，未便于此详及。兹议定俟此次章程宣布后，再由上海通商交涉使会同各国领事团，将此事考查，以为付入本章程之首先手续。▲查改订条款第八条河岸地段，前如因改善河道之工增加淤滩，应先尽该河岸之华洋地主买受承租，其价仍照前法分别会议酌定，或按情形，由海关酌定。即溯查和约附件第十九条，亦但云河岸地段，如因改善河道之工，增加淤滩，应先由各该地主愿否买用，地价按第二十九条所述，由举派人断定。是此条作用，专为议价公平而设，并无售价应作濬浦经费之语，本条条文实属凭空影射欺蒙。民国三年十一月，外交部致杨交涉员电云：此次领袖议案，本根据暂行章程第八条首段数语，其所引一九零五年濬浦条文黄浦滩云云，至应作濬浦局经费数语，检查是年原订条文，内容不相吻合，不知当时果何所依据云云。是外交部已洞烛其奸矣！

　　第九条，责任。濬浦局员之责任，开列于后。（甲）早日会同工程师商订下开二事：（一）何为濬浦终达之目的；（二）该项办法需用若干，应预行估计。（乙）养已竣之工或另修新工，以固旧工。（丙）若酌量情形，可以办理，款项又属有着，则由长江至上海，须修养航道一条，航道即在春潮至小之时，深可二十尺，宽可九百尺。（丁）如款项有着，凡修养河道新工程，应随时开办。（戊）旁岸地主，如欲将现在码头改良，濬浦局可按公平价值为之开濬。▲所谓责任者，所列五项，总之专为延长工作时期、扩展开支数目地步，并无其他责任也，是何等居心，直无赖市侩态度耳！甲款一项，纯为日后扩充张本，依洋工程师之意，则黄浦一日存在，工程即须一日进行，永无了期。且为达濬浦局之目的，即扬子江全江旁及太湖，亦均须归其治理而后可。此种重大责任，果为特派交涉员、江海关税务司暨理船厅所能担负邪？且三员未均习工程，则操其权者，仍为洋工程师耳。以关系中国腹地数省之水利大政，而由洋工程师之任意支配，试一思之，此为何等气象耶？其第二项自系承上文而言，所谓濬浦终达之目的，既未确定，何从估计其需用之数？假定其目的包括治理扬子江全江及太湖相连之河道在内，则其需用当在千万万元，以局员三人而竟议及关系中国内地膏腴各省之大政，将置中央及地方于何地耶？乙项为中国政府应尽之责，无待越俎。丙项由长江至上海，须修养航路一语，直将绵延数千里关系六七省之水利工程，轻轻一笔揽去，尤为狡诈。丁项修养河道新工程，漫无界说。此条所列各项名曰规定责任，实系伸张势力，无穷隐患，由此而生。

　　第十条，顾问局。濬浦顾问局（以下称顾问局）其选法即查何国之船在上海进出口吨数最大者五国，由该五国驻京大臣各选一人，选定后，由各该国驻沪总领事知照濬浦局，嗣后如有改派，亦由该总领事知照濬浦局，此外并有上海商务总会选举一人。（甲）书记一人，司两局事务。（乙）该顾问之职分，系代表上海商家，查察濬浦办法。如有须向濬浦局讲论之处，可随时询问，是以濬浦局将所有拟办之工程、工程之进步、及财政等事，随时报告顾问局。派工程师一节，亦应与顾问局会商。（丙）如顾问局指询之件，以为濬浦局未曾十分注意，因而本口商务利益，致有妨碍者，顾问局即可告领事会，该会即系第十条所开之五国总领事，如领事会仍不能与濬浦局商妥，即可详报五国驻京大臣，以便交涉。▲顾问局不啻变相恢复辛丑和约第四条之办法，顾问六人，中国仅居其一，其弊与局员同；且外国顾问选定后，由各该国驻沪总领事知照濬浦局，并无须经由公使照会外交部，或领事团照会特派交涉员转行该局知照，而犹曰该局为中国行政机关，侮我甚矣！且顾问局之职权，乃在局员之上，局员受其指挥，绎派工程师，应与顾问局商会一语，是用人之权，局员且须听命于顾问局矣！顾问云乎哉？监督而已矣！丙项所载，显系外国籍之局员，或洋工程师与中国局员有冲突龃龉之时，借其喉舌，由使团与中央政府交涉，以高压中国局员，以箝中国局员之口。不然，则濬浦局号称中国行政机关，何不迳报外交部，而必用国际交涉之手续耶？

第十一条，两局设立之宗旨。设立濬浦与顾问两局之意有三：（甲）濬浦局员不可过多，以便办事迅速。（乙）濬浦局所辖之境，由长江处起至潮流停止处止，区域甚广，是以局员应应中央政府委任。（丙）本口商务所关，亦须有实行代表之人，派在顾问局为代表，较派在濬浦局更形得力。▲局员不可过多，盖为杜绝华员位置用员地步，亦未可厚非，然依照改订条款，仅有江海关道及税务司二人，今添一理船厅，其又何辞以自解？乙款以区域甚广为局员应由中央政府委任之理由，此是该局谋攞治理长江之阴谋，昭然若揭。丙款则顾问局该局隐为高级监督机关之意，彼固自言之矣。

以下续加条款，照上项第八条所载，为清理黄浦江岸出售公地及应升科滩地之办法，已由外交部暨驻京公使团核准照办，于一千九百十六年一月执行。

第十二条，出售升科涨滩公产。（甲）此章程所指在黄浦江一带可出售之涨滩，或升科之涨滩，系自江南制造局起至吴淞口外濬浦局所筑长堤之尽处止，在寻常大潮水线之内，并非浚浦局及河泊事项所需之地者。一切契据，统由沪海道尹，照下开办法发给。（乙）若江岸地主呈请欲得地产前之滩地，或子母相生之地，将原契照常附呈，则会丈局验其所呈是否确实。（丙）会丈局先将原地之正式图样，送交浚浦局，然后会同浚浦局及该地主会丈其地，若属洋商，须会同该管领事，一同会丈。其时先将原地靠江一边之界址勘定，再由浚浦局工程师丈量，其应升之地，连同原地绘就全图，载明其应升之地，及其地位如何，与浚浦局三角线相连，并该原地之四址。此图由浚浦局送会丈局转致该地主承认后，浚浦局规定其升科之费。（丁）浚浦局核算此项升科亩价之标准，应照附近之地价，然该地之填筑及修泊岸等费，浚浦局亦须留意也。（戊）此项升科费银，由浚浦局知照该地主，若系洋商应函明该管领事转知，由该地主迳交浚浦局，当给以正式之收据一纸，俟收据呈到后，华官即应发给地契，批明所增升科之地。所有升科收银之据，有浚浦局发给为准。（己）倘地主以浚浦所定之升科费，似乎太昂，可照一千九百零五年章程第八条所载，有权得以申诉。（庚）如地主有已付过升科费，照浚浦局暂时所定每亩二百五十两者，其所短收之数，应由地主向浚浦局缴清。如其地所估之价未满二百五十两者，则溢收之款，亦由浚浦局发还，以昭平允。（辛）浚浦局绘画地图时，惟照下开办法，照常时寻常大潮水线（吴淞水平线高十二尺半）为起点之标准，先勘定原地之两旁界址在何处，可以直达至大潮水线，再由该处立二直线，达至浚浦局末次界线，其方向对于浚浦线，须作直角形，为升科两旁之界址，其靠江之界线，即为浚浦暂行之水线也。若多年原地，先被潮流所冲刷者，今因升科，得回原地，其所得回之地址，无论与原地址是否相符，亦须照以上所定之法为规定。以上所定地址之办法，尚有应注意者，设有呈请升科江滩之地，其毗连之邻地，早经升科，出有契据，则现时呈请升科之地址，不得侵占早经出契之地。（壬）所有应缴浚浦局升科费之地亩，照以下所开办法核算。通同办法，其升科之地，在寻常大潮水线及暂时浚浦线之间者，按照上列第八条办法办理，归各该江岸地主核算，惟原地在一千九百零六年以后，受有冲刷者，应将被冲之高地算核减除之，仅照其余之地亩，核计升科。如洋商道契地亩，其原地占过现时大潮水线者，则应将其占过水线之地若干减除之，仅以其余之新地，核计升科。如原地靠江边界址，不到一千九百零六年潮水界线者，其中隔有无契之地，则此无契地之升科费，应归中国长官照收。此章程业将华英二文详细校对，如有文字互异之处，应以英文为准。▲按滩地升科，事关处分土地，为行政主权所在，竟亦任听此号为政府机关实系国际共管之濬浦局藉口充作工程经费，欺朦攘夺，法律取其便已，技术恃以欺人。频年地方人民身受痛苦，屡经呼吁，冀早挽回。如政府认为濬浦局之现状有亟应改正者，应即毅然行之，非然者，或竟视濬浦区域为瓯脱，委托任何一国代办，或竟国际共管，不犹愈于今之名存而实亡乎？！至原条内各条，大抵取便洋商，如戊庚两项，尤其显著者也。

资料来源：《请废濬浦局暂行章程呈文之附件》，《申报》，1922 年 2 月 3 日、4 日、5 日、6 日，第 14 版。

吴淞江水利协会章程

第一条，本会为辅佐官厅，整理吴淞江之水利交通而设，故名曰吴淞江水利协会。

第二条，本会之任务：一浚河经费之筹集及管理。二工程并管理及实施上之建议。

第三条，本会由与该河有关系之商家，或商业团体，推定代表组织之，设协会办事处于上海总商会。

第四条，本会委员无定额，凡愿意加入，以实力赞助本会，经本会通过者，均为本会委员。

第五条，本会分经济、工程两部，每部各设常务委员若干人，由全体委员中公推。

第六条，本会设委员长一人，副委员长二人，由全体委员中公推。

第七条，本会为办理会务起见，得酌设有给职之雇员若干人。

第八条，本会办事经费，由常务委员制成预算表，经委员会通过后，由全体委员分担之。

第九条，本会会期，分为常务委员会及全体委员会两种。

第十条，常务委员会每星期至少举行一次，全体委员会每月至少举行一次。

第十一条，本会俟吴淞江全段工竣之日，或改组或解散，再公议决定之。

第十二条，本会成立后，以上海总商会名义，分咨吴淞江水利局，及江南水利局，并江苏省长，分别备案。嗣后对外文件，即以协会名义行之。

资料来源：《吴淞江水利协会开会纪》，《申报》1923 年 1 月 20 日，第 13 版。

附表 1　1870 年码头捐修订税率表

商品名称	包装方式	计量单位	税率（t.m.c.）
Agar-Agar	Packages	10 Piculs	0.02
Almonds	Packages	Picul	0.01
Alum	Packages	10 Piculs	0.01
Amber	Packages	Package	0.50
Aniseed Star	Packages	Picul	0.01
Arseme	Packages	Picul	0.01
Asafaetida	Packages	Picul	0.02
Awabe(Japanese Shelltish)	Packages	Picul	0.02
Bacon and Hams	Packages	Package	0.05
Bags Hemp			
Bags Gunny	Packages	1000	0.05
Bags Mat and Grass			
Bamboo Shoots, Fresh, Dried Salt	Packages	10 Piculs	0.01
Bark, Japan	Packages	10 Piculs	0.10
Beads, Coral	Packages	Catty	0.02
Beads, Glass			
Beads, Scented	Packages	Picul	0.05
Beads, Wood			
Beans and Peas	Packages	10 Piculs	0.02
Bean Cake	Packages	10 Piculs	0.02
Beer and Ale	cask or case	4 doz	0.03
Betel Nuts	Packages	10 Piculs	0.03
Betel Husk	Packages	10 Piculs	0.01
Biche-de-mer, Black	Packages	Picul	0.04
Biche-de-mer, White	Packages	Picul	0.03
Birds Nests, 1st quality	Packages	……	
Birds Nests, 2nd quality	Packages	……	ad val.
Birds Nests, 3rd quality	Packages	……	
Borax	Packages	Picul	0.02
Brass Buttons(european gilt)	Packages	10 Gross	0.01
Brass Buttons(Native)	Packages	Picul	0.03
Bricks	……	Mille	0.01
Camphor(Native)	……	Picul	0.02

续表

商品名称	包装方式	计量单位	税率（t.m.c.）
Camphor Baroos	Packages	Catty	0.02
Candles(Native)	Packages	Picul	0.01
Cardamons	Packages	Picul	0.02
Caraway Seed	Packages	10 Piculs	0.03
Cassia Lingnea			
Cassia Twigs	Packages	Picul	0.01
Cassia Buds			
Chalk	……	Picul	0.01
Charcoal	Packages	10 Piculs	0.01
Chesnuts	Packages	10 Piculs	0.03
China Root	Packages	Picul	0.01
China Ware, fine	Packages	Picul	0.01
China Ware, coarse			
Cigarettes(Native)	Packages	100000	0.02
Cinnabar	Packages	Picul	0.03
Cinnamon	Packages	Picul	0.02
Citron	Packages	Picul	0.01
Cloves	Packages	Picul	0.01
Coals, Foreign	……	Ton	0.01
Coals, Native			
Cocoa-nuts	……	10 Piculs	0.01
Coir	Packages	10 Piculs	0.05
Coir Rope			
Coke	……	Ton	0.01
Copper Cash	Packages	Picul	0.01
Corals	Packages	Catty	0.02
Cotton Goods			
American Drills	Bales	15 Pieces	0.06
American Sheetings	Bales	20 Pieces	0.06
American Jeans	Bales	20 Pieces	0.05
Cambries and Lawns	Cases	200 Pieces	0.25
Chintzes	Cases	50 Pieces	0.08
Chintzes Japan	Cases	50 Pieces	0.08
Cottonades	Cases	50 Pieces	0.10
Cotton Duck	……	……	ad val.
Cotton Thread	Cases	……	0.10

续表

商品名称	包装方式	计量单位	税率（t.m.c.）
Cotton Twills	Cases	20 Pieces	0.07
Cotton Yarns	Bales	……	0.20
Damasks	Cases	40 Pieces	0.20
Dimities	Cases	100 Pieces	0.13
Drill, English	Bales	20 Pieces	0.06
Jeans, English	Bales	20 Pieces	0.05
Sheeting, English	Cases	20 Pieces	0.06
Ginghams	Cases	50 Pieces	0.06
Handkerchiefs	Cases	200 Doz.	0.12
Jacconettes	Cases	100 Pieces	0.10
Muslins	Cases	100 Pieces	0.10
Nankeens(Native)	Packages	Picul	0.05
Shirtings, Grey	Bales	50 Pieces	0.10
Shirtings, White	Bales	50 Pieces	0.10
Shirtings, Dyed	Bales	50 Pieces	0.13
Shirt Spot. & Brocaded White	Bales	50 Pieces	0.12
Shirt Spot. & Brocaded Dyed	Case	50 Pieces	0.15
T-Cloths	Bales	50 Pieces	0.08
Drills, Dutch	Bales	20 Pieces	0.06
Sheetings, Dutch	Bales	20 Pieces	0.06
Jeans, Dutch	Bales	20 Pieces	0.05
Taffachellas	Cases	50 Pieces	0.10
Turkey Red Cloths	bls. or cases	50 Pieces	0.10
Velvets	bls. or cases	24 Pieces	0.10
Velveteens	Package	24 Pieces	0.10
Cotton, Raw, Waste &Seed	Package	Picul	0.015
Cow Bezoar	……	Catty	0.03
Cutch	Cases	10 Piculs	0.04
Dates, Black			
Dates, Red	Cases	10 Piculs	0.03
Dates, Preserved			
Earthenware of all sorts	Cases	10 Piculs	0.01
Elephant's Teeth Ivory	Cases	Picul	0.10
Fans, Feather	Packages	10 Pkgs.or 1000 fans	0.01
Fans, Palm-leaf			

续表

商品名称	包装方式	计量单位	税率（t.m.c.）
Fans, Paper			
Fans, Silk	……	100 fans	0.01
Felt Caps(Native)	……	100 Pieces	0.01
Fire Crackers	……	Picul	0.02
Fire Wood	Packages	100 Piculs	0.04
Fish, Dried			
Fish, Cuttle			
Fish, Salted			
Fish, Shell	Packages	Picul	0.01
Fish, Skin			
Fish, Maws			
Fish, Roes			
Flints	……	10 Piculs	0.10
Flour	……	10 Piculs	0.04
Flowers, Dried	Packages	10 Piculs	0.01
Flowers, Fresh	Packages	Picul	0.01
Flowers, Seed			
Fruits, Dried, of sorts	……	Picul	0.01
Fruits, Fresh	……	10 Piculs	0.01
Fungus	……	Picul	0.02
Galangal	……	Picul	0.01
Gamboge	……	Picul	0.10
Gambier	……	Picul	0.01
Ginger, Fresh			
Ginger, Dried	Packages	Picul	0.01
Ginger, Pickled			
Ginger, Preserved			
Ginseng, 1st quality			0.03
Ginseng, 2nd quality	Packages	Picul	0.02
Ginseng, 3rd quality			0.01
Ginseng, American	……	……	ad val.
Glass Windows	Boxes	10 Boxes	0.02
Glass Plate	Boxes	Box	0.03
Glue	Packages	Picul	0.01
Golden Thread	Packages	Catty	0.03
Gram	Packages	10 Piculs	0.02

续表

商品名称	包装方式	计量单位	税率(t. m. c.)
Grass Cloth, fine	Packages	Picul	0.10
Grass Cloth, coarse			
Ground Nuts	Packages	10 Piculs	0.02
Gum Olibanum	Packages	Picul	0.01
Gum Dragon's Blood			
Gum Myrrh			
Gypsum	Packages	10 Piculs	0.01
Hair Goat's	Packages	Picul	0.01
Hair Camel's			
Hair Cow's			
Hair Horses			
Hats, Straw and Braid	Packages	Piculs	0.01
Hats, Bamboo			
Hemp	Packages	Picul	0.01
Hemp Cloth			
Hemp Seed			
Hemp Twine			
Hide Cow & Buffalo, &c. &c.	Packages	Picul	0.01
Hide Elephants			
Hide Rhinoceros			
Hodade(Japan name)	Packages	Picul	0.02
Honey	Packages	Picul	0.02
Horns Deer	Packages	Picul	0.01
Horns Rhinoceros	Packages	Catty	0.01
Horns Cow, Buffalo and Goats	Packages	Picul	0.01
India Rubber	……	Picul	0.05
Indigo, Dried	Packages	Picul	0.02
Indigo, Liquid	Packages	Picul	0.01
Isinglass	Packages	Picul	0.02
Japan Root	Packages	Picul	0.01
Joss Sticks	Packages	10 Piculs	0.05
Joss Powder			
Lamp, Black	Packages	10 Piculs	0.05
Lam Wicks	Packages	Gross	0.01
Lauterns, Chinese & Japanese.	Packages	100	0.01
Lard	……	Picul	0.01

商品名称	包装方式	计量单位	税率（t.m.c.）
Lead, White			
Lead, Red	Packages	Picul	0.01
Lead, Yellow			
Leather and Leather Ware	Packages	Picul	0.02
Lily-flower, Dried			
Lily-flower, Root	Packages	Picul	0.01
Lily Seed, or Lotus			
Lime	Packages	10 Piculs	0.01
Liquorice	Packages	Picul	0.01
Lucraban Seed	Packages	Picul	0.01
Lung-ngans, Dried			
Lung-ngans, Pulp	Packages	Picul	0.01
Lung-ngans, Stones			
Mangrove Bark	Packages	10 Piculs	0.01
Matehes, Wood	Case	……	0.02
Mats, Rattans			
Mats, Rope or Coir			
Mats, Straw	Packages	1000	0.02
Mats, Silk and Tea			
Matting(Canton)	……	10 Rolls	0.05
Melon Seed	……	10 Piculs	0.02
METALS			
Anchers and Chains	……	……	ad val.
Barss Ware	Packages	……	ad val.
Copper Brass			
Copper Nails			
Copper Old			
Copper Rod	Packages	Piculs	0.02
Copper Sheet			
Copper Wire			
Iron Unmanufactured			
Iron Pig	Packages	Ton	0.02
Iron Kentledge			
Iron Manufactur'd unclassed			
Iron Nail Road and Bar	Piculs	10 Piculs	0.02
Iron Hoop			

续表

商品名称	包装方式	计量单位	税率（t.m.c.）
Iron Nails and Sheet			
Iron Plate and Sheet	Piculs	Picul	0.01
Iron Galvanized			
Iron Wire			
Lead in Pigs			
Lead Sheet	Piculs	10 Piculs	0.05
Lead Tea			
Solder	Picul	Picul	0.01
Spelter	Picul	Picul	0.01
Steel(Foreign)	Tub	10 Piculs	0.04
Steel(Native)	Piculs		
Tin	Piculs	Picul	0.02
Tin Foil	Picul	Picul	0.03
Tin Lamps	……	……	ad val.
Tin Plateware	Picul	Picul	0.02
Tin Plates in boxes	……	10 Boxes	0.05
Yellow Metal and Nails	Piculs	Picul	0.02
Zine	Piculs	10 Piculs	0.05
Mother O'Pearl	……	Picul	0.07
Mushrooms	……	Picul	0.02
Musk	……	Catty	0.04
Musoels Dried	……	Picul	0.01
Needles	……	Million	0.03
Nutmegs	……	Picul	0.02
Nuts, White	……	10 Piculs	0.05
Nutgalls	……	Picul	0.01
Oakum	……	Picul	0.01
Oars	……	Pair	0.01
Oil, Castor			
Oil, Ground Nut			
Oil, Hemp	……	Picul, or 15 Gallons	0.01
Oil, Japan			
Oil, Lucraban			
Oil, Olive			

续表

商品名称	包装方式	计量单位	税率（t.m.c.）
Oil, Peppermint			
Oil, Peas, Beans or Veget.			
Oil, Rose			
Oil, Tea			
Oil, Wood			
Oil, Kerosine & Petroleum			
Oil, Paint			
Oil, Lamp			
Olives, fresh			
Olives, salt			
Olives, cutting	……	10 Piculs	0.05
Olives, seed			
Onions	……	10 Piculs	0.05
Opium, Malwa	……	……	0.5
Opium, Patna			
Opium, Benares			
Opium, Persian			
Opium, Turkey	……	Chest	0.40
Opium, Russian			
Opium, Native			
Opium, Trays			
Opium, Pipes	……	100	0.01
Oysters, Dried	……	Picul	0.01
Paper, 1st quality			
Paper, 2nd quality			
Paper, oiled	……	Piculs	0.01
Paper, Rice			
Paper, Ware			
Paints, Assorted	……	Picul	0.01
Peach, Kernels	……	Picul	0.01
Peel, Orange			
Peel, Pumelo	……	10 Piculs	0.05
Popper, Black			
Popper, White	……	10 Piculs	0.05
Plums, Dried	……	10 Piculs	0.05

续表

商品名称	包装方式	计量单位	税率（t.m.c.）
Pork, Salt	……	10 Piculs	0.05
Potash	……	Picul	0.01
Potatoes	……	10 Piculs	0.02
Potatoe Flour	……	10 Piculs	0.02
Prawns and Shrimps, Dried	……	Picul	0.01
Preserves	……	Picul	0.01
Putchuck	……	Picul	0.03
Quicksilver	……	Picul	0.05
Raisins	……	Picul	0.01
Rattans Rattans Split	……	10 Piculs	0.03
Resin	……	Picul	0.01
Rhubarb, 1st quality	……	Picul	0.05
Rhubarb, 2nd quality	……	Picul	0.01
Rice	……	10 Piculs	0.02
Rope of Sorts	……	10 Piculs	0.01
Ronge	……	Picul	0.01
Safflower	……	Picul	0.04
Saffron	……	Picul	0.04
Samshoo	……	10 Piculs	0.07
Sago	……	10 Piculs	0.06
Saltpetre	……	Picul	0.01
Sandalwood Ware	……	……	ad val.
Seaweed Cut	……	10 Piculs	0.05
Seaweed Uncut	……	10 Piculs	0.04
Sea Shells	……	10 Piculs	0.05
Senna Seeds	……	10 Piculs	0.02
Sesamum Seeds	……	10 Piculs	0.02
Sharks Fins, Black	……	Picul	0.03
Sharks Fins, White	……	Picul	0.02
Sharks Skins	……	100 Pieces	0.01
Shoes Cloth Shoes Satin	……	10 Pairs	0.05
Shoes Straw	……	100 Pairs	0.01
Shoes and Boots nailed	……	10 Pairs	0.01
Silk, Raw	……	Bales	0.35

续表

商品名称	包装方式	计量单位	税率（t.m.c.）
Silk, Japan			
Silk, Floss			
Silk, Waste	……	Picul	0.05
Silk, Cocoons	……	Picul	0.05
Silk, Piece Goods			
Silk, Worm's Eggs in pkgs			
Silk, and Woollen Mixture			
Silk, and Cotton Mixture	……	……	ad val.
Silk, Clothing			
Silk, Caps			
Silk, Embroidery			
Sinews, Deer			
Sinews, Cow	……	Picul	0.05
Skins, Fox			
Skins, Serpent			
Skins, Lamb and Sheep	……	……	ad val.
Skins, Elephant			
Smalts	……	Picul	0.02
Snuff,(Native)	……	10 Piculs	0.02
Soot	……	10 Piculs	0.05
Soy	……	Picul	0.01
Soy Beans	……	Picul	0.01
Soap, (Native)			
Soap, Powder	……	10 Piculs	0.05
Sticklac	……	Picul	0.01
Stockings,(Native)	……	100 Pairs	0.01
Straw	……	10 Piculs	0.01
Sugar, Brown	……	10 Piculs	0.03
Sugar, White	……	10 Piculs	0.06
Sugar, Candy	……	10 Piculs	0.08
Sugar, Canes	……	Mille	0.06
Sulphur	……	Picul	0.01
Tallow, Vegetable			
Tallow, Animal	……	……	0.01
Tamarid	……	10 Piculs	0.05

续表

商品名称	包装方式	计量单位	税率（t.m.c.）
Tamro		10 Piculs	0.02
Tamro Powder	......		
Tar	......	Barrel	0.01
Tea, Black		Picul	0.03
Tea, Green	......		
Tea, Brick			
Tea, Dust	......	Picul	0.01
Tea, Leaf			
Tiger Bones	......	Picul	0.02
Timber Planks, Soft Wood			
Timber Planks, Hard Wood			
Timber Poles or Piles	......	1000 Superficial feet	0.03
Timber Masts and Spars			
Timber Beams			
Timber or Wood, unenumerated	......	......	ad val.
Tinder	......	Picul	0.01
Tobacco, Prepared	......	Picul	0.03
Tobacco, Leaf	......	10 Piculs	0.05
Tobacco, Steams or Stocks			
Tortoise Shell Ware of all kds.	......	......	ad val.
Treasure	......	Tls.1000	0.10
Turmeric	......	Picul	0.01
Umbrellas, Alpacca			
Umbrellas, Cotton	......	......	ad val.
Umbrellas, Silk			
Umbrellas, Paper(Japan)	......	100	0.02
Umbrellas, Frames			
Vanish	......	Piculs	0.01
Vegetables, Dried			
Vegetables, Fresh	......	Piculs	0.01
Vegetables, Salt			
Verdigris	......	Piculs	0.03
Vermicelli	......	Piculs	0.01
Vermillion	......	Piculs	0.03

续表

商品名称	包装方式	计量单位	税率（t.m.c.）
Vinegar	……	Piculs	0.01
Watches, Chains, &c.	……	……	ad val.
Wax Bees	……	Piculs	0.03
Wax White	……	Piculs	0.1
Wax Yellow	……	Piculs	0.05
Wax (Japan)	Pkgs	Piculs	0.02
Wheat	……	10 Piculs	0.02
Wines and Spirits	Per case	1 Dozen and or cask	0.05
WOLLEN & LINEN GOODS			
Alpaccas	Cases	50 Pieces	0.25
Astrachans, Imitation	Cases	……	ad val.
Blankets	Bales	……	ad val.
Bunting	Bales	……	ad val.
Camlets, English	Bales	10 Pieces	0.13
Camlets, Dutch	Bales	10 Pieces	0.20
Camlets, Imitation	Bales	10 Pieces	0.10
Canvas	Bolt	Pieces	ad val.
Cloths, Broad	Packages	6 Pieces	0.15
Cloths, Habit	Packages	6 Pieces	0.15
Cloths, Medium	Packages	6 Pieces	0.15
Cloths, Russian	Packages	10 Pieces	0.30
Flannels	Packages	24 Pieces	0.10
Lastings	Packages	20 Pieces	0.22
Lastings Imitation	Packages	20 Pieces	0.15
Lastings Crape	Packages	20 Pieces	0.15
Long Ells	Bales	20 Pieces	0.12
Lustres Orleans, pl.& figd.			0.20
Bombazettes	Bales	50 Pieces	
Brocade, &c., &c.			0.01
Linens	……	……	ad val.
Linens Sheeting	……	……	ad val.
Spanish Stripes	Bales	24 Pieces	0.24
Woollens, Unclassed			
Woollens, and Cotton	……	……	ad val.
Mixtures, unclassed			

数据来源：《工部局年报》（1871 年），上海档案馆藏，U1—1—884

华界与英、法租界关于码头捐的协议

西历一八九九年三月二十日，上海洋泾浜北首工部局（以下简称工部局），及上海法界公董局（以下简称公董局），与大清江海关税务司（以下简称税务司），三方订立合同如下。

一、税务司应代两局征收凡经过海关各货物之码头捐如左。

商品名称	单位	关平银	备注
生鸦片	每箱	二钱八分	0.28
熟鸦片	每斤	四厘	0.004
鸦片渣	每担	一钱	0.1
丝厂缲	每担	三钱二分	0.32
丝生白色	每担	一钱六分	0.16
丝华产黄色	每担	一钱三分五厘	0.135
丝野生	每担	一钱	0.1
丝野缲	每担	一钱二分	0.12
丝重缲华产	每担	三钱五分	0.35
丝重缲丝	每担	三钱	0.3
丝茧	每担	六分	0.06
茶乌青	每担	一分五厘	0.015
茶砖	每担	一分	0.01
茶碎	每担	三厘	0.003
珠宝	每二两	三钱	0.3

应纳关税之其他各货照关税抽捐百分之二
关准免税之其他各货照其价值百分之一中十分之一

二、税务司应于每季开具关于所征收之捐款总账，送交两局，并附关于各货在起落货件之码头之详情。

三、税务司须登记关于征收事务所用之款，其薪金及纸笔等费均包括在内。该项经费由上海道担负半数，其余半数由工部局及公董局平均担负。

四、所征收之款，每股扣除后，税务司须于每季解付手续如下：

甲．以商业捐款半数解付上海道；

乙．所征收之捐款扣除上海道应得之分外，应解付公董局百分之二十五；

丙．余款解付工部局。

五、本合同　自一八九九年四月一日起实行，以一年为限。

六、如本合同期满，其账目按照第二款之规定，须送请查验，惟公董局比第四款之规定，有权可得多份，此款由工部局补偿公董局，以资补贴，但无论如何不得超过百分之三十三。

七、本合同规定并于本合同继续有效期中，上海道历来自地方捐名义上所扣给两局之款项，即应停止。

一八九九年三月二十日

上海洋泾浜北首工部局总办　　濮兰德署名

证人　　勒夫生署名

上海公董局　　卜　杜署名

证人　　杜　伐署名

大清帝国江海关税务司　　罗　赤署名

证人　　福克森署名

协议附录：

捐章西历一八九九年上海纳税西人年会建议，于一八九九年四月一日实行

种类	计量单位	关税（关平两）		码头捐（关平两）	
生鸦片	每担	一百两	100	二两	2
熟鸦片	每担	二百两	200	四两	4
鸦片渣	每担	五十两	50	一钱	0.1
丝厂缫	每担	十两	10	三钱二分	0.32
丝生白色	每担	十两	10	一钱六分	0.16
丝华产黄色	每担	七两	7	一钱三分五厘	0.135
丝野生	每担	二两五钱	2.5	一钱	0.1
丝野厂缫	每担	二两五钱	2.5	一钱二分五厘	0.125
丝重缫华产	每担	十两	10	二钱五分	0.25
丝条本重缫	每担	五两	5	二钱五分	0.25
丝重缫本厂	每担	十两	10	二钱五分	0.25
丝头	每担	一两	1	二分	0.02
丝茧炒过	每担	三两	3	六分	0.06
茶红青炒过	每担	一两二钱五分	1.25	一分五厘	0.015
茶砖	每担	六钱	0.6	一分	0.01
茶碎	每担	一两二钱五分	1.25	一分五厘	0.015
茶碎炒过	每担	六钱	0.6	三厘	0.003
茶末炒过	每担	一两	1	一分五厘	0.015
珠宝进口或出口		每一千两免税		每一千两三钱	
各种汽水货款洋均属		每打华产免税洋货五分		每打二厘五毫	

资料来源：《浦东塘工善后局呈请咨部准拨江海关征收码头捐案汇录》，上海档案馆藏，Q203—2—62

近代上海道台年表（1839—1911）

上任时间	姓名	籍贯	背景	任后职务	备注
1839	王云任	安徽	进士	按察使	代理
1839	王玥	贵州	进士		
1841	巫宜禊	福建	进士		
1842.11	颜以燠	广东	举人	总督	护理
1843.6	王绍复	山东	举人	按察使	署理
1843.8	吴健彰	广东	监生		
1843	宫慕久	山东	举人	按察使	
1847.3	咸龄	满族	皇宫侍卫		
1848	王绍复				
1848.4	吴健彰				代理
1848.9	麟桂	满族	监生	布政使	
1850.11	吴健彰				署理
1851.6.11	麟桂				
1851.8.7	吴健彰				署理
1854.8.5	蓝蔚雯	浙江	监生		代理
1854.10.12	杨能恪	汉军旗人	进士	布政使	
1854.11.24	蓝蔚雯				代理
1855.4.16	赵德辙	山西	进士	巡抚	
1855.11.26	蓝蔚雯				护理
1857.9.1	薛焕	四川	举人	巡抚、代理总督	
1859.1.22	吴煦	浙江	监生	代理布政使	
1862.11.28	黄芳	湖南	举人		署理
18642.26	应宝时	浙江	举人	布政使	代理
1864.7.7	丁日昌	广东	禀贡	巡抚	
1865.8.22	应宝时				
1869.3.29	杜文澜				署理
1869.10.1	涂宗瀛	安徽	举人		
1872.3.9	沈秉成	浙江	进士	巡抚、总督	
1875.1.28	冯焌光	广东	举人		
1877.5.3	刘瑞芬	安徽	附生	出使大臣、巡抚	署理
1878.3.24	褚兰生	浙江	举人		署理
1878.9.4	刘瑞芬				
1882.6.10	邵友濂	浙江	举人	巡抚	
1886.3.30	汤寿铭	湖南			代理
1886.9.18	龚照瑗	安徽		布政使、出使大臣、光禄寺卿、太常寺卿	
1890.4.15	聂缉椝	湖南	附贡	巡抚	

续表

上任时间	姓名	籍贯	背景	任后职务	备注
1894.5.28	黄祖络	江西		盐运使	
1894.9.12	刘麒祥	湖南			署理
1895.8.14	黄祖络				
1896.11.7	吕海寰	直隶	举人	尚书、出使大臣	署理
1897.1.12	刘麒祥				
1897.10.1	蔡钧	江西		出使大臣	署理
1899.4.14	李光久	湖南	举人	按察使	
1899.6.4	曾丙熙	湖南	举人		代理
1899.10.4	余联沅	湖北	进士	布政使、代理巡抚	
1901.1.12	袁树勋	湖南	文童	出使大臣、尚书巡抚、代理总督	
1906.2.25	瑞澂	满族	贡生	总督	
1907.10.26	王燮	浙江			代理
1907.11.23	梁如浩	广东	留美学生		
1908.4.4	蔡乃煌	广东	举人		
1910.10.13	刘燕翼	浙江	进士		

资料来源：梁元生著，陈同译：《上海道台研究——转变社会中之联系人物，1843—1890》附录1，上海：上海古籍出版社，2003年，第162—164页；虞建新：《近代历任上海道台简况》，《档案与历史》1986年第3期；虞建新：《近代上海道台表补正》，《档案与历史》1987年第4期

后　　记

　　本书的完成，大体可算是我对十年来学习与研究经历的一个小总结。崔郊有诗云："侯门一入深似海，从此萧郎是路人。"曹雪芹更将其塑造的小说主角，赋予了"终身误"的判词。于我而言，十年的过往，竟无法说清究竟应从何而起。

　　我认为自己是很执拗的一个人，虽然有研究认为，成功者都是偏执狂，但很可惜的是，我又绝不是真正意义上的成功者。这种执拗，直接造就了我的今天，十年前，我舍弃了自己的本科专业——虽然那终究是被痛苦的高考强扭的，毅然选择了一个令周围所有人瞠目的专业——中国古代史。理由只有一个：我喜欢！在硕士学位论文的选题过程中，我接触到了谭其骧先生编著的《中国历史地图集》，我又逐渐为自己的博士阶段确定了最终的专业——历史地理学，并非常幸运地成为复旦大学历史地理研究中心的博士研究生，进入吴松弟先生门下，以近代经济地理作为学术道路上的研究方向，本书即是在先生的指导下，笔者所完成的博士毕业论文。

　　历史地理学的学科性质，虽然已有不少差异的观点，但主流的表述是：历史地理学是属于地理学的，只不过研究对象是历史时期的地理现象。按照方法论决定学科属性的判断，历史地理学确实是地理学的组成部分——地理学史上的许多学者如赫特纳、哈特向等都有过比较明确的表述。但具体到中国的实际情况，则要复杂许多，而这也使得出身跨专业的我，陷入更多的甚至是无休止的纠结之中。

　　学科本位的选择，对学术研究而言似乎是必须明确的。在当代的学术研究中，明确自己属于谁，似乎是得到学界认可的非常重要的前提。再进一步说，需要更深入地拷问：自己究竟想要得到哪个群体的认同？然而，以"科学"的学术研究来看，被某个学科接受应该是水到渠成的事情，研究者需要做的事情，只是通过一系列的理论、方法、资料，以完整的逻辑叙事，建构起一座能够自圆其说，能够被"证伪"的学术大厦。科学的结论，应该是为着"求真"的，但并不一定必须完成价值的追求。

同时，需要反思的是，学术研究是开放的，但不是付出了努力就一定能够有收获，"没有功劳总有苦劳"的习语在此是不适合的。现实的世界一切都要以成败论英雄，大抵在任何时间、任何地方都是一样的，于是，想要同时关注时间、空间的历史地理学知识，大概也是辜负了——这种耗时耗力打通学科壁垒的工作，实在得不到更多人的认可；即使偶有赞赏，或者也是出于一种同情。现在看来，学术研究最重要的不是别人的理解，而是自己在研究过程中，到底秉持着何种价值与人文关怀。

"问题"与"主义"的争论，在整个学术史上不断被反复。现在看来，无论人文科学、社会科学还是自然科学，"科学"的研究方法，与价值关怀的确立，都是同等重要的。如果不考虑这些，而认为唯一能够得到别人认同的方法，仅仅是提升自己，当真是极为可笑——学术研究，并不能仅仅活在别人的眼中，而是要回应对终极问题的关注。在告别学生时代的这几年时间内，我试图打磨自己，使自己真正融入到某一项非常专门的学术研究之中。"上穷碧落下黄泉，动手动脚找资料"，自己最终秉承的，仍然是历史学的范式，自己所从事的历史地理学，也仍然是源自历史学的历史地理学。在此基础上，我也一直在探索，从事历史地理学的学术研究，真正想要追求的是什么？这种探索与追求，应该会在今后的学术与人生道路上一直伴随着我吧。

本书的出版，对我而言，是一段经历的结束，更是另一段旅程的开始。无论这部书稿的出版，其学术意义在何处，都将是我人生中最具有里程碑意义的事件，并以之告慰曾经于我有莫大指导与帮助之恩的师友。

感谢吴松弟先生以自己严谨的治学态度、深邃的学术眼光，将笔者带入历史经济地理的研究领域，以及他对本书成型的过程中所做出的细致指导工作。在本书初稿的撰写过程中，笔者得到了复旦大学朱荫贵教授、张晓虹教授，樊如森老师、杨伟兵老师、李丹老师的指导及修改建议，以及日本关西大学松浦章教授、上海市交通运输和港口管理局茅伯科先生的宝贵意见，感谢为本书提供过帮助的各位师友、同学。

本书的出版，有赖于教育部人文社科项目"现代化视野下的近代上海港城关系研究（1842—1937）"（项目编号：13YJAZH102）的支持，以及笔者所在的河南大学黄河文明与可持续发展研究中心苗长虹主任的支持，同时也感谢科学出版社，尤其是杨静博士为本书的出版所付出的精力。

由于行文仓促，本书不足之处在所难免，祈请同行研究者予以批评指正。

河南大学黄河文明与可持续发展研究中心

武　强

乙未年冬月十二日冬至，书于汴梁